Thorsten Weyer

Kohärenzprüfung von Anforderungsspezifikationen

Thorsten Weyer

Kohärenzprüfung von Anforderungsspezifikationen

Ein Ansatz zur Prüfung der Kohärenz von
Verhaltensspezifikationen gegen Eigenschaften
des operationellen Kontexts

Südwestdeutscher Verlag für Hochschulschriften

Impressum/Imprint (nur für Deutschland/only for Germany)
Bibliografische Information der Deutschen Nationalbibliothek: Die Deutsche Nationalbibliothek verzeichnet diese Publikation in der Deutschen Nationalbibliografie; detaillierte bibliografische Daten sind im Internet über http://dnb.d-nb.de abrufbar.
Alle in diesem Buch genannten Marken und Produktnamen unterliegen warenzeichen-, marken- oder patentrechtlichem Schutz bzw. sind Warenzeichen oder eingetragene Warenzeichen der jeweiligen Inhaber. Die Wiedergabe von Marken, Produktnamen, Gebrauchsnamen, Handelsnamen, Warenbezeichnungen u.s.w. in diesem Werk berechtigt auch ohne besondere Kennzeichnung nicht zu der Annahme, dass solche Namen im Sinne der Warenzeichen- und Markenschutzgesetzgebung als frei zu betrachten wären und daher von jedermann benutzt werden dürften.

Coverbild: www.ingimage.com

Verlag: Südwestdeutscher Verlag für Hochschulschriften GmbH & Co. KG
Dudweiler Landstr. 99, 66123 Saarbrücken, Deutschland
Telefon +49 681 37 20 271-1, Telefax +49 681 37 20 271-0
Email: info@svh-verlag.de

Zugl.: Essen, Universität, Diss., 2010

Herstellung in Deutschland:
Schaltungsdienst Lange o.H.G., Berlin
Books on Demand GmbH, Norderstedt
Reha GmbH, Saarbrücken
Amazon Distribution GmbH, Leipzig
ISBN: 978-3-8381-2639-5

Imprint (only for USA, GB)
Bibliographic information published by the Deutsche Nationalbibliothek: The Deutsche Nationalbibliothek lists this publication in the Deutsche Nationalbibliografie; detailed bibliographic data are available in the Internet at http://dnb.d-nb.de.
Any brand names and product names mentioned in this book are subject to trademark, brand or patent protection and are trademarks or registered trademarks of their respective holders. The use of brand names, product names, common names, trade names, product descriptions etc. even without a particular marking in this works is in no way to be construed to mean that such names may be regarded as unrestricted in respect of trademark and brand protection legislation and could thus be used by anyone.

Cover image: www.ingimage.com

Publisher: Südwestdeutscher Verlag für Hochschulschriften GmbH & Co. KG
Dudweiler Landstr. 99, 66123 Saarbrücken, Germany
Phone +49 681 37 20 271-1, Fax +49 681 37 20 271-0
Email: info@svh-verlag.de

Printed in the U.S.A.
Printed in the U.K. by (see last page)
ISBN: 978-3-8381-2639-5

Copyright © 2011 by the author and Südwestdeutscher Verlag für Hochschulschriften GmbH & Co. KG and licensors
All rights reserved. Saarbrücken 2011

Vorwort

Diese Arbeit entstand während meiner Tätigkeit als wissenschaftlicher Mitarbeiter in der Arbeitsgruppe „Software Systems Engineering" des Instituts für Informatik und Wirtschaftsinformatik an der Universität Duisburg-Essen.

Bei meinem Doktorvater Prof. Dr. Klaus Pohl möchte ich mich für die vielen intensiv geführten Diskussionen bedanken, die mir stets ein Ansporn waren, mich mit den Fragestellungen des Software Engineering in ihrer Substanz zu beschäftigen. Die langjährige Zusammenarbeit hat meine Sinne geschärft und mich darin bestärkt, dass die wesentliche Herausforderung bei der Lösung eines komplexen Problems in einer durchdachten Strukturierung liegt.

Herrn Prof. Dr. Volker Gruhn danke ich für die Übernahme der Zweitbegutachtung, die aufmunternden Worte und die wertvollen Anmerkungen. Bei Prof. Dr. Klaus Echtle möchte ich mich für die Übernahme des Vorsitzes der Prüfungskommission bedanken.

Besonderer Dank gilt meinen langjährigen Kollegen Dr. Kim Lauenroth, Dr. Ernst Sikora und Dr. Günther Halmans. Für die stets angenehme und vertrauensvolle Zusammenarbeit, die gegenseitige Schützenhilfe und den intensiven fachlichen Austausch, aus dem ich viel „mitgenommen" habe.

Für die Hilfe beim Korrekturlesen und wertvolle Hinweise bedanke ich mich ganz besonders bei meiner Kollegin Nelufar Ulfat-Bunyadi sowie bei Marian Daun, André Heuer, Dr. Andreas Metzger, Philipp Schmidt, Vanessa Stricker, Bastian Tenbergen sowie bei meiner ehemaligen Kollegin Nadine Bramsiepe und meinen ehemaligen Kollegen Dr. Andreas Gehlert, Dr. Sacha Reis und Dr. Andreas Reuys. Vielen Dank an Richard Pohl für die Unterstützung bei der werkzeugtechnischen Umsetzung meines Ansatzes. Ich danke Dr. Andreas Froese und Heike Göris für die freundliche und zuverlässige Zusammenarbeit.

Ein „Dankeschön" geht an meinen *alten* Abitur- und Studienkollegen Marco Lotz, für die vielen unterhaltsamen ICE-Fahrten zwischen Montabaur und Essen und die interessanten Tipps und Gespräche über Softwareentwicklung und den Projektalltag.

Eine tiefe Dankbarkeit, die ich kaum vermag in Worte zu fassen, gilt meinen Eltern Adelheid Weyer und Theo Weyer, für ihre bedingungslose Unterstützung und dafür, dass sie mir diesen Weg ermöglicht haben, in dem so vieles andere wurzelt. Ein Dankeschön geht an meine Schwester Simone, die mich neuerlich auch auf der ein oder anderen Bahnfahrt zwischen Westerwald und Ruhrgebiet begleitet.

Ein ganz besonderer Dank an Dich, Dagmar, für den starken Rückhalt und Dein immerwährendes Verständnis und für die wertvolle und kompetente Hilfe bei der Überarbeitung und Finalisierung dieses Werks.

Thorsten Weyer
Montabaur, im Frühjahr 2011

Zusammenfassung

In der Anforderungsspezifikation eines Systems werden Eigenschaften definiert, die das System an seiner Schnittstelle zur Umgebung aufweisen muss, um im Betrieb seinen Zweck zu erfüllen. Eine Vielzahl von Untersuchungen zeigt, dass Fehler in der Anforderungsspezifikation zu erheblichen negativen Konsequenzen sowohl im Entwicklungsprozess des Systems als auch im Systembetrieb führen können.[1] Fehler in der Anforderungsspezifikation sind dabei oftmals auf Kohärenzbrüche gegenüber dem operationellen Kontext zurückzuführen, d. h. auf ungültige oder unvollständige Annahmen über die Umgebung, in der das System betrieben werden soll.[2]

Im Rahmen des Dissertationsvorhabens wurde ein teilautomatisierter Ansatz entwickelt, der darauf abzielt, Kohärenzbrüche in der Anforderungsspezifikation von Systemen gegenüber dem operationellen Kontexts dieser Systeme aufzudecken. Die Arbeit fokussiert dabei auf die Verhaltensspezifikation als Teil der Anforderungsspezifikation sowie auf Eigenschaften des operationellen Kontexts in der statisch-strukturellen Perspektive. Der entwickelte Ansatz setzt sich aus einem Rahmenwerk zur Modellierung des operationellen Kontexts in der statisch-strukturellen Perspektive und einem Katalog von Formalismen zusammen, durch deren Anwendung Kohärenzbrüche in der Verhaltensspezifikation teilautomatisiert aufgedeckt werden können. Zur Evaluation des Ansatzes wurde dieser exemplarisch auf die Verhaltensspezifikation eines von Komplexität und Umfang her praxistypischen Systems angewendet. Zum Nachweis der technischen Umsetzbarkeit des Ansatzes wird ein Werkzeugprototyp vorgestellt.

Der entwickelte Ansatz liefert einen Beitrag im Hinblick auf Techniken zur differenzierten Modellierung des operationellen Kontexts von Systemen in der statisch-strukturellen Perspektive und zur teilautomatisierten analytischen Qualitätssicherung von Anforderungsspezifikationen.

---

[1] vgl. z.B.: S. LAUESEN, O. VINTER: Preventing Requirement Defects – An Experiment in Process Improvement. *Requirements Engineering* 6 (1), 37-50.

[2] vgl. z.B.: P. LOUCOPOULOS, V. KARAKOSTAS: *System Requirements Engineering*. McGraw Hill, Columbus 1995.

Abstract

The requirements specification of a system contains the definition of properties the system must exhibit at its interfaces with the environment in order to meet its purpose during system operation. There is ample evidence in the literature that suggests that errors in the requirements specification may lead to serious negative consequences during the development process of the system as well as subsequently, during system operation.[3] Errors in the requirements specification can often be traced back to the fact that the specification is not coherent with the operational context due to invalid or incomplete assumptions about the system's operating environment.[4]

In the context of this dissertation, a semi-automated approach was developed, aiming at detecting coherence defects within a system's requirements specification against its operational context. The focus of this thesis lies on the specification of the system's behaviour as part of the requirements specification and on properties of the operational context in the structural perspective. An approach has been developed that consists of a framework for modelling the operational context in the structural perspective. Furthermore, a list of formalisms has been devised, which allow detecting coherence defects in the specification of the system's behaviour in a partially automated way. For validation purposes, the approach was exemplarily applied to the specification of a system that renders a typical real-world example with regard to complexity and extent. To prove the technical feasibility of the approach, a tool prototype is presented.

The dissertation provides a contribution with regard to techniques for modelling the operational context of systems in the structural perspective as well as for the partially automated, analytic quality assurance of requirements specification.

---

[3] vgl. z.B.: S. LAUESEN, O. VINTER: Preventing Requirement Defects – An Experiment in Process Improvement. *Requirements Engineering* 6 (1), 37-50.

[4] vgl. z.B.: P. LOUCOPOULOS, V. KARAKOSTAS: *System Requirements Engineering*. McGraw Hill, Columbus 1995.

Inhaltsverzeichnis

Vorwort i

Zusammenfassung iii

Abstract v

TEIL I EINLEITUNG   **1**

1   **Motivation und Zielsetzung der Arbeit** 3
    1.1   Einführung in das Requirements Engineering 3
    1.2   Motivation für die Betrachtung der Kohärenz von Verhaltensspezifikationen zum operationellen Kontext 6
    1.3   Ziel der Arbeit 8
    1.4   Aufbau der Arbeit 9

2   **Grundlagen** **11**
    2.1   Verhaltensspezifikation von softwareintensiven reaktiven Systemen im Requirements Engineering 11
        2.1.1   Softwareintensive reaktive Systeme 11
        2.1.2   Anforderungsspezifikation softwareintensiver reaktiver Systeme 13
        2.1.3   Kanonische Verhaltensspezifikation 15
    2.2   Operationeller Kontext im Requirements Engineering 17
        2.2.1   Grundlagen der Kontextbildung 17
        2.2.2   Systemkontext im Requirements Engineering 20
        2.2.3   Operationeller Kontext softwareintensiver reaktiver Systeme ... 21
        2.2.4   Perspektiven auf den operationellen Kontext 22
    2.3   Grundlagen der Kohärenzprüfung 24
        2.3.1   Qualitätssicherung von Anforderungsspezifikationen 24
        2.3.2   Kohärenz von Verhaltensspezifikationen zum operationellen Kontext 26
        2.3.3   Automatisierung der Kohärenzprüfung von Verhaltensspezifikationen ... 27
    2.4   Anforderungen an den Ansatz 28
        2.4.1   Spezifische Problemstellung der Arbeit 28
        2.4.2   Spezifisches Ziel der Arbeit 29
        2.4.3   Annahmen des Ansatzes 29
        2.4.4   Anforderungen an den Ansatz und Bewertungskriterien 30

3   **Stand der Wissenschaft** **33**
    3.1   Bewertungsrahmen für den Stand der Wissenschaft 33
        3.1.1   Kategorisierungsschema für relevante Forschungsarbeiten 33
        3.1.2   Bewertungsschemata für verwandte Forschungsarbeiten 34
    3.2   Arbeiten zur Dokumentation von Eigenschaften des operationellen Kontexts 35
        3.2.1   Ontologien für den operationellen Kontext 35
        3.2.2   Problem-Frames-Ansatz 36
        3.2.3   Requirements Engineering kontextadaptiver Systeme 37

3.2.4 Strukturierte Systemanalyse 38
3.2.5 Szenarien im Requirements Engineering 39
3.2.6 Use Cases und Objektorientierte Analyse 40
3.2.7 Vier-Variablen-Modell 41
3.2.8 Zusammenfassung 42
3.3 Arbeiten zur (teil-)automatisierten Kohärenzsicherung von
Anforderungsspezifikationen 42
    3.3.1 Ansatz von Darimont, Letier und van Lamsweerde 43
    3.3.2 Ansatz von Hayes, Jackson und Jones 43
    3.3.3 Ansatz von Johnson 44
    3.3.4 Ansatz von Leite und Freeman 45
    3.3.5 Ansatz von Rapanotti, Hall und Li 46
    3.3.6 Ansatz von Silva 47
    3.3.7 Zusammenfassung 48
3.4 Arbeiten von allgemeiner thematischer Relevanz 48
    3.4.1 Allgemeine Qualitätssicherung von Entwicklungsartefakten 49
    3.4.2 Domänentheorie, Domain Maps und Wissensrepräsentation 49
    3.4.3 State-Tracking-Model 50
    3.4.4 Simulation und Prototyping im Requirements Engineering 50
    3.4.5 Vier-Welten-Rahmenwerk 51
    3.4.6 Viewpoint-Ansätze im Requirements Engineering 51
    3.4.7 Zielmodellierung im Requirements Engineering 52
3.5 Zusammenfassende Bewertung 52

TEIL II ANSATZ ZUR TEILAUTOMATISIERTEN PRÜFUNG DER KOHÄRENZ VON VERHALTENSSPEZIFIKATIONEN GEGEN EIGENSCHAFTEN DES OPERATIONELLEN KONTEXTS IN DER STATISCH-STRUKTURELLEN PERSPEKTIVE   55

4 Lösungsansatz der Arbeit 57
4.1 Allgemeiner Lösungsansatz 57
4.2 Ontologische Grundannahmen des spezifischen Lösungsansatzes 58
4.3 Spezifischer Lösungsansatz 60
    4.3.1 Struktur des spezifischen Lösungsansatzes 60
    4.3.2 Systematik der Anwendung 61
4.4 Zusammenfassung und Ausblick 62

5 ContextML-Modellierungsrahmenwerk 63
5.1 Überblick 63
5.2 Modellierungsprimitive 65
    5.2.1 Modellierungsprimitive des Typs ‚Kontextsubjekt' 65
    5.2.2 Modellierungsprimitive des Typs ‚Kontextentität' 67
    5.2.3 Modellierungsprimitive des Typs ‚Kontextgröße' 73
    5.2.4 Modellierungsprimitive des Typs ‚Kontextabhängigkeit' 76
5.3 Kontextereignisse 85
    5.3.1 Kontextereignisse des Typs ‚Eingangseffekt' 85

5.3.2 Kontextereignisse des Typs ‚Ausgangseffekt'..86
5.3.3 Kontextereignisse des Typs ‚Stimulus'...86
5.3.4 Kontextereignisse des Typs ‚Reaktion'...87
5.4 Konstruktionsmechanismen...88
    5.4.1 Modellierung des Kontextbezugs von Eingangseffekten und
          Ausgangseffekten..88
    5.4.2 Modellierung des Kontextbezugs von Stimuli und Reaktionen...................97
    5.4.3 Konstruktion von Partialdiagrammen..101
    5.4.4 Konstruktion von Kontextmodellen...104
5.5 Zusammenfassung..105

6 ContextML-Kohärenzbasis 107

6.1 Überblick...107
6.2 Basisdefinitionen..107
    6.2.1 Basisdefinitionen zu kanonischen Verhaltensspezifikationen....................108
    6.2.2 Basisdefinitionen zur Kohärenz von Modellterminalen............................119
    6.2.3 Berechnung der Basisfunktionen und Basisrelationen..............................123
6.3 Formalismen zur Prüfung der Gültigkeit kanonischer
    Verhaltensspezifikationen..123
    6.3.1 Formalismen zur Prüfung der Gültigkeit von Eingabeereignismengen......124
    6.3.2 Formalismen zur Prüfung der Gültigkeit von Ausgabeereignismengen......129
6.4 Formalismen zur Prüfung der Vollständigkeit kanonischer
    Verhaltensspezifikationen..134
    6.4.1 Formalismen zur Prüfung der Vollständigkeit von
          Eingabeereignismengen..135
    6.4.2 Formalismen zur Prüfung der Vollständigkeit von
          Ausgabeereignismengen...138
6.5 Zusammenfassung..141

TEIL III EVALUATION DES ANSATZES   143

7 Prototypische Werkzeugunterstützung 145

7.1 Logische Grobarchitektur des CONTEXTML ANALYZER..145
7.2 Technische Umsetzung des CONTEXTML ANALYZER..146
7.3 Benutzungsoberfläche des CONTEXT MODEL EDITOR...148
7.4 Kohärenzprüfung im CONTEXTML COHERENCE CHECKER.....................................149
7.5 Zusammenfassende Bewertung..151

8 Anwendungsbeispiel ‚Dynamische Scheibentönung' 153

8.1 Kanonische Verhaltensspezifikation von ‚DST'..153
8.2 ContextML-Kontextmodell von ‚DST'..156
    8.2.1 Konstruktion des ContextML-Kontextmodells km_{DST}......................156
    8.2.2 Prüfmengen des ContextML-Kontextmodells zur Anwendung der
          ContextML-Kohärenzbasis...161
8.3 Kohärenzprüfung...166
    8.3.1 Bestimmung der Basismengen von $SPEC_{DST}$.......................................166

8.3.2 Identifikation von ungültigen Eigenschaften in $SPEC_{DST}$ 169
8.3.3 Identifikation von Unvollständigkeiten in $SPEC_{DST}$ 180
8.4 Zusammenfassende Bewertung 187

TEIL IV ZUSAMMENFASSUNG UND AUSBLICK   **189**

9 Beitrag der Arbeit 191

10 Kritische Betrachtung 195

11 Ausblick 197

ANHANG   **199**

A Abbildungsverzeichnis 201

B Tabellenverzeichnis 203

C Algorithmenverzeichnis 205

D Literaturverzeichnis 207

Teil I
Einleitung

Gliederung Teil I

In Kapitel 1 »Motivation und Zielsetzung der Arbeit« wird die allgemeine Problemstellung der Arbeit und deren Einbettung in das Requirements Engineering erläutert sowie das Ziel der vorliegenden Arbeit vorgestellt.

In Kapitel 2 »Grundlagen« werden die für die Arbeit notwendigen Konzepte und Termini eingeführt, auf deren Grundlage die spezifische Problemstellung der Arbeit und die Anforderungen an den Lösungsansatz definiert werden.

In Kapitel 3 »Stand der Wissenschaft« werden die hinsichtlich der Problemstellung dieser Arbeit relevanten Forschungsarbeiten vorgestellt und in Bezug auf den jeweiligen Beitrag zur Problemstellung bewertet.

Überblick
1 Motivation und Zielsetzung der Arbeit 3
2 Grundlagen 11
3 Stand der Wissenschaft 33

1 Motivation und Zielsetzung der Arbeit

In diesem Kapitel werden die allgemeine Problemstellung und das Ziel der Arbeit erläutert. Anschließend wird der Aufbau der Arbeit vorgestellt.

Kapitelüberblick
1.1 Einführung in das Requirements Engineering 3
1.2 Motivation für die Betrachtung der Kohärenz von Verhaltensspezifikationen zum operationellen Kontext 6
1.3 Ziel der Arbeit 8
1.4 Aufbau der Arbeit 9

1.1 Einführung in das Requirements Engineering

Dem Requirements Engineering kommt im Entwicklungsprozess die Aufgabe zu, die Anforderungen an das zu entwickelnde System derart zu spezifizieren, dass andere Tätigkeiten im Lebenszyklus (z. B. Entwurf, Implementierung, Test) bestmöglich[5] unterstützt werden und dabei gewährleistet ist, dass das auf Grundlage der Anforderungen realisierte System seinen Zweck erfüllt. Im Requirements Engineering werden dazu die Anforderungen an das System ermittelt, dokumentiert und im Hinblick auf die geforderten Qualitäten überprüft. Abbildung 1-1 zeigt das in [Pohl 2007] vorgeschlagene Rahmenwerk, anhand dessen im Folgenden die wichtigsten Aspekte des Requirements Engineering erläutert werden.

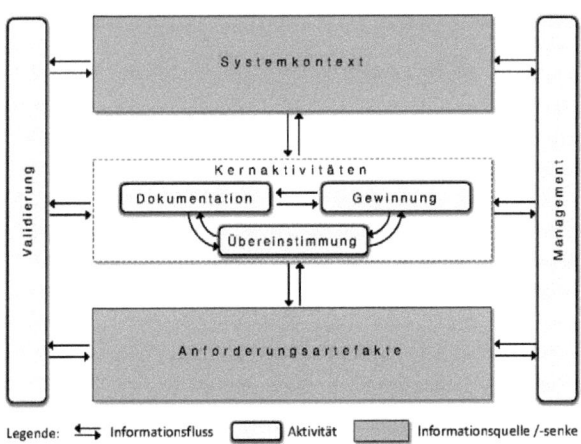

Abbildung 1-1: Requirements-Engineering-Rahmenwerk

---

[5] ‚Bestmögliche' Unterstützung bedeutet in diesem Zusammenhang, dass die Anforderungen vorgegebenen Qualitätskriterien genügen, wie z. B. Korrektheit und zweckmäßiger Detaillierungs- und Formalisierungsgrad. Die Aktivitäten im Entwicklungsprozess stellen teils unterschiedliche Ansprüche hinsichtlich der geforderten Qualitäten. So ist z. B. die ‚Testbarkeit' einer Anforderung ein Qualitätskriterium, das aus dem Systemtest an die Anforderungen gestellt wird, um zu gewährleisten, dass z. B. die korrekte und vollständige Umsetzung einer Anforderung im System innerhalb des Systemtests objektiv überprüft werden kann.

Das Requirements-Engineering-Rahmenwerk unterscheidet zwischen dem *Systemkontext* im Requirements Engineering, den *Aktivitäten* im Requirements Engineering und den im Requirements Engineering erstellten *Anforderungsartefakten*.

Systemkontext im Requirements Engineering

Der Systemkontext im Requirements Engineering ist der Teil der Realität, der die Anforderungen an das zu entwickelnde System beeinflusst (vgl. [Mylopoulos et al. 1990; Jarke et al. 1992]). Zum Systemkontext zählen z. B. Personen und Systeme, die mit dem zu entwickelnden System im Betrieb interagieren, aber auch Standardisierungsgremien, die z. B. das System reglementieren und die Unternehmensleitung, die z. B. strategische Vorgaben macht, denen das betrachtete System genügen muss. Der *operationelle Kontext* eines zu entwickelnden Systems im Requirements Engineering ist der Teil des Systemkontexts, der im späteren Betrieb des Systems mit diesem interagiert. Zum operationellen Kontext eines Systems gehören z. B. Rollen (z. B. Benutzer), Gegenstände und andere Systeme, die das betrachtete System im Betrieb beeinflussen. Beispiel 1-1 zeigt exemplarisch Eigenschaften des operationellen Kontexts eines Fahrassistenzsystems in Fahrzeugen.

Beispiel 1-1: *Eigenschaften des operationellen Kontexts eines Fahrassistenzsystems (Ausschnitt)*

Fahrassistenzsystem → Motorsteuerung (anderes System): Das Fahrassistenzsystem nutzt die Motorsteuerung im Fahrzeug, um das Fahrzeug über das Motordrehmoment zu verzögern.

Fahrassistenzsystem → Multifunktionsanzeige (anderes System) → ‚Fahrer' (Rolle): Das Fahrassistenzsystem warnt den Fahrer in kritischen Fahrsituationen über die Multifunktionsanzeige.

Vorausfahrendes Fahrzeug (Gegenstand) → ‚Fahrassistenzsystem': Das Fahrassistenzsystem reagiert bei einer Unterschreitung des Sicherheitsabstandes zum vorausfahrenden Fahrzeug.

Aktivitäten im Requirements Engineering

Das Rahmenwerk unterscheidet bei den im Requirements Engineering durchzuführenden Aktivitäten zwischen drei Kernaktivitäten (Gewinnung, Dokumentation und Übereinstimmung) und zwei Querschnittaktivitäten (Validierung und Management). Die drei *Kernaktivitäten* werden verzahnt durchgeführt. Die Anforderungen an das zu entwickelnde System werden aus dem Systemkontext gewonnen, zweckmäßig dokumentiert (bzw. spezifiziert) und unter den Stakeholdern abgestimmt (vgl. z. B. [Easterbrook 1994]). Die beiden *Querschnittaktivitäten* ergänzen die Kernaktivitäten. Validierungstechniken (z. B. automatisierte Prüfungen, manuelle Reviews) und Managementtechniken (z. B. Versions- und Konfigurationsverwaltung für Anforderungen, Nachvollziehbarkeit des Ursprungs und der Verwendung von Anforderungen) werden durchgeführt, um die Qualität der Anforderungen zu erhöhen und die Verwendung der Anforderungen im Lebenszyklus zu erleichtern.

Anforderungsartefakte im Requirements Engineering

Anforderungsartefakte nach dem Requirements-Engineering-Rahmenwerk sind dokumentierte Anforderungen, die im Zuge der Durchführung der Kernaktivitäten aus dem Systemkontext gewonnen und dokumentiert wurden. Die Anforderungsartefakte sind dabei die zentralen Ergebnisse des Requirements Engineering. Sie bilden die Referenz für die weiteren Tätigkeiten im Entwicklungsprozess, um sicherzustellen, dass das im Entwicklungsprozess konstruierte System die notwendigen Eigenschaften aufweist, um im Betrieb seinen Systemzweck zu erfüllt. Die Anforderungsartefakte sind dabei die zentralen Bezugspunkte für die Durchführung der beiden Querschnittaktivitäten. Im Rahmen der Validierung werden die Anforderungsartefakte auf spezifische Qualitäten (z. B. Korrektheit, Vollständigkeit) hin überprüft (vgl. z. B. [Boehm 1984; Fagan 1986]). Im Rahmen des Managements werden unter anderem Nachvollziehbarkeitsbeziehungen zwischen Anforderungsartefakten etabliert und Versionen von Anforderungsartefakten verwaltet (vgl. z. B. [Ramesh und Jarke 2001; Conradi und Westfechtel 1998]).

Im Requirements Engineering werden Anforderungsartefakte unterschiedlicher Granularität betrachtet (vgl. z. B. [Sutcliffe 2002]). Die Granularität eines Anforderungsartefakts bezieht sich auf das Verhältnis der Eigenschaften des Systems, auf die sich das Anforderungsartefakt bezieht, zur Menge aller Eigenschaften des Systems, auf die sich die Anforderungen des Systems beziehen. Eine *Anforderungsspezifikation* ist dabei ein grobgranulares Anforderungsartefakt, dass eine Menge feingranularer Anforderungsartefakte gruppiert, die in einer abgeschlossenen sachlogischen Beziehung stehen (vgl. [IEEE 610.12-1990]).[6]

Eine *Verhaltensspezifikation* im Requirements Engineering ist der Teil einer Anforderungsspezifikation, der sich auf das zur Erfüllung des Systemzwecks notwendige Verhalten des Systems an der Schnittstelle zur Umgebung[7] bezieht. Beispielsweise kann in der Verhaltensspezifikation des Systems definiert sein, dass beim Eintritt einer spezifischen Bedingung in der Umgebung des Systems das betrachtete System eine spezifische Reaktion in die Umgebung bewirken soll. Beispiel 1-2 zeigt ein feingranulares Anforderungsartefakt in Gestalt einer einzelnen textuell dokumentierten Verhaltensanforderung, die Teil der Verhaltensspezifikation eines Fahrassistenzsystems sein könnte.

Beispiel 1-2: *Anforderungsartefakt in der Verhaltensspezifikation eines Fahrassistenzsystems*

Req-12: Erhält das Fahrassistenzsystem das Signal UEBERSCHR_BEGRENZER, soll das System das Signal BEGRENZER_WARNUNG ausgeben.

Die obige Anforderung in der Verhaltensspezifikation des Fahrassistenzsystems legt fest, dass das Fahrassistenzsystem das Signal BEGRENZER_WARNUNG an seiner Schnittstelle zur Umgebung ausgeben soll, wenn das System an seiner Schnittstelle das Signal UBERSCHR_BEGRENZER aus der Umgebung des Systems empfängt.

---

[6] Beispielsweise kann ein Lastenheft in der Auftraggeber-Auftragnehmer-Beziehung als eine Anforderungsspezifikation charakterisiert werden. Eine solche Anforderungsspezifikation umfasst Anforderungsartefakte (z. B. textuell dokumentierte Anforderungen), die Eigenschaften des Systems definieren, die dieses aus dem Blickwinkel des Auftraggebers besitzen sollte (vgl. [V-Modell 2004]).

[7] Der Terminus ‚Umgebung' eines Systems wird in dieser Arbeit in seiner alltagssprachlichen Bedeutung verwendet, im Sinne von alljenem, das das betrachtete System umgibt, selbst aber nicht Teil dieses Systems ist. Der Begriff ‚Umgebung' eines Systems wird im Verlauf der Arbeit im Hinblick auf den spezifischen Betrachtungsgegenstand der Arbeit weiter differenziert.

1.2 Motivation für die Betrachtung der Kohärenz von Verhaltensspezifikationen zum operationellen Kontext

Über die Bedeutung des Requirements Engineering für den Erfolg von Entwicklungsprojekten wurde in der Vergangenheit eine Vielzahl empirischer Erkenntnisse gewonnen. Beispielsweise kommt der ‚European User Survey Analysis Report' des ‚EUROPEAN SOFTWARE INSTITUTE' [ESI 1996] zu dem Ergebnis, dass für 50% der im Rahmen der Studie befragten Unternehmen das Requirements Engineering zu den größten Herausforderungen in Entwicklungsprojekten gehört. Eine in [Hall et al. 2002] veröffentlichte Studie hatte zum Ziel, empirische Erkenntnisse über die Ursache von Problemen in Entwicklungsprojekten zu erhalten. Die Studie kommt zu dem Ergebnis, dass für annähernd 50% der aufgetretenen Probleme in den untersuchten Entwicklungsprojekten ein unzureichendes Requirements Engineering ursächlich ist.[8] Neben Problemen in Entwicklungsprojekten führt ein unzureichendes Requirements Engineering häufig dazu, dass Systeme im Betrieb den Systemzweck nicht erfüllen. So kommt eine Studie des U.S. GENERAL ACCOUNTING OFFICE zu dem Resultat, dass ein unzureichendes Requirements Engineering die Ursache für einen Großteil der Fehler ist, die im Systembetrieb auftreten (vgl. [GAO 1993]).

Fehler in Anforderungsspezifikationen

Eine schwerwiegende Konsequenz eines unzureichenden Requirements Engineering liegt in fehlerhaften oder unvollständigen Anforderungsspezifikationen. NEUMANN berichtet in [Neumann 1995] von einer Studie, die unter anderem zu dem Ergebnis kam, dass bei mehr als 58% aller Fälle, in denen Entwicklungsprojekte scheiterten oder erhebliche negative Planabweichungen aufwiesen, die Ursache dafür in fehlerhaften oder unvollständigen Anforderungsspezifikationen lag.

Fehler[9] in Anforderungsspezifikationen haben häufig auch das Versagen des Systems im Betrieb zur Folge. LAUSEN und VINTER haben im Rahmen einer Studie 200 Fehlerberichte aus dem Betrieb eines Systems ausgewertet und dabei festgestellt, dass in mehr als der Hälfte aller Fehlerfälle (für 107 der untersuchten 200 Fehlerfälle) Fehler in der Anforderungsspezifikation des Systems ursächlich sind (vgl. [Lausen und Vinter 2001]).

Eine bei der U.S. AIR FORCE durchgeführte Studie kommt zu dem Ergebnis, dass der überwiegende Teil von Fehlern im Betrieb der in der Studie analysierten Systeme aus Fehlern in den Anforderungsspezifikationen resultiert (vgl. [USAF 2000]). Zu ähnlichen Resultaten kommt eine von LUTZ bei der U.S. NATIONAL AERONAUTICS AND SPACE ADMINISTRATION (NASA) durchgeführte Studie (vgl. [Lutz 1993]). Im Rahmen der Untersuchung wurden Fehlerberichte von sicherheitskritischen Fehlerfällen zweier Systeme der NASA (‚Galileo' und ‚Voyager') analysiert. Die Studie kommt zu dem Ergebnis, dass in 62% (Projekt ‚Voyager') bis 79% (Projekt ‚Galileo') aller berichteten sicherheitskritischen Fehlerfälle, die Ursache in Fehlern innerhalb der Anforderungsspezifikation dieser Systeme lag.

---

[8] Eine viel zitierte Quelle für empirische Erkenntnisse über die Bedeutung des Requirements Engineering für den Erfolg von Entwicklungsprojekten stellen die regelmäßig erscheinenden ‚Chaos-Reports' der STANDISH GROUP dar (z.B. [The Standish Group 1995; The Standish Group 1999; The Standish Group 2002; The Standish Group 2004]).

[9] Im Weiteren wird verkürzt von ‚Fehlern in Anforderungsspezifikationen' gesprochen, wenn die Anforderungsspezifikation fehlerhaft oder unvollständig ist.

Frühzeitige Identifikation von Fehlern in Anforderungsspezifikationen

Die Behebung von Fehlern in Entwicklungsartefakten, für die Fehler in der Anforderungsspezifikation ursächlich sind, ist, gegenüber der eigentlichen Korrektur der Anforderungsspezifikation, häufig mit erheblich höherem Aufwand verbunden. Dies gilt umso mehr, je später der Anforderungsfehler im Lebenszyklus des Systems (z. B. im Systembetrieb) festgestellt wird (vgl. [Faulk 1995]). Einschlägige Studien nennen eine mittlere Kostenersparnis von etwa 200:1, wenn ein Fehler in der Anforderungsspezifikation frühzeitig im Entwicklungsprozess identifiziert und behoben wird, im Vergleich dazu, dass ein solcher Fehler erst im Betrieb des Systems identifiziert wird und dann im Rahmen der Wartung behoben werden muss (vgl. [Boehm 1981; Fairley 1985; Jones 1991; Leffingwell und Widrig 2000]).

Kohärenzbrüche der Verhaltensspezifikation zum operationellen Kontext

Fehler in Anforderungsspezifikationen sind häufig auf fehlerhafte oder unvollständige Annahmen über die Umgebung des Systems zurückzuführen (vgl. z. B. [Weinberg 1975; Loucopoulos und Karakostas 1995; Zave und Jackson 1997; Blanchard und Fabrycky 1998; Cheng und Atlee 2007]). In [Hooks und Farry 2000] berichten die Autoren von einer Studie, die im Rahmen eines Entwicklungsprojekts im Bereich des zivilen Flugzeugbaus durchgeführt wurde. Die Studie kommt zu dem Ergebnis, dass 49% der untersuchten Fehler in Anforderungsspezifikationen auf ein fehlerhaftes oder unvollständiges Verständnis des Teils der Umgebung zurückzuführen sind, der das System im Betrieb beeinflusst oder von diesem beeinflusst wird. Dieser Teil der Umgebung eines Systems bildet den operationellen Kontext dieses Systems.[10]

Die Erfassung der Eigenschaften des operationellen Kontexts stellt eine evidente Herausforderung im Requirements Engineering dar (vgl. z. B. [Jackson 1997; Offen 2002]). Beispielsweise stellt LUTZ [Lutz 1993] fest: *„it is not the internal complexity of a module but the complexity of the module's connection to its environment that yield the persistent, safety-related errors".* In Bezug auf die Bedeutung des operationellen Kontexts für die Anforderungsspezifikation im Requirements Engineering bemerken CHENG und ATLEE in [Cheng und Atlee 2007]: *„[...] the environment or context in which a [software] system will run is often the least understood and most uncertain aspect of a proposed system".* Bezüglich der Reife von Techniken des Requirements Engineering (RE) zur Analyse von Eigenschaften des operationellen Kontexts bemerken die Autoren weiter: *„[...] RE technologies and tools for reasoning about the integration of physical environment, human behavior, interface devices, and software system are among the least mature."*

Wie in Abschnitt 1.1 erläutert, ist die Spezifikation des notwendigen Systemverhaltens an der Schnittstelle zur Umgebung zentraler Bestandteil der Anforderungsspezifikation. Als Teil der Anforderungsspezifikation basiert die Verhaltensspezifikation dabei auf Annahmen über den operationellen Kontext des Systems. Beispiel 1-3 zeigt Eigenschaften des operationellen Kontexts, auf denen die in Beispiel 1-2 gezeigte Verhaltensanforderung beruhen könnte.

---

[10] In der Literatur wird von einer Reihe von Beispielen für Systemversagen im Betrieb berichtet, die auf eine fehlerhafte und unvollständige Annahme über die Umgebung des Systems zurückzuführen sind. In [Jackson 1995b] wird von einem Flugzeugunfall berichtet, der auf fehlerhafte Annahmen über Wirkbeziehungen in der Umgebung des Systems zurückzuführen ist. In [NYT 1995] wird von einem Unfall im Schienenverkehr berichtet, der sich aufgrund einer ungültigen Annahme in der Anforderungsspezifikation einer Signalanlage ereignete.

Beispiel 1-3: *Verhaltensspezifikation und Eigenschaften des operationellen Kontexts*

Req-12: Erhält das Fahrassistenzsystem das Signal UEBERSCHR_BEGRENZER, soll das System das Signal BEGRENZER_WARNUNG ausgeben.

Eigenschaften des operationellen Kontexts: Ein vorhandener Sensor signalisiert über das Signal UEBERSCHR_BEGRENZER auf dem Fahrzeugbus (CAN), dass das Fahrzeug gerade im Begriff ist, eine Fahrbahnbegrenzung zu überfahren. Das Signal BEGRENZER_WARNUNG auf dem Fahrzeugbus bewirkt die Aktivierung eins Warnsignals in der Multifunktionsanzeige des Kombiinstruments.

Ein Fehler in der Verhaltensspezifikation liegt z. B. dann vor, wenn die der Verhaltensspezifikation des Systems zugrunde gelegten Eigenschaften des operationellen Kontexts nicht den tatsächlichen Eigenschaften des operationellen Kontexts entsprechen. Die in Beispiel 1-3 gezeigte Verhaltensanforderung ist z. B. dann fehlerhaft, wenn der vorhandene Sensor das Signal UEBERSCHR_BEGRENZER auf dem Fahrzeugbus nicht senden kann oder wenn sich UEBERSCHR_BEGRENZER nicht darauf bezieht, dass zum Zeitpunkt der Signalisierung eine Fahrbahnbegrenzung überfahren wird. Der Umfang, in dem die Verhaltensspezifikation eines Systems die tatsächlichen Eigenschaften des operationellen Kontexts adäquat berücksichtigen, wird im Weiteren als *Kohärenz der Verhaltensspezifikation zu den Eigenschaften des operationellen Kontexts* bezeichnet.

1.3 Ziel der Arbeit

Die Problemstellung dieser Arbeit bezieht sich auf die Sicherung der Kohärenz von Verhaltensspezifikationen im Requirements Engineering gegen Eigenschaften des operationellen Kontexts. Ausgehend von dieser allgemeinen Problemstellung kann das zugehörige Ziel der vorliegenden Arbeit wie folgt definiert werden:

Ziel der Arbeit

„*Entwicklung eines Ansatzes zur Prüfung der Kohärenz von Verhaltensspezifikationen gegen Eigenschaften des operationellen Kontexts*"

Der im Rahmen dieser Arbeit entwickelte Ansatz adressiert die Identifikation solche Fehler in Verhaltensspezifikationen, die auf fehlerhaften oder unvollständigen Annahmen über die Umgebung des Systems beruhen. Hierzu muss der Ansatz die Verhaltensspezifikation des Systems gegen Eigenschaften des operationellen Kontexts dieses Systems prüfen, um solche Eigenschaften in der Verhaltensspezifikation zu identifizieren, die die Eigenschaften des operationellen Kontexts nicht adäquat berücksichtigen.

Die Kohärenz der Verhaltensspezifikation gegen Eigenschaften des operationellen Kontexts ist ein spezifischer Aspekt der Qualität von Anforderungsspezifikationen. Andere Qualitäten von Anforderungsspezifikationen, wie z. B. Modifizierbarkeit und Verfolgbarkeit nach IEEE Std. 830-1998 [IEEE 830-1998] werden in dem entwickelten Ansatz nicht adressiert.

Der Ansatz bietet keine erschöpfende Kohärenzprüfung für Anforderungsspezifikationen. So ist z. B. die Kohärenzprüfung spezifischer Qualitätsanforderungen (z. B. Anforderungen, die die Leistungsfähigkeit, Verfügbarkeit oder Genauigkeit betreffen) nicht Gegenstand des entwickelten Ansatzes. Der Ansatz zielt darüber hinaus nicht darauf ab, eine Kohärenzprüfung von Verhaltensanforderungen gegen sämtliche Eigenschaften des Systemkontexts zu ermöglichen. Beispielsweise adressiert der entwickelte Ansatz nicht die Kohärenzprüfung der Verhaltensspezifikation gegen die Intentionen der Stakeholder des betrachteten Systems, sodass Fehler in der Verhaltensspezifikation identifiziert werden, die auf fehlerhaften oder unvollständigen Annahmen in Bezug auf die Intentionen der Stakeholder beruhen.

1.4 Aufbau der Arbeit

Die vorliegende Arbeit ist in vier Teile untergliedert:

- In TEIL I »EINLEITUNG« wird die Problemstellung und das Ziel der Arbeit vorgestellt. Darüber hinaus werden grundlegende technische Terme und Konzepte eingeführt und die Anforderungen an den zu entwickelnden Ansatz definiert. Abschließend werden die Ergebnisse der Untersuchung relevanter Forschungsarbeiten vorgestellt.

- In TEIL II »ANSATZ ZUR TEILAUTOMATISIERTEN PRÜFUNG DER KOHÄRENZ VON VERHALTENSSPEZIFIKATIONEN GEGEN EIGENSCHAFTEN DES OPERATIONELLEN KONTEXTS IN DER STATISCH-STRUKTURELLEN PERSPEKTIVE« wird der allgemeine Lösungsansatz skizziert und der im Rahmen dieser Arbeit entwickelte Ansatz vorgestellt.

- In TEIL III »EVALUATION DES ANSATZES« werden die Maßnahmen zur Evaluation des entwickelten Ansatzes erläutert sowie die zugehörigen Evaluationsergebnisse präsentiert.

- In TEIL IV »ZUSAMMENFASSUNG UND AUSBLICK« wird der Beitrag dieser Arbeit kritische zusammengefasst und ein Ausblick auf weitere Forschungsfragestellungen gegeben, die auf den Ergebnissen dieser Arbeit aufbauen.

2 Grundlagen

In diesem Kapitel werden die Grundlagen für den in dieser Arbeit entwickelten Lösungsansatz erläutert.

Kapitelüberblick
2.1 Verhaltensspezifikation von softwareintensiven reaktiven Systemen im
Requirements Engineering 11
2.2 Operationeller Kontext im Requirements Engineering 17
2.3 Grundlagen der Kohärenzprüfung 24
2.4 Anforderungen an den Ansatz 28

2.1 Verhaltensspezifikation von softwareintensiven reaktiven Systemen im Requirements Engineering

Im Folgenden werden die für die weiteren Betrachtungen relevanten Aspekte der Verhaltensspezifikation von softwareintensiven reaktiven Systemen im Requirements Engineering erläutert und die im Rahmen des Lösungsansatzes verwendete spezifische Form der Verhaltensspezifikation softwareintensiver reaktiver Systeme vorgestellt.

2.1.1 Softwareintensive reaktive Systeme

Der IEEE Standard 1362-1998 [IEEE 1362-1998, 3.18] definiert den Terminus des softwareintensiven Systems wie folgt: *„A software-intensive system [...] is a system for which software is a major technical challenge and is perhaps the major factor that affects system schedule, cost, and risk. In the most general case, a software-intensive system is comprised of hardware, software, people, and manual procedures".*

Wie aus der obigen Definition hervorgeht, besitzen softwareintensive Systeme das charakteristische Merkmal, dass die Software des Systems die wesentliche technische Herausforderung in Bezug auf die Realisierung des Systems darstellt. Darüber hinaus bestimmt die Software zum überwiegenden Teil die Entwicklungskosten und das Entwicklungsrisiko solcher Systeme (vgl. auch [Broy 2006]). Softwareintensive Systeme, wie sie etwa in der Automatisierungstechnik (z. B. bei automatisierten Lagern), in Fahrzeugen (z. B. bei adaptiven Fahrsteuerungssystemen), in Flugzeugen (z. B. bei Leitwerksteuerungen), in der Medizintechnik (z. B. bei Computertomografen), in der Transportautomatisierung (z. B. bei Stellwerksystemen) und dem Energiemanagement (z. B. bei intelligenten Stromzählern) eingesetzt werden, besitzen neben Software auch Hardware, die z. B. die Schnittstelle zu technischen oder physikalischen Prozessen in der Umgebung des Systems bilden (vgl. z. B. [Hölzl et al. 2008]).

Ein System besitzt das Merkmal der ‚Reaktivität', wenn es im Betrieb beim Eintritt spezifischer Ereignisse in der Umgebung spezifische Reaktionen in die Umgebung bewirkt. Reaktive Systeme stehen dabei im Betrieb in einer fortwährenden Interaktionsbeziehung mit ihrer Umgebung (vgl. [Harel und Pnueli 1985; Broy 1997]). Der Terminus des ‚reaktiven Systems' wird in [Wieringa 2003, S. 5] wie folgt definiert: „*A reactive system is a system that, when switched on, is able to create desired effects in its environment by enabling, enforcing, or preventing events in the environment*". Die *Reaktionen* des reaktiven Systems in die Umgebung hängen vom eingetretenen *Stimulus* des Systems und gegebenenfalls von dessen internem Zustand ab. Nach der Ausführung einer Reaktion in die Umgebung des Systems, die womöglich zeitlich mit anderen Reaktionen koordiniert werden muss, kann das System sich in einem anderen internen Zustand befinden.

Ein reaktives System steht im Betrieb mit seiner Umgebung über die Sensorik und Aktuatorik in Beziehung (vgl. [Boasson 1993]). Mittels der *Sensorik* überwacht das System die Umgebung, um das Eintreten von Stimuli in der Umgebung feststellen zu können, die eine Reaktion des Systems in die Umgebung notwendig machen. Mittels der *Aktuatorik* kann ein reaktives System Ereignisse in der Umgebung des Systems bewirken (vgl. [Hewitt 1977; Agha 1986]).

Systeme, die sowohl das Merkmal der ‚Softwareintensität' als auch das Merkmal der ‚Reaktivität' aufweisen, werden im Weiteren als *softwareintensive reaktive Systeme* bezeichnet. Der Terminus des softwareintensiven reaktiven Systems wird für die weiteren Betrachtungen wie folgt definiert:

> Definition 2-1: *Softwareintensives Reaktives System*
>
> Ein softwareintensives reaktives System ist ein System, bei dem die Software des Systems zum überwiegenden Teil den Entwicklungsaufwand und das Projektrisiko bestimmt und das im Betrieb beim Auftreten spezifischer Stimuli in der Umgebung spezifische Reaktionen in die Umgebung bewirkt.

Abbildung 2-1 zeigt die wesentlichen Merkmale von softwareintensiven reaktiven Systemen und den Bezug von Systemen dieses Typs zu deren Umgebung.

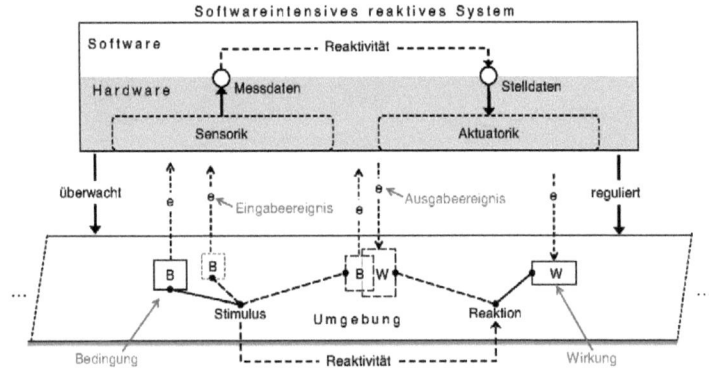

Abbildung 2-1: Grundprinzip eines softwareintensiven reaktiven Systems

Abbildung 2-1 zeigt die schematische Darstellung eines softwareintensiven reaktiven Systems, bestehend aus Software und Hardware. Die Sensorik stellt der Software des Systems Messdaten der Umgebung bereit. Ein Stimulus in der Umgebung ist durch mindestens ein Eingabeereignis definiert, das jeweils durch das Eintreten einer spezifischen Bedingung in der Umgebung des Systems bestimmt ist. Die Software des Systems wertet die Daten der Sensorik aus und kann so das Eintreten eines Stimulus identifizieren. Liegt ein Stimulus vor, so bewirkt das System, mittels spezifischer Stelldaten an die Aktuatorik, eine Reaktion in die Umgebung, die durch die Wirkung eines oder mehrerer Ausgabeereignisse bestimmt wird. Software und Hardware des Systems wirken sowohl bei der Identifikation von Stimuli in der Umgebung als auch bei der Reaktion des Systems in die Umgebung zusammen. Die Reaktivität des Systems ist dabei in der Software des Systems abgebildet und kann ‚spiegelbildlich' auch in der Umgebung des Systems durch den Kausalzusammenhang zwischen Stimuli und Reaktionen charakterisiert werden.

Beispiel 2-1 beschreibt exemplarisch die Reaktivität und das Zusammenwirken von Software und Hardware in einem softwareintensiven reaktiven System am Beispiel eines Fahrassistenzsystems in Fahrzeugen.

Beispiel 2-1: Reaktivität und Zusammenwirken von Software und Hardware

Ein Fahrassistenzsystem für Kraftfahrzeuge soll unter anderem den Fahrer beim Überfahren einer Fahrbahnbegrenzung warnen. Das Fahrassistenzsystem umfasst z. B. die Steuerungssoftware (Software), optische Sensoren (Hardware), um das Überfahren einer Fahrbahnbegrenzung feststellen zu können und eine Warnanzeige (Hardware) im Fahrzeugcockpit, um den Fahrer beim Überfahren einer Fahrbahnbegrenzung zu informieren. Der optische Sensor des Fahrassistenzsystems stellt Messdaten zu spezifischen visuellen Eigenschaften der Fahrbahnoberfläche zur Verfügung. Die Software des Systems wertet die Messdaten aus und kann auf Basis der Messdaten das Überfahren einer Fahrbahnbegrenzung feststellen. Wird eine Fahrbahnmarkierung überfahren (Stimulus) bewirkt die Software, dass die Anzeige im Fahrzeugcockpit aktiviert wird (Reaktion), um den Fahrer zu informieren.

2.1.2 Anforderungsspezifikation softwareintensiver reaktiver Systeme

Dem Requirements Engineering im Entwicklungsprozess eines softwareintensiven reaktiven Systems kommt die Aufgabe zu, die Anforderungen an das System zu spezifizieren. Ausgangspunkt der Spezifikation von Anforderungen ist der Systemzweck, welcher den abstrakten Mehrwert beschreibt, der durch das System in der Umgebung etabliert werden soll (vgl. [Yourdon Inc. 1993; Pohl 1994; Wiegers 2003]). Beispiel 2-2 zeigt die Beschreibung des Systemzwecks eines Fahrassistenzsystems in Kraftfahrzeugen.

Beispiel 2-2: Systemzweck „Fahrassistenzsystem"

Das Fahrassistenzsystem soll die Fahrsicherheit erhöhen, indem das System in kritischen Fahrsituationen den Fahrer unterstützt oder aktiv über die Fahrsteuerung eingreift, um Unfälle zu vermeiden.

Allgemein kann die *Spezifikation* als Sammlung von Eigenschaften angesehen werden, die der zugrunde liegende Spezifikationsgegenstand aufweisen muss (vgl. [van Lamsweerde 2000]). Der Terminus ‚Spezifikation' wird dabei in Entwicklungsprozessen in zweierlei Hinsicht verwendet (vgl. z. B. [Pohl 2007]):

- Spezifikation als die Tätigkeit des Spezifizierens (Vorgang)
- Spezifikation als das Ergebnis eines Spezifikationsvorgangs (Artefakt)

Der Gegenstand der *Anforderungsspezifikation* ist in beiden Begriffsbedeutungen das zu entwickelnde System. Die Anforderungsspezifikation definiert die Eigenschaften, die das System an der Schnittstelle zur Umgebung aufweisen muss, um seinen Systemzweck zu erfüllen (vgl. z. B. [Parnas und Madey 1995; Heitmeyer et al. 1997]). Im Zentrum der Anforderungsspezifikation funktionaler Anforderungen reaktiver Systeme steht dabei die Verhaltensspezifikation (vgl. z. B. [Zave 1982; Harel und Pnueli 1985; Hatley und Pirbhai 1988; van Schouwen et al. 1992]). Die Verhaltensspezifikation definiert das nach außen sichtbare Verhalten des Systems, d. h. das Verhalten des Systems an der Schnittstelle zur Umgebung (vgl. [Parnas und Clements 1986; Wing 1990]). Allgemein wird der Terminus ‚Verhaltensspezifikation' im Sinne eines Artefakts wie folgt definiert:

Definition 2-2: *Verhaltensspezifikation – allgemein – (Artefakt)*

Die Verhaltensspezifikation eines Systems ist eine Sammlung dokumentierter Eigenschaften in Bezug auf das Verhalten des Systems an seiner Schnittstelle zur Umgebung hin, die das System aufweisen muss, um im Betrieb seinen Systemzweck zu erfüllen.

Verhaltensspezifikationen (Vorgang & Artefakt) können nach [Heninger 1980; Furbach 1993; van Lamsweerde 2000] in fünf grobe Klassen unterteilt werden:[11]

- *Historien-basierte Verhaltensspezifikation*: Das Verhalten des Systems wird durch die Auszeichnung der maximalen Menge erlaubter Historien (z. B. Ereignisfolgen) an der Schnittstelle des Systems über die Zeit spezifiziert. Zu dieser Klasse von Ansätzen gehören unter anderem [Pnueli 1977; Lamport 1994].

- *Zustandsbasierte Verhaltensspezifikation*: Das Verhalten des Systems wird durch die Auszeichnung der erlaubten Systemzustände durch Invarianten sowie Zusicherungen spezifiziert, die die Ausführung von Systemoperationen einschränken. Zu dieser Klasse von Ansätzen gehören unter anderem [Abrial 1980; Jones 1990].

- *Funktionale Verhaltensspezifikation*: Das Verhalten des Systems wird durch eine strukturierte Sammlung mathematischer Funktionen spezifiziert, die das System ausführen muss. Zu dieser Klasse von Ansätzen gehören unter anderem [Astesiano und Wirsing 1986] und [Gordon und Melham 1993].

- *Operationelle Verhaltensspezifikation*: Das Verhalten des Systems wird als eine strukturierte Sammlung von Prozessen spezifiziert, die auf einer abstrakten Maschine ausgeführt werden. Zu dieser Klasse von Ansätzen gehören unter anderem [Petri 1962; Zave 1982] und [Hoare 1969].

- *Übergangsbasierte Verhaltensspezifikation*: Das Verhalten des Systems wird durch Zustandsübergänge mit Eingabezustand, auslösendem Ereignis und dem Folgezustand spezifiziert. Zu dieser Klasse von Ansätzen gehören unter anderem [Harel et al. 1990] und [Parnas und Madey 1995].

---

[11] Eine andere Differenzierung unterscheidet zwei Arten der Semantik von Spezifikationssprachen (vgl. [Wing 1990; Letier und van Lamsweerde 2002]). Ist eine Verhaltensspezifikation auf Basis einer generativen Semantik (*generative semantics*) konstruiert, so legt dieser Typ von Spezifikation fest, dass jegliche Veränderung des Verhaltens verboten ist, ausgenommen solches Verhalten, dass explizit in der Verhaltensspezifikation gefordert wird. Bei Verhaltensspezifikationen auf Basis einer beschränkenden Semantik (*pruning semantics*) sind Veränderungen des Verhaltens gestattet, ausgenommen solche, die explizit in der Verhaltensspezifikation verboten sind.

Die weiteren Betrachtungen beschränken sich auf eine spezifische Form der übergangsbasierten Verhaltensspezifikation softwareintensiver reaktiver Systeme.

2.1.3 Kanonische Verhaltensspezifikation

Allgemein wird die übergangsbasierte Verhaltensspezifikation wie folgt charakterisiert (vgl. z. B. [Furbach 1993]):

> **Definition 2-3:** *Verhaltensspezifikation – übergangsbasiert – (Artefakt)*
> Die übergangsbasierte Verhaltensspezifikation eines Systems setzt sich aus einer Menge dokumentierter Zustandsübergänge des Systems zusammen, die das System durch Interaktion mit der Umgebung ausführen muss, um seinen Systemzweck zu erfüllen.

Das im Weiteren betrachtete Konzept des Spezifikationsautomaten zur übergangsbasierten Verhaltensspezifikation softwareintensiver reaktiver Systeme geht auf die von LYNCH und TUTTLE vorgeschlagenen Input-Output-Automaten [Lynch und Tuttle 1987; Lynch und Tuttle 1989] zurück, die von ALFARO und HENZINGER [Alfaro und Henzinger 2001; Alfaro und Henzinger 2005] zur Überprüfung der Verträglichkeit von Schnittstellen adaptiert und erweitert wurden. In Anlehnung an [Lynch und Tuttle 1989; Alfaro und Henzinger 2001] wird das Konzept des Spezifikationsautomaten wie folgt definiert:

> **Definition 2-4:** *Spezifikationsautomat SPEC eines softwareintensiven reaktiven Systems*
> Ein Spezifikationsautomat SPEC eines softwareintensiven reaktiven Systems S ist wie folgt definiert: $SPEC_S = (\mathcal{V}_S, Vinit_S, I_S, O_S, H_S, \mathcal{T}_S)$
> – $\mathcal{V}_S$ ist eine Menge von Zuständen, die das betrachtete System einnehmen kann.
> – $Vinit_S \in \mathcal{V}_S$ ist Anfangszustand. Für $Vinit_S = \phi$ wird $SPEC$ als leer bezeichnet.
> – I_S, O_S, H_S sind paarweise disjunkte Mengen von Eingabeereignissen (I), Ausgabeereignissen (O) und internen Ereignissen (H). Dabei ist $E_S = I_S \cup O_S \cup H_S$ die Menge aller Ereignisse des Spezifikationsautomaten $SPEC$.
> – $\mathcal{T}_S \subseteq \mathcal{V}_S \times E_S \times \mathcal{V}_S$ ist eine Menge von Schritten des Spezifikationsautomaten $SPEC$.

Für $e \in I_S$ wird das Tupel (v, e, v') als Eingabeschritt des Spezifikationsautomaten SPEC bezeichnet. Für $e \in O_S$ wird das Tupel (v, e, v') als ein Ausgabeschritt des Spezifikationsautomaten SPEC bezeichnet und für $e \in H_S$ wird das Tupel (v, e, v') als interner Schritt des Spezifikationsautomaten SPEC bezeichnet. Die Menge $\mathcal{T}_S^I$ bezeichnet die Menge aller Eingabeschritte des Spezifikationsautomaten SPEC. Die Menge $\mathcal{T}_S^O$ bezeichnet die Menge aller Ausgabeschritte und $\mathcal{T}_S^H$ die Menge aller internen Schritte des Spezifikationsautomaten SPEC. Ein Ereignis $e \in E_S$ ist ‚akzeptierbar' in einem Zustand $v \in \mathcal{V}_S$, wenn ein Schritt $(v, e, v') \in \mathcal{T}_S$ für ein beliebiges $v' \in \mathcal{V}_S$ existiert.

Die Menge $I_S(v)$ ist die Teilmenge aller Eingabeereignisse, die im Zustand $v \in \mathcal{V}_S$ akzeptiert werden können. Analog werden die Mengen $O_S(v)$ und $H_S(v)$ als Menge von Ausgabeereignissen beziehungsweise als Menge interner Ereignisse definiert, die im Zustand $v \in \mathcal{V}_S$ akzeptierbar sind. Die Menge $E_S(v) = I_S(v) \cup O_S(v) \cup H_S(v)$ ist dabei definiert als die Menge aller Ereignisse des Spezifikationsautomaten SPEC, die im Zustand $v \in \mathcal{V}_S$ vom

Automaten akzeptiert werden. Die Menge $I_S(v)$ definiert für einen Zustand $v \in \mathcal{V}_S$ die Eingaben, die in diesem Zustand akzeptiert werden. Die Differenzmenge $I_S \setminus I_S(v)$ umfasst solche Eingabeereignisse des Spezifikationsautomaten, die im Zustand $v \in \mathcal{V}_S$ nicht akzeptierbar sind. Spezifikationsautomaten können blockierende Zustände besitzen, d. h. es ist nicht ausgeschlossen, dass $I_S(v) = \phi$ gilt.

Beispiel 2-3 zeigt einen Spezifikationsautomaten als Teil der Verhaltensspezifikation eines Fahrassistenzsystems (FAS). Im oberen Teil des Beispiels ist der Spezifikationsautomat SPEC$_{FAS}$ des Fahrassistenzsystems algebraisch nach dem in Definition 2-4 eingeführten Formalismus angegeben. Der untere Teil des Beispiels zeigt die äquivalente grafische Darstellung des Spezifikationsautomaten SPEC$_{FAS}$.

Beispiel 2-3: Spezifikationsautomat aus der Verhaltensspezifikation eines Fahrassistenzsystems

$$SPEC_{FAS} = (\mathcal{V}_{FAS}, \mathit{vinit}_{FAS}, I_{FAS}, O_{FAS}, H_{FAS}, \mathcal{T}_{FAS})$$

$$\mathcal{V}_{FAS} = \{0,1,2,3,4\}$$

$$\mathit{vinit}_{FAS} = 0$$

$$I_{FAS} = \{hindernisDetektiert, hoheGeschwindigkeit\}$$

$$O_{FAS} = \{bremsungInitiieren, fahrerWarnungAktivieren\}$$

$$H_{FAS} = \{kritikalitätBestimmt\}$$

$$\mathcal{T}_{FAS} = \left\{ \begin{array}{l} (0, hindernisDetektiert, 1), (1, hoheGeschwindigkeit, 2), \\ (2, kritikalitätBestimmt, 3), (3, fahrerWarnungAktivieren, 4), \\ (4, bremsungInitiieren, 0) \end{array} \right\}$$

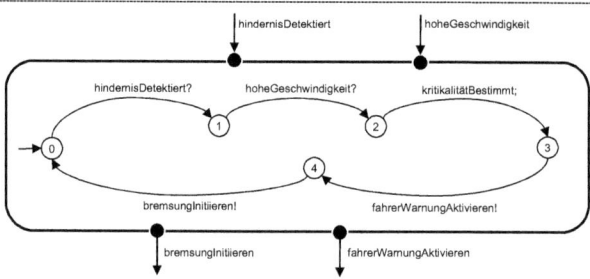

Der Spezifikationsautomat SPEC$_{FAS}$ wird durch die Menge $\mathcal{V}_{FAS}$ (Zustandsmenge des Spezifikationsautomaten), vinit_{FAS} (initialer Zustand), I$_{FAS}$ (Menge von Eingabeereignissen), O$_{FAS}$ (Menge von Ausgabeereignissen), H$_{FAS}$ (Menge der internen Ereignisse) sowie durch die Schrittmenge des Spezifikationsautomaten $\mathcal{T}_{FAS}$ definiert. Beispielsweise spezifiziert das 3-Tupel (0,hindernisDetektiert,1) in der Schrittmenge $\mathcal{T}_{FAS}$, dass der Spezifikationsautomat im Zustand 0 beim Vorliegen des Eingabeereignisses ‚hindernisDetektiert' in den Zustand 1 wechselt. Liegt in diesem Zustand das Eingabeereignis ‚hoheGeschwindigkeit' vor, führt dies dazu, dass der Automat in den Zustand 2 wechselt. Liegt im Zustand 2 das interne Ereignis ‚kritikalitätBestimmt' vor, so wechselt der Spezifikationsautomat in den Zustand 3 und führt die Ausgabeereignisse ‚fahrerWarnungAktivieren' und ‚bremsungInitiieren' aus. Nachdem der Spezifikationsautomat das Ausgabeereignis ‚fahrerWarnungAktivieren'

ausgeführt hat, wechselt der Automat in den Zustand 4. Im Zustand 4 wechselt der Spezifikationsautomat nach Ausführung des Ausgabeereignisses ‚bremsungInitiieren' in den initialen Zustand zurück.[12]

In der grafischen Definition von Spezifikationsautomaten repräsentiert das abgerundete Rechteck die Schnittstelle des betrachteten Systems zur Umgebung hin. Eingabeereignisse werden als eingehende Kanten und Ausgabeereignisse als ausgehende Kanten an der Systemschnittstelle dargestellt. Die Namen der Eingabe- und Ausgabeereignisse werden an den jeweiligen Kanten annotiert. Im inneren Bereich des Spezifikationsautomaten zeigt dieser eine Menge von Zuständen und Zustandsübergängen. Zustandsübergänge werden durch Eingabeereignisse aus der Umgebung des Systems, durch Ausgabeereignisse des Systems in die Umgebung oder durch ein internes Ereignis ausgelöst. Bei Zustandsübergängen werden im Inneren des Automaten Eingabeereignisse mit dem Symbol ‚?' gekennzeichnet, Ausgabeereignisse mit dem Symbol ‚!' und interne Ereignisse mit dem Symbol ‚;'.

Die übergangsbasierte Verhaltensspezifikation softwareintensiver reaktiver Systeme mittels Spezifikationsautomaten nach Definition 2-4 wird im Weiteren als *kanonische Verhaltensspezifikation* bezeichnet. Bei der kanonischen Verhaltensspezifikation werden die geforderten Eigenschaften des betrachteten Systems durch eine Menge von Spezifikationsautomaten dokumentiert, die festlegen, bei welchen Stimuli und in welchen internen Zuständen das System welche Reaktionen in die Umgebung bewirken soll. Solche Zustandsübergänge definieren Einschränkungen hinsichtlich der kausalen Abhängigkeiten zwischen Eingaben und Ausgaben des zugehörigen Systems im Betrieb.

2.2 Operationeller Kontext im Requirements Engineering

In diesem Abschnitt werden die Grundlagen für die Betrachtung des operationellen Kontexts softwareintensiver reaktiver Systeme im Requirements Engineering erläutert.

2.2.1 Grundlagen der Kontextbildung

Der DUDEN definiert den Terminus ‚Kontext' als Sach- und Situationszusammenhang, der einen Betrachtungsgegenstand umgibt und aus dem heraus dieser Betrachtungsgegenstand verstanden werden muss (vgl. [Duden 2006]). In ähnlicher Weise wird in einer allgemeinen Begriffsbedeutung der Terminus ‚Context' im Englischen verwendet. Das MERRIAM-WEBSTER-DICTIONARY definiert ‚Context' als: *„the interrelated conditions in which something exists or occurs"* (vgl. [Merriam-Webster 2009]).

Neben der klassischen Verwendung des Terminus ‚Kontext', z. B. in der Linguistik, Philosophie oder Psychologie, wird dieser Terminus und entsprechende Konzepte auch in Problemlösungsprozessen verwendet (vgl. [Annis 1978; Cohen 1973; Goldman 1989; Guha 1995]), um das zugrunde liegende Problem von der Lösung zu trennen. Das *Engineering*, im Sinne des Entwurfs und der Herstellung komplexer Systeme, kann als eine spezifische

---

[12] Bei der gezeigten Spezifikation soll es sich um eine ‚High-Level-Specification' im Sinne von [Johnson 1988] handeln. Eine ‚High-Level-Specification' basiert auf der *Perfect Knowledge Assumption*, die besagt, dass das spezifizierte System vollständige Information über seine Umgebung besitzt. In ‚Low-Level-Specifications' wird diese Annahme aufgegeben. In Low-Level-Specifications muss berücksichtigt werden, welche Informationen für das spezifizierte System verfügbar (beobachtbar) sind.

Ausprägungsform eines Problemlösungsprozesses verstanden werden. Über den Verlauf dieses Prozesses hinweg wird ein System konstruiert, das eine Lösung für das zugrunde liegende Problem bietet (vgl. [Brezillon 1999]).

Der Terminus ‚Kontext' im Engineering bezeichnet dabei alles das, was den Lösungsraum im Entwicklungsprozess einschränkt, ohne dabei selbst ein expliziter Teil der zu entwickelnden Lösung zu sein. Der Kontext definiert das zugrunde liegende Problem, für das im Entwicklungsprozess eine Lösung in Form eines konstruierten Systems realisiert werden soll. Dieser Standpunkt kann etwa durch die Arbeiten von ALEXANDER untermauert werden, der zur Bedeutung des Kontexts im Engineering bemerkt [Alexander 1979, S. 15]: *„the context defines the problem"*. Eine ähnliche Auffassung zur Bedeutung von ‚Kontext' findet sich z. B. in [Gause und Weinberg 1989; Gause 2005]. GAUSE charakterisiert den Terminus ‚Kontext' als: *„the fully relevant environment to which we're designing"*.

Im Mittelpunkt der Kontextbildung im Engineering steht das zu entwickelnde System im Sinne eines Referenzobjekts, das der Kontextbildung zugrunde liegt (vgl. [Gong 2005]). Dieses Referenzobjekt wird als das Subjekt (lat. *subiectum*: das Zugrundeliegende) der Kontextbildung bezeichnet. Auf Grundlage dessen wird der Terminus ‚Kontextsubjekt' wie folgt definiert:

Definition 2-5: *Kontextsubjekt*

Das Kontextsubjekt ist das Referenzobjekt, das der Kontextbildung zugrunde liegt.

Ausgangspunkt für die Bestimmung des Kontexts eines zu entwickelnden Systems ist der Systemzweck, als abstrakte Charakterisierung des Problems, das durch das zu entwickelnde System adressiert wird (vgl. Abschnitt 2.1.2). Der Kontext eines zu entwickelnden Systems umfasst alles das, was, im Hinblick auf den Systemzweck, den Lösungsraum, d. h. das Kontinuum der möglichen Eigenschaften des zu entwickelnden Systems, einschränkt.

Der Kontext eines Systems konstituiert sich durch Objekte, die mit dem betrachteten System derart in Beziehung stehen, dass Eigenschaften dieser Objekte (z. B. Beziehungen zu anderen Objekten) spezifische Eigenschaften des zu entwickelnden Systems bestimmen. Ein solches Objekt[13] wird im Weiteren als ‚Kontextaspekt' bezeichnet und wie folgt definiert:

Definition 2-6: *Kontextaspekt*

Ein Kontextaspekt ist ein materielles oder immaterielles Objekt einer tatsächlichen oder gedachten Realität, dass die Eigenschaften des zu entwickelnden Systems beeinflusst und nach der Realisierung des Systems nicht Teil dieses Systems ist.

Die obige Definition differenziert zwischen Kontextaspekten, die im Kontext als materielle Objekte auftreten (z. B. Personen, technische Systeme) und solchen Kontextaspekten, die im Kontext als immaterielle Objekte auftreten (z. B. visuelle oder energetische Phänomene). Ein Kontextaspekt kann zum Zeitpunkt der Kontextbildung bereits existieren (d. h.

---

[13] Der Terminus ‚Objekt' wird in diesem Kapitel als allgemeiner Terminus verstanden, im Sinne eines identifizierbaren, materiellen oder immateriellen, abgrenzbaren Teils des betrachteten Gegenstandsbereichs. Im Zuge der Ausarbeitung des Lösungsansatzes wird der Terminus ‚Objekt' in der Kontextbildung weiter differenziert.

Teil der tatsächlichen Realität) oder zu einem späteren Zeitpunkt im Kontext existent werden (d. h. Teil einer gedachten Realität).

Die *Kontextbildung* zu einem gegebenen Kontextsubjekt (i) wird als Gruppierung (g) aller Kontextaspekte (A) und Beziehungen (B) dieser Aspekte in einer tatsächlichen oder gedachten Realität ($\Re$) definiert (vgl. [McCarthy 1993; Gong 2005]), d. h.:

$$g_i(A,B) \subseteq \Re \qquad (2.1)$$

Im Rahmen der Kontextbildung wird der für die Eigenschaften des zu entwickelnden Systems relevante Teil der Realität bestimmt und dadurch gegen den Teil der Realität abgegrenzt, der die Eigenschaften des zu entwickelnden Systems nicht beeinflusst. Diese Abgrenzung wird durch die Kontextgrenze des Kontextsubjekts repräsentiert. Die Kontextgrenze separiert damit $g_i(A,B)$ und $\Re \setminus \{i \cup g_i(A,B)\}$. Der Terminus ‚Kontextgrenze' wird wie folgt definiert:

> **Definition 2-7:** *Kontextgrenze*
>
> Die Kontextgrenze separiert den für die Eigenschaften des Kontextsubjekts relevanten Teil der Realität von der nicht relevanten Realität.

Abbildung 2-2 illustriert die Kontextbildung zu einem Kontextsubjekt über Kontextaspekte und deren Beziehungen in der zugrunde liegenden Realität nach (2.1) sowie die aus der Kontextbildung hervorgehende Kontextgrenze und den Kontext des Kontextsubjekts.

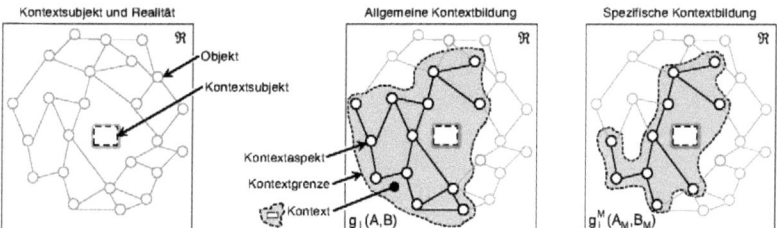

Abbildung 2-2: Schema der allgemeinen und spezifischen Kontextbildung

In der allgemeinen Kontextbildung im Engineering wird der Teil der Realität identifiziert, der das Kontinuum möglicher Eigenschaften des zu entwickelnden Systems einschränkt. Im Rahmen der spezifischen Kontextbildung wird der Kontext auf einen Teilbereich solcher Objekte und relevanter Eigenschaften eingeschränkt, die ein spezifisches Merkmal (M) aufweisen. Für die spezifische Kontextbildung g^M zu einem Kontextsubjekt i gilt:

$$g_i^M(A_M, B_M) \subseteq g_i(A,B) \subseteq \Re \text{ mit } A_M \subseteq A \wedge B_M \subseteq B \qquad (2.2)$$

Für die in (2.2) charakterisierte spezifische Kontextbildung muss die Integritätsbedingung gelten, dass in der Beziehungsmenge B_M nur solche Beziehungen enthalten sein dürfen, die sich auf Kontextaspekte aus A_M beziehen.

2.2.2 Systemkontext im Requirements Engineering

Entlang der verschiedenen Tätigkeiten in der Entwicklung eines Systems (z. B. Requirements Engineering, Architekturentwurf, Design und Implementierung) sind im Entwicklungsprozess unterschiedliche spezifische Kontextbildungen von Bedeutung. So sind in Bezug auf die Kontextbildung im Architekturentwurf solche Kontextaspekte und Eigenschaften der Realität relevant, die das Kontinuum möglicher Ausprägungen der Systemarchitektur einschränken, wie z. B. Entwurfseinschränkungen in Bezug auf den zu verwendenden Architekturstil (vgl. z. B. [Bass et al. 1998]).

Im Rahmen der Kontextbildung im Requirements Engineering werden nur solche Kontextaspekte und zugehörige Eigenschaften betrachtet, die das Kontinuum der möglichen Eigenschaften des zu entwickelnden Systems an seiner Schnittstelle zur Umgebung einschränken. Das Ergebnis der allgemeinen Kontextbildung im Requirements Engineering ist dabei der Systemkontext, der wie folgt definiert wird:[14]

Definition 2-8: *Systemkontext*

Der Systemkontext ist der Teil der Realität, der das Kontinuum möglicher Eigenschaften des Systems an seiner Schnittstelle zur Umgebung einschränkt.

Zur genaueren Charakterisierung des Systemkontexts eines Kontextsubjekts wird die Relation ‚res' (‚restriktiver als') eingeführt: Seien $K1$ und $K2$ Ausschnitte des Systemkontexts K_i^S. Sei E_{K1}^S und E_{K2}^S jeweils das Kontinuum möglicher Eigenschaften des Kontextsubjekts an seiner Schnittstelle zur Umgebung hin. Die Relation ‚res' ist auf dem Systemkontext K_i^S als partielle Ordnung wie folgt definiert:

$$K1 \; res \; K2 \iff E_{K1}^S \subset E_{K2}^S \quad (2.3)$$

Sei darüber hinaus $g^{S\boxminus a_j}(A_K, B_K)$ eine Kontextbildung zum Kontextsubjekt ohne den Kontextaspekt a_j und $g^{S\boxminus b_j}(A_K, B_K)$ eine Kontextbildung zum Kontextsubjekt ohne die Beziehung b_j zwischen zwei Kontextaspekten oder zwischen einem Kontextaspekt und dem Kontextsubjekt. Auf Grundlage von Definition 2-8 und der Bedingung (2.2) kann der Systemkontext K_i^S des Kontextsubjekts i wie folgt definiert werden:[15]

$$\begin{aligned}
&\text{Für } g_i^S(A_K, B_K) \stackrel{\text{def}}{=} (\{a_1, a_2, \ldots, a_n\}, \{b_1, b_2, \ldots, b_m\}) \\
&\textit{mit } (b_i \in \{A_K \cup i\} \times \{A_K \cup i\}) \land \Big((a_j, a_k) \in B_K \Rightarrow j \neq k\Big) \Big| \; g_i^S(A_K, B_K) = K_i^S \\
&\iff \Big(\forall a_j \in A_K \colon g_i^S(A_K, B_K) \; res \; g_i^{S\boxminus a_j}(A_K, B_K)\Big) \\
&\quad \land \Big(\forall b_k \in B_K \colon g_i^S(A_K, B_K) \; res \; g_i^{S\boxminus b_k}(A_K, B_K)\Big) \\
&\land \Big(\nexists \, A_L \supseteq A_K, B_L \supseteq B_K \colon (\exists a_r \in A_L \colon g_i^S(A_L, B_L) \; res \; g_i^{S\boxminus a_r}(A_L, B_L) \land a_r \notin A_K) \\
&\quad \lor (\exists b_r \in B_L \mid g_i^S(A_L, B_L) \; res \; g_i^{S\boxminus b_r}(A_L, B_L) \land b_r \notin B_K)\Big)
\end{aligned} \quad (2.4)$$

---

[14] Die notwendigen Eigenschaften eines zu entwickelnden Systems an seiner Schnittstelle zur Umgebung werden durch Anforderungen spezifiziert (vgl. Abschnitt 2.1.2). Daher kann der Systemkontext auch wie folgt definiert werden [Pohl 2007, S. 55]: „*Der Systemkontext ist der Teil der Umgebung eines Systems, der für die Definition und das Verständnis der Anforderungen an das System relevant ist*".

[15] Wie aus Definition 2-6 hervorgeht, ist das Kontextsubjekt kein Kontextaspekt und daher auch nicht Teil des Systemkontexts. Allerdings sind, wie in (2.4) angegeben, Beziehungen von Kontextaspekten zum Kontextsubjekt im Systemkontext enthalten, da diese Beziehungen das in Definition 2-8 festgelegte Merkmal erfüllen.

(2.4) greift die in (2.2) definierte Kontextbildung auf und definiert den Systemkontext als ein 2-Tupel, bestehend aus der Menge A_K aller Kontextaspekte und der Menge B_K aller relevanten Beziehungen zwischen Kontextaspekten. Wobei in B_K nur Beziehungen zwischen zwei unterschiedlichen Kontextaspekten in A_K oder zwischen einem Kontextaspekt und dem Kontextsubjekt erlaubt sind. Zur Bestimmung der Mengen A_K und B_K wird die Relation *res* (2.3) verwendet. Das in (2.4) definierte *Minimalitätskriterium der Kontextbildung* legt in Bezug auf die Repräsentanten der Menge A_K fest, dass für jeden Kontextaspekt a_j in A_K gelten muss, dass der Systemkontext ohne a_j (d. h. $g_i^{S \boxminus a_j}(A_K,B_K)$) das Kontinuum möglicher Eigenschaften des Kontextsubjekts i an seiner Schnittstelle zur Umgebung weniger stark einschränkt, als der Systemkontext $g_i^S(A_K,B_K)$, welcher den Kontextaspekt a_j umfasst. Für jede Beziehung b_k in B_K muss analog gelten, dass der Systemkontext ohne b_k (d. h. $g_i^{S \boxminus b_k}(A_K,B_K)$) das Kontinuum möglicher Eigenschaften des Kontextsubjekts i an der Schnittstelle zur Umgebung weniger stark einschränkt, als der Systemkontext $g_i^S(A_K,B_K)$. Das *Maximalitätskriterium der Kontextbildung* legt fest, dass keine Obermenge A_L der Menge von Kontextaspekten A_K und keine Obermenge B_L der Menge von Kontextabhängigkeiten B_K existiert, für die das Minimalitätskriterium der Kontextbildung ebenfalls gilt und die jeweils Kontextaspekte oder Kontextabhängigkeiten besitzen, die nicht bereits in den Mengen A_K oder B_K enthalten sind.

2.2.3 Operationeller Kontext softwareintensiver reaktiver Systeme

Ausgehend von Abschnitt 2.1.1 kann das Merkmal der ‚Reaktivität' eines softwareintensiven reaktiven Systems dadurch charakterisiert werden, dass das System im Betrieb auf Stimuli aus dem Systemkontext eine spezifische Reaktion in den Systemkontext bewirkt, um seinen Systemzweck zu erfüllen. Ein Stimulus kann dabei eines oder mehrere Objekte im Systemkontext als Ursprung besitzen. Ebenso bezieht sich die Wirkung einer Reaktion auf eines oder mehrere Objekte im Kontext des Systems.

Die Eigenschaften von Objekten, die den Ursprung von Stimuli bilden oder auf die sich die Wirkung einer Reaktion bezieht, machen ein spezifisches Verhalten des Systems im Betrieb notwendig, wodurch das Kontinuum möglicher Eigenschaften des Systems an dessen Schnittstelle eingeschränkt wird (vgl. [Weyer und Pohl 2008]).

Auf Grundlage von Definition 2-8 wird der operationelle Kontext eines softwareintensiven reaktiven Systems als Teil des Systemkontexts solcher Systeme wie folgt definiert:[16]

Definition 2-9: *Operationeller Kontext eines softwareintensiven reaktiven Systems*

Der operationelle Kontext eines softwareintensiven reaktiven Systems ist der Teil des Systemkontexts, der im Betrieb des Systems entweder Ursprung von Stimuli des Systems ist oder auf den sich die Wirkung der Reaktionen des Systems bezieht.

Zur genaueren Charakterisierung des operationellen Kontexts von softwareintensiven reaktiven Systemen wird die Reduktion des Systemkontexts K_i^S nach (2.4) auf den operationel-

---

[16] Der operationelle Kontext eines softwareintensiven reaktiven Systems wird mitunter auch umfassender definiert (vgl. [Hammond et al. 2001; Broy et al. 2007; Cheng und Atlee 2007]). So werden z. B. physikalische Bedingungen der Umgebung (wie z. B. Temperatur, Drücke, Strahlung oder Feuchtigkeit) berücksichtigt, auch wenn diese *nicht* Ursprung von Stimuli oder Bezug einer Reaktion sind, sondern sich darauf beziehen, unter welchen physikalischen Bedingungen das System operieren muss.

len Kontext K_i^O nach Definition 2-9 beschrieben. Die Reduktion wird durch die Selektionsfunktion σ_i^O vorgenommen, die im gegebenen Systemkontext des softwareintensiven reaktiven Systems solche Kontextaspekte und Beziehungen selektiert, die zum operationellen Kontext gehören.[17]

$$K_i^O = \sigma_i^O(K_i^S) = g_i^O(A_K^O, B_K^O) = \left(\sigma_i^A(A_K), \sigma_i^B(B_K)\right) \quad (2.5)$$

Die Selektionsfunktion σ_i^O wird durch zwei Teilfunktionen σ_i^A und σ_i^B definiert. σ_i^A dient zur Selektion solcher Kontextaspekte im Systemkontext K_i^S des softwareintensiven reaktiven Systems, die auch Teil des operationellen Kontexts dieses Systems sind. Für die Selektionsfunktion σ_i^A gilt die folgende Bedingung: Sei $a_m \in A_K$ ein Kontextaspekt im Systemkontext des softwareintensiven reaktiven Systems, seien $\{e_1, e_2, \cdots, e_n\}$ die Eigenschaften des Kontextaspekts a_m und sei $\delta(e_l)$ die Repräsentation einer beliebigen Veränderung der Eigenschaft e_l, dann ist die Selektion σ_i^A wie folgt definiert:

$$a_m \in \sigma_i^A(A_K) \Leftrightarrow$$
$$\begin{pmatrix} (\exists\, e_l^{a_m}: \delta(e_l^{a_m})\ \textit{ist Teil des Ursprungs eines Stimulus}) \\ \vee\ (\exists\, e_l^{a_m}: \delta(e_l^{a_m})\ \textit{ist Teil der Wirkung einer Reaktion}) \end{pmatrix} \quad (2.6)$$

Die Selektionsfunktion σ_i^B wird analog zu (2.6) definiert und selektiert solche Beziehungen B_K im Systemkontext, die zwischen Kontextaspekten A_K^O oder zwischen Kontextaspekten und dem betrachteten System bestehen und Teil des Ursprungs eines Stimulus oder Teil der Wirkung einer Reaktion sind.[18]

2.2.4 Perspektiven auf den operationellen Kontext

In der Analyse eines Systems kann dessen Komplexität dadurch reduziert werden, dass das System differenziert in einzelnen Perspektiven betrachtet wird (vgl. z. B. [Leite und Freeman 1991; Wieringa 1998]). Dabei werden in jeder Perspektive spezifische Abstraktionen verwendet, die den zugrunde liegenden Gegenstandsbereich jeweils um solche Eigenschaften verkürzen, die nicht in den perspektivischen Abstraktionen berücksichtigt sind (vgl. z. B. [Stachowiak 1973; Falkenberg et al. 1998]).

Zur Komplexitätsreduktion in der Betrachtung des operationellen Kontexts softwareintensiver reaktiver Systeme werden im Weiteren die in Abbildung 2-3 illustrierten Perspektiven auf den operationellen Kontext softwareintensiver reaktiver Systeme unterschieden. Die Kontextbildung in jeder der drei Perspektiven (statisch-strukturell, ablauforientiert und zustandsorientiert) gründet sich auf die in Abschnitt 2.2.1 eingeführten allgemeinen Konzepte der Kontextbildung.

---

[17] Die Bedingung, dass nur solche Kontextaspekte und Beziehungen selektiert werden, die zum operationellen Kontext gehören (spezifisches Merkmal ‚M') beschreibt eine in Bezug auf die Bildung des Systemkontexts spezifische Kontextbildung nach (2.2).

[18] Wenn der resultierende operationelle Kontext nur noch solche Eigenschaften umfassen soll, die im Sinne von (2.6) relevant sind, ist es, neben der Reduktion der Menge von Kontextaspekten und Beziehungen, notwendig, auch die Eigenschaften der Kontextaspekte auf solche zu reduzieren, die im Sinne von (2.6) im Betrieb einen Bezug zu einem Stimulus oder zur Wirkung einer Reaktion besitzen.

2 GRUNDLAGEN

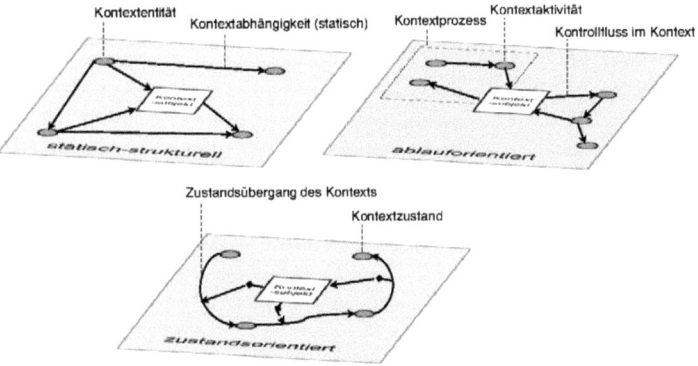

Abbildung 2-3: Perspektiven auf den operationellen Kontext

Die Kontextbildung in jeder der drei Perspektiven ist im Sinne von (2.2) dahin gehend spezifisch, dass aufgrund der unterschiedlichen Abstraktionen in den einzelnen Perspektiven verschiedenartige Kontextaspekte und Beziehungen Gegenstand der Kontextbildung sind.[19]

Operationeller Kontext in der statisch-strukturellen Perspektive

Die zur Kontextbildung nach (2.5) in der statisch-strukturellen Perspektive betrachteten Kontextaspekte sind *Kontextentitäten*. Kontextentitäten sind materielle oder immaterielle Objekte, Personen oder technische Systeme in der umgebenden Realität des Kontextsubjekts, die im Sinne von (2.6) Ursprung eines Stimulus oder Gegenstand der Wirkung einer Reaktion sind. Die Veränderung von Eigenschaften einer Kontextentität kann entweder ein Stimulus oder Teil eines Stimulus für das Kontextsubjekt sein, oder die Wirkung einer Reaktion kann sich auf Eigenschaften einer Kontextentität beziehen. *Kontextabhängigkeiten* setzen Kontextentitäten (und ggf. das Kontextsubjekt) in Beziehung, wenn zwischen diesen hinsichtlich eines Stimulus oder einer Reaktion ein Zusammenhang besteht.[20]

Operationeller Kontext in der ablauforientierten Perspektive

Die zur Kontextbildung nach (2.5) in der ablauforientierten Perspektive betrachteten Kontextaspekte sind *Kontextaktivitäten*. Kontextaktivitäten stehen in dieser Perspektive durch den *Kontrollfluss im Kontext* miteinander in Beziehung. Die Kontextaktivitäten stehen mit dem Kontextsubjekt dabei derart in Beziehung, dass betrachtet wird, wie das Kontextsubjekt in den Kontrollfluss übergeordneter Prozesse (*Kontextprozesse*) eingebettet ist. Kontextaktivitäten sind im Sinne von (2.6) Ursprung eines Stimulus oder Gegenstand der Wirkung einer Reaktion. Dies gilt, weil z. B. die Beendigung einer Kontextaktivität einen Stimulus für das Kontextsubjekt darstellt oder das Kontextsubjekt die Ausführung einer Kontextaktivität als Teil der Wirkung einer Reaktion initiiert.

---

[19] In einer Verallgemeinerung der hier verwendeten Differenzierung kann zwischen der statischen und der dynamischen Perspektive unterschieden werden. In der dynamischen Perspektive wird das dynamische Verhalten des operationellen Kontexts gegenüber dem Kontextsubjekt betrachtet, z. B. durch die Abfolge von Interaktionen zwischen operationellem Kontext und dem Kontextsubjekt.

[20] Im Rahmen der Betrachtung des operationellen Kontexts von softwareintensiven reaktiven Systemen in der statisch-strukturellen Perspektive werden im entwickelten Lösungsansatz Kontextentitäten und Kontextabhängigkeiten weiter differenziert.

Operationeller Kontext in der zustandsorientierten Perspektive

Die zur Kontextbildung nach (2.5) in der zustandsorientierten Perspektive betrachteten Kontextaspekte sind *Kontextzustände*. Ein Kontextzustand charakterisiert eine spezifische Ausprägung von Eigenschaften, die der operationelle Kontext gegenüber dem Kontextsubjekt zu einem bestimmten Zeitpunkt besitzen kann. Kontextzustände stehen durch *Zustandsübergänge im Kontext* miteinander in Beziehung. Kontextzustände sind im Sinne von (2.6) Ursprung eines Stimulus oder Gegenstand einer Reaktion des Kontextsubjekts, da die Veränderung eines Kontextzustandes in spezifischen Zuständen des Kontextsubjekts eine Reaktion des Kontextsubjekts bewirkt oder eine Reaktion des Kontextsubjekts in spezifischen Zuständen des Kontexts zu einer Veränderung des Kontextzustandes führt.

2.3 Grundlagen der Kohärenzprüfung

In diesem Abschnitt werden die Grundlagen zur Betrachtung der Kohärenz von Verhaltensspezifikationen gegen Eigenschaften des operationellen Kontexts eingeführt und in die Qualitätssicherung von Anforderungsspezifikationen eingeordnet.

2.3.1 Qualitätssicherung von Anforderungsspezifikationen

Die Qualitätssicherung von Anforderungsspezifikationen zielt darauf ab, sicherzustellen, dass Anforderungsspezifikationen vorgegebenen Qualitätskriterien genügen (vgl. z. B. [Boehm 1984; Easterbrook 1999; Sommerville 2001]). Zur Qualitätssicherung von Anforderungsspezifikationen können zwei grobe Kategorien von Maßnahmen unterschieden werden (in Anlehnung an [Braek et al. 1993]):

- *Konstruktive Maßnahmen* zur Sicherung der Qualität von Anforderungsspezifikationen zielen darauf ab, im Zuge der eigentlichen Tätigkeit des Spezifizierens von Anforderungen, sicherzustellen, dass die erstellten Anforderungsspezifikationen bereits spezifischen Qualitätskriterien genügen.

- *Analytische Maßnahmen* zur Sicherung der Qualität von Anforderungsspezifikationen zielen darauf ab, bereits erstellte Anforderungsspezifikationen auf solche Eigenschaften hin zu überprüfen, die die Qualität der Anforderungsspezifikation in Bezug auf spezifische Qualitätskriterien reduzieren.

Ein Qualitätskriterium für Anforderungsspezifikationen definiert eine spezifische Eigenschaft, die Anforderungsspezifikationen aufweisen müssen, um die weiteren Tätigkeiten im Lebenszyklus des Systems bestmöglich zu unterstützen. In der Literatur werden verschiedenste Taxonomien für die Qualität von Anforderungsspezifikationen und Qualitätskriterien für Anforderungsspezifikationen vorgeschlagen (vgl. z. B. [Kung 1983; Cole et al. 1984; Roman 1985; Thayer und Thayer 1990; Pohl 1994] oder [IEEE 830-1998]). Der IEEE-Standard 830-1998 [IEEE 830-1998] nennt z. B. die Qualitätskriterien: *correct* (korrekt), *unambiguous* (eindeutig), *complete* (vollständig), *consistent* (konsistent), *ranked for importance and / or stability* (bewertet nach Wichtigkeit und / oder Stabilität), *verifiable* (überprüfbar), *modifiable* (veränderbar) und *traceable* (verfolgbar).

2 GRUNDLAGEN

Um die Qualität von Entwicklungsartefakten bewerten zu können, schlagen [Lindland et al. 1994; Krogstie et al. 1995] und [Price und Shanks 2005] eine Differenzierung der Qualität von Entwicklungsartefakten entlang der von MORRIS [Morris 1946] eingeführten Ebenen der Semiotik (Syntax, Semantik und Pragmatik) vor.[21] Die Autoren unterscheiden drei grobe Qualitätskriterien, die, bezogen auf das Artefakt ‚Anforderungsspezifikation', wie folgt charakterisiert werden können (vgl. [Price und Shanks 2005]):

- *Syntaktische Qualität einer Anforderungsspezifikation* ist der Umfang, in dem die Anforderungsspezifikation den syntaktischen Regeln der verwendeten Dokumentations- und Modellierungstechniken genügt.

- *Pragmatische Qualität einer Anforderungsspezifikation* ist der Umfang, in dem die Anforderungsspezifikation für den jeweiligen Verwendungszweck geeignet ist.

- *Semantische Qualität einer Anforderungsspezifikation* ist der Umfang, in dem die Eigenschaften in der Anforderungsspezifikation mit dem zugrunde liegenden Gegenstandsbereich korrespondieren.[22]

Diese drei Kriterien zur Bestimmung der Qualität sind nicht überschneidungsfrei. Beispielsweise reduziert eine geringe syntaktische Qualität auch die pragmatische Qualität, da syntaktische Fehler aufgrund der Verringerung der Lesbarkeit und Verständlichkeit auch die Eignung für den Verwendungszweck reduzieren. Auch eine geringe semantische Qualität der Anforderungsspezifikation verringert die pragmatische Qualität der Anforderungsspezifikation, da die fehlerhafte Berücksichtigung der Eigenschaften des zugrunde liegenden Gegenstandsbereichs auch den Grad der Eignung der Anforderungsspezifikation für den intendierten Verwendungszweck reduziert.

Die semantische Qualität einer Anforderungsspezifikation wird nach [Krogstie 1998] durch die *Gültigkeit (Validität)* und die *Vollständigkeit* der Anforderungsspezifikation gegenüber dem zugrunde liegenden Gegenstandsbereich bestimmt. Da nach Abschnitt 2.2.2 der Systemkontext der Teil der Realität ist, der der Anforderungsspezifikation zugrunde liegt, wird die Gültigkeit der Anforderungsspezifikation eines Systems wie folgt definiert:

Definition 2-10: *Gültigkeit einer Anforderungsspezifikation*

Die Gültigkeit der Anforderungsspezifikation ist der Umfang, in dem die in der Anforderungsspezifikation definierten Eigenschaften im Systemkontext gültig sind.

Die Vollständigkeit der Anforderungsspezifikation eines Systems ist in Bezug auf den zugehörigen Systemkontext wie folgt definiert:

Definition 2-11: *Vollständigkeit einer Anforderungsspezifikation*

Die Vollständigkeit einer Anforderungsspezifikation ist der Umfang, in dem die Anforderungsspezifikation alle relevanten Eigenschaften des Systemkontexts berücksichtigt.

---

[21] Die Arbeiten von Morris basieren dabei auf den von Peirce / Ogden eingeführten Elementen der Semiotik sprachlicher Beschreibungen (vgl. [Ogden und Richards 1923; Hartshorne und Weiss 1931]).

[22] In Arbeiten zur Semiotik konzeptueller Modelle wird für den hier verwendeten Terminus „Gegenstandsbereich" häufig der Terminus ‚Domäne' (engl. ‚domain') verwendet (vgl. z. B. [Lindland et al. 1994; Krogstie 1998; Falkenberg et al. 1998; Moody 2009]). Gelegentlich wird auch der Terminus ‚Diskurswelt' (engl. „universe of discourse") gebraucht (vgl. z. B. [van Griethuysen 1982]).

Gültigkeit und Vollständigkeit einer Anforderungsspezifikation bestimmen den Umfang des semantischen Bezugs zwischen der Anforderungsspezifikation und dem Systemkontext. Der semantische Bezug sprachlicher Beschreibungen wird allgemein als *Kohärenz* bezeichnet (vgl. [Lewandowski 1990]).

2.3.2 Kohärenz von Verhaltensspezifikationen zum operationellen Kontext

Die Kohärenz der Verhaltensspezifikation zum operationellen Kontext ist ein spezifischer Aspekt der allgemeinen Kohärenzbetrachtung zwischen der Anforderungsspezifikation eines Systems und dessen Systemkontext (vgl. Abschnitte 2.1.2 und 2.2.2). Grundlage der Kohärenzbetrachtung zwischen Verhaltensspezifikationen und operationellem Kontext ist dabei der semantische Bezug zwischen den in der Verhaltensspezifikation definierten Eigenschaften des Systems und Eigenschaften des operationellen Kontexts.[23] Abbildung 2-4 illustriert den semantischen Bezug der Anforderungs- und Verhaltensspezifikation eines Systems zu Eigenschaften des Systemkontexts und des operationellen Kontexts.

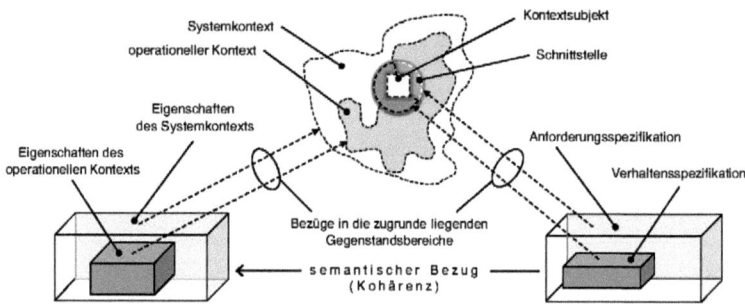

Abbildung 2-4: Kohärenz der Verhaltensspezifikation zum operationellen Kontext

Basierend auf den Ausführungen in Abschnitt 2.3.1 wird die Kohärenz der Verhaltensspezifikation eines Systems zum operationellen Kontext durch den Umfang des semantischen Bezugs bestimmt und ist daher wie folgt definiert:[24]

---

[23] Die Kohärenz bezieht sich auf den semantischen Bezug *innerhalb* einer sprachlichen Beschreibung oder *zwischen* sprachlichen Beschreibungen. Eine sprachliche Beschreibung des operationellen Kontexts kann dabei als eine Menge dokumentierter Eigenschaften des operationellen Kontexts charakterisiert werden.

[24] Die Kohärenz ist eine Aussage über die Zusammenhänge in der Tiefenstruktur (Semantik) eines sprachlichen Ausdrucks (vgl. [Lewandowski 1990]). Im Vergleich zur Kohärenz ist die Kohäsion eine Aussage über die Oberflächenstruktur (Syntax) eines sprachlichen Ausdrucks. Artefakte im Entwicklungsprozess können im sprachtheoretischen Sinne als sprachliche Beschreibungen verstanden werden. Kohärenz kann sich dabei auf den semantischen Zusammenhang von Artefakten einer Klasse aber auch auf den semantischen Zusammenhang zwischen Artefakten unterschiedlicher Artefaktklassen beziehen. Die Kohärenz einer Anforderungsspezifikation ist eine Aussage über den Grad des semantischen Zusammenhangs zwischen Anforderungen. Die Kohärenz einer Anforderungsspezifikation zum Systemkontext ist eine Aussage über den semantischen Bezug von Anforderungen zu Eigenschaften des Systemkontexts.

> **Definition 2-12:** *Kohärenz der Verhaltensspezifikation zum operationellen Kontext*
> Die Kohärenz einer Verhaltensspezifikation zum operationellen Kontext ist der Umfang, in dem die in der Verhaltensspezifikation definierten Eigenschaften in Bezug auf die Eigenschaften des operationellen Kontexts gültig und vollständig sind.

Die *Kohärenzprüfung* der Verhaltensspezifikation eines softwareintensiven reaktiven Systems gegen den operationellen Kontext dieses Systems ist nach Abschnitt 2.3.1 eine Maßnahme der analytischen Qualitätssicherung, die die Verhaltensspezifikation auf zwei Ausprägungen von *Kohärenzbrüchen* überprüft:

- *Ungültige Eigenschaften in der Verhaltensspezifikation:* Eigenschaften in der Verhaltensspezifikation des softwareintensiven reaktiven Systems, die in Bezug auf die Eigenschaften des operationellen Kontexts dieses Systems ungültig sind.

- *Unvollständige Eigenschaften in der Verhaltensspezifikation:* Eigenschaften des operationellen Kontexts des softwareintensiven reaktiven Systems, die in der Verhaltensspezifikation des Systems zu berücksichtigen sind, allerdings nicht berücksichtigt wurden.

2.3.3 Automatisierung der Kohärenzprüfung von Verhaltensspezifikationen

Allgemein können zur Prüfung des semantischen Bezugs sprachlicher Beschreibungen Verfahren mit unterschiedlichem Automatisierungsgrad verwendet werden (vgl. z. B. [Meyer 1985; Wing 1990; Heitmeyer et al. 1996]). Bezogen auf die Kohärenzprüfung von Verhaltensspezifikationen gegen Eigenschaften des operationellen Kontexts sind dabei drei grundsätzliche Automatisierungsgrade denkbar:

- *Automatisierte Kohärenzprüfung:* Hierbei ist die Prüfung der semantischen Bezüge der Verhaltensspezifikation zu Eigenschaften des operationellen Kontexts vollständig automatisiert.

- *Teilautomatisierte Kohärenzprüfung:* Hierbei ist die Prüfung der semantischen Bezüge der Verhaltensspezifikation zu Eigenschaften des operationellen Kontexts teilweise automatisiert, d. h. ein Teil der Aktivitäten wird manuell durchgeführt.

- *Manuelle Kohärenzprüfung:* Hierbei wird die Prüfung der semantischen Bezüge der Verhaltensspezifikation zu Eigenschaften des operationellen Kontexts vollständig manuell durchgeführt.

Notwendige Voraussetzung für die Automatisierbarkeit der Überprüfung des semantischen Bezugs zwischen zwei sprachlichen Beschreibungen ist, dass Syntax und Semantik der verwendeten Sprachen auf Grundlage eines formalen Kalküls definiert sind (vgl. [Guttag et al. 1982]). Die Bedeutung von sprachlichen Beschreibungen in einer formalen Sprache wird über die der Sprache zugrunde liegende semantische Domäne hergestellt, indem die Konstrukte der Syntax zu Elementen der semantischen Domäne relationiert werden (vgl. [Wing 1990; Zave und Jackson 1993]). Die semantische Domäne einer Sprache umfasst die Bedeutung der in der Sprache verfügbaren Konzepte (Abstraktionen) und bestimmt dadurch auch, welche Eigenschaften eines zugrunde liegenden Gegenstandsbereichs in der Sprache ausgedrückt werden können (vgl. [Harel und Rumpe 2004]).

Wie in Abbildung 2-4 illustriert, überlappt der in der Verhaltensspezifikation eines Systems betrachtete Gegenstandsbereich mit dem operationellen Kontext des Systems. Diese Überlappung ist notwendige Voraussetzung für die Kohärenzprüfung (vgl. [Spanoudakis und Finkelstein 1997; Spanoudakis et al. 1999]). Diese Kohärenzprüfung beruht dabei auf Aussagen zum Bezug zwischen den beiden zugrunde liegenden semantischen Domänen.

Werden die Verhaltensspezifikation und die Dokumentation von Eigenschaften des operationellen Kontexts unabhängig voneinander erstellt, besteht die Problematik, dass Elemente im zugrunde liegenden Gegenstandsbereich (z. B. Stimuli) in der Verhaltensspezifikation anders benannt sind, als in den dokumentierten Eigenschaften des operationellen Kontexts. In diesem Falle besteht z. B. die Möglichkeit, die Überprüfung der Äquivalenz von Bezeichnern manuell (z. B. durch Fachexperten) vorzunehmen.[25]

2.4 Anforderungen an den Ansatz

Wie in Abschnitt 1.2 erläutert, besteht die allgemeine Problemstellung dieser Arbeit in der Sicherung der Kohärenz von Verhaltensspezifikationen gegenüber Eigenschaften des operationellen Kontexts. Auf Grundlage der Betrachtungen in den Abschnitten 2.1 – 2.3 wird die allgemeine Problemstellung im Folgenden konkretisiert und das spezifische Ziel der Arbeit sowie die zugehörigen Anforderungen an den Lösungsansatz vorgestellt.

2.4.1 Spezifische Problemstellung der Arbeit

Die spezifische Problemstellung der vorliegenden Arbeit wird durch die folgenden Einschränkungen der in Abschnitt 1.3 betrachteten allgemeinen Problemstellung gebildet:

- *Einschränkung 1:* Die allgemeine Problemstellung wird auf Systeme des Systemtyps ‚softwareintensives reaktives System' eingeschränkt, d. h. auf solche Systeme, die die in Definition 2-1 genannten Merkmale besitzen (vgl. Abschnitt 2.1).

- *Einschränkung 2:* Die allgemeine Problemstellung wird auf kanonische Verhaltensspezifikationen eingeschränkt, d. h. auf übergangsbasierte Verhaltensspezifikationen, die durch Spezifikationsautomaten nach Definition 2-4 definiert sind (vgl. Abschnitt 2.1).

- *Einschränkung 3:* Die allgemeine Problemstellung wird auf die Kohärenz von Verhaltensspezifikationen gegen Eigenschaften des operationellen Kontexts in der statisch-strukturellen Perspektive eingeschränkt (vgl. Abschnitt 2.2).

- *Einschränkung 4:* Die allgemeine Problemstellung wird auf die teilautomatisierte Kohärenzsicherung von Verhaltensspezifikationen eingeschränkt, d. h. die Problemstellung fordert keine vollständig automatisierte Kohärenzprüfung (vgl. Abschnitt 2.3).

---

[25] In dieser Situation kann der Automatisierungsgrad der betrachteten Kohärenzprüfung weiter erhöht werden, in dem z. B. ein Glossar von Begriffen der zugrunde liegenden Domäne aufgebaut wird, welches zu einem Begriff z. B. auch Synonyme (d.h. semantisch äquivalente Bezeichner) nennt. Auf Basis eines Glossar können Bezeichner automatisiert auf semantische Äquivalenz überprüft werden.

2.4.2 Spezifisches Ziel der Arbeit

Ausgehend von dem in Abschnitt 1.3 erläuterten allgemeinen Ziel dieser Arbeit und den in Abschnitt 2.4.1 beschriebenen Einschränkungen wird das spezifische Ziel dieser Arbeit wie folgt definiert:

> **Spezifisches Ziel der Arbeit**
> *„Entwicklung eines Ansatzes zur teilautomatisierten Kohärenzprüfung kanonischer Verhaltensspezifikationen von softwareintensiven reaktiven Systemen gegen Eigenschaften des operationellen Kontexts in der statisch-strukturellen Perspektive."*

Der zu entwickelnde Ansatz zielt darauf ab, Verhaltensspezifikationen softwareintensiver reaktiver Systeme auf Kohärenz zu spezifischen Eigenschaften des operationellen Kontexts dieser Systeme zu überprüfen. Die Kohärenzsicherung der Verhaltensspezifikationen von Systemen anderer Systemtypen (z. B. Transaktionssysteme) wird im Ansatz nicht adressiert (vgl. z. B. [Wieringa 2003]). Bei den oben genannten spezifischen Eigenschaften des operationellen Kontexts handelt es sich um Eigenschaften in der statisch-strukturellen Perspektive des operationellen Kontexts. Der Ansatz adressiert nicht die Kohärenzprüfung kanonischer Verhaltensspezifikationen gegen spezifische Eigenschaften des operationellen Kontexts in der ablauforientierten oder zustandsorientierten Perspektive (vgl. Abschnitt 2.2.4).

Der zu entwickelnde Ansatz beschränkt sich auf die analytische Qualitätssicherung kanonischer Verhaltensspezifikationen (vgl. Abschnitt 2.3.1). Die konstruktive Qualitätssicherung, d. h. die Durchführung von Maßnahmen während des eigentlichen Spezifikationsprozesses, die die Kohärenz der erstellten Verhaltensspezifikation zu den spezifischen Eigenschaften des operationellen Kontexts gewährleisten, wird nicht betrachtet. Außerdem beschränkt sich die Kohärenzprüfung auf solche Eigenschaften, die Gegenstand der kanonischen Verhaltensspezifikation nach Definition 2-4 sind. Andere Eigenschaften in Verhaltensspezifikationen, wie z. B. Anforderungen an das Realzeitverhalten des Systems (z. B. [Jahanian und Mok 1986]), werden nicht berücksichtigt.

2.4.3 Annahmen des Ansatzes

Zur Entwicklung des Ansatzes zur teilautomatisierten Kohärenzprüfung kanonischer Verhaltensspezifikationen von softwareintensiven reaktiven Systemen gegen Eigenschaften des operationellen Kontexts in der statisch-strukturellen Perspektive werden die folgenden Annahmen getroffen:

- *Annahme 1:* Die auf Kohärenz zu überprüfende kanonische Verhaltensspezifikation eines softwareintensiven reaktiven Systems liegt bereits vor.

- *Annahme 2:* Die Eigenschaften des operationellen Kontexts in der statisch-strukturellen Perspektive sind vollständig bekannt.

- *Annahmen 3:* Bei der Erfassung und Dokumentation der Eigenschaften des operationellen Kontexts treten keine Transformationseffekte auf.[26]

Annahme 1 hat zur Konsequenz, dass der zu entwickelnde Ansatz weder eine Unterstützung für die Erstellung der kanonischen Verhaltensspezifikation noch Mechanismen zur Überführung von Verhaltensspezifikationen in die kanonische Form bieten muss. Annahme 2 hat zur Konsequenz, dass der Ansatz keine Unterstützung in Bezug auf die Analyse des operationellen Kontexts in der statisch-strukturellen Perspektive bieten muss. Annahme 3 legt fest, dass die im Ansatz dokumentierten Eigenschaften des operationellen Kontexts keinerlei Transformationseffekte aufweisen. Dies hat zur Konsequenz, dass die in der Anwendung des Ansatzes dokumentierten Eigenschaften des operationellen Kontexts den zugrunde liegenden Gegenstandsbereich korrekt berücksichtigen. Annahme 2 und Annahme 3 zusammengenommen wirken sich auf den zu entwickelnden Ansatz dahin gehend aus, dass identifizierte Kohärenzbrüche der Verhaltensspezifikation gegenüber dem operationellen Kontext auf Fehler in der Verhaltensspezifikation zurückzuführen sind. Bleibt nur eine der beiden Annahmen unberücksichtigt, kann die Ursache eines Kohärenzbruchs auch in der fehlerhaften Erfassung oder Dokumentation von Eigenschaften des operationellen Kontexts liegen.

2.4.4 Anforderungen an den Ansatz und Bewertungskriterien

Die spezifische Zielsetzung der vorliegenden Arbeit und die obigen Annahmen führen zu zwei übergeordneten Anforderungen an den zu entwickelnden Ansatz. Die erste Anforderung an den Ansatz ist wie folgt definiert:

> Anforderung 1 an den Ansatz (A.1)
>
> *„Der Ansatz muss die Prüfung der Kohärenz von Eigenschaften in Verhaltensspezifikationen softwareintensiver reaktiver Systeme gegen Eigenschaften des operationellen Kontexts unterstützen."*

Grundlage der betrachteten Kohärenzprüfung ist, dass der zu entwickelnde Ansatz Aussagen über den semantischen Bezug zwischen Eigenschaften in der Verhaltensspezifikation eines Systems und Eigenschaften des operationellen Kontexts macht (vgl. Abschnitt 2.3.2). Daher besteht für die Erfüllung der Anforderung A.1 das folgende notwendige Kriterium:

Notwendiges Kriterium zur Erfüllung der Anforderung 1 (K.A.1-I):

- Der Ansatz macht Aussagen über den semantischen Bezug zwischen Eigenschaften in der Verhaltensspezifikation und Eigenschaften des operationellen Kontexts.

Der zu entwickelnde Ansatz muss die Aussagen zum semantischen Bezug derart berücksichtigen, dass Eigenschaften in der zu prüfenden Verhaltensspezifikation systematisiert

---

[26] Hierbei handelt es sich um zwei Ausprägungen von Transformationseffekten, die im Zuge der Konzeptualisierung und der sprachlichen Beschreibung eines Gegenstandsbereichs auftreten. Die *Wahrnehmungstransformation* bezieht sich auf eine fehlerhafte Konzeptualisierung des zugrunde liegenden Gegenstandsbereichs. Die *Darstellungstransformation* bezieht sich auf die fehlerhafte sprachliche Beschreibung (respektive Dokumentation) der Konzeptualisierung eines Gegenstandsbereichs. Beide Transformationseffekte führen letztlich dazu, dass die dokumentierten Eigenschaften eines Gegenstandsbereichs fehlerhaft sind, wobei der Fehler entweder bereits bei der Konzeptualisierung (Wahrnehmung) eingetreten ist und / oder bei der sprachlichen Beschreibung (z. B. Dokumentation) der Konzeptualisierung (vgl. [Hanson 1958; Hempel 1966]).

gegen Eigenschaften des operationellen Kontexts geprüft werden können. Wie in Abschnitt 2.3.2 erläutert, zielt die Kohärenzprüfung auf die Identifikation ungültiger Eigenschaften und unvollständiger Eigenschaften in der Verhaltensspezifikation gegenüber Eigenschaften des operationellen Kontexts ab. Das hinreichende Kriterium für die Erfüllung der Anforderung A.1 wird demzufolge über zwei Teilkriterien wie folgt definiert:

Hinreichendes Kriterium zur Erfüllung der Anforderung 1 (K.A.1-II):

- Der Ansatz adressiert die Identifikation ungültiger Eigenschaften in der Verhaltensspezifikation softwareintensiver reaktiver Systeme in Bezug auf Eigenschaften des operationellen Kontexts. (K.A.1-IIa)

- Der Ansatz adressiert die Identifikation unvollständiger Eigenschaften in der Verhaltensspezifikation softwareintensiver reaktiver Systeme in Bezug auf Eigenschaften des operationellen Kontexts. (K.A.1-IIb)

Das konkretisierte Ziel der Arbeit fordert, dass die Kohärenzprüfung im Mindesten teilautomatisiert sein muss, d. h. die Kohärenzprüfung soll teilweise maschinell durchführbar sein. Die partielle Automatisierung der Kohärenzprüfung macht es notwendig, dass die zu prüfenden Eigenschaften geeignet dokumentiert vorliegen (vgl. Abschnitt 2.3.3). Da nach Annahme 1 die zu prüfende Verhaltensspezifikation bereits vorliegt, muss der Ansatz lediglich die Dokumentation der Eigenschaften des operationellen Kontexts unterstützen. Die zweite Anforderung an den Ansatz wird daher wie folgt definiert:

Anforderung 2 an den Ansatz (A.2)

„Der Ansatz muss die Dokumentation von Eigenschaften des operationellen Kontexts softwareintensiver reaktiver Systeme in der statisch-strukturellen Perspektive unterstützen."

Voraussetzung für die Erfüllbarkeit der Anforderung A.2 ist, dass der zu entwickelnde Ansatz die explizite Dokumentation von Eigenschaften des operationellen Kontexts softwareintensiver reaktiver Systeme ermöglicht. Die Anforderung A.2 besitzt demnach das folgende notwendige Kriterium:

Notwendiges Kriterium für die Erfüllung von Anforderung 2 (K.A.2-I):

- Der Ansatz erlaubt die explizite Dokumentation von Eigenschaften des operationellen Kontexts in der statisch-strukturellen Perspektive.

Der operationelle Kontext eines softwareintensiven reaktiven Systems wird über Stimuli und Reaktionen des Systems gebildet (vgl. Abschnitt 2.2.3). Zur Dokumentation der Eigenschaften des operationellen Kontexts in der statisch-strukturellen Perspektive muss der Ansatz daher den statischen Bezug von Stimuli und Reaktionen im Systemkontext dokumentieren (vgl. Abschnitt 2.2.4). Das hinreichende Kriterium für die Erfüllung der Anforderung A.2 wird demzufolge wie folgt definiert:

Hinreichendes Kriterium für die Erfüllung der Anforderung 2 (K.A.2-II):

- Der Ansatz adressiert die Dokumentation des Bezugs von Stimuli und Reaktionen softwareintensiver reaktiver Systeme in der statisch-strukturellen Perspektive des operationellen Kontexts.

3 Stand der Wissenschaft

In diesem Kapitel wird der Stand der Wissenschaft in Bezug auf die spezifische Problemstellung dieser Arbeit untersucht. Zum Untersuchungsgegenstand gehören solche Arbeiten, die einen Beitrag zu der in Abschnitt 1.3 vorgestellten allgemeinen Problemstellung dieser Arbeit leisten. Für die betrachteten Forschungsarbeiten wird untersucht, in welchem Umfang der jeweilige Beitrag die spezifische Problemstellung dieser Arbeit adressiert.

Kapitelüberblick
3.1 Bewertungsrahmen für den Stand der Wissenschaft...................33
3.2 Arbeiten zur Dokumentation von Eigenschaften des operationellen Kontexts...................35
3.3 Arbeiten zur (teil-)automatisierten Kohärenzsicherung von Anforderungsspezifikationen...................42
3.4 Arbeiten von allgemeiner thematischer Relevanz...................48
3.5 Zusammenfassende Bewertung...................52

3.1 Bewertungsrahmen für den Stand der Wissenschaft

Der Bewertungsrahmen für den Stand der Wissenschaft besteht aus einem *Kategorisierungsschema* für relevante Forschungsarbeiten und *Bewertungsschemata* zur Beurteilung von Forschungsarbeiten im Hinblick auf deren Beitrag zur Lösung der spezifischen Problemstellung dieser Arbeit.

3.1.1 Kategorisierungsschema für relevante Forschungsarbeiten

Eine Forschungsarbeit wird im Weiteren als *relevante Forschungsarbeit* angesehen, wenn der in der Forschungsarbeit entwickelte Ansatz einen Beitrag zur Lösung der allgemeinen Problemstellung dieser Arbeit leistet. In Bezug auf den Beitrag, den eine relevante Forschungsarbeit zur allgemeinen Problemstellung leistet, werden drei Kategorien von Arbeiten unterschieden:

- *Kategorie I – Arbeiten zur Dokumentation von Eigenschaften des operationellen Kontexts (Abschnitt 3.2)*
  In diese Kategorie fallen Forschungsarbeiten, die die explizite Dokumentation von Eigenschaften des operationellen Kontexts im Requirements Engineering adressieren, da dies eine wesentliche Voraussetzung für die Automatisierbarkeit der in dieser Arbeit betrachteten Kohärenzprüfung von Verhaltensspezifikationen ist.

- *Kategorie II – Arbeiten zur (teil-)automatisierten Kohärenzsicherung von Anforderungsspezifikationen (Abschnitt 3.3)*
  In diese Kategorie fallen Forschungsarbeiten, die die Automatisierung der Kohärenzsicherung von Anforderungsspezifikationen adressieren. Solche Ansätze machen Aussagen über den semantischen Bezug zwischen Eigenschaften in der Anforderungsspezifikation eines Systems und Eigenschaften des Systemkontexts und leisten dadurch

potenziell wesentliche Beiträge für die in dieser Arbeit betrachtete Kohärenzprüfung von Verhaltensspezifikationen.
- *Kategorie III – Arbeiten von allgemeiner thematischer Relevanz (Abschnitt 3.4)*
In diese Kategorie fallen Forschungsarbeiten, die einen allgemeinen thematischen Bezug zur spezifischen Problemstellung dieser Arbeit besitzen und dabei nicht zu den Forschungsarbeiten der Kategorie I oder Kategorie II zählen.

Forschungsarbeiten der Kategorien I und II werden im Weiteren als *verwandte Forschungsarbeiten* bezeichnet und anhand zweier Bewertungsschemata beurteilt.

3.1.2 Bewertungsschemata für verwandte Forschungsarbeiten

Um die Eignung der verwandten Forschungsarbeiten im Hinblick auf die spezifische Problemstellung dieser Arbeit beurteilen zu können, erfolgt die Untersuchung anhand der in Abschnitt 2.4.4 vorgestellten Anforderungen an einen Ansatz zur Kohärenzprüfung von Verhaltensspezifikationen gegen Eigenschaften des operationellen Kontexts in der statisch-strukturellen Perspektive. Die Bewertung der einzelnen Forschungsarbeiten im Hinblick auf die Anforderungen A.1 und A.2 geschieht über die in Abschnitt 2.4.4 vorgestellten Bewertungskriterien. In Bezug auf diese Bewertungskriterien werden für jede Anforderung drei Erfüllungsgrade definiert: *vollständig erfüllt*, *teilweise erfüllt* und *nicht erfüllt*.

Die Anforderung A.1 legt fest, dass der zu entwickelnde Ansatz die Prüfung der Kohärenz von Eigenschaften in Verhaltensspezifikationen softwareintensiver reaktiver Systeme gegen Eigenschaften des operationellen Kontexts unterstützt. Tabelle 3-1 zeigt das Bewertungsschema für verwandte Forschungsarbeiten zu Anforderung A.1. Die Bewertung der Forschungsarbeiten in Bezug auf die Erfüllung der Anforderung A.1 geschieht über die beiden in Abschnitt 2.4.4 festgelegten Bewertungskriterien K.A.1-I und K.A.1-II.

Bewertung Anforderung	vollständig erfüllt ●	teilweise erfüllt ◐	nicht erfüllt ○
A.1	– Der Ansatz adressiert die Identifikation ungültiger Eigenschaften in der Verhaltensspezifikation softwareintensiver reaktiver Systeme in Bezug auf Eigenschaften des operationellen Kontexts. *Kriterium: K.A.1-IIa* – Der Ansatz adressiert die Identifikation unvollständiger Eigenschaften in der Verhaltensspezifikation softwareintensiver reaktiver Systeme in Bezug auf Eigenschaften des operationellen Kontexts. *Kriterium: K.A.1-IIb*	– Der Ansatz erfüllt das Kriterium K.A.1-II nicht. – Der Ansatz macht Aussagen über den semantischen Bezug zwischen Eigenschaften in der Verhaltensspezifikation und Eigenschaften des operationellen Kontexts. *Kriterium: K.A.1-I*	– Der Ansatz erfüllt das Kriterium K.A.1-I nicht.

Tabelle 3-1: Bewertungsschema für verwandte Forschungsarbeiten in Bezug auf A.1

Zur Bewertung von Forschungsarbeiten im Hinblick auf Anforderung A.2 werden die in Abschnitt 2.4.4 festgelegten Bewertungskriterien K.A.2-I und K.A.2-II verwendet. Tabelle 3-2 zeigt das Bewertungsschema für verwandte Forschungsarbeiten zu Anforderung A.2.

Bewertung / Anforderung	vollständig erfüllt ●	teilweise erfüllt ◐	nicht erfüllt ○
A.2	– Der Ansatz adressiert die Dokumentation des Bezugs von Stimuli und Reaktionen softwareintensiver reaktiver Systeme in der statisch-strukturellen Perspektive des operationellen Kontexts. *Kriterium: K.A.2-II*	– Der Ansatz erfüllt das Kriterium K.A.2-II nicht. – Der Ansatz erlaubt die explizite Dokumentation von Eigenschaften des operationellen Kontexts in der statisch-strukturellen Perspektive. *Kriterium: K.A.2-I*	– Der Ansatz erfüllt das Kriterium K.A.2-I nicht.

Tabelle 3-2: Bewertungsschema für verwandte Forschungsarbeiten in Bezug auf A.2

Für die beiden Bewertungsschemata in Tabelle 3-1 und Tabelle 3-2 gilt, dass eine Forschungsarbeit den einer Spalte zugeordneten Erfüllungsgrad erreicht, wenn sämtliche in der jeweiligen Spalte angegebenen Bedingungen erfüllt sind.[27]

3.2 Arbeiten zur Dokumentation von Eigenschaften des operationellen Kontexts

Die in diesem Abschnitt betrachteten Forschungsarbeiten adressieren die explizite Dokumentation von Eigenschaften des operationellen Kontexts im Requirements Engineering (vgl. Abschnitt 3.1.1). Die Bewertung der einzelnen Forschungsarbeiten in Bezug auf die spezifische Problemstellung dieser Arbeit wird mithilfe der beiden oben vorgestellten Bewertungsschemata vorgenommen.

3.2.1 Ontologien für den operationellen Kontext

Im ursprünglichen Begriffsverständnis ist eine Ontologie eine grundlegende philosophische Position, die Annahmen über die Existenz bestimmter Dinge in der Realität und deren Beziehungen formuliert (vgl. [Angeles 1981; Evermann und Wand 2005a; Evermann und Wand 2005b]). Im Software Engineering wird unter ‚Ontologie' ein mehr oder weniger formales System von Annahmen über die Struktur der zugrunde liegenden Realität verstanden. Die zentralen Konzepte von Ontologien sind nach BUNGE Dinge, Eigenschaften von Dingen sowie Gesetze im Sinne von Restriktionen in Bezug auf die Beziehungen zwischen Dingen (vgl. [Bunge 1977; Bunge 1979]). In der Vergangenheit wurden verschiedene Ontologien vorgeschlagen, die Annahmen über die Gestalt der Umgebung eines softwarebasierten Systems treffen (vgl. [Wand und Weber 1990; Davis et al. 1997; Strang et al. 2003; Evermann und Wand 2005b; Jin und Liu 2006; W3C 2009]). In [Davis et al. 1997] wird

---

[27] Die Untersuchung eines Ansatzes, in Bezug auf die für die Erfüllung der Anforderung A.1 oder A.2 hinreichenden Kriterien wird nur dann vorgenommen, wenn der jeweilige Ansatz das entsprechende notwendige Kriterium erfüllt.

eine Ontologie vorgestellt, die es gestattet, Modelle unterschiedlicher im Requirements Engineering verwendeter Sprachen (z. B. [Ward und Mellor 1985; Hatley und Pirbhai 1988; Pnueli 1977]) auf generische Konzepte der zugrunde liegenden Ontologie abzubilden, um automatisierte Analysen der Modelle zu ermöglichen. Die in [Jin und Liu 2006] vorgeschlagene Ontologie trifft wesentliche Aussagen über die Struktur des operationellen Kontexts. Diese Ontologie unterscheidet auf der obersten Ebene zwischen verschiedenen Typen von Entitäten (z. B. ‚atomic entity', ‚autonomous entity'), Ereignisse (z. B. ‚physical event', ‚signal event') und Interaktionen zwischen Entitäten (z. B. ‚has_part', ‚be_triggered_by').

Die Ontologien für den operationellen Kontext beziehen sich auf Annahmen über die Struktur des operationellen Kontexts eines Systems und treffen keinerlei Aussagen über den Bezug solcher Eigenschaften zu Eigenschaften in der Verhaltensspezifikation dieses Systems *(K.A.1-I nicht erfüllt)*.

Ontologien für den operationellen Kontext eines Systems adressieren die Dokumentation von Eigenschaften des operationellen Kontexts. Die in [Jin und Liu 2006] vorgeschlagene Ontologie trifft dabei Aussagen über die statisch-strukturellen Beziehungen im operationellen Kontext eines Systems *(K.A.2-I erfüllt)*. [Jin und Liu 2006] betrachten verschiedene Typen von Ereignissen im operationellen Kontext und treffen dabei Aussagen über den Bezug von Ereignissen zu Entitäten im operationellen Kontext *(K.A.2-II erfüllt)*.

Bewertung für Ontologien des operationellen Kontexts:
- A.1 nicht erfüllt
- A.2 erfüllt

3.2.2 Problem-Frames-Ansatz

Der Problem-Frames-Ansatz geht auf die Arbeiten von JACKSON zum World-and-the-Machine-Modell [Jackson 1995a; Jackson 1995b; Jackson 1995c] zurück. Der Grundgedanke des Ansatzes besteht darin, dass das zugrunde liegende Problem sich in dem Realitätsausschnitt (‚world') manifestiert, in dem das System (‚machine') später betrieben werden soll (vgl. [Jackson 2000; Jackson 2001a; Jackson 2001b]). Zur Erfassung des Problems wird die Realität in kleinere Problembereiche (‚problem domains') zerlegt. Die Eigenschaften der Problembereiche werden in Form von Annahmen (‚knowledge') dokumentiert. Zu den einzelnen Problembereichen werden ‚requirements' ermittelt, die Eigenschaften definieren, die durch das zu entwickelnde System etabliert werden sollen. Die ‚specification' definiert die Eigenschaften, die das System an der Schnittstelle besitzen muss, um den ‚requirements' zu genügen. Der Zusammenhang zwischen ‚problem domains', ‚requirements' und ‚specification' werden in Form von Problemdiagrammen dokumentiert. Aufbauend auf den grundlegenden Arbeiten zum Problem-Frames-Ansatz existieren verschiedene Forschungsarbeiten [Li et al. 2006; Seater und Jackson 2006a; Seater und Jackson 2006b], die die Ableitung von Anforderungsspezifikationen aus Problemdiagrammen betrachten.

Der Problem-Frames-Ansatz trifft Aussagen über den semantischen Bezug zwischen der Verhaltensspezifikation im Requirements Engineering (‚specification') und Eigenschaften des operationellen Kontexts. Eigenschaften des operationellen Kontexts werden im Ansatz durch ‚requirements' und Annahmen über die einzelnen Problembereiche dokumentiert *(K.A.1-I erfüllt)*. Verschiedene Erweiterungen des Problem-Frames-Ansatzes ermöglichen zwar die (konstruktive) Ableitung von Anforderungsspezifikationen (im Sinne der ‚specification'), allerdings adressieren solche Ansätze nicht die (analytische) Kohärenzprüfung bestehender Verhaltensspezifikationen gegen Eigenschaften des operationellen Kontexts *(K.A.1-II nicht erfüllt)*.

Durch die in Problemdiagrammen dokumentierten statischen Abhängigkeiten zwischen Problembereichen sowie zwischen Problembereichen und dem zu entwickelnden System (‚machine') werden wesentliche Eigenschaften des operationellen Kontexts in der statisch-strukturellen Perspektive dokumentiert *(K.A.2-I erfüllt)*. Der Kontextbezug von Stimuli und Reaktionen des Systems kann ausgehend von der ‚specification' über die Problembereiche und die zugehörigen ‚requirements' nachvollzogen werden *(K.A.2-II erfüllt)*.

Bewertung für den Problem-Frames-Ansatz:
- A.1 teilweise erfüllt
- A.2 erfüllt

3.2.3 Requirements Engineering kontextadaptiver Systeme

Kontextadaptive Systeme sind Systeme, die die Fähigkeit besitzen, sich zur Laufzeit in einem vorher definierten Spektrum möglicher Adaption an Veränderungen im Systemkontext anzupassen. Das Ziel der Anpassung des Systems ist dabei, zu gewährleisten, dass das System im veränderten Systemkontext seine Anforderungen erfüllt (vgl. [Berry et al. 2005]). Die Fähigkeit eines Systems, sich selbst dahin gehend zu überprüfen, ob es unter den gegebenen Eigenschaften im Systemkontext noch seine Anforderungen erfüllt, wird als Requirements Monitoring [Fickas und Feather 1995, Cohen et al. 1997; Fickas et al. 2002] bezeichnet. Das Requirements Monitoring basiert auf einer Menge von Annahmen über den Systemkontext (vgl. [Berry et al. 2005]). Die für das Monitoring relevanten Eigenschaften des Systemkontexts sind Gegenstand unterschiedlicher Arbeiten. Hierzu gehören Forschungsbeiträge zur Identifikation und Detaillierung relevanter Kontextinformationen [Castelli et al. 2008] und Arbeiten, die, im Sinne eines Referenzmodells, die relevanten Eigenschaften des Benutzungskontexts definieren (z. B. [Liu und Yu 2003; Maiden und Jones 2004; Sutcliffe et al. 2006]). Andere Forschungsarbeiten beziehen sich auf die Untersuchung relevanter Eigenschaften des Systemkontexts adaptiver eingebetteter Systeme (z. B. [Schmidt et al. 1999; Sitou und Spanfelner 2007]).

Ob ein kontextadaptives System unter den aktuellen Eigenschaften des Systemkontexts noch seinen Systemzweck erfüllen kann, wird durch den semantischen Bezug zwischen Anforderungen und zugehörigen Eigenschaften des Systemkontexts überprüft *(K.A.1-I erfüllt)*. Im Requirements Monitoring bei softwareintensiven reaktiven Systemen wird dabei für die Eigenschaften in der Verhaltensspezifikation des Systems überprüft, ob diese in Anbetracht der aktuellen Eigenschaften des operationellen Kontexts noch gültig sind *(K.A.1-IIa erfüllt)*. Da lediglich die Gültigkeit der Anforderung analysiert wird, adressieren die Ansätze nicht die Identifikation unvollständiger Eigenschaften in der Verhaltensspezifikation *(K.A.1-IIb nicht erfüllt)*.

Im Rahmen des Requirements Engineering für kontextadaptive Systeme werden in Kontextmodellen ausgewählte Eigenschaften des operationellen Kontexts dokumentiert, für die das betrachtete System, beim Eintreten einer definierten Veränderung im Systemkontext, derart angepasst werden soll, dass es im Betrieb weiterhin seine Anforderungen erfüllt. In solchen Kontextmodellen werden teilweise auch Eigenschaften des operationellen Kontexts in der statisch-strukturellen Perspektive dokumentiert, zusammen mit Änderungen dieser Eigenschaften, die eine Adaption des Systems notwendig machen *(K.A.2-I erfüllt)*. Die entsprechenden Ansätze zielen allerdings nicht darauf ab, den Kontextbezug von Stimuli und Reaktionen des betrachteten Systems im operationellen Kontext zu dokumentieren *(K.A.2-II nicht erfüllt)*.[28]

Bewertung für das Requirements Engineering kontextadaptiver Systeme:
- A.1 teilweise erfüllt
- A.2 teilweise erfüllt

3.2.4 Strukturierte Systemanalyse

Die Strukturierte Systemanalyse zielt auf die Analyse existierender Systeme oder manueller Prozesse, um diese durch ein neues System zu automatisieren oder das analysierte System geeignet anzupassen oder zu erweitern. Erste strukturierte Systemanalyseansätze wurden Ende der 1970er Jahre vorgeschlagen. Hierzu gehören die verschiedenen ‚Schulen' der Strukturierten Systemanalyse, wie die Structured Analysis (SA) nach [Ross und Brackett 1976; Ross 1977] oder [DeMarco 1978; Weinberg 1978], die Structured Systems Analysis [Gane und Sarson 1977] sowie kombinierte Analyse- und Entwurfsansätze, wie z. B. Structured Analysis and Design Technique (SADT) [Ross und Schoman 1977] oder Structured Design (SD) [Yourdon und Constantine 1979]. Basierend auf diesen frühen Systemanalyseansätzen wurde verschiedene Weiterentwicklungen vorgeschlagen, wie z. B. Essential Systems Analysis [McMenamin und Palmer 1988], Modern Structured Analysis [Yourdon 1989] oder Structured Systems Analysis and Design Method (SSADM) [Ashworth und Goodland 1990]. Es existieren auch strukturierte Systemanalyseansätze, die speziell die Analyse reaktiver Systeme unterstützen (z. B. SA/RT [Ward und Mellor 1985; Hatley und Pirbhai 1988]).

Ansätze zur Strukturierten Systemanalyse (z. B. [Ross und Schoman 1977; DeMarco 1978]) treffen allgemeine Aussagen über den semantischen Bezug zwischen in Kontextmodellen dokumentierten Eigenschaften des operationellen Kontexts und der Spezifikation des Verhaltens einzelner Systemfunktionen (z. B. zwischen ‚Minispecs' und Datenflussmodellen). Allerdings trennen diese Ansätze nicht zwischen notwendigen Eigenschaften des Systems an der Schnittstelle zur Umgebung und systeminternen Eigenschaften der Systemfunktionen (Prozesse). Demzufolge machen die einschlägigen Ansätze keine Aussagen über

---

[28] Bei kontextadaptiven Systemen können demnach zwei Arten von Stimuli unterschieden werden: (1) Stimuli, die eine Anpassung des Systems notwendig machen; (2) ‚reguläre' Stimuli, die eine Reaktion des Systems in die Umgebung bewirken. Ansätze zum Requirements Engineering kontextadaptiver Systeme betrachten zumindest den Kontextbezug solcher Stimuli, die eine Adaption des Systems notwendig machen.

den semantischen Bezug zwischen der Verhaltensspezifikation eines Systems (vgl. Definition 2-2) und Eigenschaften des operationellen Kontexts *(K.A.1-I nicht erfüllt)*. Es existieren Ansätze, die speziell die Analyse reaktiver Systeme unterstützen (vgl. [Ward und Mellor 1985; Hatley und Pirbhai 1988]). Diese Ansätze gestatten eine eingeschränkte Dokumentation von Eigenschaften des operationellen Kontexts, z. B. durch Quellen und Senken im Systemkontext und zugehörige Stimuli und Reaktionen *(K.A.2-I erfüllt)*. Die einschlägigen Ansätze adressieren nicht die Dokumentation des Kontextbezugs von Stimuli und Reaktionen in der statisch-strukturellen Perspektive des operationellen Kontexts *(K.A.2-II nicht erfüllt)*.

Bewertung für die Strukturierte Systemanalyse:
- A.1 nicht erfüllt
- A.2 teilweise erfüllt

3.2.5 Szenarien im Requirements Engineering

Ein Szenario (Szenarium)[29] ist eine exemplarische Ereignisfolge zwischen Interaktionspartnern (z. B. Systemen und Personen), deren Ausführung zur Erfüllung eines Ziels beziehungsweise zur Realisierung eines Mehrwertes führt (vgl. z. B. [Potts et al. 1994; Potts 1995; Haumer et al. 1998; Sutcliffe et al. 1998]). Einige szenariobasierte Ansätze unterstützen speziell das Requirements Engineering für eingebettete Systeme (vgl. [Pohl 2007; Mavin et al. 2008]). Darüber hinaus existieren Ansätze, die auf die Dokumentation von Szenarien zum Zweck der Ableitung von Anforderungsspezifikationen abzielen (z. B. [van Lamsweerde und Willemet 1998]). In der Vergangenheit wurde eine Vielzahl von Taxonomien für Szenarien vorgeschlagen (z. B. [Rolland et al. 1998]). Eine in Bezug auf die Dokumentation von Eigenschaften des operationellen Kontexts wesentliche Differenzierung von Szenarien unterscheidet zwischen Szenarien, die systeminterne Abläufe dokumentieren (Typ-A-Szenarien), Szenarien, die Abläufe zwischen Personen oder Systemen in der Umgebung des Systems und dem System dokumentieren (Typ-B-Szenarien) und Szenarien, die Abläufe in der Umgebung des Systems ohne direkten Bezug zum System dokumentieren (Typ-C-Szenarien).

Spezifische Ansätze (u. a. [van Lamsweerde und Willemet 1998]) ermöglichen die Ableitung von Anforderungsspezifikationen aus dokumentierten Szenarien. Solche Ansätze treffen Aussagen über den semantischen Bezug zwischen den in Szenarien dokumentierten Eigenschaften des operationellen Kontexts und Anforderungen in der Verhaltensspezifikation des betrachteten Systems *(K.A.1-I erfüllt)*. Einschlägige Ansätze gewährleisten daher die Kohärenz zwischen den in Szenarien dokumentierten Eigenschaften des operationellen Kontexts und den abgeleiteten Anforderungsspezifikationen im Sinne einer konstruktiven Maßnahme. Die Prüfung bestehender Verhaltensspezifikationen auf ungültige oder unvollständige Eigenschaften gegenüber in Szenarien dokumentierten Eigenschaften des operationellen Kontexts wird nicht adressiert *(K.A.1-II nicht erfüllt)*.

---

[29] Die Singular-Form des Terminus ‚Szenarien' ist im Deutschen der Terminus ‚Szenarium'. Da in der Fachterminologie die Verwendung des Terminus ‚Szenario' sehr verbreitet ist, wird im Weiteren dieser Terminus verwendet.

Szenarien dokumentieren Eigenschaften in der dynamischen Perspektive (vgl. Abschnitt 2.2.4) und adressieren demzufolge nicht die Dokumentation von Eigenschaften des operationellen Kontexts in der statisch-strukturellen Perspektive *(K.A.2-I nicht erfüllt)*.

Bewertung für Szenarien im Requirements Engineering:
- A.1 teilweise erfüllt
- A.2 nicht erfüllt

3.2.6 Use Cases und Objektorientierte Analyse

In der Objektorientierten Analyse haben sich die in [Jacobson et al. 1992] vorgeschlagenen Use Cases als Bestandteil der Unified Modeling Language (UML) [OMG 2005a] und des Unified Process [Kruchten 2003] als zentrales Konzept etabliert.[30] Ein Use Case bezieht sich auf die Nutzungsbeziehung zwischen Funktionen des Systems (Use Cases) und Akteuren in der Umgebung des Systems (vgl. [Jacobson et al. 1992]). Die Dokumentation der Use Cases basiert auf zwei komplementären Beschreibungsmitteln. Use-Case-Diagramme dokumentieren die grobgranulare funktionale Zerlegung des betrachteten Systems in Use Cases, deren Beziehungen zueinander und die Beziehungen zwischen Use Cases und Akteuren in der Umgebung. Im Mittelpunkt der Use-Case-Spezifikation steht die Definition der Szenarien und Aktivierungsbedingungen des Use Cases. Die Szenarien beschreiben die exemplarische Ausführung des Use Cases durch Ereignisfolgen zwischen dem Use Case und seiner Umgebung (vgl. z. B. [Kulak und Guiney 2000; Cockburn 2001; Bittner und Spence 2003]). Eine Aktivierungsbedingung ist eine Bedingung in der Umgebung des Systems, deren Eintritt dazu führt, dass der zugehörige Use Case ausgeführt wird. Es existiert eine Vielzahl von Erweiterungen des Use-Case-Ansatzes, die die spezifischen Merkmale reaktiver Systeme berücksichtigen und entsprechend adaptierte Techniken vorschlagen (z. B. [Zhang 1999; Nasr et al. 2002; Denger et al. 2003; Omasreiter und Metzker 2004; Pettersson et al. 2005]).[31] Der in [Fortuna et al. 2008] vorgeschlagene Ansatz erlaubt z. B. die Integration von Use Cases und Domänenmodellen, um Use Cases mit zusätzlichem Domänenwissen anzureichern.

Aktivierungsbedingungen und Szenarien dokumentieren Eigenschaften in Bezug auf das Verhalten, welches das System an seiner Schnittstelle zur Umgebung aufweisen muss, um die beabsichtigte Nutzung zu ermöglichen. Der Use-Case-Ansatz trifft demzufolge Aussagen über den semantischen Bezug zwischen der Verhaltensspezifikation und Eigenschaften des operationellen Kontexts, die in Use-Case-Diagrammen und Use-Case-Spezifikationen dokumentiert sind *(K.A.1-I erfüllt)*. Die Kohärenzprüfung von Verhaltensspezifikationen

---

[30] Die Objektorientierte Analyse basiert auf dem Grundgedanken ein zu analysierendes System als eine Menge miteinander interagierender Objekte zu betrachten. Die in der Objektorientierten Analyse betrachteten Objekte repräsentieren dabei Dinge in der realen Welt oder Dinge eines im zu analysierenden System abzubildenden anderen Systems. Bekannte Ansätze zur Objektorientierten Analyse sind z. B. [Shlaer und Mellor 1989; Coad und Yourdon 1990; Booch 1991; Rumbaugh et al. 1991; Jacobson et al. 1992]. Wesentliches Ergebnis der Objektorientierten Analyse ist dabei eine Differenzierung des Analysegegenstandes in solche Objekte und Aktivitäten, die von dem betrachteten System ausgeführt werden und Objekte und Aktivitäten der Umgebung des Systems. Eigenschaften des operationellen Kontexts werden in OMT [Rumbaugh et al. 1991] durch das ,Event-Trace-Diagram' und in [Firesmith 1993] durch eine spezifische Kontextdiagramme (ähnlich den Kontextdiagrammen in der Strukturierten Systemanalyse) dokumentiert.

[31] Use-Case-Diagramme und ergänzende Use-Case-Spezifikationen decken die drei Modellierungsperspektiven in traditionellen objektorientierten Analyseansätzen ab, d. h. statisch-strukturelle Perspektive, funktionale Perspektive, dynamische Perspektive. Aufgrund der Verbreitung wird im Folgenden die Bewertung der objektorientierten Analyseansätze stellvertretend am Beispiel des Use-Case-Ansatzes vorgenommen.

gegen die im Use-Case-Ansatz dokumentierten Eigenschaften des operationellen Kontexts wird von den einschlägigen Ansätzen nicht adressiert *(K.A.1-II nicht erfüllt)*. Durch die in Use-Case-Diagrammen dokumentierten Nutzungsabhängigkeiten zwischen Akteuren in der Umgebung des Systems und dem betrachteten System ermöglicht der Use-Case-Ansatz eine eingeschränkte Dokumentation von Eigenschaften des operationellen Kontexts in der statisch-strukturellen Perspektive *(K.A.2-I erfüllt)*. Die einschlägigen Ansätze adressieren nicht die Dokumentation des Kontextbezugs von Stimuli und Reaktionen in der statisch-strukturellen Perspektive des operationellen Kontexts *(K.A.2-II nicht erfüllt)*.

Bewertung für Use Cases und die Objektorientierte Analyse:
- A.1 teilweise erfüllt
- A.2 teilweise erfüllt

3.2.7 Vier-Variablen-Modell

Das Vier-Variablen-Modell [Heninger 1980; Parnas und Clements 1986; van Schouwen et al. 1992; Parnas und Madey 1995] basiert auf Relationen, die sich jeweils auf spezifische Eigenschaften der Umgebung des Systems und auf das zu entwickelnde System beziehen. Die Relation NAT beschreibt Einschränkungen in Bezug auf Werte, die relevante Größen in der Umgebung des Systems einnehmen können. Die Relation REQ definiert das erlaubte Verhalten des Systems in dessen Umgebung. Die Relation IN beschreibt die Eingaben des Systems aus der Umgebung und die Relation OUT die Ausgaben des Systems an der Schnittstelle zur Umgebung. Die Definition der Relationen geschieht über die vier Variablen m (monitored), c (system-controlled), i (input register) und o (output register). Eine Variable des Typs ‚monitored' bezieht sich auf die Ausprägung einer vom System zu überwachenden Umgebungsgröße und eine Variable des Typs ‚system-controlled' auf eine vom System zu regulierende Umgebungsgröße. Das Eintreten eines für das System relevanten Ereignisses wird über die Ausprägung von Werten überwachter Umgebungsgrößen definiert. Die Reaktion eines Systems wird über Umgebungsgrößen definiert, die vom System reguliert werden (vgl. [Heninger 1980]). In Bezug auf die Eigenschaften des operationellen Kontexts unterscheidet der Ansatz durch die Relationen NAT und REQ, solche Eigenschaften des operationellen Kontexts, die unabhängig von der Existenz des betrachteten Systems existieren (NAT) und solche Eigenschaften, die im operationellen Kontext durch das zu entwickelnde System etabliert werden (REQ). Die Relationen NAT, REQ, IN und OUT dienen im Vier-Variablen-Modell dazu, die spezifischen Inhalte unterschiedlicher Dokumenttypen im Entwicklungsprozess zu charakterisieren.

Durch den Bezug der Relationen NAT und REQ zu den spezifischen Inhalten der Dokumenttypen trifft das Vier-Variablen-Modell Aussagen über den semantischen Bezug zwischen Eigenschaften des operationellen Kontexts (NAT, REQ) und der Verhaltensspezifikation im Requirements Engineering, die im Ansatz Teil des ‚Software Requirements Document' ist *(K.A.1-I erfüllt)*. Das Vier-Variablen-Modell adressiert allerdings nicht die Kohärenzprüfung von Eigenschaften im ‚Software Requirements Document' gegenüber Eigenschaften des operationellen Kontexts, die in NAT und REQ dokumentiert sind *(K.A.1-II nicht erfüllt)*.

Der Ansatz ermöglicht die Dokumentation solcher Eigenschaften in der statisch-strukturellen Perspektive des operationellen Kontexts, die sich auf die funktionale Einbettung des Systems in diese Umgebung (insb. NAT, REQ) beziehen *(K.A.2-I erfüllt)*. Der Kontextbezug von Stimuli und Reaktionen kann im Ansatz dokumentiert werden, allerdings mit entsprechend eingeschränkter Dokumentationsreichweite *(K.A.2-II erfüllt)*.

Bewertung für das Vier-Variablen-Modell:
- A.1 teilweise erfüllt
- A.2 erfüllt[32]

3.2.8 Zusammenfassung

In diesem Abschnitt wurde die Eignung der verwandten Forschungsarbeiten in der Kategorie I in Bezug auf die beiden Anforderungen A.1 und A.2 untersucht. Tabelle 3-3 fasst die Ergebnisse dieser Untersuchung nochmals zusammen.

Forschungsarbeiten	Abschn.	A.1	A.2
Ontologien für den operationellen Kontext	3.2.1	○	●
Problem-Frames-Ansatz	3.2.2	○	●
Requirements Engineering kontextadaptiver Systeme	3.2.3	◐	◐
Strukturierte Systemanalyse	3.2.4	○	◐
Szenarien im Requirements Engineering	3.2.5	◐	○
Use Cases und Objektorientierte Analyse	3.2.6	○	◐
Vier-Variablen-Modell	3.2.7	◐	●

Tabelle 3-3: Zusammenfassende Beurteilung der Forschungsarbeiten in Kategorie I

Die Ergebnisse der Untersuchung verwandter Forschungsarbeiten in der Kategorie I werden gemeinsam mit den weiteren Ergebnissen der Untersuchung des Stands der Wissenschaft in Abschnitt 3.5 zusammenfassend diskutiert und bewertet.

3.3 Arbeiten zur (teil-)automatisierten Kohärenzsicherung von Anforderungsspezifikationen

In diesem Abschnitt werden Forschungsarbeiten betrachtet, die die Automatisierung der Kohärenzsicherung von Anforderungsspezifikationen adressieren. Die Bewertung der Forschungsarbeiten wird wiederum mithilfe der in Abschnitt 3.1.2 vorgestellten Bewertungsschemata vorgenommen.

---

[32] Das Vier-Variablen-Modell erfüllt zwar sämtliche Kriterien der Anforderung A.2, allerdings ist die Dokumentationsreichweite im operationellen Kontext lediglich auf Umgebungsgrößen, zugehörige Einschränkungen (NAT) und die funktionalen Beziehungen zwischen überwachten und regulierten Beziehungsgrößen (REQ) beschränkt.

3.3.1 Ansatz von Darimont, Letier und van Lamsweerde

Bei dem Ansatz von DARIMONT, LETIER und VAN LAMSWEERDE [Darimont und van Lamsweerde 1996; Letier und van Lamsweerde 2002] handelt es sich um einen konstruktiven Ansatz zur Ableitung von Spezifikation aus Modellen des KAOS-Ansatzes [van Lamsweerde et al. 1991; Dardenne et al. 1993]. Die Spezifikation des betrachteten Systems wird im Ansatz inkrementell, ausgehend von KAOS-Modellen des betrachteten Systems, derart konstruiert, dass durch die Anwendung einer formalen Regelbasis die Korrektheit der abgeleiteten Spezifikationen in der Konstruktion gewährleistet ist. Im Mittelpunkt des Ansatzes steht die Operationalisierung von Zielen durch verschiedene Regeln zur Ableitung, die die im KAOS-Ansatz in temporaler Logik spezifizierten Ziele auf Vorbedingungen, Nachbedingungen und Aktivierungsbedingungen (‚trigger conditions') von Operationen des Systems abbildet. Die Ableitungsregeln zwischen Zielen und zugehörigen Operationen definieren Muster zur Ableitung von Spezifikationen aus spezifizierten Zielen in KAOS [Darimont und van Lamsweerde 1996]. Da die Ableitungsregeln formal spezifiziert sind, kann die Konstruktion der Verhaltensspezifikation im Ansatz automatisiert werden.

Die Verhaltensspezifikation des Systems liegt im Ansatz durch eine Menge spezifizierter Operationen vor. Die Ableitungsregeln zwischen Zielen und Operationen treffen Aussagen über den semantischen Bezug spezifischer Eigenschaften des operationellen Kontexts und der Verhaltensspezifikation *(K.A.1-I erfüllt)*. Der Ansatz stellt die Korrektheit der abgeleiteten Verhaltensspezifikation per Konstruktion sicher. Allerdings bietet der Ansatz keine Verfahren zur Identifikation von Kohärenzbrüchen in unabhängig erstellten Verhaltensspezifikationen gegenüber Eigenschaften des operationellen Kontexts *(K.A.1-I nicht erfüllt)*.

Die Zielspezifikationen dokumentieren spezifische Eigenschaften des operationellen Kontexts in der statisch-strukturellen Perspektive, da sie Intentionen von Agenten dokumentieren, die im Systembetrieb mit dem betrachteten System in einer Nutzungsbeziehung stehen *(K.A.2-I erfüllt)*.

Zielspezifikationen können Stimulus-Reaktions-Muster abbilden (vgl. [Darimont und van Lamsweerde 1996]), wobei in den entsprechenden Ansätzen lediglich der Bezug von Stimuli und Reaktionen zu den in Zielspezifikationen dokumentierten Eigenschaften des Systemkontexts hergestellt wird. Die Dokumentation des Kontextbezugs von Stimuli und Reaktionen wird in den einschlägigen Ansätzen nicht adressiert *(K.A.2-II nicht erfüllt)*.

Bewertung für den Ansatz von Darimont, Letier und van Lamsweerde:
- A.1 teilweise erfüllt
- A.2 teilweise erfüllt

3.3.2 Ansatz von Hayes, Jackson und Jones

Bei dem Ansatz von HAYES, JACKSON und JONES [Hayes et al. 2003] handelt es sich um einen konstruktiven Ansatz zur Ableitung von Verhaltensspezifikationen reaktiver Systeme aus spezifischen Eigenschaften der Umgebung des Systems (vgl. Abschnitt 3.2.2). Der Ansatz basiert auf der Arbeit von JACKSON und ZAVE [Jackson und Zave 1995], die exemplarisch die Ableitung der Verhaltensspezifikation eines Systems im World-and-the-Machine-Modell zeigt [Jackson 1995b; Jackson 1995c]. Grundgedanke des Ansatzes ist, dass die

Verhaltensspezifikation eines Systems aus der Verhaltensspezifikation des umgebenden Systems (d. h. der Umgebung des Systems) bestimmt werden kann. Die Spezifikation der Umgebung des Systems geschieht auf Grundlage der im World-and-the-Machine-Modell vorgeschlagenen Differenzierung zwischen Annahmen (‚assumptions') über die Umgebung des Systems und den ‚requirements', die definieren, welche Eigenschaften in der Umgebung des Systems durch das betrachtete System etabliert werden sollen. Ausgehend von der formalen Spezifikation des relevanten Verhaltens der Umgebung des Systems wird dieses im Ansatz sukzessive auf formal spezifizierte Eigenschaften des betrachteten Systems an dessen Schnittstelle (‚guarantee conditions') und zugehörige Annahmen (‚rely conditions') reduziert (vgl. auch [Coleman 2006]). Da sowohl die im Ansatz relevanten Eigenschaften der Umgebung des Systems als auch die Reduktionsregeln formal spezifiziert sind, kann die Ableitung der Verhaltensspezifikation im Ansatz automatisiert werden.

Durch die Reduktionsregeln zur Ableitung der Verhaltensspezifikation aus der Spezifikation der Umgebung des Systems trifft der Ansatz Aussagen über den semantischen Bezug zwischen der Verhaltensspezifikation eines Systems und Eigenschaften des operationellen Kontexts *(K.A.1-I erfüllt)*. Das Verfahren stellt konstruktiv die Korrektheit und Vollständigkeit der abgeleiteten Spezifikation sicher, allerdings adressiert der Ansatz nicht die Identifikation ungültiger oder unvollständiger Eigenschaften in der Verhaltensspezifikation eines Systems gegenüber Eigenschaften des operationellen Kontexts *(K.A.1-II nicht erfüllt)*.

Durch die im Ansatz betrachteten ‚rely conditions' werden spezifische dynamische Eigenschaften des operationellen Kontexts dokumentiert. Der Ansatz adressiert allerdings nicht die Dokumentation von Eigenschaften des operationellen Kontexts in der statisch-strukturellen Perspektive *(K.A.2-I nicht erfüllt)*.

Bewertung für den Ansatz von Hayes, Jackson und Jones:
- A.1 teilweise erfüllt
- A.2 nicht erfüllt

3.3.3 Ansatz von Johnson

Bei dem Ansatz von JOHNSON [Johnson 1988] handelt es sich um ein konstruktives Verfahren zur Ableitung der Verhaltensspezifikation eines Systems aus der Spezifikation von Eigenschaften, die in der Umgebung des Systems durch das System etabliert werden sollen. Die betrachteten Spezifikationen basieren dabei auf der Spezifikationssprache GIST [Balzer et al. 1976; Balzer und Goldman 1979; Swartout 1983]. Ausgangspunkt des Ansatzes ist die ‚high-level specification', eine formale Spezifikation des gewünschten Verhaltens der Umgebung, das durch das System etabliert werden soll. Die ‚high-level specification' beruht dabei auf der sogenannten ‚perfect knowledge assumption', die die Annahme trifft, dass das betrachtete System vollständiges Wissen über dessen Umgebung besitzt. Die Ableitung der Verhaltensspezifikation erfolgt mithilfe von Direktiven (‚high-level editing commands') zur sukzessiven Überführung der ‚high-level specification' in die ‚low-level specification'. Bei der ‚low-level specification' handelt es sich dabei um eine implementierbare Verhaltensspezifikation des Systems. Zum Beispiel eliminiert die Direktive ‚splice' die ‚perfect knowledge assumption' in der ‚high-level-specification' derart, dass die resultierende Spezifikation die tatsächlich für das System wahrnehmbaren beziehungsweise verfügbaren Eigenschaften der Umgebung berücksichtigt.

Die ‚high-level editing commands' des Ansatzes überführen die ‚high-level specification' in die ‚low-level specification' des Systems. Da die ‚high-level specification' Eigenschaften des operationellen Kontexts dokumentiert und die ‚low-level specification' Eigenschaften spezifiziert, die das System an seiner Schnittstelle zur Umgebung aufweisen muss, treffen die Direktiven des Ansatzes Aussagen über den semantischen Bezug zwischen der Verhaltensspezifikation und Eigenschaften des operationellen Kontexts *(K.A.1-I erfüllt)*. Der Ansatz stellt konstruktiv die Korrektheit und Vollständigkeit der abgeleiteten ‚low-level specification' sicher, allerdings adressiert der Ansatz nicht die Identifikation ungültiger oder unvollständiger Eigenschaften in der ‚low-level specification' gegen die ‚high-level specification' *(K.A.1-II nicht erfüllt)*.

Die ‚high-level specification' dokumentiert spezifische Eigenschaften des operationellen Kontexts in Bezug auf das Verhalten von Aspekten in der Umgebung des Systems und das Verhalten, das durch das betrachtete System in der Umgebung des Systems etabliert werden soll. Der Ansatz adressiert allerdings nicht die Dokumentation von Eigenschaften des operationellen Kontexts in der statisch-strukturellen Perspektive *(K.A.2-I nicht erfüllt)*.

Bewertung für den Ansatz von Johnson:
- A.1 teilweise erfüllt
- A.2 nicht erfüllt

3.3.4 Ansatz von Leite und Freeman

Bei dem Ansatz von LEITE und FREEMAN [Leite und Freeman 1991] handelt es sich um ein allgemeines analytisches Verfahren zur Identifikation von Fehlern und Unvollständigkeiten in Anforderungen. Im Ansatz sind Anforderungen über solche Eigenschaften des Systemkontexts definiert, die durch das System im Systemkontext etabliert werden sollen. Der Ansatz basiert auf dem in [Mullery 1979] eingeführten Viewpoint-Konzept. Die Systematik des Ansatzes sieht vor, dass verschiedene Akteure (‚actors'), aus spezifischen Sichtpunkten (‚viewpoints'), Eigenschaften des Systemkontexts (‚universe of discourse') in unterschiedlichen Perspektiven (‚perspectives') dokumentieren. Die in den Perspektiven eines Sichtpunktes modellierten Eigenschaften werden zu Sichten (‚view') der entsprechenden Akteure zusammengefasst. Der ‚static analyzer' des Ansatzes erlaubt einen statischen Vergleich der in den Sichten dokumentierten Eigenschaften, wodurch im Rahmen der Analyse mögliche Unvollständigkeiten oder Widersprüche zwischen gleichen Perspektiven unterschiedlicher Sichten automatisiert identifiziert werden können.

Der Ansatz adressiert die Identifikation unvollständiger oder widersprüchlicher Eigenschaften zwischen verschiedenen Sichten auf den Systemkontext, durch eine im ‚static analyzer' implementierte Regelbasis. Beim Vergleich verschiedener Sichten berücksichtigt die Regelbasis allerdings nur Diskrepanzen zwischen gleichen Perspektiven. Der Ansatz erlaubt es, die in verschiedenen Sichten dokumentierten Eigenschaften gleicher Perspektiven zu überprüfen. Eigenschaften des operationellen Kontexts und in der Verhaltensspezifikation definierten Eigenschaften stellen im Sinne des Ansatzes allerdings unterschiedliche Perspektiven auf den Systemkontext dar. Der Ansatz betrachtet daher keine Aussagen über den semantischen Bezug zwischen unterschiedlichen Perspektiven und trifft demzufolge auch keine Aussagen über den semantischen Bezug zwischen der Verhaltensspezifikation und Eigenschaften des operationellen Kontexts *(K.A.1-I nicht erfüllt)*.

Der Ansatz bietet eine Überprüfung für Anforderungen eines Systems, die über Eigenschaften des Systemkontexts definiert sind. Bezogen auf den operationellen Kontext dokumentieren die im Ansatz betrachteten Perspektiven (z. B. ‚UoD hierarchies' und ‚data perspective') spezifische Eigenschaften des operationellen Kontexts in der statisch-strukturellen Perspektive *(K.A.2-I erfüllt)*. Die Dokumentation des Bezugs von Stimuli und Reaktionen in der statisch-strukturellen Perspektive des operationellen Kontexts wird im Ansatz nicht adressiert *(K.A.2-II nicht erfüllt)*.

Bewertung für den Ansatz von Leite und Freeman:
- A.1 nicht erfüllt
- A.2 teilweise erfüllt

3.3.5 Ansatz von Rapanotti, Hall und Li

Bei dem Ansatz von RAPANOTTI, HALL und LI [Rapanotti et al. 2006] handelt es sich um ein konstruktives Verfahren zur Ableitung von Verhaltensspezifikationen durch schrittweise Reduktion des zugrunde liegenden Problems.[33] Die Forschungsarbeit basiert auf den Arbeiten von M. JACKSON zum World-and-the-Machine-Modell [Jackson 1995b; Jackson 1995c] und zum Problem-Frames-Ansatz [Jackson 2000; Jackson 2001a] (vgl. Abschnitt 3.2.2).[34] Dieser Ansatz gründet sich auf die Beobachtung, dass sich das zugrunde liegende Entwicklungsproblem im Systemkontext des betrachteten Systems manifestiert. Ausgehend von den Problemdiagrammen wird die Reduktion im Ansatz dabei schrittweise vorgenommen. Ist beispielsweise ein ‚requirement' RA gegeben, das sich auf eine ‚domain' DA bezieht, die über eine ‚domain' DB mit dem System (‚machine') in Beziehung steht, wird, ausgehend von diesem Konstrukt, ein ‚requirements' RB definiert, das sich lediglich auf die ‚domain' RB bezieht und garantiert, dass RA durch das System (‚machine') erfüllt wird, wenn RB erfüllt wird. Die Reduktion wird weitergeführt, bis nur noch ‚requirements' vorhanden sind, die sich unmittelbar auf das System beziehen (‚specification').

Durch die schrittweise Reduktion von Problemdiagrammen, die Eigenschaften des operationellen Kontexts dokumentieren, auf die Verhaltensspezifikation des Systems, trifft der Ansatz Aussagen über den semantischen Bezug zwischen der Verhaltensspezifikation eines Systems und Eigenschaften des operationellen Kontexts *(K.A.1-I erfüllt)*. Das Verfahren stellt konstruktiv die Kohärenz der abgeleiteten Verhaltensspezifikation zu den in den Pro-

---

[33] Ein ähnliches Verfahren, das eine Ableitung von Verhaltensspezifikationen aus Problemdiagrammen durch schrittweise Redefinition der ‚requirements' entlang der Domänen (‚domains') vornimmt, wird von SEATER und D. JACKSON in [Seater und Jackson 2006a; Seater und Jackson 2006b] vorgeschlagen. Da beide Ansätze sich in Bezug auf die spezifische Problemstellung dieser Arbeit nicht signifikant unterscheiden, wird hier stellvertretend der Ansatz von RAPANOTTI, HALL und LI [Rapanotti et al. 2006] betrachtet.

[34] GUNTER, GUNTER, JACKSON und ZAVE schlagen in [Gunter et al. 2000] ein Referenzmodell (W-R-S-P-M) zur Anwendung formaler Ansätze vor, das auf dem ‚World-and-the-Machine'-Modell beruht. Das Referenzmodell macht allgemeine Aussagen über den semantischen Zusammenhang zwischen ‚world' (W), den ‚requirements' (R), der ‚specification' (S), dem ‚program' (P) und der ‚machine' (M) und definiert dadurch einen formalen Rahmen zur Ableitung der ‚specification' (S) aus Eigenschaften von W und R. Der Ansatz von JURETA, MYLOPOULOS und FAULKNER [Jureta et al. 2008] definiert auf Basis des Referenzmodells von [Gunter et al. 2000] eine ontologische Basis für das Requirements Engineering.

blemdiagrammen dokumentierten Eigenschaften des operationellen Kontexts sicher, allerdings adressiert der Ansatz nicht die Identifikation ungültiger oder unvollständiger Eigenschaften in der Verhaltensspezifikation gegenüber den in Problemdiagrammen dokumentierten Eigenschaften des operationellen Kontexts *(K.A.1-II nicht erfüllt)*.

Im Ansatz wird die Verhaltensspezifikation („specification") des Systems („machine") aus Problemdiagrammen des Problem-Frames-Ansatzes abgeleitet. Wie in Abschnitt 3.2.2 erläutert, dokumentieren Problemdiagramme wesentliche Eigenschaften des operationellen Kontexts in der statisch-strukturellen Perspektive *(K.A.2-I erfüllt)*. Zudem wird in Problemdiagrammen der Kontextbezug von Stimuli und Reaktionen des Systems dokumentiert *(K.A.2-II erfüllt)*.

Bewertung für den Ansatz von Rapanotti, Hall und Li:
- A.1 teilweise erfüllt
- A.2 erfüllt

3.3.6 Ansatz von Silva

Bei dem Ansatz von SILVA [Silva 2002] handelt es sich um ein analytisches Verfahren zur Identifikation ungültiger oder unvollständiger Eigenschaften zwischen verschiedenen im Requirements Engineering betrachteten Kategorien von Informationen. Der Ansatz berücksichtigt dabei Sichtpunkte (Viewpoints) im Sinne der Arbeiten zum Viewpoint-basierten Requirements Engineering (vgl. Abschnitt 3.3.4). Die Informationen innerhalb eines Sichtpunktes werden entlang der im World-and-the-Machine-Modell [Jackson 1995b; Jackson 1995c] vorgeschlagenen Differenzierung in drei groben Kategorien ‚knowledge', ‚requirements' und ‚specification' unterteilt (vgl. Abschnitt 3.2.2). Der Ansatz unterscheidet Diskrepanzen, die zwischen Informationen gleicher Kategorie in verschiedenen Viewpoints bestehen („pure discrepancies") und solche Diskrepanzen, die zwischen Informationen verschiedener Kategorien auftreten („mixed discrepancies").[35] Bei Diskrepanzen in Bezug auf Informationen verschiedener Kategorien wird unter anderem zwischen Diskrepanzen des Typs ‚domain-to-specification' und ‚requirements-to-specification' unterschieden. Der Ansatz stellt allgemeine Konzepte zur Identifikation von Diskrepanzen zur Verfügung, die gegebenenfalls im Hinblick auf die jeweils gewählten Dokumentationstechniken angepasst werden müssen. Die Identifikation von ‚mixed discrepancies' basiert auf Aussagen über den semantischen Bezug zwischen den in verschiedenen Kategorien dokumentierten Informationen.

Durch die Regelbasis zur Identifikation von ‚mixed discrepancies' des Typs ‚domain-to-specification' und ‚requirements-to-specification' trifft der Ansatz Aussagen über den semantischen Bezug zwischen der Verhaltensspezifikation und Eigenschaften des operationellen Kontexts *(K.A.1-I erfüllt)*. Das Verfahren zur Identifikation von Diskrepanzen des Typs ‚domain-to-specification' und ‚requirements-to-specification' adressiert insbesondere

---

[35] Beispielsweise berücksichtigt der in Abschnitt 3.3.4 untersuchte Ansatz von LEITE und FREEMAN im Sinne der hier vorgestellten Differenzierung lediglich Diskrepanzen des Typs ‚Pure Discrepancies'.

die Identifikation ungültiger oder unvollständiger Eigenschaften in der Verhaltensspezifikation gegenüber Eigenschaften des operationellen Kontexts *(K.A.1-II erfüllt)*.
Der Ansatz macht Aussagen über die ontologische Struktur des operationellen Kontexts und unterstützt dadurch die explizite Dokumentation von Eigenschaften des operationellen Kontexts *(K.A.2-I erfüllt)*. Die Dokumentation des Kontextbezugs von Stimuli und Reaktionen in der statisch-strukturellen Perspektive des operationellen Kontexts wird im Ansatz nicht adressiert *(K.A.2-II nicht erfüllt)*.

Bewertung für den Ansatz von Silva:
- A.1 erfüllt
- A.2 teilweise erfüllt

3.3.7 Zusammenfassung

In diesem Abschnitt wurde die Eignung der verwandten Forschungsarbeiten in der Kategorie II in Bezug auf die Anforderungen A.1 und A.2 untersucht. Tabelle 3-4 fasst die Ergebnisse dieser Untersuchung nochmals zusammen.

Forschungsarbeiten	Abschn.	A.1	A.2
Ansatz von Darimont, Letier und van Lamsweerde	3.3.1	◐	◐
Ansatz von Hayes, Jackson und Jones	3.3.2	◐	○
Ansatz von Johnson	3.3.3	◐	○
Ansatz von Leite und Freeman	3.3.4	○	◐
Ansatz von Rapanotti, Hall und Li	3.3.5	◐	●
Ansatz von Silva	3.3.6	●	◐

Tabelle 3-4: Zusammenfassende Beurteilung der Forschungsarbeiten in Kategorie II

Die Ergebnisse der Untersuchung verwandter Forschungsarbeiten in der Kategorie II werden gemeinsam mit den Ergebnissen der Untersuchung von Forschungsarbeiten der Kategorien I und III in Abschnitt 3.5 zusammenfassend diskutiert und bewertet.

3.4 Arbeiten von allgemeiner thematischer Relevanz

In diesem Abschnitt werden Ansätze untersucht, die nicht in die beiden in Abschnitt 3.2 und Abschnitt 3.3 untersuchten Kategorien verwandter Forschungsarbeiten fallen, jedoch einen allgemeinen thematischen Bezug zur spezifischen Problemstellung dieser Arbeit besitzen. Da für die Forschungsarbeiten in Kategorie III eine Beurteilung über die in Abschnitt 3.1.2 vorgestellten Bewertungsschemata zu wenig aussagekräftigen Resultaten führt, werden die Arbeiten dieser Kategorie anhand der folgenden Fragestellungen untersucht:

- Welches sind die wesentlichen Merkmale des Ansatzes?
- Wie ist der Bezug des Ansatzes zur spezifischen Problemstellung dieser Arbeit?

3.4.1 Allgemeine Qualitätssicherung von Entwicklungsartefakten

Die Forschungsarbeiten zur allgemeinen Qualitätssicherung von Entwicklungsartefakten adressieren die analytische Qualitätssicherung, da durch den Einsatz dieser Verfahren gewährleistet werden soll, dass Entwicklungsartefakte definierte Qualitätskriterien erfüllen (vgl. Abschnitt 2.3.1). Zu den allgemeinen Qualitätssicherungstechniken gehören Review-Techniken (z. B. Inspektionen [Fagan 1976; Fagan 1986; Gilb und Graham 1993]) sowie das perspektivenbasierte Lesen [Basili et al. 1996], Ansätze wie Quality Function Deployment (QFD) [Kogure und Akao 1983] und Goal Question Metric (GQM) [Basili 1992; Basili et al. 1994]. Bei Review-Techniken werden in einem mehr oder weniger formellen Prozess die zu überprüfenden Entwicklungsartefakte durch Fachexperten begutachtet. Ansätze wie QFD und GQM definieren einen Rahmen für manuell durchzuführende Qualitätssicherungsmaßnahmen, indem für Qualitätsziele, die die Artefakte erfüllen sollen, Fragestellungen und Messvorschriften festgelegt werden, um die Begutachtung durch Fachexperten zu objektivieren.

Der thematische Bezug zur spezifischen Problemstellung dieser Arbeit besteht dahin gehend, dass die einschlägigen Ansätze die Kohärenzprüfung von Verhaltensspezifikationen z. B. dadurch unterstützen können, dass mittels Review-Techniken die Kohärenzprüfung durch Fachexperten systematisiert wird. Verfahren wie GQM erlauben es, durch die Definition spezifischer Ziele und zugehöriger Fragestellungen und Messvorschriften für die Kohärenzprüfung von Verhaltensspezifikationen, die manuelle Kohärenzprüfung von Verhaltensspezifikationen gegen Eigenschaften des operationellen Kontexts zu objektivieren.

3.4.2 Domänentheorie, Domain Maps und Wissensrepräsentation

In [Sutcliffe und Maiden 1998; Sutcliffe 2002] wird mit der Domänentheorie (,domain theory') ein generischer Ansatz zur Konstruktion von Domänenmodellen vorgeschlagen. Die Domänentheorie definiert eine generische Sprachbasis für die Analyse und Dokumentation von Domänen im Sinne spezifischer Ausschnitte der Realität (,grounded domains') und definiert generische Begriffe und Strukturbeziehungen zwischen Begriffen, die in Bezug auf konkrete Domänen spezialisiert werden können. Die in [Hanks et al. 2001] vorgeschlagenen ,domain maps' gestatten es, die in einem Realitätsausschnitt relevanten Begriffe durch ein Begriffsnetz zu definieren, indem z. B. die Semantik von Begriffen in Bezug zu bereits definierten Begriffen definiert wird. Allgemeine Ansätze zur Wissensrepräsentation in der Systementwicklung, wie z. B. TELOS [Mylopoulos et al. 1990], ERAE [Hagelstein 1988] oder RML [Greenspan 1984], definieren eine universelle Sprachbasis zur Dokumentation von Wissen über die der Entwicklung zugrunde liegende Realität.

Der thematische Bezug zur spezifischen Problemstellung dieser Arbeit besteht dahin gehend, dass die Domänentheorie, Domain Maps und die allgemeinen Ansätze zur Wissensrepräsentation eine generische Sprachbasis zur Dokumentation von Eigenschaften des operationellen Kontexts in der statisch-strukturellen Perspektive bieten. Zur Anwendung der Ansätze ist es allerdings notwendig, die Sprachbasis geeignet zu spezialisieren, um z. B. die spezifische Semantik von Kontextaspekten im operationellen Kontext repräsentieren zu können. Verfahren zur Kohärenzprüfung von Verhaltensspezifikationen gegen die in den

Ansätzen dokumentierten Eigenschaften des operationellen Kontexts in der statisch-strukturellen Perspektive werden in den genannten Ansätzen nicht betrachtet.

3.4.3 State-Tracking-Model

Das State-Tracking-Model [Wand und Weber 1990; Wand und Weber 1995; Weber 1997] macht Aussagen über Bedingungen, die zwischen einem Informationssystem und seiner Umgebung herrschen müssen, damit das Informationssystem sich im Betrieb adäquat in seine Umgebung integriert. Dem State-Tracking-Model liegt dabei die Annahme zugrunde, dass ein Informationssystem bestimmte Aspekte seiner Umgebung („real-world phenomena') abbildet, um spezifische Aufgaben erfüllen zu können. Zu diesem Zweck betrachtet der Ansatz notwendige und hinreichende Bedingungen („state-tracking conditions'), die zwischen dem Zustandsraum des Informationssystems und dem Zustandsraum der Umgebung dieses Systems herrschen müssen. So fordert z. B. die Abbildungsbedingung („mapping condition'), dass jeder relevante Zustand im Zustandsraum der Umgebung mindestens auf einen Zustand im Zustandsraum des Informationssystems abgebildet wird, der im System das entsprechende Phänomen in der Umgebung repräsentiert (vgl. [Wand und Weber 1995; Weber 1997]).

Der thematische Bezug zur spezifischen Problemstellung dieser Arbeit besteht darin, dass der Ansatz durch die Betrachtung des Zustandsraums der Umgebung auf spezifische Eigenschaften des operationellen Kontexts fokussiert. Die entsprechenden Eigenschaften beziehen sich allerdings nicht auf die statisch-strukturelle Perspektive nach Abschnitt 2.2.4, sondern auf die zustandsorientierte Perspektive des operationellen Kontexts. Darüber hinaus trifft das State-Tracking-Model durch die „state-tracking conditions' allgemeine Aussagen über den semantischen Bezug zwischen dem Zustandsraum der Umgebung und dem Zustandsraum des betrachteten Systems.

3.4.4 Simulation und Prototyping im Requirements Engineering

Simulation und Prototyping[36] im Requirements Engineering adressieren die Validierung von Anforderungsspezifikationen, indem zu ausgewählten Anforderungen ein Systemmodell konstruiert wird, dessen Ausführung verschiedene Erkenntnisse über die Adäquatheit der Anforderungen ermöglichen soll. In der Simulation wird ein Systemmodell konstruiert, welches in einer Simulationsumgebung ausgeführt wird (vgl. [Reubenstein und Waters 1991; Magee et al. 2000]). Zur Unterstützung der Simulation existieren verschiedene Simulationswerkzeuge (z. B. MATHLAB / SIMULINK [The MathWorks Inc. 2009], STATEMATE [Harel 1987; Harel et al. 1990]), die die Konstruktion des System- und Umgebungsmodells unterstützen und es gestatten, das Systemmodell in der Simulationsumgebung gegen das Umgebungsmodell auszuführen. Im Gegensatz zur Simulation wird bei der Konstruktion ausführbarer Prototypen das Systemmodell in der Betriebsumgebung oder einer Testumgebung ausgeführt (vgl. [Balzer et al. 1982; Davis 1992]). Simulation und Prototyping basieren

---

[36] ‚Prototyping' wird im Weiteren als die prototypische Implementierung einer Menge von Anforderungen verstanden (vgl. [Balzer et al. 1982; Davis 1992]). Prototypen im Sinne nicht ausführbarer Illustratoren wie z. B. Papierprototypen [Snyder 2003] oder ‚Mock-Ups' [Holtzblatt et al. 2005] werden hier nicht betrachtet.

auf der Annahme, dass die in der Ausführung des Systemmodells gewonnenen Erkenntnisse auf die Wirklichkeit übertragbar sind.

Der thematische Bezug zur spezifischen Problemstellung dieser Arbeit besteht darin, dass sowohl die Simulation als auch das Prototyping es gestatten, ein Systemmodell der Verhaltensspezifikation auszuführen, um dadurch spezifische Erkenntnisse über die Adäquatheit der Verhaltensspezifikation zu erhalten. Wird das Systemmodell im operationellen Kontext ausgeführt, erlaubt dies Aussagen über den semantischen Bezug der Verhaltensspezifikation zu Eigenschaften des operationellen Kontexts.

3.4.5 Vier-Welten-Rahmenwerk

Das Vier-Welten-Rahmenwerk [Mylopoulos et al. 1990; Jarke et al. 1992; Jarke und Pohl 1993] adressiert die differenzierte Analyse und Dokumentation des Systemkontexts durch die Unterteilung des Systemkontexts in vier miteinander in Beziehung stehende Teilbereiche ('worlds'). Die Nutzungswelt ('usage world') betrachtet den Teilbereich des Systemkontexts, der die spätere Nutzung des Systems beeinflusst. Die Gegenstandswelt ('subject world') ist der Teilbereich des Systemkontexts, der im System abgebildet werden muss. Die Systemwelt ('system world') ist der Teil des Systemkontexts, der die technische Integration des Systems und die technischen Aspekte des Systembetriebs betreffen. Die Entwicklungswelt ('development world') ist der Teilbereich des Systemkontexts, der den Entwicklungsprozess des betrachteten Systems beeinflusst.

Der thematische Bezug zur spezifischen Problemstellung dieser Arbeit besteht dahin gehend, dass das Vier-Welten-Rahmenwerk eine mögliche Differenzierung des Systemkontexts in der statisch-strukturellen Perspektive vorschlägt, die einen Bezug zur Abgrenzung des operationellen Kontexts im Systemkontext besitzt. So bilden spezifische Aspekte der Gegenstandswelt (z. B. physikalische und technische Prozesse in der Umgebung des Systems), der Nutzungswelt (z. B. Interaktionen zwischen Benutzer und System im Betrieb) und der Systemwelt (z. B. Schnittstellen externer Systeme) den operationellen Kontext nach Definition 2-9. Die im Rahmenwerk definierten allgemeinen Beziehungen zwischen Aspekten in verschiedenen 'Welten' können Ausgangspunkt zur Prüfung von Konsistenz und Vollständigkeit der Kontexterfassung sein.

3.4.6 Viewpoint-Ansätze im Requirements Engineering

Die Forschungsarbeiten zu Viewpoint-Ansätzen im Requirements Engineering (z. B. [Mullery 1979; Finkelstein et al. 1992; Easterbrook und Nuseibeh 1996; Kotonya und Sommerville 1996]) adressieren eine Strukturierung der Analyse des Systemkontexts in verschiedenen Sichten. Nach [Leite und Freeman 1991] ist ein Sichtpunkt ('viewpoint') eine gedankliche Position, die von einer Person zur Analyse eines Gegenstandsbereichs eingenommen wird. Eine Perspektive ('perspective') ist eine Menge von Fakten, die in Bezug auf ein ausgewähltes Modellierungsparadigma und einen spezifischen Sichtpunkt ermittelt und dokumentiert wurden. Eine Sicht ('view') entsteht aus der Integration mehrerer Perspektiven (vgl. Abschnitt 3.3.4). Die in verschiedenen Sichtpunkten fokussierten Aspekte des zugrunde liegenden Gegenstandsbereichs sind in der Regel nicht disjunkt, sondern überlappen mehr oder weniger stark. Die Überlappung ermöglicht die integrierte Analyse der in verschiedenen Sichtpunkten erfassten Informationen, z. B. zur Identifikation von Inkonsistenzen zwischen Spezifikationen unterschiedlicher Sichtpunkte (vgl. [Finkelstein et al. 1994; Nuseibeh et al. 1994; Hunter und Nuseibeh 1998]).

Der thematische Bezug zur spezifischen Problemstellung dieser Arbeit besteht dahin gehend, dass Viewpoint-Ansätze als konzeptuelle Grundlage für die strukturierte Erfassung und Dokumentation des operationellen Kontexts dienen können. Die Definition überlappender Sichtpunkte auf den operationellen Kontext gestattet es, integrative Aussagen über Eigenschaften des operationellen Kontexts zu treffen und die erfassten Eigenschaften gegeneinander zu prüfen. Einige dieser Forschungsarbeiten bilden die Grundlage spezifischer Verfahren zur Kohärenzsicherung von Anforderungen (vgl. Abschnitt 3.3.2).

3.4.7 Zielmodellierung im Requirements Engineering

Die Forschungsarbeiten zur Zielmodellierung im Requirements Engineering (z. B. [Yue 1987; van Lamsweerde et al. 1991; Dardenne et al. 1993; Yu 1993; Antón und Potts 1998; Kaiya et al. 2002]) adressieren die Analyse und Dokumentation von Zielen (Intentionen), die sich auf das zu entwickelnde System beziehen. Die einschlägigen Ansätze basieren dabei meist auf den in [Simon 1981] vorgeschlagenen Und-Oder-Bäumen. Zu den Ansätzen zur Analyse und Dokumentation von Zielen im Requirements Engineering gehören das i*-Framework [Yu 1993; Yu 1997; GRL 2005] und KAOS [van Lamsweerde et al. 1991; Dardenne et al. 1993]. Das i*-Framework ermöglicht es, neben Zielen und Zielabhängigkeiten auch Eigenschaften des Systemkontexts zu dokumentieren, die mit Zielen in Beziehung stehen (z. B. Aufgaben von Stakeholdern, Ressourcen zur Zielerfüllung). KAOS erlaubt eine umfassende Dokumentation von Zielen, Abhängigkeiten sowie zugehörigen Eigenschaften des Systems und des Systemkontexts. So werden im KAOS-Objektmodell z. B. Ziele hierarchisch dokumentiert. Das KAOS-Responsibility-Modell dokumentiert Agenten sowie deren Verantwortlichkeiten und Beziehungen zum Objektmodell.

Der thematische Bezug zur spezifischen Problemstellung dieser Arbeit besteht dahin gehend, dass Ansätze wie i* und KAOS es gestatten, die Verantwortlichkeiten von Agenten im operationellen Kontext über die in Zielmodellen betrachteten Ziele zu dokumentieren. Dabei werden solche Eigenschaften der statisch-strukturellen Perspektive des operationellen Kontexts dokumentiert, die sich auf Ziele beziehen, die mit Kontextaspekten im operationellen Kontext assoziiert sind. Die einschlägigen Arbeiten sind teils Grundlage von Verfahren zur konstruktiven Kohärenzsicherung von Anforderungen (vgl. Abschnitt 3.3.1).

3.5 Zusammenfassende Bewertung

Wie die Untersuchungen in den Abschnitten 3.2 – 3.4 zeigen, existiert kein Ansatz, der sowohl die Anforderung A.1 als auch die Anforderung A.2 erfüllt. Allerdings wurden vier Ansätze identifiziert, die die Anforderungen A.2 erfüllen und ein Ansatz, der die Anforderung A.1 erfüllt. Tabelle 3-5 gibt einen Überblick über die Forschungsarbeiten, die die Anforderung A.1 oder A.2 erfüllen.

3 STAND DER WISSENSCHAFT

Forschungsarbeiten	Abschn.	A.1	A.2
Ontologien für den operationellen Kontext	3.2.1	○	●
Problem-Frames-Ansatz	3.2.2	◐	●
Vier-Variablen-Modell	3.2.7	◐	●
Ansatz von Rapanotti, Hall und Li	3.3.5	◐	●
Ansatz von Silva	3.3.6	●	◐

Tabelle 3-5: Überblick über die Forschungsarbeiten die A.1 oder A.2 erfüllen

Ontologien für den operationellen Kontext definieren Konzeptualisierungen für den operationellen Kontext, die eine spezifische Sprachbasis für die Dokumentation von Eigenschaften des operationellen Kontexts in der statisch-strukturellen Perspektive bieten. Ausgehend von der durch solche Ontologien definierten spezifischen Sprachbasis, können Regeln definiert werden, die den semantischen Bezug zu Eigenschaften in der Verhaltensspezifikation eines Systems herstellen. So kann die im Ansatz von JIN und LIU vorgeschlagene Ontologie Grundlage einer solchen Regelbasis sein. Allerdings wird in den einschlägigen Ansätzen ein solcher semantischer Bezug zu Verhaltensspezifikationen nicht betrachtet.

Im Problem-Frames-Ansatz wird der operationelle Kontext in grobgranulare Problembereiche, zugehörige ‚Requirements' und deren statisch-strukturelle Abhängigkeiten unterteilt. Der Problem-Frames-Ansatz macht dabei lediglich allgemeine Aussagen über den semantischen Bezug von ‚specification' zu ‚requirements' und den zugehörigen Problemdomänen. Die Ansätze von RAPANOTTI, HALL und LI sowie FEATHER und JACKSON basieren auf dem Problem-Frames-Ansatz, und gestatten es, spezifische Eigenschaften in der Verhaltensspezifikation aus den Problemdiagrammen abzuleiten. Diese Ansätze bieten allerdings keine Verfahren, um unabhängig erstellte Verhaltensspezifikationen zumindest teilautomatisiert gegen die in Problemdiagrammen dokumentierten Eigenschaften des operationellen Kontexts auf Gültigkeit und Vollständigkeit zu überprüfen.

Das in den Arbeiten von CLEMENTS, HENINGER, MADEY, PARNAS und VAN SCHOUWEN entwickelte Vier-Variablen-Modell genügt dem hinreichenden Kriterium zur Erfüllung der Anforderung A.2. Allerdings ist die Dokumentationsreichweite in Bezug auf den operationellen Kontext eines softwareintensiven reaktiven Systems auf Umgebungsgrößen, zugehörige Einschränkungen und funktionale Beziehungen zwischen überwachten und regulierten Umgebungsgrößen beschränkt. Das Vier-Variablen-Modell betrachtet zwar die Beziehung zwischen spezifischen Eigenschaften des operationellen Kontexts und Eigenschaften in der Verhaltensspezifikation, allerdings bietet der Ansatz kein Verfahren zur Kohärenzprüfung unabhängig erstellter Verhaltensspezifikationen gegen die im Vier-Variablen-Modell berücksichtigten Eigenschaften des operationellen Kontexts.

Wie die Untersuchungen zeigen, handelt es sich bei dem Ansatz von SILVA um die einzige Forschungsarbeit, die unmittelbar die teilautomatisierte Kohärenzprüfung von Verhaltensspezifikationen gegen Eigenschaften des operationellen Kontexts adressiert. Allerdings umfasst der Ansatz keinerlei spezifische Konzeptualisierungen (z. B. für spezifische Typen von Kontextentitäten und deren Beziehungen), die eine Sprachbasis für die Dokumentation von Eigenschaften des operationellen Kontexts in der statisch-strukturellen Perspektive bilden. Da im Ansatz lediglich festgelegt wird, welche Informationen in den Kategorien ‚requirements' und ‚domain' betrachtet werden, bietet die entsprechende Forschungsarbeit lediglich eine allgemeine Unterstützung in Bezug auf die Dokumentation von Eigenschaften in der statisch-strukturellen Perspektive (vgl. Abschnitt 3.3.6).

Zusammenfassend kann festgestellt werden, dass die Untersuchung des Stands der Wissenschaft die *Forschungslücke* in Bezug auf *Ansätze zur teilautomatisierten Prüfung der Kohärenz von Verhaltensspezifikationen gegenüber Eigenschaften des operationellen Kontexts in der statisch-strukturellen Perspektive* bestätigt. Dieser Umstand unterstreicht die Notwendigkeit der Entwicklung eines solchen Ansatzes in der vorliegenden Arbeit.

Teil II
Ansatz zur teilautomatisierten Prüfung der Kohärenz von Verhaltensspezifikationen gegen Eigenschaften des operationellen Kontexts in der statisch-strukturellen Perspektive

Gliederung Teil II

In Kapitel 4 »Lösungsansatz der Arbeit« wird der allgemeine Lösungsansatz der Arbeit skizziert. Anschließend werden die Grundannahmen des entwickelten Ansatzes vorgestellt sowie dessen Aufbau und Anwendungssystematik erläutert.

In Kapitel 5 »ContextML-Modellierungsrahmenwerk« wird der erste Teil des entwickelten Ansatzes vorgestellt. Hierbei handelt es sich um die Sprachbasis zur Dokumentation von Eigenschaften des operationellen Kontexts softwareintensiver reaktiver Systeme in der statisch-strukturellen Perspektive.

In Kapitel 6 »ContextML-Kohärenzbasis« wird der zweite Teil des entwickelten Ansatzes vorgestellt. Hierbei handelt es sich um ein System von Formalismen zur Prüfung der Kohärenz kanonischer Verhaltensspezifikationen gegen Eigenschaften des operationellen Kontexts in der statisch-strukturellen Perspektive.

Inhalt
4 Lösungsansatz der Arbeit 57
5 ContextML-Modellierungsrahmenwerk 63
6 ContextML-Kohärenzbasis 107

4 Lösungsansatz der Arbeit

Wie in Kapitel 3 aufgezeigt, besteht eine Forschungslücke in Bezug auf Ansätze zur teilautomatisierten Prüfung der Kohärenz von Verhaltensspezifikationen gegen Eigenschaften des operationellen Kontexts in der statisch-strukturellen Perspektive. Im Folgenden wird zunächst ein allgemeiner Lösungsansatz skizziert, der diese Forschungslücke adressiert. Anschließend werden die ontologischen Annahmen vorgestellt, die dem spezifischen Lösungsansatz dieser Arbeit zugrunde liegen und ein Überblick über dessen Struktur und Anwendung gegeben.

Kapitelüberblick

4.1 Allgemeiner Lösungsansatz 57
4.2 Ontologische Grundannahmen des spezifischen Lösungsansatzes 58
4.3 Spezifischer Lösungsansatz 60
4.4 Zusammenfassung und Ausblick 62

4.1 Allgemeiner Lösungsansatz

Wie die Anforderung A.1 (Abschnitt 2.4.4) definiert, muss ein geeigneter Lösungsansatz Aussagen über den semantischen Bezug zwischen Eigenschaften in der Verhaltensspezifikation und Eigenschaften des operationellen Kontexts in der statisch-strukturellen Perspektive umfassen, um Brüche in der Kohärenz der Verhaltensspezifikationen gegenüber den spezifischen Eigenschaften des operationellen Kontexts identifizieren zu können. Um die Kohärenzprüfung möglichst automatisiert durchführen zu können, verlangt Anforderung A.2 (Abschnitt 2.4.4), dass ein geeigneter Ansatz die Dokumentation von Eigenschaften des operationellen Kontexts in der statisch-strukturellen Perspektive unterstützt.

Abbildung 4-1 zeigt die allgemeine Struktur eines Lösungsansatzes, der die betrachtete Forschungslücke adressiert.

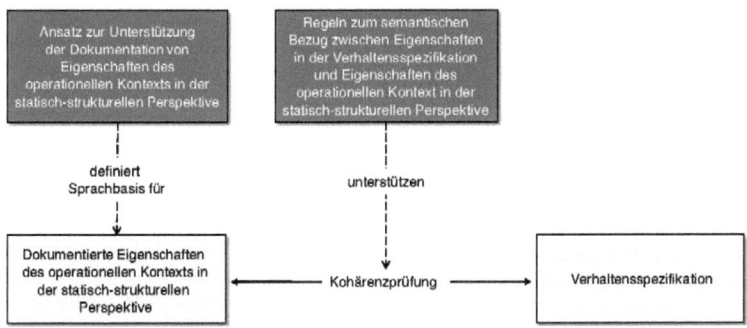

Abbildung 4-1: Struktur des allgemeinen Lösungsansatzes

Die Definition des in Abbildung 4-1 illustrierten allgemeinen Lösungsansatzes dieser Arbeit besitzt zwei Bestandteile:

- *Ansatz zur Unterstützung der Dokumentation von Eigenschaften des operationellen Kontexts in der statisch-strukturellen Perspektive:*
Ein solcher Ansatz definiert die Sprachbasis für die Dokumentation von Eigenschaften des operationellen Kontexts in der statisch-strukturellen Perspektive, in dem dieser die Sprachkonstrukte definiert, die zur Dokumentation von Eigenschaften des operationellen Kontexts in der statisch-strukturellen Perspektive verwendet werden.

- *Regeln zum semantischen Bezug zwischen Eigenschaften in der Verhaltensspezifikation und Eigenschaften des operationellen Kontexts in der statisch-strukturellen Perspektive:*
Diese Regeln definieren Kohärenzbedingungen, die zwischen der Verhaltensspezifikation und Eigenschaften des operationellen Kontexts in der statisch-strukturellen Perspektive gelten müssen. Zur Identifikation von Kohärenzbrüchen wird die Verhaltensspezifikation überprüft, ob diese die definierten Kohärenzbedingungen einhält.

Kohärenzbedingungen setzen spezifische Eigenschaften in der Verhaltensspezifikation mit spezifischen Eigenschaften des operationellen Kontexts in Beziehung (vgl. Abschnitt 2.3.2). Die Eigenschaften des operationellen Kontexts werden in Informationsstrukturen dokumentiert, die von der im Ansatz definierten Sprachbasis festgelegt werden. Die Kohärenzbedingungen werden dabei auf Grundlage dieser Informationsstrukturen definiert.

4.2 Ontologische Grundannahmen des spezifischen Lösungsansatzes

Modellierungsansätze basieren auf ontologischen Grundannahmen über die der Modellbildung zugrunde liegende Realität (vgl. [Moody 2009]).[37] Ontologische Grundannahmen werden als spezifische Konzeptualisierungen der Realität verstanden, die Aussagen über Kategorien von Konzepten, deren Beziehungen und Eigenschaften in der zugrunde liegenden Realität treffen. Tabelle 4-1 zeigt die ontologischen Grundannahmen zum operationellen Kontext softwareintensiver reaktiver Systeme, die dem in dieser Arbeit entwickelten Ansatz zugrunde liegen. Die hier betrachteten ontologischen Grundannahmen basieren wiederum auf der in Abschnitt 2.1.1 vorgestellten Charakterisierung des Systemtyps „softwareintensives reaktives System" und beziehen sich auf die folgenden elementaren Kategorien von Konzepten im operationellen Kontext solcher Systeme:

- *Stimuli* im operationellen Kontext softwareintensiver reaktiver Systeme
- *Reaktionen* im operationellen Kontext softwareintensiver reaktiver Systeme
- *Objekte* und *Personen* im operationellen Kontext softwareintensiver reaktiver Systeme
- *Technische Systeme* im operationellen Kontext softwareintensiver reaktiver Systeme

---

[37] In den Arbeiten von BUNGE, WAND und WEBER [Bunge 1977; Bunge 1979; Wand und Weber 1990] wird eine Ontologie als eine Menge von ontologischen Grundannahmen über die Struktur und den Aufbau der Realität verstanden.

	Stimuli im operationellen Kontext
Gr.1	Im operationellen Kontext softwareintensiver reaktiver Systeme treten Stimuli auf, die eine Reaktion des Systems bewirken.
Gr.2	Ein Stimulus kann durch das Eintreten eines oder mehrerer einzelner Ereignisse im operationellen Kontext ausgelöst werden.
Gr.3	Ein einzelnen Ereignisses ist durch das Eintreten einer spezifische Bedingungen im operationellen Kontext bestimmt.
Gr.4	Die Bedingung für das Eintreten eines einzelnen Ereignisses beziehen sich auf die spezifische Ausprägungen von Eigenschaften eines Objekts, einer Person oder eines technischen Systems im operationellen Kontext.
	Reaktionen in den operationellen Kontext
Gr.5	Softwareintensive reaktive Systeme bewirken Reaktionen in dem operationellen Kontext, um ihren Systemzweck zu erfüllen.
Gr.6	Eine Reaktion eines softwareintensiven reaktiven Systems wird durch einen spezifischen Stimulus im operationellen Kontext ausgelöst.
Gr.7	Eine Reaktion eines softwareintensiven reaktiven Systems wird durch das Bewirken eines oder mehrerer einzelner Ereignisse im operationellen Kontext etabliert.
Gr.8	Die Wirkung eines einzelnen Ereignisses einer Reaktion bezieht sich auf die Ausprägung spezifischer Eigenschaften eines Objekts, einer Person oder eines technischen Systems im operationellen Kontext.
Gr.9	Die Wirkung einer Reaktion eines softwareintensiven reaktiven Systems kann einen Stimulus oder Teil eines Stimulus dieses softwareintensiven reaktiven Systems sein.
	Objekte und Personen im operationellen Kontext
Gr.10	Bei softwareintensiven reaktiven Systemen können materielle Objekte, immaterielle Objekte oder Personen Ursprung von Stimuli sein.
Gr.11	Im Betrieb von softwareintensiven reaktiven Systemen können materielle Objekte, immaterielle Objekte oder Personen Gegenstand der Wirkung einer Reaktion sein.
Gr.12	Objekte im operationellen Kontext können über eine Softwareschnittstelle verfügen.
Gr.13	Bei Objekten, die eine Softwareschnittstelle besitzen, können gegebenenfalls spezifische Eigenschaften dieser Objekte oder ihrer Umgebung über die Softwareschnittstelle überwacht werden.
Gr.14	Bei Objekten, die eine Softwareschnittstelle besitzen, können gegebenenfalls spezifische Eigenschaften der Objekte oder ihrer Umgebung über diese Schnittstelle reguliert werden.
	Technische Systeme im operationellen Kontext
Gr.15	Bei softwareintensiven reaktiven Systemen können technische Systeme Ursprung von Stimuli oder Gegenstand der Wirkung einer Reaktion sein.
Gr.16	Technische Systeme können mittels Sensorik die Ausprägung spezifischer Eigenschaften des operationellen Kontexts messen.
Gr.17	Technische Systeme können mittels Aktuatorik die Ausprägung spezifischer Eigenschaften des operationellen Kontexts regulieren.
Gr.18	Spezifische technische Systeme können Daten aufbereiten, plausibilisieren und transportieren.

Tabelle 4-1: Ontologische Grundannahmen des spezifischen Lösungsansatzes

4.3 Spezifischer Lösungsansatz

Im Folgenden wird die auf dem allgemeinen Lösungsansatz basierende Struktur des spezifischen Lösungsansatzes dieser Arbeit vorgestellt und die Systematik zur Anwendung des entwickelten Ansatzes skizziert.

4.3.1 Struktur des spezifischen Lösungsansatzes

Abbildung 4-2 zeigt die Struktur des spezifischen Lösungsansatz dieser Arbeit, welcher speziell die teilautomatisierte Kohärenzprüfung von kanonischen Verhaltensspezifikationen softwareintensiver reaktiver Systeme gegen Eigenschaften des operationellen Kontexts in der statisch-strukturellen Perspektive dieser Systeme adressiert.

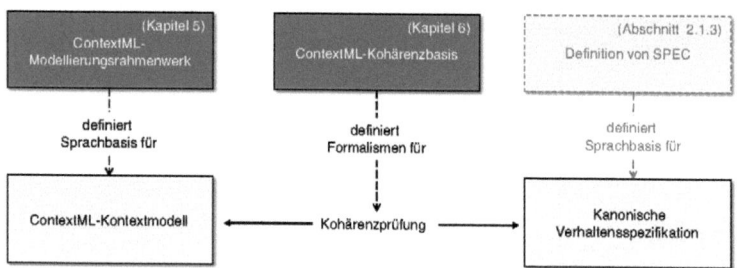

Abbildung 4-2: Struktur des spezifischen Lösungsansatzes

Der spezifische Lösungsansatz dieser Arbeit setzt sich aus zwei Bestandteilen zusammen:

- *ContextML-Modellierungsrahmenwerk:* Das ContextML-Modellierungsrahmenwerk definiert eine Sprachbasis zur Dokumentation von Eigenschaften des operationellen Kontexts softwareintensiver reaktiver Systeme. Das Modellierungsrahmenwerk setzt sich aus verschiedenen Definitionen von Modellkonstrukten zusammen, die es gestatten, den Bezug von Stimuli und Reaktionen des Systems in der statisch-strukturellen Perspektive des operationellen Kontexts zu dokumentieren (vgl. Abschnitt 2.4.4). Die auf Basis des ContextML-Modellierungsrahmenwerks dokumentierten Eigenschaften des operationellen Kontexts bilden das ContextML-Kontextmodell dieses Systems.

- *ContextML-Kohärenzbasis:* Die ContextML-Kohärenzbasis definiert Formalismen zur Kohärenzprüfung kanonischer Verhaltensspezifikationen gegen Eigenschaften des operationellen Kontexts in der statisch-strukturellen Perspektive (vgl. Abschnitt 2.3.3). Die verschiedenen Formalismen der ContextML-Kohärenzbasis dienen zur Prüfung des semantischen Bezugs zwischen Eigenschaften in der kanonischen Verhaltensspezifikation softwareintensiver reaktiver Systeme und den im ContextML-Kontextmodell des jeweiligen Systems dokumentierten Eigenschaften des operationellen Kontexts in der statisch-strukturellen Perspektive.

4.3.2 Systematik der Anwendung

Abbildung 4-3 zeigt die Systematik der Anwendung des entwickelten Ansatzes zur Kohärenzprüfung kanonischer Verhaltensspezifikationen in Form eines Datenflussdiagramms in der Notation nach [DeMarco 1978].

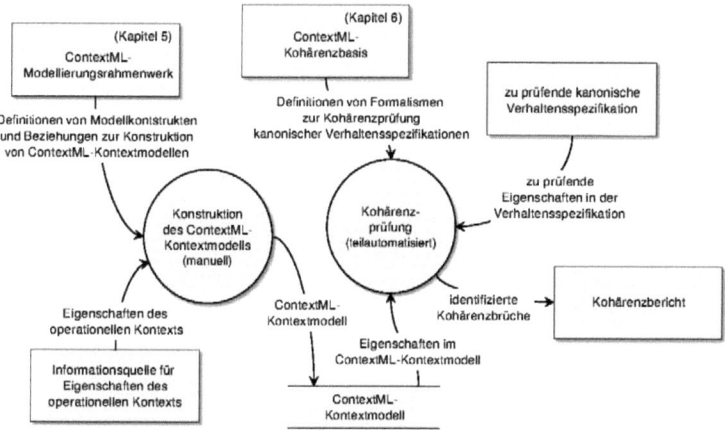

Abbildung 4-3: Systematik der Anwendung des entwickelten Ansatzes

Zur Anwendung des entwickelten Ansatzes benötigt dieser verschiedene Eingaben und stellt die identifizierten Kohärenzbrüche als Ausgaben bereit. Eingaben werden von Quellen bereitgestellt und die Ausgabe einer Senke zur Verfügung gestellt. In der Anwendung des Ansatzes existieren folgende Quellen und Senken (vgl. auch Abschnitt 4.3.1):

- ‚*Informationsquelle für Eigenschaften des operationellen Kontexts*' (Quelle): Stellt Informationen über Eigenschaften des operationellen Kontext bereit.

- ‚*Zu prüfende kanonische Verhaltensspezifikation*' (Quelle): Stellt die Eingabe zur Anwendung des entwickelten Ansatzes in Form einer Menge von Spezifikationsautomaten nach Definition 2-4 bereit.

- ‚*ContextML-Modellierungsrahmenwerk*' (Quelle): Stellt Definitionen von Modellkonstrukten und Beziehungen zur Konstruktion des ContextML-Kontextmodells bereit und wird in der Anwendung des Ansatzes nicht verändert.

- ‚*ContextML-Kohärenzbasis*' (Quelle): Stellt Definitionen von Formalismen für die Kohärenzprüfung bereit und wird in der Anwendung des Ansatzes nicht verändert.

- ‚*Kohärenzbericht*' (Senke): Strukturierte Sammlung der identifizierten Kohärenzbrüche, die als Ergebnis der Anwendung des Ansatzes zur Verfügung gestellt wird.

In der Anwendung des Ansatzes muss das erstellte ContextML-Kontextmodell für die Kohärenzprüfung dauerhaft verfügbar sein. Daher wird der folgende Datenspeicher benötigt:

- ‚*ContextML-Kontextmodell*'

Im Rahmen der Anwendung des Ansatzes werden zwei grobgranulare Aktivitäten durchgeführt, weshalb das in Abbildung 4-3 gezeigte Datenflussmodell die folgenden beiden Prozesse umfasst:

- ‚*Konstruktion des ContextML-Kontextmodells*': Im Rahmen dieser Aktivität wird aus den vorliegenden Eigenschaften des operationellen Kontexts in der statisch-strukturellen Perspektive das ContextML-Kontextmodell konstruiert. Die Konstruktion des ContextML-Kontextmodells basiert auf den Definitionen von Modellkonstrukten und Beziehungen im ContextML-Modellierungsrahmenwerk. Das erstellte ContextML-Kontextmodell wird im Datenspeicher ‚ContextML-Kontextmodell' abgelegt. Die Konstruktion des ContextML-Kontextmodells erfolgt manuell.

- ‚*Kohärenzprüfung*': Im Rahmen dieser Aktivität wird die zu prüfende kanonische Verhaltensspezifikation auf Kohärenzbrüche in Bezug auf die im ContextML-Kontextmodell dokumentierten Eigenschaften des operationellen Kontexts überprüft. Die Kohärenzprüfung geschieht dabei auf Grundlage der in der ContextML-Kohärenzbasis definierten Kohärenzregeln. Die im Rahmen der Aktivität identifizierten Kohärenzbrüche werden in einem Kohärenzbericht gesammelt. Die Kohärenzprüfung der kanonischen Verhaltensspezifikation wird teilautomatisiert durchgeführt.

4.4 Zusammenfassung und Ausblick

Der spezifische Lösungsansatz der Arbeit adressiert die in Teil I der Arbeit identifizierte Forschungslücke in Bezug auf Ansätze zur teilautomatisierten Kohärenzprüfung von Verhaltensspezifikationen gegen Eigenschaften des operationellen Kontexts in der statisch-strukturellen Perspektive. Der spezifische Lösungsansatz besitzt zwei miteinander in Beziehung stehende Bestandteile, das ContextML-Modellierungsrahmenwerk und die ContextML-Kohärenzbasis. Das ContextML-Modellierungsrahmenwerk wird in Kapitel 5 und die ContextML-Kohärenzbasis in Kapitel 6 dieser Arbeit vorgestellt.

Der Ausarbeitung des im Rahmen dieser Arbeit entwickelten Ansatzes zur Kohärenzprüfung kanonischer Verhaltensspezifikationen softwareintensiver reaktiver Systeme liegen Ergebnisse aus den folgenden Forschungsarbeiten zugrunde:

- BUNGE, WAND, WEBER zum Ontologieentwurf (vgl. Abschnitt 3.2.1);
- JIN und LIU sowie DAVIS, JORDAN und NAKAJIMA zu Ontologien für den operationellen Kontext (vgl. Abschnitt 3.2.1);
- CLEMENTS, HENINGER, MADEY, PARNAS und VAN SCHOUWEN zum Vier-Variablen-Modell (vgl. Abschnitt 3.2.7);
- M. JACKSON zum Problem-Frames-Ansatz (vgl. Abschnitt 3.2.2),
- JOHNSON sowie RAPANOTTI, HALL, LI und SEATER, D. JACKSON zur Ableitung von Verhaltensspezifikationen aus Eigenschaften des Kontexts (vgl. Abschnitt 3.3.3);
- SILVA zur allgemeinen Kohärenzbetrachtung zwischen Verhaltensspezifikationen und Eigenschaften des operationellen Kontexts (vgl. Abschnitt 3.3.6).

5 ContextML-Modellierungsrahmenwerk

In diesem Kapitel wird mit dem ContextML-Modellierungsrahmenwerk der erste Bestandteil des im Rahmen der vorliegenden Arbeit entwickelten Ansatzes zur Kohärenzprüfung kanonischer Verhaltensspezifikationen vorgestellt.

Kapitelüberblick
5.1 Überblick 63
5.2 Modellierungsprimitive 65
5.3 Kontextereignisse 85
5.4 Konstruktionsmechanismen 88
5.5 Zusammenfassung 105

5.1 Überblick

Wie in Abschnitt 4.3.1 erläutert, definiert das ContextML-Modellierungsrahmenwerk verschiedene Modellkonstrukte zur Dokumentation von Eigenschaften des operationellen Kontexts softwareintensiver reaktiver Systeme in der statisch-strukturellen Perspektive. Die Definition des Modellierungsrahmenwerks basiert dabei auf der Unterscheidung dreier grober Klassen von Modellkonstrukten:

Das ContextML-Modellierungsrahmenwerk ist wie folgt untergliedert:

- *Modellierungsprimitive (Abschnitt 5.2)*: In diesem Abschnitt des ContextML-Modellierungsrahmenwerks werden elementare Modellelemente zur Dokumentation von Eigenschaften des operationellen Kontexts in der statisch-strukturellen Perspektive eingeführt.

- *Kontextereignisse (Abschnitt 5.3)*: In diesem Abschnitt des ContextML-Modellierungsrahmenwerks werden die verschiedenen im operationellen Kontext softwareintensiver reaktiver Systeme auftretenden Typen von Kontextereignissen definiert.

- *Konstruktionsmechanismen (Abschnitt 5.4)*: Auf Grundlage der Modellierungsprimitive werden in diesem Abschnitt des ContextML-Modellierungsrahmenwerks Mechanismen zur Dokumentation des Kontextbezugs von Kontextereignissen definiert.

Die einzelnen Bestandteile des Modellierungsrahmenwerks beruhen auf den in Abschnitt 4.2 eingeführten ontologischen Grundannahmen zum operationellen Kontext softwareintensiver reaktiver Systeme. Abbildung 5-1 zeigt ein Strukturmodell für den Teilbereich der des ContextML-Modellierungsrahmenwerks, der die Modellierungsprimitive (MP) und Kontextereignisse (KE) umfasst. Für das Strukturmodell wurde eine informelle Repräsentation gewählt, die aus Knoten besteht, die Konzepte der Sprachbasis repräsentierten, und Kanten, die strukturelle Beziehungen zwischen diesen Konzepten repräsentieren.[38] Mit

---
[38] Zur Repräsentation der beiden Strukturmodelle wurde auf die Verwendung verbreiteter Modellierungssprachen (z. B. UML-Klassenmodelle [OMG 2005a]) verzichtet, da die in den entsprechenden Metamodellen definierte Semantik der Modellkonstrukte (z. B. die Semantik des Modellkonstrukts ‚Klasse' in UML) für die adäquate Repräsentation solcher semantischen Netze ungeeignet ist.

Ausnahme der nicht rechtwinklig verlaufenden Kanten, die eine Generalisierungsbeziehung repräsentieren, ist die Semantik der Kante durch die Beschriftung angegeben. Die angegebenen Kardinalitäten sagen aus, mit wie vielen Vertretern des Konzepts am Endpunkt der Kante die jeweiligen Vertreter des Konzepts am Ursprung der Kante in Beziehung stehen können.

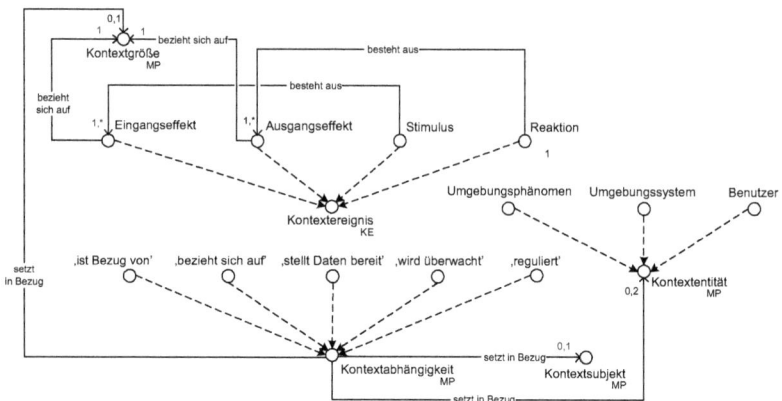

Abbildung 5-1: Modellierungsprimitive und Kontextereignisse in ContextML

Das ContextML-Modellierungsrahmenwerk unterscheidet Modellierungsprimitive für das Kontextsubjekt, für Kontextentitäten, für Kontextgrößen sowie für Kontextabhängigkeiten (vgl. Abschnitt 2.2.4). Ausgehend von ontologischen Grundannahmen zu materiellen Objekten, immateriellen Objekten und Personen sowie technischen Systemen im operationellen Kontext werden bei Kontextentitäten die Modellierungsprimitive Benutzer, Umgebungsphänomene und Umgebungssysteme unterschieden (Tabelle 4-1: Gr.10, Gr.11 und Gr.15). Das Modellierungsrahmenwerk unterscheidet fünf Kategorien von Kontextabhängigkeiten, die sich auf die Überwachung von Kontextgrößen, die Regulierung von Kontextgrößen, den Bezug von Kontextgrößen zu Kontextentitäten und den Datenaustausch zwischen Kontextentitäten beziehen (Tabelle 4-1: Gr.13, Gr.14, Gr.16, Gr.17 und Gr.18).

Das ContextML-Modellierungsrahmenwerk unterscheidet zwischen Kontextereignissen, die Stimuli oder Reaktionen definieren, sowie Modellierungsprimitive, die zur Modellierung des Kontextbezugs von Kontextereignissen im operationellen Kontext dienen (Tabelle 4-1: Gr.1, Gr.5 und Gr.6). Stimuli und Reaktionen werden durch das Auftreten eines oder mehrerer einzelner Ereignisse definiert (Kontexteffekte). Kontexteffekte, die Stimuli definieren, werden als Eingangseffekt bezeichnet und Kontexteffekte, die Reaktionen des Systems definieren, als Ausgangseffekt (Tabelle 4-1: Gr.2 und Gr.7). Kontexteffekte beziehen sich auf die Ausprägung spezifischer Eigenschaften im operationellen Kontext, die im ContextML-Modellierungsrahmenwerk durch Kontextgrößen repräsentiert werden (Tabelle 4-1: Gr.3, Gr.4 und Gr.8). Ist eine Reaktion des Kontextsubjekts Ursprung eines Stimulus, ist das Kontextsubjekt Teil des Kontextbezugs dieses Stimulus (Tabelle 4-1: Gr.9).

Neben Modellierungsprimitiven und Kontextereignissen umfasst das ContextML-Modellierungsrahmenwerk verschiedene Konstruktionsmechanismen (KM) zur Dokumentation des Bezugs von Stimuli und Reaktionen in der statisch-strukturellen Perspektive des operationellen Kontexts. Abbildung 5-2 zeigt die Typen von Konstruktionsmechanismen und deren strukturellen Bezug zu Modellierungsprimitiven und Kontextereignissen.

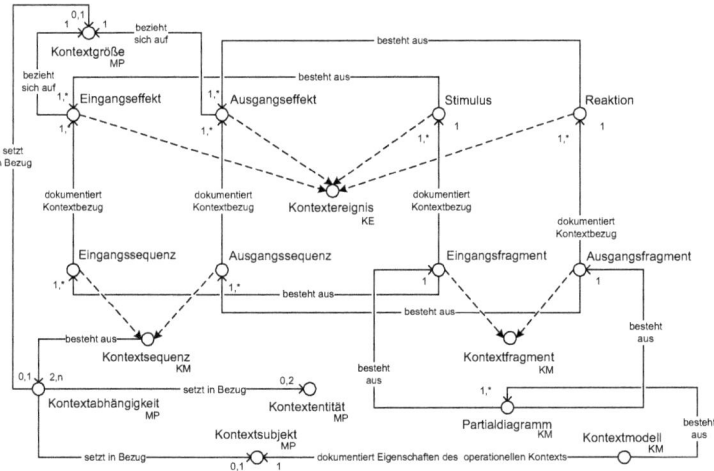

Abbildung 5-2: Mechanismen zur Konstruktion von ContextML-Kontextmodellen

Die einzelnen Konstruktionsmechanismen dienen der kompositionellen Konstruktion des ContextML-Kontextmodells entlang der Bildung von Stimuli und Reaktionen durch Konteffekte. In den Abschnitten 5.2 – 5.4 werden die Modellierungsprimitive, Kontextereignisse und Konstruktionsmechanismen des ContextML-Modellierungsrahmenwerks algebraisch definiert, um Teile der Kohärenzprüfung kanonischer Verhaltensspezifikationen gegen ContextML-Kontextmodelle automatisiert durchführen zu können. Im Rahmen der Definition des ContextML-Modellierungsrahmenwerks wird zudem die visuelle Repräsentation der einzelnen Modellkonstrukte des ContextML-Modellierungsrahmenwerks vorgestellt. Der Bezug des ContextML-Modellierungsrahmenwerks zu verwandten Arbeiten im Stand der Wissenschaft wird in Abschnitt 5.5 betrachtet.

5.2 Modellierungsprimitive

ContextML unterscheidet Modellierungsprimitive für das Kontextsubjekt, für Kontextentitäten, für Kontextgrößen und Kontextabhängigkeiten (vgl. Abschnitt 2.2).

5.2.1 Modellierungsprimitive des Typs ‚Kontextsubjekt'

Wie in Definition 2-5 festgelegt, ist das Kontextsubjekt das Referenzobjekt, das der spezifischen Kontextbildung zugrunde liegt. Die Bedeutung der Modellierungsprimitive ‚Kontextsubjekt' wird in ContextML-Modellierungsrahmenwerk wie folgt definiert.

> **Definition 5-1:** *Kontextsubjekt (ContextML)*
> Das Kontextsubjekt repräsentiert das softwareintensive reaktive System, das der Kontextbildung zugrunde liegt.

Abbildung 5-3 zeigt die visuelle Repräsentation (Notation) für die Modellierungsprimitive ‚Kontextsubjekt' im ContextML-Modellierungsrahmenwerk.

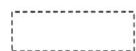

Abbildung 5-3: Notation für die Modellierungsprimitive ‚Kontextsubjekt'

Wie in Abschnitt 2.2 erläutert, zählt das Kontextsubjekt nicht zum eigenen operationellen Kontext. Allerdings sind die Beziehungen des Kontextsubjekts zu Objekten, Personen oder anderen technischen Systemen in der Umgebung Teil der Eigenschaften des operationellen Kontexts, da diese Beziehungen die Existenz eines solchen Objektes, einer Person oder eines technischen Systems im jeweiligen operationellen Kontext begründen. In der Notation der Modellierungsprimitive in ContextML wird diese Eigenschaft des Kontextsubjekts visuell durch die gestrichelte Umrandung angedeutet.

Im Gegensatz zu anderen Modellierungsprimitiven liegt der Kontextbildung für ein spezifisches softwareintensives reaktives System genau ein Kontextsubjekt zugrunde. Demzufolge gilt für die Menge KS aller Kontextsubjekte in der Kontextbildung für ein spezifisches softwareintensives reaktives System, dass diese Menge lediglich das jeweilige Kontextsubjekt ks enthält, d. h.:

$$KS = \{ks\} \qquad (5.1)$$

In der weiteren Definition des ContextML-Modellierungsrahmenwerks wird für die Modellierungsprimitive ‚Kontextsubjekt' der im Folgenden definierte Typbezeichner als Typindex verwendet:

$$KS_T = \{K\} \qquad (5.2)$$

Als Bezeichnung für das Kontextsubjekt wird in ContextML die Kurzbezeichnung des zugehörigen softwareintensiven reaktiven Systems aus der Systemvision verwendet. Die Bezeichnung des Kontextsubjekts wird dabei innerhalb der Umrandung angegeben. Beispiel 5-1 zeigt exemplarisch die algebraische Dokumentation (Beispiel 5-1 oben) und die visuelle Dokumentation (Beispiel 5-1 unten) des Kontextsubjekts ‚FAS', das der Kontextbildung für ein Fahrassistenzsystem zugrunde liegt (vgl. auch Beispiel 2-2).

Beispiel 5-1: Dokumentation des Kontextsubjekts ‚FAS'

$$KS_{Fahrassistenzsystem} = \{FAS\}$$

$$\left\{ \;\boxed{FAS}\; \right\}$$

5.2.2 Modellierungsprimitive des Typs ‚Kontextentität'

Die statisch-strukturelle Perspektive des operationellen Kontexts konstituiert sich, wie in Abschnitt 2.2.4 beschrieben, aus Objekten, Personen und technischen Systemen, die mit dem Kontextsubjekt im Betrieb in einer Interaktionsbeziehung stehen (vgl. [Davis et al. 1997; Zave und Jackson 1997; Jin und Liu 2006]). Bezogen auf ein in der Kontextbildung betrachtetes Kontextsubjekt wird die Modellierungsprimitive ‚Kontextentität' im ContextML-Modellierungsrahmenwerk wie folgt definiert:

> Definition 5-2: *Kontextentität (ContextML)*
>
> Kontextentitäten sind Objekte, Personen oder technische Systeme, die Teil der statisch-strukturellen Perspektive des operationellen Kontexts des Kontextsubjekts sind.

Für ein Objekt, eine Person oder ein technisches System einer existierenden oder noch zu schaffenden Realität kann demzufolge immer nur spezifisch für das jeweils betrachtete Kontextsubjekt entschieden werden, ob es sich um eine Kontextentität handelt. Abbildung 5-4 zeigt die allgemeine visuelle Repräsentation (Notation) für die Modellierungsprimitive des Typs ‚Kontextentität' im ContextML-Modellierungsrahmenwerk.

Abbildung 5-4: Allgemeine Notation für Kontextentitäten

Das ContextML-Kontextmodell kann eine Vielzahl von Kontextentitäten umfassen, die dann in Bezug auf das jeweils betrachtete Kontextsubjekt die statisch-strukturellen Perspektive des operationellen Kontexts bilden. Für ein gegebenes Kontextsubjekt ks wird die Menge KE_{ks} aller Kontextentitäten wie folgt festgelegt:

$$KE_{ks} = \{ke_i\}\, i \in \mathbb{N} \quad (5.3)$$

Die Modellierungsprimitive ‚Kontextentität' wird in der Anwendung des ContextML-Modellierungsrahmenwerks lediglich spezialisiert verwendet. Abgeleitet aus den ontologischen Grundannahmen wird eine Kontextentität genau einem der folgenden spezialisierten Kontextentitätstypen zugeordnet (vgl. Abschnitt 5.1):

- Umgebungssystem (Abschnitt 5.2.2.1)
- Benutzer (Abschnitt 5.2.2.2)
- Umgebungsphänomen (Abschnitt 5.2.2.3)

Als Grundlage für die weiteren Definitionen des ContextML-Modellierungsrahmenwerks werden für die drei spezialisierten Kontextentitätstypen spezifische Typindizes verwendet. Die Menge KE_T der Typindizes von Kontextentitäten wird wie folgt festgelegt:

$$KE_T = \{P, S, B\} \quad (5.4)$$

Der Typindex ‚P' steht für den Kontextentitätstyp ‚Umgebungsphänomen', ‚S' für den Kontextentitätstyp ‚Umgebungssystem' und ‚B' für den Kontextentitätstyp ‚Benutzer'. Für jeden spezialisierten Kontextentitätstyp wird im Folgenden eine spezifische Modellierungsprimitive definiert.

5.2.2.1 Umgebungssysteme

Bei Kontextentitäten des Typs ‚Umgebungssystem' handelt es sich um technische Systeme, die über eine Softwareschnittstelle verfügen und die über diese Schnittstelle mit dem Kontextsubjekt im Betrieb in einer Nutzungsbeziehung stehen. Bezogen auf ein spezifisches Kontextsubjekt wird die Modellierungsprimitive ‚Umgebungssystem' wie folgt definiert:

Definition 5-3: *Umgebungssystem (ContextML)*

Ein Umgebungssystem repräsentiert ein technisches System, welches mit dem Kontextsubjekt derart in Beziehung steht, dass mindestens eine der folgenden Bedingungen gilt:

(1) Das Umgebungssystem nutzt im Betrieb das Kontextsubjekt über dessen Softwareschnittstelle.

(2) Das Kontextsubjekt nutzt im Betrieb das Umgebungssystem über dessen Softwareschnittstelle.

Bezogen auf das Kontextsubjekt ‚FAS' (vgl. Beispiel 5-1) steht z. B. das Bremssystem des Fahrzeuges mit dem Kontextsubjekt in Beziehung, wenn das Fahrassistenzsystem bei Unterschreitung eines Sicherheitsabstandes zum vorausfahrenden Fahrzeug eine Verzögerung des Fahrzeuges über das Bremssystem initiieren soll. Bezüglich der Nutzungsbeziehung zwischen Umgebungssystemen und Kontextsubjekt können zwei Ausprägungen solcher Beziehungen unterschieden werden:

- Eine *direkte Nutzungsbeziehung* zwischen dem Kontextsubjekt und einem Umgebungssystem liegt vor, wenn entweder das Umgebungssystem unmittelbar über die Softwareschnittstelle des Kontextsubjekts auf das Kontextsubjekt zugreift, oder das Kontextsubjekt unmittelbar über die Softwareschnittstelle des Umgebungssystems auf das Umgebungssystem zugreift.

- Eine *indirekte Nutzungsbeziehung* zwischen dem Kontextsubjekt und einem Umgebungssystem liegt vor, wenn entweder das Umgebungssystem das Kontextsubjekt mittelbar durch den Zugriff auf die Softwareschnittstelle anderer Umgebungssysteme nutzt, oder wenn das Kontextsubjekt das Umgebungssystem mittelbar durch Zugriff auf die Softwareschnittstelle anderer Umgebungssysteme nutzt.

Die über die Softwareschnittstelle des Umgebungssystems oder des Kontextsubjekts realisierte Nutzung kann in zwei Ausprägungen vorliegen:

- Bei der *Bereitstellung von Daten* werden Daten über Eigenschaften des Systems (Umgebungssystem oder Kontextsubjekt) oder Daten über zugängliche Eigenschaften der Umgebung zur Verfügung gestellt.

- Bei der *Initiierung eines Effekts* besteht die Nutzung dahin gehend, dass ein Effekt initiiert wird, der entweder unmittelbar auf das jeweilige Umgebungssystem oder über dieses Umgebungssystem auf dessen Umgebung wirkt.

Abbildung 5-5 zeigt die visuelle Repräsentation (Notation) für die Modellierungsprimitive von Kontextentitäten des Typs ‚Umgebungssystem'.

Abbildung 5-5: Notation für Kontextentitäten des Typs ‚Umgebungssystem'

Die Bezeichnung einer Kontextentität vom Typ ‚Umgebungssystem' wird in der visuellen Repräsentation innerhalb der Umrandung angegeben. Für ein gegebenes Kontextsubjekt ks wird die Menge US_{ks} aller Umgebungssysteme wie folgt festgelegt:

$$US_{ks} = \{us_i\}, i \in \mathbb{N} \tag{5.5}$$

Beispiel 5-2 zeigt die Dokumentation der Menge der Umgebungssysteme des Kontextsubjekts ‚FAS' (vgl. Beispiel 5-1). Im Beispiel wird definiert, dass das Kontextsubjekt ‚FAS' die drei Umgebungssysteme ‚Bremssystem', ‚Motorsteuerung' und ‚Pedaldrucksensor' besitzt. Im oberen Teil des Beispiels ist die algebraische Dokumentation der Menge der Umgebungssysteme angegeben. Der untere Teil zeigt die entsprechende visuelle Dokumentation.

Beispiel 5-2: Dokumentation der Umgebungssysteme des Kontextsubjekts ‚FAS'

$$US_{FAS} = \{bremssystem, motorsteuerung, pedaldrucksensor\}$$

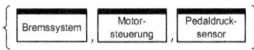

Die Schnittstelle eines Umgebungssystems wird im ContextML-Modellierungsrahmenwerk durch die Menge von Daten dokumentiert, die von dem Umgebungssystem zur Verfügung gestellt werden oder die das Umgebungssystem verarbeiten kann. Der Teil der ausgehenden Schnittstelle eines Umgebungssystems ‚us', der einen unmittelbaren oder mittelbaren Nutzungsbezug zum Kontextsubjekt besitzt, wird durch die Signatur σ_{Out} wie folgt dokumentiert:

$$\sigma_{Out}(us) = \{D_i : D_i \text{ ist ein Datum, das von us bereitgestellt wird}\} \tag{5.6}$$

Der Teil der eingehende Schnittstelle σ_{In} eines Umgebungssystems ‚us', der einen unmittelbaren oder mittelbaren Nutzungsbezug zum Kontextsubjekt besitzt, wird wie folgt dokumentiert:

$$\sigma_{In}(us) = \{D_i : D_i \text{ ist ein Datum, das von us verarbeitet werden kann}\} \tag{5.7}$$

Beispiel 5-3 zeigt am Beispiel des Umgebungssystems ‚Motorsteuerung' die Dokumentation der eingehenden und ausgehenden Schnittstelle dieses System im ContextML-Modellierungsrahmenwerk. Die ausgehende Schnittstelle des Umgebungssystems ‚Motorsteuerung' stellt das Datum ‚ActMotoTorque' (Wert des Motordrehmoments) und das Datum ‚Sig_TempAlert' (Vorliegen einer Motorüberhitzung) zur Verfügung. Die eingehende Schnittstelle umfasst das Datum ‚Sig_IgnOff' (Zündung aus) und das Datum ‚NewMotoTorque' (neuer Wert für das Motordrehmoment).

Beispiel 5-3: Dokumentation der eingehenden und ausgehenden Schnittstelle eines Umgebungssystems

$\sigma_{Out}(motorsteuerung) = \{ActMotoTorque, Sig\_TempAlert\}$

$\sigma_{In}(motorsteuerung) = \{Sig\_IgnOff, NewMotoTorque\}$

Umgebungssysteme eines softwareintensiven reaktiven Systems können weiter differenziert werden. So können die folgenden Ausprägungen von Umgebungssystemen im operationellen Kontext unterschieden werden (vgl. auch [Weyer und Pohl 2008]):

- *Sensor:* Ein Sensor misst die Ausprägung einer natürlichen oder technischen Größe (Messgröße) in seiner Umgebung.[39] Die gemessenen Werte werden dabei von einem Sensor gegebenenfalls aufbereitet und plausibilisiert zur Verfügung gestellt. Beispielsweise misst ein Pedaldrucksensor den Pedaldruck (Messgröße) auf dem Bremspedal.

- *Aktuator:* Ein Aktuator reguliert die Ausprägung einer natürlichen oder technischen Größe (Regelgröße) in seiner Umgebung auf Grundlage von Regelungsdaten. Beispielsweise reguliert der Hauptbremszylinder (Aktuator) eines Fahrzeuges den Bremsdruck (Regelgröße) im Bremskreislauf.

- *Adjazentes System:* Ein adjazentes System besitzt eine Verarbeitungslogik, nutzt Dienste anderer Systeme oder stellt Dienste der Umgebung zur Verfügung. Adjazente Systeme regulieren häufig natürliche oder technische Größen in ihrer Umgebung, indem sie Messdaten analysieren und Regelungsdaten berechnen, über die Prozesse in der Umgebung reguliert werden.

- *Technisches Kopplungselement:* Ein technisches Kopplungselement ist ein technisches System mit einer Softwareschnittstelle, das dazu dient, Daten zwischen Umgebungssystemen oder zwischen Umgebungssystemen und dem Kontextsubjekt zu übertragen. Als technische Kopplungselemente werden im Fahrzeugbau z. B. Systeme eingesetzt, die auf Technologien wie z. B. CAN (Controller Area Network) [ISO 11898], FlexRay [FlexRay 2009], LIN (Local Interconnect Network) [LIN Consortium 2009] oder MOST (Media Oriented Systems Transport) [MOST Cooperation 2009] beruhen.

5.2.2.2 Benutzer

Kontextentitäten des Typs ‚Benutzer' repräsentieren Personengruppen, die mit dem Kontextsubjekt in einer Nutzungsbeziehung stehen. Eine Benutzungsbeziehung zwischen einer Person beziehungsweise einer Personengruppe und dem Kontextsubjekt besteht dann, wenn die betreffenden Personen aus der Nutzung des Systems einen Mehrwert erfahren (vgl. Abschnitt 2.1.2). Bezogen auf ein spezifisches Kontextsubjekt wird die Modellierungsprimitive ‚Benutzer' im ContextML-Modellierungsrahmenwerk wie folgt definiert:

---

[39] Eine physikalische Größe bezieht sich auf einen physikalischen Prozess, d. h. einen Prozess, der durch natürliche Vorgänge bestimmt wird, die lediglich den Naturgesetzen unterliegen. Eine technische Größe bezieht sich auf einen technischen Prozess, d. h. auf einen Prozess, der unmittelbar durch eines oder mehrere technische Systeme beeinflusst wird.

5 CONTEXTML-MODELLIERUNGSRAHMENWERK

> Definition 5-4: *Benutzer (ContextML)*
> Eine Kontextentität vom Typ ‚Benutzer' repräsentiert eine Personengruppe, deren Vertreter das Kontextsubjekt im Betrieb nutzen, um dadurch selbst oder für Personen anderer Personengruppen einen Mehrwert zu erreichen.

Beispielsweise besteht zwischen dem Fahrer eines Fahrzeuges (Benutzer) und dem Lenksystem des Fahrzeuges (Kontextsubjekt) eine Benutzungsbeziehung, da das Lenksystem den durch den Lenkradeinschlag des Fahrers (Benutzereingabe) eingestellten Lenkwinkel verarbeitet, um die Bewegungsrichtung des Fahrzeuges zu regulieren (Mehrwert).

Abbildung 5-6 zeigt die visuelle Repräsentation (Notation) für Modellierungsprimitive von Kontextentitäten des Typs ‚Benutzer' im ContextML-Modellierungsrahmenwerk.

Abbildung 5-6: Notation für Kontextentitäten des Typs ‚Benutzer'

In der visuellen Repräsentation wird die Bezeichnung der zugehörigen Personengruppe wiederum innerhalb des Modellelements angegeben. Für ein gegebenes Kontextsubjekt ks wird die Menge BE_{ks} der Benutzer wie folgt festgelegt:

$$BE_{ks} = \{b_i\} \; i \in \mathbb{N} \qquad (5.8)$$

Beispiel 5-4 zeigt exemplarisch die Dokumentation der Menge von Benutzern des Kontextsubjekts ‚FAS' aus Beispiel 5-1. Im gezeigten Beispiel besitzt das Kontextsubjekt ‚FAS' die zwei Benutzer ‚Fahrer' und ‚Wartungsingenieur'. Im oberen Teil des Beispiels ist die algebraische Dokumentation der Menge von Benutzern des Kontextsubjekts ‚FAS' angegeben. Der untere Teil des Beispiels zeigt die entsprechende visuelle Dokumentation.

Beispiel 5-4: Dokumentation der Benutzer des Kontextsubjekts ‚FAS'

$$BE_{FAS} = \{fahrer, wartungsingenieur\}$$

Zur Erbringung des Mehrwertes gegenüber einem Benutzer ist es nicht zwingend notwendig, dass dieser Benutzer im Betrieb Eingaben für das Kontextsubjekt macht. Das Kontextsubjekt kann auch aufgrund spezifischer Gegebenheiten im operationellen Kontext einem Benutzer gegenüber einen Mehrwert erbringen, ohne dass dieser Benutzer zuvor irgendwelche Eingaben erbracht hat. Bezüglich der Benutzereingaben für das Kontextsubjekt können zwei Ausprägungen unterschieden werden:

- *Direkte Benutzereingabe:* Das Kontextsubjekt nimmt Eingaben des jeweiligen Benutzers direkt (z. B. über eine grafische Benutzungsoberfläche) entgegen.
- *Indirekte Benutzereingabe:* Das Kontextsubjekt nimmt die Eingaben des Benutzers zumindest teilweise über ein Umgebungssystem entgegen (z. B. ein adjazentes System).

Die Erbringung des Mehrwertes für einen Benutzer kann durch das Kontextsubjekt ebenfalls auf zwei unterschiedliche Arten erfolgen:

- *Direkte Mehrwerterbringung:* Das Kontextsubjekt erbringt dem Benutzer unmittelbar den Mehrwert, ohne dass dazu ein Umgebungssystem genutzt wird.
- *Indirekte Mehrwerterbringung:* Das Kontextsubjekt erbringt dem Benutzer mittelbar den Mehrwert, indem es zur Erbringung des Mehrwertes auch Umgebungssysteme nutzt.[40]

5.2.2.3 Umgebungsphänomene

Bei Kontextentitäten des Typs ‚Umgebungsphänomen' handelt es ich um ständige oder zeitweise im operationellen Kontext des Kontextsubjekts auftretende materielle oder immaterielle Phänomene, die im Gegensatz zu Kontextentitäten des Typs ‚Umgebungssystem' und ‚Benutzern' nicht in einer Nutzungsbeziehung mit dem Kontextsubjekt stehen. Die Relevanz eines Umgebungsphänomens ist dadurch gegeben, dass Eigenschaften des Umgebungsphänomens (z. B. existent / nicht existent) Auswirkungen auf das Kontextsubjekt im Betrieb haben. Bezogen auf ein spezifisches Kontextsubjekt wird die Modellierungsprimitive ‚Umgebungsphänomen' in ContextML wie folgt definiert:

> **Definition 5-5**: *Umgebungsphänomen (ContextML)*
> Ein Umgebungsphänomen ist eine Kontextentität im Sinne von Definition 5-2, die im Betrieb in keiner Nutzungsbeziehung mit dem Kontextsubjekt steht.

Zum Beispiel stellt eine seitliche Windböe ein Umgebungsphänomen für ein Fahrassistenzsystem (Kontextsubjekt) dar, wenn das Fahrassistenzsystem bei einer fahrkritischen Windböe durch eine Lenkkorrektur das Fahrzeug in der Fahrspur stabilisieren soll (Mehrwert).

Für Kontextentitäten des Typs ‚Umgebungsphänomen' wird im ContextML-Modellierungsrahmenwerk die in Abbildung 5-7 gezeigte visuelle Repräsentation (Notation) verwendet.

Abbildung 5-7: Notation für Kontextentitäten des Typs ‚Umgebungsphänomen'

Die Bezeichnung einer Kontextentität vom Typ ‚Umgebungsphänomen' wird innerhalb der Umrandung angegeben. Für ein gegebenes Kontextsubjekt ks wird die Menge UP_{ks} aller Umgebungsphänomene wie folgt festgelegt:

$$UP_{ks} = \{up_i\}\, i \in \mathbb{N} \tag{5.9}$$

Beispiel 5-5 zeigt exemplarisch die Dokumentation der Menge von Umgebungsphänomenen des Kontextsubjekts ‚FAS'. Im gezeigten Beispiel besitzt das Kontextsubjekt die zwei Umgebungsphänomene ‚Hindernis' und ‚Unfall'. Im oberen Teil des Beispiels ist wiederum die algebraische Dokumentation der Menge von Umgebungsphänomenen gezeigt und im unteren Teil des Beispiels die entsprechende visuelle Dokumentation.

---

[40] Es ist z. B. denkbar, dass das Kontextsubjekt die Eingaben des Benutzers unmittelbar oder mittelbar entgegennimmt, die eigentliche Dienstbringung des Kontextsubjekts allerdings vollständig durch Delegation der Diensterbringung an Umgebungssysteme geschieht.

Beispiel 5-5: Dokumentation der Umgebungsphänomene des Kontextsubjekts ‚FAS'

$$UP_{FAS} = \{hindernis, unfall\}$$

Wie oben bereits angedeutet, werden Umgebungsphänomene im operationellen Kontext eines Kontextsubjekts in immaterielle und materielle Umgebungsphänomene unterschieden. Mögliche materielle Umgebungsphänomene sind z. B. Gegenstände (z. B. physikalische Systeme, Wasser, Schmutz) oder Lebewesen (Menschen, Tiere, Pflanzen). Mögliche immaterielle Umgebungsphänomene sind z. B. natürliche Phänomene (z. B. Witterung, Sonneneinstrahlung, Feuer, Blitzschlag) oder technische Phänomene (z. B. Absenken einer Fahrbahnschranke, Lichtsignal, Signalton).

5.2.3 Modellierungsprimitive des Typs ‚Kontextgröße'

Wie in Abschnitt 2.1.1 erläutert, besteht das charakteristische Merkmal der ‚Reaktivität' eines softwareintensiven reaktiven Systems darin, dass Systeme dieses Typus im Betrieb auf Stimuli aus dem operationellen Kontext spezifische Reaktionen in den operationellen Kontext bewirken, um ihren Systemzweck zu erfüllen.

5.2.3.1 Definition der Modellierungsprimitive ‚Kontextgröße'

Das Merkmal der ‚Reaktivität' setzt voraus, dass Systeme spezifische Ausprägungen von Eigenschaften im operationellen Kontext überwachen, die ein Stimulus des Systems definieren und abhängig von ihrer Ausprägung gegebenenfalls eine Reaktion des Systems notwendig machen. Die Reaktionen eines solchen Systems beziehen sich auf spezifische Ausprägungen von Eigenschaften im operationellen Kontext, die beim Auftreten eines Stimulus etabliert werden müssen (vgl. [Heninger 1980; Parnas und Clements 1986; van Schouwen et al. 1992; Parnas und Madey 1995]). Solche spezifischen Eigenschaften des operationellen Kontexts werden im ContextML-Modellierungsrahmenwerk durch Kontextgrößen repräsentiert. Die zugehörige Modellierungsprimitive ‚Kontextgröße' ist wie folgt definiert:

Definition 5-6: *Kontextgröße (ContextML)*
Eine Kontextgröße repräsentiert eine Eigenschaft des operationellen Kontexts eines Kontextsubjekts, die vom Kontextsubjekt im Betrieb überwacht oder reguliert werden muss, damit das Kontextsubjekt seinen Systemzweck erfüllen kann.

Beispielsweise wird für das Kontextsubjekt ‚FAS' die Information, ob auf der Fahrbahn in Fahrtrichtung ein Hindernis auftritt, durch eine Kontextgröße abgebildet, wenn der Systemzweck des Fahrassistenzsystems fordert, dass der Fahrer beim Auftreten eines Fahrbahnhindernisses gewarnt werden soll. In diesem Fall könnte das ‚FAS' durch die Überwachung der Kontextgröße ‚hindernisExistent' feststellen, ob ein relevantes Fahrbahnhindernis auftritt. Muss der Fahrer gewarnt werden, so kann das ‚FAS' dies über die Regulierung der Kontextgröße ‚lenkradvibration' realisieren, die sich auf die Ausprägung der Vibration des Lenkrades bezieht.

Für die Modellierungsprimitive ‚Kontextgröße' wird im ContextML-Modellierungsrahmenwerk die in Abbildung 5-8 gezeigte visuelle Repräsentation (Notation) verwendet.

Abbildung 5-8: Notation für die Modellierungsprimitive ‚Kontextgröße'

Die Bezeichnung einer Kontextgröße wird in der visuellen Repräsentation innerhalb der Umrandung angegeben. Für die weitere Definition des ContextML-Modellierungsrahmenwerks wird für die Modellierungsprimitive ‚Kontextgrößen' der Typindex ‚G' verwendet.

$$KG_T = \{G\} \tag{5.10}$$

Für ein gegebenes Kontextsubjekt ks wird die Menge KG_{ks} aller Kontextgrößen wie folgt festgelegt:

$$KG_{ks} = \{kg_i\} \, i \in \mathbb{N} \tag{5.11}$$

Beispiel 5-6 zeigt exemplarisch die Dokumentation der Menge von Kontextgrößen des Kontextsubjekts ‚FAS'. Im oberen Teil des Beispiels ist die algebraische Dokumentation der Kontextgrößen des Kontextsubjekts ‚FAS' angegeben und im unteren Teil die entsprechende visuelle Dokumentation.

Beispiel 5-6: Definition der Kontextgrößen des Kontextsubjekts FAS

$$KG_{FAS} = \{hindernisExistent, aussentemperatur, fahrerreaktion\}$$

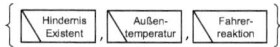

Die obige Definition legt fest, dass der operationelle Kontext des Kontextsubjekts ‚FAS' die drei Kontextgrößen ‚hindernisExistent', ‚aussentemperatur' und ‚fahrerreaktion' besitzt, über die das Kontextsubjekt die Ausprägung spezifischer Eigenschaften im operationellen Kontext überwacht oder reguliert.

5.2.3.2 Überwachte und regulierte Kontextgrößen

Zur Überwachung einer Kontextgröße muss das Kontextsubjekt die Ausprägung der Kontextgröße messen oder Messdaten zur Kontextgröße von einem Umgebungssystem erhalten (vgl. Abschnitt 5.2.2.1). Wenn das Kontextsubjekt regulierend auf Kontextgrößen einwirken soll, kann dies wiederum unmittelbar oder mittelbar über Umgebungssysteme geschehen. Im ContextML-Modellierungsrahmenwerk werden die folgenden beiden Klassen von Kontextgrößen unterschieden (vgl. [Parnas und Madey 1995]):

- *Überwachte Kontextgröße:* Hierbei handelt es sich um Kontextgrößen, deren Ausprägung das Kontextsubjekt im Betrieb überwachen muss, um seinen Systemzweck zu erfüllen.

- *Regulierte Kontextgröße:* Hierbei handelt es sich um Kontextgrößen, deren Ausprägung das Kontextsubjekt im Betrieb regulieren muss, um seinen Systemzweck zu erfüllen.

Die obigen Klassen von Kontextgrößen sind nicht notwendigerweise disjunkt. In Bezug auf ein spezifisches Kontextsubjekt können Kontextgrößen existieren, die das Kontextsubjekt im Betrieb sowohl überwachen als auch regulieren muss, um seinen Systemzweck zu erfüllen. In einem solchen Fall handelt es sich um ein *rückgekoppeltes System* (vgl. [Franklin et al. 2002]). Bei rückgekoppelten Systemen wird die aktuelle Ausprägung einer Kontextgröße gemessen und mit dem Sollwert verglichen. Aus der Abweichung von Istwert und Sollwert wird dann bestimmt, ob und in welchem Umfang, die zuvor gemessene Kontextgröße durch die Aktuatorik reguliert werden muss (vgl. Abschnitt 2.1.1). Typische Vertreter solcher rückgekoppelten Systeme sind z. B. Systeme zur elektronischen Stabilisierung von Fahrzeugen (vgl. [Maurer und Stiller 2005]).

5.2.3.3 Wertdiskrete und wertkontinuierliche Kontextgrößen

Kontextgrößen können über das Kontinuum möglicher Werte unterschieden werden, die die Kontextgröße im Betrieb des Kontextsubjekts einnehmen kann. In diesem Zusammenhang wird zwischen wertdiskreten und wertkontinuierlichen Kontextgrößen unterschieden (vgl. [Mahony und Hayes 1991]):

- *Wertdiskrete Kontextgröße*: Eine Kontextgröße eines Kontextsubjekts ist wertdiskret, wenn die Menge möglicher Werte, die die Kontextgröße im Betrieb des Kontextsubjekts annehmen kann, abzählbar ist.

- *Wertkontinuierliche Kontextgröße*: Eine Kontextgröße eines Kontextsubjekts ist wertkontinuierlich, wenn die Menge möglicher Werte, die die Kontextgröße im Betrieb des Kontextsubjekts annehmen kann, nicht abzählbar ist.

Beispiel 5-7 zeigt die exemplarische Definition des Wertebereiches (W) verschiedener wertdiskreter oder wertkontinuierlicher Kontextgrößen eines Kontextsubjekts.

Beispiel 5-7: Definition wertdiskreter und wertkontinuierlicher Kontextgrößen

(1) $W(hindernisExistent) = \{ja, nein\}$

(2) $W(bremsverzoegerung) = \{keine, manuelleBremsung, automatischeBremsung\}$

(3) $W(zuendstellung) = \{lock, acc, on, start\}$

(4) $W(schleuderwinkel) = \{x \in \mathbb{R} : x \in [0, 360]\}$

Nach Beispiel 5-7 (1) kann die wertdiskrete Kontextgröße ‚hindernisExistent' im Betrieb des Kontextsubjekts nur die Werte ‚ja' oder ‚nein' annehmen. Die Definition der wertdiskreten Kontextgröße ‚bremsverzögerung' in Beispiel 5-7 (2) legt fest, dass diese Kontextgröße nur einen der drei Werte ‚keine', ‚manuelleBremsung', ‚automatischeBremsung' annehmen kann. Nach der in Beispiel 5-7 (3) angegebenen Definition der wertdiskreten Kontextgröße ‚zuendstellung' kann die Kontextgröße nur einen der vier Werte ‚lock', ‚acc', ‚on', ‚start' annehmen. Die in Beispiel 5-7 (4) gezeigte Definition der wertkontinuierlichen Kontextgröße ‚schleuderwinkel' legt fest, dass diese Kontextgröße für die Gradzahl des Schleuderwinkels beliebige reelle Zahlen zwischen 0 und 360 annehmen kann.

5.2.4 Modellierungsprimitive des Typs ‚Kontextabhängigkeit'

In der im ContextML-Modellierungsrahmenwerk adressierten statisch-strukturellen Perspektive auf den operationellen Kontext werden Beziehungen im operationellen Kontext durch Kontextabhängigkeiten dokumentiert. Die Modellierungsprimitive ‚Kontextabhängigkeit' ist wie folgt definiert:

Definition 5-7: *Kontextabhängigkeit (ContextML)*

Eine Kontextabhängigkeit repräsentiert eine Beziehung in der statisch-strukturellen Perspektive des operationellen Kontexts eines Kontextsubjekts.

Kontextabhängigkeiten setzen das Kontextsubjekt (Abschnitt 5.2.1), Kontextentitäten (Abschnitt 5.2.2) und Kontextgrößen (Abschnitt 5.2.3) miteinander in Beziehung. Das ContextML-Modellierungsrahmenwerk unterscheidet fünf Typen von Kontextabhängigkeiten, die in den folgenden Abschnitten definiert und erläutert werden. Um die Definition der verschiedenen Abhängigkeitstypen zu vereinfachen, werden das Kontextsubjekt, Kontextentitäten und Kontextgrößen verallgemeinert als *Kontextelemente* bezeichnet.

5.2.4.1 Abhängigkeitstyp ‚ist Bezug von'

Die Abhängigkeit ‚ist Bezug von' zwischen zwei Kontextelementen dokumentiert, dass im betrachteten operationellen Kontext eines dieser Elemente Bezug für das jeweils andere Kontextelement ist. Letzteres muss dabei eine Kontextgröße sein. Ein Kontextelement k_i ist Bezug für eine Kontextgröße kg_l genau dann, wenn die Kontextgröße kg_l sich im Betrieb des zugehörigen Kontextsubjekts durch die Ausprägung von Eigenschaften des Kontextelements k_i derart bestimmt, dass Veränderungen der Ausprägung einer oder mehrerer Eigenschaften von k_i zu einer Veränderung der Ausprägung der Kontextgröße kg_l führt. Die Abhängigkeit ‚ist Bezug von' ($\dashrightarrow$) ist wie folgt definiert:

$$\text{Für } k_i \in KE, kg_l \in KG: k_i \dashrightarrow kg_l \qquad (5.12)$$
$$\Leftrightarrow kg_l \text{ wird durch die Ausprägung von Eigenschaften von } k_i \text{ bestimmt}$$

Ausgehend von der Definition der Abhängigkeit ‚ist Bezug von' ($\dashrightarrow$) wird die Relation BEZUG_VON eines Kontextsubjekts ks als die Menge aller Abhängigkeiten vom Typ ‚ist Bezug von' zwischen Kontextelementen im operationellen Kontext des Kontextsubjekts ks wie folgt definiert:

$$\text{BEZUG\_VON}_{ks} = \{ t \triangleq (k_i, kg_l) \mid k_i \dashrightarrow kg_l \text{ mit } i, l \in \mathbb{N} \} \qquad (5.13)$$

Bei BEZUG_VON handelt es sich um eine Relation, da es sein kann, dass im operationellen Kontext eines Kontextsubjekts ein Kontextelement mehr als eine Kontextgröße bestimmen kann. Die Relation BEZUG_VON ist im ContextML-Modellierungsrahmenwerk nur für die folgenden Tupel t spezifischer Trägermengen von Kontextelementen definiert:

5 ContextML-Modellierungsrahmenwerk

$$t \in \begin{cases} UP_{ks} \\ BE_{ks} \\ US_{ks} \\ KS_{ks} \end{cases} \times KG_{ks} \quad (5.14)$$

Im obigen Ausdruck steht UP_{ks} (5.9), BE_{ks} (5.8), US_{ks} (5.5), KS_{ks} (5.1) und KG_{ks} (5.11) für die jeweiligen Mengen von Umgebungsphänomenen (Abschnitt 5.2.2.3), Benutzern (Abschnitt 5.2.2.2), Umgebungssystemen (Abschnitt 5.2.2.1), dem Kontextsubjekt (Abschnitt 5.2.1) und der Kontextgrößen (Abschnitt 5.2.3) des operationellen Kontexts des in KS_{ks} enthaltenen Kontextsubjekts. Wie in (5.14) festgelegt, kann die Relation BEZUG_VON nur Tupel enthalten, deren linkes Element ein Umgebungsphänomen, ein Benutzer, ein Umgebungssystem oder das Kontextsubjekt und deren rechtes Element eine Kontextgröße ist.

Abbildung 5-9 zeigt die visuelle Repräsentation (Notation) für Abhängigkeiten des Typs ‚ist Bezug von' zusammen mit der gültigen Typausprägung der linken und rechten Seite dieser Kontextabhängigkeit nach (5.14).

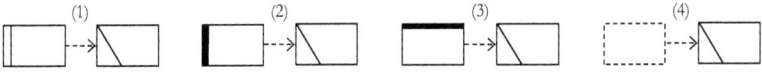

Abbildung 5-9: Notation für Kontextabhängigkeiten des Typs ‚ist Bezug von'

Wie in der Abbildung 5-9 gezeigt, sind im ContextML-Modellierungsrahmenwerk vier Ausprägungen der Kontextabhängigkeit ‚ist Bezug von' gestattet. Abbildung 5-9 (1) zeigt eine abstrakte Abhängigkeit des Typs ‚ist Bezug von' zwischen einem Umgebungsphänomen und einer Kontextgröße. Abbildung 5-9 (2)-(4) zeigt abstrakte Abhängigkeiten des Typs ‚ist Bezug von' zwischen einer Kontextentität des Typs ‚Benutzer' und einer Kontextgröße, einer Kontextentität des Typs ‚Umgebungssystem' und einer Kontextgröße sowie zwischen dem Kontextsubjekt und einer Kontextgröße. Die letztgenannte Abhängigkeit des Typs ‚ist Bezug von' zwischen dem Kontextsubjekt und einer Kontextgröße drückt aus, dass die Ausprägung spezifischer Eigenschaften des Kontextsubjekts die jeweilige Kontextgröße bestimmt. Dies ist z. B. der Fall, wenn das Kontextsubjekt im Betrieb die Ausprägung eigener Eigenschaften überwachen muss, um seinen Systemzweck zu erfüllen.

Beispiel 5-8 zeigt exemplarisch die Definition der Relation $BEZUG\_VON_{FAS}$ zum operationellen Kontext des Kontextsubjekts ‚FAS' (vgl. Beispiel 5-1). Der obere Teil des Beispiels zeigt die algebraische Dokumentation der Relation. Die Typen der einzelnen Elemente der Trägermengen sind durch die in (5.4) und (5.10) definierten Typindizes angegeben. Im unteren Teil des Beispiels wird die visuelle Dokumentation der beiden Kontextabhängigkeiten des Typs ‚ist Bezug von' im ContextML-Modellierungsrahmenwerk gezeigt.

Beispiel 5-8: Relation BEZUG_VON *für das Kontextsubjekt FAS*

$BEZUG\_VON_{FAS} = \{(hindernis_P, hindernisExistent_G), (fahrbahn_P, reibungskoeffizient_G)\}$

Die im Beispiel gezeigte Relation BEZUG_VON$_{FAS}$ dokumentiert, dass im operationellen Kontext des Kontextsubjekts ‚FAS' zwei Kontextabhängigkeiten des Typs ‚ist Bezug von' bestehen. Eine dieser Abhängigkeiten tritt zwischen dem Umgebungsphänomen (Typindex ‚P') ‚Hindernis' und der Kontextgröße (Typindex ‚G') ‚hindernisExistent' auf. Die andere Abhängigkeit besteht zwischen dem Umgebungsphänomen (Typindex ‚P') ‚Fahrbahn' und der Kontextgröße (Typindex ‚G') ‚reibungskoeffizient'. Die letztgenannte Abhängigkeit dokumentiert, dass die Kontextgröße ‚reibungskoeffizient' sich im Betrieb des Kontextsubjekts ‚FAS' auf die Ausprägung spezifischer Merkmale des Umgebungsphänomens ‚Fahrbahn' bezieht, wie z. B. auf die Feuchte der Fahrbahnoberfläche.

5.2.4.2 Abhängigkeitstyp ‚bezieht sich auf'

Die Abhängigkeit ‚bezieht sich auf' zwischen zwei Kontextelementen dokumentiert, dass im betrachteten operationellen Kontext die Ausprägung von Eigenschaften eines Kontextelements durch das andere Kontextelement bestimmt wird. Das Kontextelement, das sich auf das andere Kontextelement bezieht, muss in ContextML eine Kontextgröße sein. Eine Kontextgröße kg_i bezieht sich auf ein Kontextelement k_l genau dann, wenn die Ausprägung von Eigenschaften des Elements k_l durch die Ausprägung von kg_i bestimmt wird. Die Abhängigkeit ‚bezieht sich auf' (→) zwischen Kontextgröße und Kontextelementen ist im ContextML-Modellierungsrahmenwerk wie folgt definiert:

$$\text{Für } kg_i \in KG, k_l \in KE: kg_i \to k_l \\ \Leftrightarrow \textit{Die Ausprägung von Eigenschaften von } k_l \textit{ wird durch } kg_i \textit{ bestimmt} \quad (5.15)$$

Die Definition der Abhängigkeit ‚bezieht sich auf' kann als eine Umkehrung der in (5.12) definierten Abhängigkeit ‚ist Bezug von' verstanden werden. Für die weitere Definition des ContextML-Modellierungsrahmenwerks ist die Unterscheidung dieser beiden Abhängigkeiten allerdings evident, da diese jeweils zur Dokumentation unterschiedlicher Eigenschaften des operationellen Kontexts verwendet werden. Ausgehend von der Definition der Abhängigkeit ‚bezieht sich auf' (→) wird die Relation BEZUG_AUF eines Kontextsubjekts ks als die Menge aller Abhängigkeiten vom Typ ‚bezieht sich auf' im operationellen Kontext des Kontextsubjekts ks wie folgt definiert.

$$\text{BEZUG\_AUF}_{ks} = \{t \stackrel{\text{def}}{=} (kg_i, k_l) \mid kg_i \to ke_l \text{ mit } i, l \in \mathbb{N}\} \quad (5.16)$$

Bei BEZUG_AUF handelt es sich um eine Relation, da im operationellen Kontext eines Kontextsubjekts eine Kontextgröße die Eigenschaften von mehr als einem Kontextelement bestimmen kann. Die Relation BEZUG_AUF ist nur für die folgenden Tupel t spezifischer Trägermengen von Kontextelementen definiert:

$$t \in \left\{ KG_{ks} \times \begin{matrix} UP_{ks} \\ BE_{ks} \\ US_{ks} \\ KS_{ks} \end{matrix} \right. \quad (5.17)$$

In obigem Ausdruck steht KG_{ks} (5.11) für die Menge aller Kontextgrößen im operationellen Kontext des Kontextsubjekts ks und UP_{ks} (5.9), BE_{ks} (5.8), US_{ks} (5.5), KS_{ks} (5.1) stehen jeweils für die Mengen von Umgebungsphänomenen (Abschnitt 5.2.2.3), Benutzern (Abschnitt 5.2.2.2), Umgebungssystemen (Abschnitt 5.2.2.1) und für das Kontextsubjekt (Abschnitt 5.2.1). Wie in (5.17) festgelegt, kann die Relation BEZUG_AUF nur Tupel enthalten, deren linkes Element eine Kontextgröße ist und deren rechtes Element entweder ein Umgebungsphänomen, ein Benutzer, ein Umgebungssystem oder das Kontextsubjekt ist.

Abbildung 5-10 zeigt die visuelle Repräsentation (Notation) für Abhängigkeiten des Typs ‚bezieht sich auf' im ContextML-Modellierungsrahmenwerk, zusammen mit der gültigen Typausprägung der linken und rechten Seite dieser Kontextabhängigkeit nach (5.17).

Abbildung 5-10: Notation für Kontextabhängigkeiten des Typs ‚bezieht sich auf'

Wie in der Abbildung 5-10 gezeigt, sind im ContextML-Modellierungsrahmenwerk vier Ausprägungen der Kontextabhängigkeit ‚bezieht sich auf' gestattet. Abbildung 5-10 (1) zeigt abstrakt eine Abhängigkeit des Typs ‚bezieht sich auf' zwischen einer Kontextgröße und einem Umgebungsphänomen. Abbildung 5-10 (2)-(4) zeigt abstrakte Abhängigkeiten dieses Typs zwischen jeweils einer Kontextgröße und einer Kontextentität des Typs ‚Benutzer', einer Kontextentität des Typs ‚Umgebungssystem' sowie zwischen einer Kontextgröße und dem Kontextsubjekt. Eine Kontextabhängigkeit des Typs ‚ist Bezug von' zwischen einer Kontextgröße und dem Kontextsubjekt sagt aus, dass die Ausprägung von Eigenschaften des Kontextsubjekts durch die Ausprägung der Kontextgröße bestimmt wird. Dies ist beispielsweise dann notwendig, wenn das Kontextsubjekt die Ausprägung eigener Eigenschaften regulieren muss.

Beispiel 5-9 zeigt exemplarisch die Definition der Relation BEZUG_AUF$_{FAS}$ zum operationellen Kontext des Kontextsubjekts ‚FAS' (vgl. Beispiel 5-1). Der obere Teil des Beispiels zeigt die algebraische Dokumentation der Relation. Die Typen der einzelnen Elemente der Trägermengen sind durch die in (5.4) und (5.10) definierten Typindizes angegeben. Im unteren Teil des Beispiels ist die visuelle Dokumentation dieser beiden ‚bezieht sich auf' Kontextabhängigkeiten im ContextML-Modellierungsrahmenwerk gezeigt.

Beispiel 5-9: Relation BEZUG_AUF *des Kontextsubjekts FAS*

BEZUG_AUF$_{FAS}$ = {(lenkradvibration$_G$, fahrer$_B$), (bremsverzögerung$_G$, fahrzeug$_P$)}

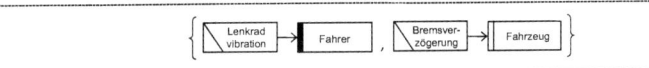

Die im Beispiel gezeigte Relation BEZUG_AUF$_{FAS}$ dokumentiert, dass im operationellen Kontext des Kontextsubjekts ‚FAS' zwei Kontextabhängigkeiten des Typs ‚bezieht sich auf' auftreten. Eine dieser Abhängigkeiten besteht zwischen der Kontextgröße ‚lenkradvibration' und dem Benutzer ‚Fahrer'. Die andere Abhängigkeit besteht zwischen der Kontextgröße ‚bremsverzögerung' und dem Umgebungsphänomen ‚Fahrzeug'. Diese Abhängigkeit dokumentiert, dass eine spezifische Eigenschaft des Umgebungsphänomens ‚Fahrzeug' (z. B. die aktuelle Geschwindigkeit) im Betrieb des Kontextsubjekts ‚FAS' durch die Ausprägung der Kontextgröße ‚bremsverzögerung' bestimmt wird.

5.2.4.3 Abhängigkeitstyp ‚wird überwacht'

Die Abhängigkeit ‚wird überwacht' zwischen zwei Kontextelementen dokumentiert, dass im operationellen Kontext die Ausprägung eines Kontextelements durch ein anderes Kontextelement überwacht wird. Das Kontextelement, welches überwacht wird, muss eine Kontextgröße sein. Eine Kontextgröße kg_i wird von einem anderen Kontextelement k_l genau dann überwacht, wenn die Ausprägung der Kontextgröße kg_i durch das Element k_l im operationellen Kontext gemessen oder detektiert wird. Die Abhängigkeit ‚wird überwacht' (→) zwischen einer Kontextgröße und einem anderen Kontextelement ist im ContextML-Modellierungsrahmenwerk wie folgt definiert.

$$\text{Für } kg_i \in KG, \; k_l \in KE: kg_i \to k_l \Leftrightarrow kg_i \text{ wird gemessen oder detektiert von } k_l \quad (5.18)$$

Ausgehend von der Definition der Abhängigkeit ‚wird überwacht' (→) wird die Relation ÜBERWACHUNG eines Kontextsubjekts ks als die Menge aller Abhängigkeiten vom Typ ‚überwacht' zwischen Kontextelementen im operationellen Kontext des Kontextsubjekts ks wie folgt definiert.

$$\text{ÜBERWACHUNG}_{ks} = \{t \stackrel{\text{def}}{=} (kg_i, ke_l) | kg_i \to k_l \text{ mit } i, l \in \mathbb{N}\} \quad (5.19)$$

Die Relation ÜBERWACHUNG ist nur für die folgenden Tupel t spezifischer Trägermengen von Kontextelementen definiert:

$$t \in \left\{ KG_{ks} \times \begin{array}{c} US_{ks} \\ BE_{ks} \\ KS_{ks} \end{array} \right. \quad (5.20)$$

In obigem Ausdruck steht KG_{ks} (5.11) für die Menge aller Kontextgrößen im operationellen Kontext des Kontextsubjekts ks und US_{ks} (5.5), BE_{ks} (5.8), KS_{ks} (5.1) stehen jeweils für die Mengen von Umgebungssystemen (Abschnitt 5.2.2.1), Benutzern (Abschnitt 5.2.2.2) und für das Kontextsubjekt (Abschnitt 5.2.1). Wie in (5.20) festgelegt, kann die Relation ÜBERWACHUNG nur Tupel enthalten, deren linkes Kontextelement eine Kontextgröße ist und deren rechtes Kontextelement entweder ein Umgebungssystem, ein Benutzer oder das Kontextsubjekt ist.

Abbildung 5-11 zeigt die visuelle Repräsentation (Notation) für Abhängigkeiten des Typs ‚wird überwacht' im ContextML-Modellierungsrahmenwerk zusammen mit der gültigen Typausprägung der linken und rechten Seite dieser Kontextabhängigkeit nach (5.20).

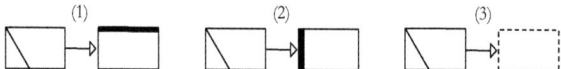

Abbildung 5-11: Notation für Kontextabhängigkeiten des Typs ‚wird überwacht'

Wie in der Abbildung 5-11 gezeigt, sind im ContextML-Modellierungsrahmenwerk drei Ausprägungen der Kontextabhängigkeit ‚wird überwacht' gestattet. Abbildung 5-11 (1) zeigt abstrakt eine Abhängigkeit des Typs ‚wird überwacht' zwischen einer Kontextgröße und einer Kontextentität des Typs ‚Umgebungssystem'. Abbildung 5-11 (2) zeigt eine abstrakte Abhängigkeit des Typs ‚wird überwacht' zwischen einer Kontextgröße und einer Kontextentität des Typs ‚Benutzer' und Abbildung 5-11 (3) zeigt eine abstrakte Abhängigkeit zwischen einer Kontextgröße und dem Kontextsubjekt. Eine Kontextabhängigkeit des

Typs ‚wird überwacht' zwischen einer Kontextgröße und dem Kontextsubjekt sagt aus, dass diese Kontextgröße vom Kontextsubjekt im Betrieb gemessen wird. Beispiel 5-10 zeigt exemplarisch die Definition der Relation ÜBERWACHUNG$_{FAS}$ zum operationellen Kontext des Kontextsubjekts ‚FAS' (vgl. Beispiel 5-1). Der obere Teil des Beispiels zeigt die algebraische Dokumentation der Relation. Die Typen der Elemente der Trägermengen sind dabei durch die in (5.2), (5.4) und (5.10) definierten Typindizes angegeben. Im unteren Teil des Beispiels wird die entsprechende visuelle Dokumentation gezeigt.

Beispiel 5-10: Relation ÜBERWACHUNG *des Kontextsubjekts FAS*

$$\text{ÜBERWACHUNG}_{FAS} = \{(lichtstärke_G, helligkeitssensor_S), (hindernisExistent_G, FAS_K)\}$$

Die im Beispiel gezeigte Relation ÜBERWACHUNG$_{FAS}$ dokumentiert, dass im operationellen Kontext des Kontextsubjekts ‚FAS' zwei Kontextabhängigkeiten des Typs ‚wird überwacht' existieren. Eine dieser Beziehungen besteht zwischen der Kontextgröße ‚lichtstärke' und dem Umgebungssystem ‚Helligkeitssensor'. Die andere Beziehung besteht zwischen der Kontextgröße ‚hindernisExistent' und dem Kontextsubjekt ‚FAS'. Die letztgenannte Abhängigkeit dokumentiert, dass die Kontextgröße ‚hindernisExistent' im Betrieb des Kontextsubjekts durch das Kontextsubjekt überwacht wird.

5.2.4.4 Abhängigkeitstyp ‚reguliert'

Die Abhängigkeit ‚reguliert' zwischen zwei Kontextelementen dokumentiert, dass die Ausprägung eines der Kontextelemente durch das andere Kontextelement reguliert wird. Das regulierte Kontextelement muss dabei eine Kontextgröße sein. Ein Kontextelement k_i reguliert eine Kontextgröße kg_l genau dann, wenn die Ausprägung der Kontextgröße kg_l im Betrieb des Kontextsubjekts durch das Element k_i reguliert wird. Die Abhängigkeit ‚reguliert' ($\twoheadrightarrow$) zwischen Kontextelementen ist in ContextML wie folgt definiert.

$$\text{Für } k_i \in KE, kg_l \in KG: k_i \twoheadrightarrow kg_l \Leftrightarrow k_i \text{ reguliert die Ausprägung von } kg_l \quad (5.21)$$

Ausgehend von der Definition der Abhängigkeit ‚reguliert' ($\twoheadrightarrow$) wird die Relation REGULIERUNG eines Kontextsubjekts ks als die Menge aller Abhängigkeiten vom Typ ‚reguliert' zwischen Kontextelementen im operationellen Kontext des Kontextsubjekts ks wie folgt definiert.

$$\text{REGULIERUNG}_{ks} = \{t \stackrel{\text{def}}{=} (k_i, kg_l) \mid k_i \twoheadrightarrow kg_l \text{ mit } i,l \in \mathbb{N}\} \quad (5.22)$$

Die Relation REGULIERUNG ist nur für die folgenden Tupel t spezifischer Trägermengen von Kontextelementen definiert:

$$t \in \begin{cases} US_{ks} \\ BE_{ks} \times KG_{ks} \\ KS_{ks} \end{cases} \quad (5.23)$$

In obigem Ausdruck ist US_{ks} (5.5) die Menge aller Kontextentitäten des Typs ‚Umgebungssystem' (Abschnitt 5.2.2.1) des operationellen Kontexts des Kontextsubjekts ks. Die Menge BE_{ks} (5.8) ist die Menge aller Kontextentitäten des Typs ‚Benutzer' (Abschnitt 5.2.2.2) im operationellen Kontext des Kontextsubjekts ks. Die Menge KS_{ks} (5.1) ist die Menge, die das jeweilige Kontextsubjekt des operationellen Kontexts enthält und KG_{ks} (5.11) die Menge aller Kontextgrößen im operationellen Kontext dieses Kontextsubjekts. Wie in (5.23) festgelegt, kann die Relation REGULIERUNG nur solche Tupel enthalten, deren linkes Element eine Kontextentität des Typs ‚Umgebungssystem', eine Kontextentität des Typs ‚Benutzer' oder das Kontextsubjekt ist. Für das rechte Element eines Tupels in der Relation REGULIERUNG muss zwingend gelten, dass es sich um eine Kontextgröße handelt.

Abbildung 5-12 zeigt die visuelle Repräsentation (Notation) für Abhängigkeiten des Typs ‚reguliert' in ContextML, zusammen mit der gültigen Typausprägung der linken und rechten Seite dieser Kontextabhängigkeit nach (5.23).

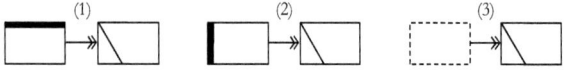

Abbildung 5-12: Notation für Kontextabhängigkeiten des Typs ‚reguliert'

Wie in der Abbildung 5-12 gezeigt, sind im ContextML-Modellierungsrahmenwerk drei Ausprägungen der Kontextabhängigkeit ‚reguliert' möglich. Abbildung 5-12 (1) zeigt abstrakt eine Abhängigkeit des Typs ‚reguliert' zwischen einer Kontextentität des Typs ‚Umgebungssystem' und einer Kontextgröße. Abbildung 5-12 (2) zeigt abstrakt eine Abhängigkeit des Typs ‚reguliert' zwischen einer Kontextentität des Typs ‚Benutzer' und einer Kontextgröße und Abbildung 5-12 (3) zeigt eine abstrakte Abhängigkeit des Typs ‚reguliert' zwischen dem Kontextsubjekt und einer Kontextgröße. Eine Kontextabhängigkeit des Typs ‚reguliert' zwischen dem Kontextsubjekt und einer Kontextgröße drückt aus, dass das Kontextsubjekt im Betrieb die Ausprägung dieser Kontextgröße reguliert.

Beispiel 5-11 zeigt exemplarisch die Definition der Relation REGULIERUNG zum operationellen Kontext des Kontextsubjekts ‚FAS' (vgl. Beispiel 5-1). Der obere Teil des Beispiels zeigt die algebraische Dokumentation. Die Typen der einzelnen Elemente der Trägermengen sind durch die in (5.2), (5.4) und (5.10) definierten Typindizes angegeben. Im unteren Teil des Beispiels wird die visuelle Dokumentation der beiden ‚reguliert' Kontextabhängigkeiten im ContextML-Modellierungsrahmenwerk gezeigt.

Beispiel 5-11: Relation REGULIERUNG *des Kontextsubjekts FAS*

$REGULIERUNG_{FAS} = \{(FAS_K, lenkradvibration_G), (bremssystem_S, bremsverzögerung_G)\}$

Die im Beispiel angegebenen Relation $REGULIERUNG_{FAS}$ dokumentiert, dass im operationellen Kontext des Kontextsubjekts ‚FAS' zwei Kontextabhängigkeiten des Typs ‚reguliert' existieren. Eine dieser Beziehungen besteht zwischen dem Kontextsubjekt ‚FAS' und der Kontextgröße ‚lenkradvibration'. Die andere Beziehung besteht zwischen dem Umgebungssystem ‚Bremssystem' und der Kontextgröße ‚bremsverzögerung'. Diese Abhängigkeit dokumentiert, dass im Betrieb des Kontextsubjekts ‚FAS' das Umgebungssystem ‚Bremssystem' die Ausprägung der Kontextgröße ‚bremsverzögerung' reguliert.

5.2.4.5 Abhängigkeitstyp ‚stellt Daten bereit'

Die Abhängigkeit ‚stellt Daten bereit' zwischen zwei Kontextelementen dokumentiert, dass ein Kontextelement einem anderen Kontextelement Daten zur Verfügung stellt. Die Abhängigkeit ‚stellt Daten bereit' ($\twoheadrightarrow$) zwischen zwei Kontextelementen k_i und k_l des operationellen Kontexts eines Kontextsubjekts ist wie folgt definiert:

$$\text{Für } k_i, k_l \in KE: k_i \twoheadrightarrow k_l \Leftrightarrow k_i \text{ stellt Daten bereit, auf die } k_l \text{ zugreifen kann} \quad (5.24)$$

Ausgehend von der Definition der Abhängigkeit ‚stellt Daten bereit' ($\twoheadrightarrow$) wird die Relation DATENBEREITSTELLUNG$_{ks}$ eines Kontextsubjekts ks als die Menge aller Abhängigkeiten vom Typ ‚stellt Daten bereit' zwischen Kontextelementen im operationellen Kontext des Kontextsubjekts ks wie folgt definiert.

$$\text{DATENBEREITSTELLUNG}_{ks} = \left\{ t \stackrel{\text{def}}{=} (k_i, k_l) \mid k_i \twoheadrightarrow k_l \text{ mit } i, l \in \mathbb{N} \right\} \quad (5.25)$$

Die Relation DATENBEREITSTELLUNG des operationellen Kontexts eines Kontextsubjekts ist für die folgenden Tupel t spezifischer Trägermengen von Kontextelementen definiert:

$$t \in \begin{cases} US_{ks} \times US_{ks} \\ US_{ks} \times KS_{ks} \\ US_{ks} \times BE_{ks} \\ BE_{ks} \times KS_{ks} \\ BE_{ks} \times US_{ks} \\ KS_{ks} \times US_{ks} \\ KS_{ks} \times BE_{ks} \end{cases} \quad (5.26)$$

In obigem Ausdruck ist US_{ks} (5.5) die Menge aller Kontextentitäten des Typs ‚Umgebungssystem' (Abschnitt 5.2.2.1) des operationellen Kontexts des Kontextsubjekts ks. Die Menge BE_{ks} (5.8) ist die Menge aller Kontextentitäten des Typs ‚Benutzer' (Abschnitt 5.2.2.2) im operationellen Kontext des Kontextsubjekts ks. KS_{ks} (5.1) ist die Menge, die lediglich das jeweilige Kontextsubjekt des operationellen Kontexts enthält.

Die Relation DATENBEREITSTELLUNG kann nur Tupel nach (5.26) umfassen. Für Kontextabhängigkeiten des Typs ‚stellt Daten bereit' zwischen Umgebungssystemen im operationellen Kontext eines Kontextsubjekts gilt die zusätzliche Einschränkung, dass eine solche Abhängigkeit nur zwischen nicht identischen Umgebungssystemen gestattet ist. Daraus ergibt sich für (5.26) die folgende Einschränkung in Bezug auf die Relation DATENBEREITSTELLUNG:

$$\forall k_i \twoheadrightarrow k_l \in \text{DATENBEREISTELLUNG}_{ks}: k_i, k_l \in US_{ks} \Rightarrow i \neq j \quad (5.27)$$

Abbildung 5-13 zeigt die visuelle Repräsentation (Notation) für Abhängigkeiten des Typs ‚stellt Daten bereit' im ContextML-Modellierungsrahmenwerk, zusammen mit der gültigen Typausprägung der linken und rechten Seite dieser Kontextabhängigkeit nach (5.26).

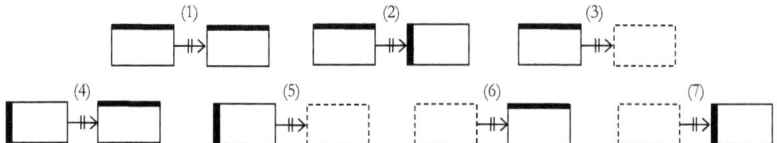

Abbildung 5-13: Notation für Kontextabhängigkeiten des Typs ‚stellt Daten bereit'

Im ContextML-Modellierungsrahmenwerk sind sieben Ausprägungen der Kontextabhängigkeit ‚stellt Daten bereit' möglich. Abbildung 5-13 (1)-(3) zeigen abstrakt Abhängigkeiten des Typs ‚stellt Daten bereit' zwischen Kontextentitäten des Typs ‚Umgebungssystem' und Kontextentitäten des Typs ‚Umgebungssystem', ‚Benutzer' und dem Kontextsubjekt. Wobei für Kontextabhängigkeiten der in Abbildung 5-13 (1) gezeigten Ausprägung die in (5.27) definierte Einschränkung gilt. Abbildung 5-13 (4) & (5) zeigen abstrakt Abhängigkeiten des Typs ‚stellt Daten bereit' zwischen Kontextentitäten des Typs ‚Benutzer' und Kontextentitäten des Typs ‚Umgebungssystem' oder dem Kontextsubjekt. Abbildung 5-13 (6) & (7) zeigen Abhängigkeiten des Typs ‚stellt Daten bereit' zwischen dem Kontextsubjekt und Kontextentitäten des Typs ‚Umgebungssystem' und zwischen dem Kontextsubjekt und Kontextentitäten des Typs ‚Benutzer'.

Beispiel 5-12 zeigt exemplarisch die Definition der Relation DATENBEREITSTELLUNG zum operationellen Kontext des Kontextsubjekts ‚FAS'. Der obere Teil des Beispiels zeigt die algebraische Dokumentation der Relation. Die Typen der einzelnen Elemente der Trägermengen sind durch die in (5.2), (5.4) und (5.10) definierten Typindizes angegeben. Der untere Teil des Beispiels zeigt die visuelle Repräsentation der Kontextabhängigkeiten des Typs ‚stellt Daten bereit' im ContextML-Modellierungsrahmenwerk.

Beispiel 5-12: Relation DATENBEREITSTELLUNG *des Kontextsubjekts FAS*

$$\text{DATENBEREITSTELLUNG}_{FAS} = \{(fahrer_B, FAS_K), (abstandssensor_S, FAS_K)\}$$

$$\left\{ \boxed{\text{Fahrer}} \longmapsto \boxed{\text{FAS}} \;,\; \boxed{\text{Abstands-sensor}} \longmapsto \boxed{\text{FAS}} \right\}$$

Die im obigen Beispiel angegebene Relation DATENBEREITSTELLUNG$_{FAS}$ dokumentiert, dass im operationellen Kontext des Kontextsubjekts ‚FAS' zwei Kontextabhängigkeiten des Typs ‚stellt Daten bereit' existieren. Eine dieser Abhängigkeiten besteht zwischen dem Benutzer ‚Fahrer' und dem Kontextsubjekt ‚FAS'. Eine weitere Kontextabhängigkeit besteht zwischen dem Umgebungssystem ‚Abstandssensor' und dem Kontextsubjekt. Die letztgenannte Abhängigkeit dokumentiert, dass das Umgebungssystem ‚Abstandssensor' dem Kontextsubjekt ‚FAS' Daten bereitstellt, auf die das Kontextsubjekt zugreifen kann. Dies könnten z. B. Daten zum Abstand des Fahrzeugs zu einem vorausfahrenden Fahrzeug sein, die vom Fahrassistenzsystem ausgewertet werden, um, wenn notwendig, das Motordrehmoment anzupassen oder eine Bremsung einzuleiten.

5.3 Kontextereignisse

In Anlehnung an [Zave 1982; Parnas und Madey 1995; Jackson 2001b] charakterisiert ein Kontextereignis im ContextML-Modellierungsrahmenwerk das Eintreten einer für das Kontextsubjekt relevanten Bedingung im operationellen Kontext. Solche Bedingungen werden über spezifische Ausprägungen von Kontextgrößen dokumentiert. Das ContextML-Modellierungsrahmenwerk unterscheidet vier Arten von Kontextereignissen, die im Folgenden definiert werden.

5.3.1 Kontextereignisse des Typs ‚Eingangseffekt'

Ein Eingangseffekt ist ein singuläres Kontextereignis, das, gegebenenfalls gemeinsam mit anderen Eingangseffekten, einen Stimulus für das Kontextsubjekt bildet (vgl. Abschnitt 5.1). Als singuläre Kontextereignisse werden solche Kontextereignisse bezeichnet, die sich auf genau eine Kontextgröße beziehen. Kontextereignisse des Typs ‚Eingangseffekt' sind im ContextML-Modellierungsrahmenwerk wie folgt definiert:

Definition 5-8: *Eingangseffekt (ContextML)*

Ein Eingangseffekt ist ein Kontextereignis, das sich auf eine einzelne Kontextgröße des operationellen Kontexts bezieht und für sich genommen oder gemeinsam mit anderen Eingangseffekten einen Stimulus für das Kontextsubjekt bildet.

Die Relevanz eines Eingangseffektes für ein Kontextsubjekt bestimmt sich dadurch, dass der Eingangseffekt unmittelbar oder beim gemeinsamen Auftreten mit anderen Eingangseffekten einen Stimulus für das betrachtete Kontextsubjekt bildet. Für ein Kontextsubjekt ks ist die Menge EE_{ks} aller Eingangseffekte des Kontextsubjekts wie folgt definiert.

$$EE_{ks} = \{ee^i : ee^i \text{ ist Eingangseffekt des Kontextsubjekts } ks\} \quad (5.28)$$

Die Funktion bez_{ee} bildet die Menge der Eingangseffekte auf die Menge der Kontextgrößen des Kontextsubjekts ab, indem jedem Eingangseffekt diejenige Kontextgröße zugeordnet wird, deren Ausprägung den jeweiligen Eingangseffekt bestimmt.

$$bez_{ee} : EE_{ks} \rightarrow KG_{ks} \mid bez_{ee}(ee^i) = kg_l \Leftrightarrow kg_l \text{ ist Bezug des Eingangseffekts } ee^i \quad (5.29)$$

Beispiel 5-13 zeigt die Definition des Bezugs zweier Eingangseffekte des Kontextsubjekts ‚FAS' zu jeweils einer Kontextgröße des Kontextsubjekts über die Funktion bez_{ee}.

Beispiel 5-13: *Eingangseffekte des Kontextsubjekts FAS*

$ee^1_{FAS} = $ 'DETEKTIONHINDERNIS'; bez_{ee}(DETEKTIONHINDERNIS) $= hindernisExistent$

$ee^2_{FAS} = $ 'KRITISCHEFAHRSITUATION'; bez_{ee}(KRITISCHEFAHRSITUATION) $= schleuderwinkel$

$ee^3_{FAS} = $ 'HOHEGESCHWINDIGKEIT'; bez_{ee}(HOHEGESCHWINDIGKEIT) $= geschwindigkeit$

In Beispiel 5-13 ist dokumentiert, dass die Kontextgröße ‚hindernisExistent' der Bezug des Eingangseffekts DETEKTIONHINDERNIS im operationellen Kontext des Kontextsubjekts ‚FAS' ist und die Kontextgröße ‚schleuderwinkel' der Bezug des Eingangseffekts

KRITISCHEFAHRSITUATION. Darüber hinaus ist im Beispiel dokumentiert, dass die Kontextgröße ‚geschwindigkeit' der Bezug des Eingangseffekts HOHEGESCHWINDIGKEIT ist.

5.3.2 Kontextereignisse des Typs ‚Ausgangseffekt'

Ein Ausgangseffekt ist ein singuläres Kontextereignis, das vom Kontextsubjekt einzeln oder gemeinsam mit anderen Ausgangseffekten initiiert wird. Ausgangseffekte beziehen sich jeweils auf eine einzelne Kontextgröße im operationellen Kontext des Kontextsubjekts. Kontextereignisse des Typs ‚Ausgangseffekt' sind im ContextML-Modellierungsrahmenwerk wie folgt definiert:

> Definition 5-9: *Ausgangseffekt (ContextML)*
> Ein Ausgangseffekt ist ein Kontextereignis, das sich auf eine einzelne Kontextgröße des operationellen Kontexts bezieht und einzeln oder gemeinsam mit anderen Ausgangseffekten eine Reaktion des Kontextsubjekts in den operationellen Kontext bildet.

Für ein Kontextsubjekt ks ist die Menge AE_{ks} aller Ausgangseffekte wie folgt definiert:

$$AE_{ks} = \{ae^i : ae^i \text{ ist Ausgangseffekt des Kontextsubjekts } ks\} \quad (5.30)$$

Die Funktion bez_{ae} bildet die Menge der Ausgangseffekte eines Kontextsubjekts ks auf die Menge der Kontextgrößen des Kontextsubjekts ab, indem jedem Ausgangseffekt diejenige Kontextgröße zugeordnet wird, deren Ausprägung diesen Ausgangseffekt bestimmt.

$$bez_{ae} : AE_{ks} \rightarrow KG_{ks} \mid bez(ae^i) = kg_l \Leftrightarrow kg_l \text{ ist Bezug des Ausgangseffekts } ae^i \quad (5.31)$$

Beispiel 5-14 zeigt die Dokumentation des Bezugs von Ausgangseffekten des Kontextsubjekts ‚FAS' zu Kontextgrößen des operationellen Kontexts über die Funktion bez_{ae}.

Beispiel 5-14: Ausgangseffekte des Kontextsubjekts FAS

$ae_{FAS}^1 = $ 'FAHRERWARNEN' mit bez_{ae}(FAHRERWARNEN) $= $ *lenkradvibration*

$ae_{FAS}^2 = $ 'FAHRZEUGABBREMSEN' mit bez_{ae}(FAHRZEUGABBREMSEN) $= $ *bremsverzoegerung*

$ae_{FAS}^3 = $ 'FAHRZEUGSTABILISIEREN' mit bez_{ee}(FAHRZEUGSTABILISIEREN) $= $ *schleuderwinkel*

In Beispiel 5-14 ist dokumentiert, dass die Kontextgröße ‚lenkradvibration' der Bezug des Ausgangseffekts FAHRERWARNEN im operationellen Kontext des Kontextsubjekts ‚FAS' ist und die Kontextgröße ‚bremsverzögerung' der Bezug des Ausgangseffekts FAHRZEUGABBREMSEN. Darüber hinaus ist im Beispiel dokumentiert, dass die Kontextgröße ‚schleuderwinkel' der Bezug des Ausgangseffekts FAHRZEUGSTABILISIEREN ist.

5.3.3 Kontextereignisse des Typs ‚Stimulus'

Stimuli sind Kontextereignisse, die durch einen oder mehrere Eingangseffekte definiert sind, die zusammen eine Reaktion des Kontextsubjekts in den operationellen Kontext notwendig machen. Kontextereignisse des Typs ‚Stimulus' sind wie folgt definiert:

> **Definition 5-10**: *Stimulus (ContextML)*
> Ein Stimulus ist ein Kontextereignis, das solche Eingangseffekte des operationellen Kontexts zusammenfasst, die gemeinsam eine Reaktion des Kontextsubjekts in den operationellen Kontext notwendig machen.

Wird beim Auftreten eines einzelnen Eingangseffekts bereits eine Reaktion notwendig, so wird der entsprechende Stimulus bereits durch diesen einzelnen Eingangseffekt gebildet. Ein Eingangseffekt kann in verschiedenen Stimuli enthalten sein und sowohl zusammen mit anderen Eingangseffekten als auch als singuläres Kontextereignis einen Stimulus definieren. Die Menge $Stim_{ks}$ aller Stimuli im operationellen Kontext eines Kontextsubjekts ist im ContextML-Modellierungsrahmenwerk wie folgt definiert:

$$Stim_{ks} = \{st^i : st^i \text{ ist Stimulus im operationellen Kontext des Kontextsubjekts } ks\} \quad (5.32)$$

Auf Grundlage der Menge von Eingangseffekten des Kontextsubjekts ks muss für die Menge der Stimuli des operationellen Kontexts $Stim_{ks}$ gelten, dass diese eine Teilmenge der Potenzmenge der Menge EE_{ks} (5.28) von Eingangseffekten ist, d. h.:

$$Stim_{ks} \subseteq \wp(EE_{ks}) \quad (5.33)$$

Ausgehend von (5.33) muss für jeden Stimulus st_{ks}^i im operationellen Kontext eines Kontextsubjekts gelten, dass der Stimulus ein Element der Potenzmenge von EE_{ks} (5.28) ist.

$$st_{ks}^i \stackrel{\text{def}}{=} \{ee^j : ee^j \text{ ist Teil des Stimulus } st^i\} \in \wp(EE_{ks}) \quad (5.34)$$

Beispiel 5-15 zeigt exemplarisch die Definition eines Stimulus im operationellen Kontext des Kontextsubjekts ‚FAS' auf Grundlage der in Beispiel 5-13 definierten Eingangseffekte. Der Stimulus HINDERNISHOHEGESCHWINDIGKEIT ist dadurch definiert, dass bei hoher Geschwindigkeit des Fahrzeuges (Eingangseffekt HOHEGESCHWINDIGKEIT) ein Hindernis auf der Fahrbahn (Eingangseffekt DETEKTIONHINDERNIS) festgestellt wird.

Beispiel 5-15: Dokumentation eines Stimulus auf Basis der Eingangseffektmenge

$$EE_{FAS} = \{\text{DETEKTIONHINDERNIS}, \text{HOHEGESCHWINDIGKEIT}, \text{KRITISCHEFAHRSITUATION}\}$$

$$\text{HINDERNISHOHEGESCHWINDIGKEIT} = \{\text{DETEKTIONHINDERNIS}, \text{HOHEGESCHWINDIGKEIT}\} \in \wp(EE_{FAS})$$

5.3.4 Kontextereignisse des Typs ‚Reaktion'

Reaktionen sind Kontextereignisse, die sich durch einen oder mehrere Ausgangseffekte definieren, die gemeinsam vom Kontextsubjekt im operationellen Kontext etabliert werden müssen, um beim Auftreten eines spezifischen Stimulus im operationellen Kontext gewährleisten zu können, dass das Kontextsubjekt im Betrieb seinen Systemzweck erfüllt (vgl. Abschnitt 2.1.2). Kontextereignisse des Typs ‚Reaktion' sind wie folgt definiert:

> Definition 5-11: *Reaktion (ContextML)*
> Eine Reaktion ist ein Kontextereignis, das diejenigen Ausgangseffekte gruppiert, die beim Eintreten eines spezifischen Stimulus durch das Kontextsubjekt im operationellen Kontext etabliert werden müssen.

Ein Ausgangseffekt kann Teil von verschiedenen Reaktionen dieses Kontextsubjekts sein und dabei entweder gemeinsam mit anderen Ausgangseffekten oder einzeln eine Reaktion des Kontextsubjekts definieren. Die Menge $Reak_{ks}$ der Reaktionen im operationellen Kontext eines Kontextsubjekts ks ist wie folgt definiert:

$$Reak_{ks} = \{re^i : re^i \text{ ist Reaktion im operationellen Kontext des Kontextsubjekts } ks\} \quad (5.35)$$

Auf Grundlage der Menge von Ausgangseffekten im operationellen Kontext eines Kontextsubjekts ks gilt für die Menge $Reak_{ks}$, dass diese eine Teilmenge der Potenzmenge der Menge AE_{ks} (5.30) von Ausgangseffekten sein muss, d. h.:

$$Reak_{ks} \subseteq \wp(AE_{ks}) \quad (5.36)$$

Für jede Reaktion re_{ks} im operationellen Kontext des Kontextsubjekts muss dabei gelten, dass die Reaktion ein Element der Potenzmenge von AE_{ks} ist, d. h.:

$$re_{ks}^i \stackrel{\text{def}}{=} \{ae^j : ae^j \text{ ist Teil der Reaktion } re^i\} \in \wp(AE_{ks}) \quad (5.37)$$

Beispiel 5-16 zeigt die Definition einer Reaktion im operationellen Kontext des Kontextsubjekts ‚FAS'. Im Beispiel ist die Reaktion NOTFALLBREMSUNG dadurch definiert, dass eine Warnung für den Fahrer (Ausgangseffekt FAHRERWARNEN) ausgelöst und das Fahrzeug abgebremst (Ausgangseffekt FAHRZEUGABBREMSEN) wird.

Beispiel 5-16: Dokumentation einer Reaktion auf Basis der Ausgangseffektmenge

$$AE_{FAS} = \{\text{FAHRERWARNEN}, \text{FAHRZEUGABBREMSEN}, \text{FAHRZEUGSTABILISIEREN}\}$$

$$\text{NOTFALLBREMSUNG} = \{\text{FAHRERWARNEN}, \text{FAHRZEUGABBREMSEN}\} \in \wp(EE_{FAS})$$

5.4 Konstruktionsmechanismen

Wie in Abschnitt 4.3 erläutert, werden die Eigenschaften des operationellen Kontexts eines softwareintensiven reaktiven Systems im ContextML-Modellierungsrahmenwerk durch das ContextML-Kontextmodell dieses Systems dokumentiert. Das ContextML-Kontextmodell wird dabei kompositionell unter Verwendung der in Abschnitt 5.2 eingeführten Modellierungsprimitive über die in Abschnitt 5.3 eingeführten Kontextereignisse konstruiert.

5.4.1 Modellierung des Kontextbezugs von Eingangseffekten und Ausgangseffekten

Der Kontextbezug von Eingangs- und Ausgangseffekten im operationellen Kontext eines Kontextsubjekts wird im ContextML-Modellierungsrahmenwerk durch Kontextsequenzen dokumentiert. Kontextsequenzen werden weiter in Eingangssequenzen und Ausgangssequenzen unterschieden.

5.4.1.1 Eingangssequenzen

Der Kontextbezug eines Eingangseffekts im operationellen Kontext wird durch genau eine Eingangssequenz dokumentiert. Der ContextML-Konstruktionsmechanismus ‚Eingangssequenz' ist wie folgt definiert:

> **Definition 5-12**: *Eingangssequenz (ContextML)*
> Eine Eingangssequenz dokumentiert den Bezug eines Eingangseffekts in der statisch-strukturellen Perspektive des operationellen Kontexts.

5.4.1.1.1 Konstruktion der Eingangssequenz eines Eingangseffekts

Zu einem Eingangseffekt ee^i eines Kontextsubjekts ks wird die zugehörige Eingangssequenz $es_{ks}^{ee^i}$ wie folgt definiert (vgl. Abschnitt 5.3.1). Sei KE_{ks} die Menge aller Kontextentitäten im operationellen Kontext des Kontextsubjekts ks nach (5.3). Sei US_{ks} die Menge der Kontextentitäten des Typs ‚Umgebungssystem' des Kontextsubjekts ks nach (5.5), BE_{ks} die Menge aller Kontextentitäten des Typs ‚Benutzer' nach (5.8) und UP_{ks} die Menge aller Kontextentitäten des Typs ‚Umgebungsphänomen' nach (5.9). Sei weiter KG_{ks} die Menge aller Kontextgrößen des Kontextsubjekts nach (5.11). Seien ke_a, ke_b Kontextentitäten des Kontextsubjekts ks, k_c sei eine weitere Kontextentität oder das Kontextsubjekt und sei kg_r die Kontextgröße, die der Bezug des Eingangseffekts ee^i ist, d. h.:

$$\{ke_a, ke_b\} \subseteq KE_{ks} \wedge (k_c \in KE_{ks} \vee k_c = ks) \text{ mit } KE_{ks} = (US_{ks} \cup BE_{ks} \cup UP_{ks}) \\ \wedge (kg_r \in KG_{ks}) \text{ mit } bez_{ee}(ee^i) = kg_r \tag{5.38}$$

Sei k_ε die leere Teilsequenz. Auf Grundlage von (5.38) wird die Eingangssequenz $es_{ks}^{ee^i}$ eines Eingangseffekts ee^i des Kontextsubjekts ks wie folgt definiert:

$$es_{ks}^{ee^i} \stackrel{\text{def}}{=} \begin{Bmatrix} u \cup v \cup w : u = (ke_a \rightsquigarrow kg_r) \wedge v = (kg_r \rightarrow k_c) \wedge w = \big((k_c \twoheadrightarrow ks) \vee k_\varepsilon\big) \\ \text{mit } u, v, w \text{ dokumentieren gemeinsam den Kontextbezug von } ee^i \end{Bmatrix} \tag{5.39}$$

Die obige Definition sagt aus, dass der Kontextbezug eines Eingangseffekts durch eine Eingangssequenz definiert wird, die sich aus zwei oder drei Teilsequenzen zusammensetzt. Die Anzahl der Teilsequenzen innerhalb einer Eingangssequenz ist abhängig davon, ob das Kontextsubjekt die zugehörige Kontextgröße mittels weiterer Kontextentitäten oder unmittelbar überwacht (vgl. Abschnitt 5.2.3). Besteht die Eingangssequenz aus zwei Teilsequenzen, ist die Teilsequenz w leer, was in (5.39) durch die leere Teilsequenz k_ε repräsentiert ist. Für die in (5.39) vorgenommene Definition der Eingangssequenz eines Eingangseffekts im operationellen Kontext des Kontextsubjekts ks gilt daher:

$$(k_c = ke_b \Leftrightarrow w \neq k_\varepsilon) \vee (k_c = ks \Leftrightarrow w = k_\varepsilon) \tag{5.40}$$

Die Bedingung im ersten Disjunktionsglied von (5.40) gilt für (5.39) dann, wenn das Kontextsubjekt die Kontextgröße kg_r, auf die sich der Eingangseffekt ee^i bezieht, nicht unmittelbar überwacht, sondern mittels weitere Kontextentitäten (z. B. über ein Umgebungssystem). Die Bedingung im zweiten Disjunktionsglied von (5.40) gilt für (5.39) dann, wenn das Kontextsubjekt ks die Kontextgröße kg_r unmittelbar überwacht.

Beispiel 5-17 zeigt die Konstruktion der Eingangssequenz des Eingangseffekts DETEKTIONHINDERNIS des operationellen Kontexts des Kontextsubjekts ‚FAS'. Im oberen Bereich von Beispiel 5-17 wird die algebraische Dokumentation der Eingangssequenz zum Eingangseffekt DETEKTIONHINDERNIS gezeigt (vgl. Beispiel 5-13). Die Typen der zugehörigen Trägermengen sind in der algebraischen Definition mittels der in (5.2), (5.4) und (5.10) eingeführten Typindizes angegeben. Im unteren Bereich von Beispiel 5-17 ist die zugehörige visuelle Dokumentation der Eingangssequenz gezeigt.

Beispiel 5-17: Dokumentation der Eingangssequenz eines Eingangseffekts mit drei Teilsequenzen

$$es^{\text{DETEKTIONHINDERNIS}}_{FAS} = \begin{Bmatrix} (hindernis_P \dashrightarrow hindernisExistent_G), \\ (hindernisExistent_G \to infrarotsensor_S), \\ (infrarotsensor_S \dashrightarrow FAS_K) \end{Bmatrix}$$

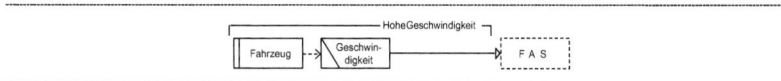

Die in Beispiel 5-17 gezeigte Eingangssequenz zum Eingangseffekt DETEKTIONHINDERNIS wird über die Kontextgröße ‚hindernisExistent' gebildet und setzt sich aus drei Teilsequenzen zusammen, da das Kontextsubjekt ‚FAS' die Kontextgröße mittelbar über das Umgebungssystem ‚Infrarotsensor' überwacht. Beispiel 5-18 zeigt demgegenüber die Definition der Eingangssequenz zum Eingangseffekt HOHEGESCHWINDIGKEIT des Kontextsubjekts ‚FAS', die aus zwei Teilsequenzen besteht.

Beispiel 5-18: Dokumentation der Eingangssequenz eines Eingangseffekts mit zwei Teilsequenzen

$$es^{\text{HOHEGESCHWINDIGKEIT}}_{FAS} = \begin{Bmatrix} (fahrzeug_P \dashrightarrow geschwindigkeit_G), \\ (geschwindigkeit_G \to FAS_K), \\ k_\varepsilon \end{Bmatrix}$$

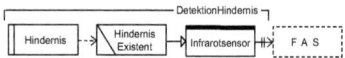

Die oben gezeigte Eingangssequenz zum Eingangseffekt HOHEGESCHWINDIGKEIT setzt sich, im Unterschied zu der in Beispiel 5-17 gezeigten Eingangssequenz des Eingangseffekts DETEKTIONHINDERNIS, nicht aus drei, sondern aus zwei Teilsequenzen zusammen. Dies ist dadurch bedingt, dass das Kontextsubjekt ‚FAS' im Betrieb, bezogen auf den Eingangseffekt HOHEGESCHWINDIGKEIT, die zugehörige Kontextgröße ‚geschwindigkeit' unmittelbar überwachen soll.

5.4.1.1.2 Definition der Menge von Eingangssequenzen eines Kontextsubjekts

Für ein gegebenes Kontextsubjekt ks und einer Anzahl n von Eingangssequenzen des operationellen Kontexts eines Kontextsubjekts ist die Menge der Eingangssequenzen ES_{ks} des Kontextsubjekts ks wie folgt definiert:

$$ES_{ks} = \bigcup_{i=1}^{n} es_{ks}^{ee_i} \tag{5.41}$$

5 CONTEXTML-MODELLIERUNGSRAHMENWERK

Die Menge der Eingangssequenzen eines Kontextsubjekts ist nach (5.41) eine Menge, die sich nach (5.39) wiederum aus Mengen von Teilsequenzen der Form $\{u, v, w\}$ zusammensetzt. Auf Grundlage der in Abschnitt 5.2.4 definierten Relationen von Kontextabhängigkeiten kann für ES_{ks} weiter festgehalten werden, dass die Menge aller Eingangssequenzen eines Kontextsubjekts ks eine Teilmenge des kartesischen Produkts der in (5.13), (5.19) und (5.25) definierten Relationen von Kontextabhängigkeiten ist. Für die Menge der Eingangssequenzen mit maximal drei Teilsequenzen gilt demzufolge:

$$ES_{ks} \subseteq BEZUG\_VON_{ks} \times ÜBERWACHUNG_{ks} \times (DATENBEREITSTELLUNG_{ks} \cup k_\varepsilon) \quad (5.42)$$

Beispiel 5-19 zeigt an den in Beispiel 5-17 und Beispiel 5-18 dokumentierten Eingangssequenzen der Eingangseffekte HOHEGESCHWINDIGKEIT und DETEKTIONHINDERNIS die Bildung der Menge von Eingangssequenzen des Kontextsubjekts ‚FAS' nach (5.41).

Beispiel 5-19: Dokumentation der Menge von Eingangssequenzen des Kontextsubjekts ‚FAS'

$$ES_{FAS} = es_{FAS}^{\text{HoheGeschwindigkeit}} \cup es_{FAS}^{\text{DetektionHindernis}}$$

$$= \left\{ \begin{pmatrix} (fahrzeug_P \dashrightarrow geschwindigkeit_G), \\ (geschwindigkeit_G \rightarrow FAS_K), \\ k_\varepsilon \end{pmatrix}, \begin{pmatrix} (hindernis_P \dashrightarrow hindernisExistent_G), \\ (hindernisExistent_G \rightarrow infrarotsensor_S), \\ (infrarotsensor_S \rightsquigarrow FAS_K) \end{pmatrix} \right\}$$

$$\left\{ \text{Fahrzeug} \dashrightarrow \boxed{\text{Geschwindigkeit}} \overbrace{\rightarrow \boxed{FAS}}^{\text{HoheGeschwindigkeit}}, \quad \boxed{\text{Hindernis}} \dashrightarrow \boxed{\begin{array}{c}\text{Hindernis}\\\text{Existent}\end{array}} \overbrace{\rightarrow \boxed{\text{Infrarotsensor}} \rightsquigarrow \boxed{FAS}}^{\text{DetektionHindernis}} \right\}$$

Die im obigen Beispiel in der Menge von Eingangssequenzen enthaltenen Relationstupel eines Eingangseffekts gehören zu dem in (5.42) definierten kartesischen Produkt der Relationen BEZUG_VON, ÜBERWACHUNG und DATENBEREITSTELLUNG des Kontextsubjekts ‚FAS'. Beispiel 5-20 zeigt die Zuordnung der verschiedenen Tupel der in Beispiel 5-19 enthaltenen Eingangssequenzen zu den genannten Relationen.

Beispiel 5-20: Zuordnung der Tupel von Eingangssequenzen zu Relationen von Kontextabhängigkeiten

$$(fahrzeug_P \dashrightarrow geschwindigkeit_G) \in BEZUG\_VON_{FAS}$$
$$(hindernis_P \dashrightarrow hindernisExistent_G) \in BEZUG\_VON_{FAS}$$
$$(hindernisExistent_G \rightarrow infrarotsensor_S) \in ÜBERWACHUNG_{FAS}$$
$$(geschwindigkeit_G \rightarrow FAS_K) \in ÜBERWACHUNG_{FAS}$$
$$(infrarotsensor_S \rightsquigarrow FAS_K) \in DATENBEREITSTELLUNG_{FAS}$$

5.4.1.1.3 Verallgemeinerung zur Konstruktion von Eingangssequenzen beliebiger Länge

Die oben getroffenen Aussagen für Eingangssequenzen, die sich aus maximal drei Teilsequenzen zusammensetzen, können dahin gehend verallgemeinert werden, dass wenn das Kontextsubjekt die Kontextgröße mittelbar überwacht in der entsprechenden Eingangssequenz beliebig viele Kontextentitäten zwischen der Kontextgröße und dem Kontextsubjekt liegen können. Solche Kontextentitäten zwischen der Kontextgröße und dem Kontextsubjekt dienen zur Übertragung von Daten über die Ausprägung überwachter Kontextgrößen. Beispielsweise könnte für den operationellen Kontext eines zu entwickelnden Kontextsubjekts ‚FAS' durch technische Vorgaben reglementiert sein, dass ein im Fahrzeug vorhandener Infrarotsensor zur Detektion von Hindernissen verwendet werden soll. Dieser Sensor kann z. B. lokal über den LIN-Bus [LIN Consortium 2009] mit dem CAN-Bus [ISO 11898] gekoppelt sein, über den auf die entsprechenden Messdaten zugegriffen werden kann. Beispiel 5-21 zeigt die algebraische und visuelle Dokumentation der Eingangssequenz des Eingangseffekts DETEKTIONHINDERNIS, die aus fünf Teilsequenzen besteht.

Beispiel 5-21: Dokumentation einer Eingangssequenz mit fünf Teilsequenzen

$$es^{\text{DETEKTIONHINDERNIS}}_{FAS} = \left\{ \begin{array}{l} (hindernis_P \dashrightarrow hindernisExistent_G), \\ (hindernisExistent_G \to infrarotsensor_S), \\ (infrarotsensor_S \dashrightarrow linBUS_S), \\ (linBUS_S \dashrightarrow canBUS_S), \\ (canBUS_S \dashrightarrow FAS_K), \end{array} \right\}$$

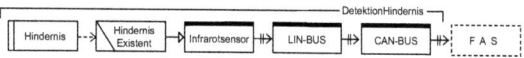

Zur Berücksichtigung von Eingangssequenzen mit mehr als drei Teilsequenzen ist es notwendig, einige der eingeführten Definitionen anzupassen. Seien $ke_a, ke_{b1}, ..., ke_{bn}$ Kontextentitäten im operationellen Kontext des Kontextsubjekts ks, k_c sei eine Kontextentität oder das Kontextsubjekt und kg_r eine Kontextgröße des operationellen Kontexts des Kontextsubjekts ks, die der Bezug des Eingangseffekts ee^i ist, d. h.:

$$\{ke_a, ke_{bn} : n \in \mathbb{N}\} \subseteq KE_{ks} \wedge (k_c \in KE_{ks} \vee k_c = ks) \text{ mit } KE_{ks} = (US_{ks} \cup BE_{ks} \cup UP_{ks}) \qquad (5.43)$$
$$\wedge \, (kg_r \in KG_{ks}) \text{ mit } bez_{ee}(ee^i) = kg_r$$

Die Eingangssequenz $es^{ee^i}_{ks}$ eines Eingangseffekts ee^i im operationellen Kontext des Kontextsubjekts ks ist wie folgt definiert:

$$es^{ee^i}_{ks} \stackrel{\text{def}}{=} \left\{ \begin{array}{l} u \cup v \cup w^n : u = (ke_a \dashrightarrow kg_r) \wedge v = (kg_r \to k_c) \wedge w^n \\ \text{mit } u, v, w^n \text{ dokumentieren gemeinsam den Kontextbezug von } ee^i \end{array} \right\} \qquad (5.44)$$

Die Anzahl der Teilsequenzen innerhalb einer Eingangssequenz ist abhängig davon, ob das Kontextsubjekt die zugehörige Kontextgröße mittelbar (d. h. mittels anderer Kontextentitäten) oder unmittelbar überwacht. Überwacht das Kontextsubjekt eine Kontextgröße mittelbar, so können beliebig viele Kontextentitäten zwischen der Kontextgröße und dem Kontextsubjekt liegen, die jeweils Daten zur Ausprägung der überwachten Kontextgröße übermitteln. Verallgemeinert besteht daher in (5.44) der folgende induktiv definierte Zusammenhang:

$$w^n \stackrel{\text{def}}{=} \left\{ \begin{array}{l} k_\varepsilon \text{ für } n = 0 \\ (ke_{bn} \dashrightarrow ks) \text{ für } n = 1 \\ w^{n-1} \cup (ke_{bn} \dashrightarrow ke_{b(n-1)}) \text{ für } n > 1 \end{array} \right. \qquad (5.45)$$

Der obige Ausdruck definiert, dass die Teilsequenz w^n, wenn n dem Wert 0 entspricht, die leere Teilsequenz k_ε ist. In diesem Fall besteht die zugehörige Eingangssequenz es_{ks}^{eei} aus den beiden Teilsequenzen u und v. Besitzt n den Wert 1, so setzt sich die Eingangssequenz es_{ks}^{eei} aus den Teilsequenzen u, v und einer Teilsequenz w zusammen, die eine Kontextentität über die Kontextabhängigkeit ‚stellt Daten bereit' (5.24) mit dem Kontextsubjekt in Beziehung setzt. Nimmt n Werte größer 1 an, so definiert sich die Teilsequenz w^n durch die Vereinigung der Teilsequenz w^{n-1} mit der Teilsequenz, die die Kontextentität ke_{bn} mit der Kontextentität $ke_{b(n-1)}$ über eine Kontextabhängigkeit des Typs ‚stellt Daten bereit' (5.24) in Beziehung setzt. Für die in (5.44) verallgemeinerte Definition der Konstruktion von Eingangssequenzen muss daher für die Teilsequenz $v = (kg_r \rightarrow k_c)$ gelten:

$$(k_c = ke_{bn} \Leftrightarrow w^n \neq k_\varepsilon) \vee (k_c = ks \Leftrightarrow w^n = k_\varepsilon) \tag{5.46}$$

Für die Menge der Eingangssequenzen eines Kontextsubjekts mit n+2 Teilsequenzen gilt, dass diese Eingangssequenzen eine Teilmenge des kartesischen Produkts der entsprechenden Relationen von Kontextabhängigkeiten sind, wobei bei Eingangssequenzen mit n+2 Teilsequenzen jeweils n Tupel innerhalb einer Eingangssequenz zur Relation DATENBEREITSTELLUNG gehören. Die Menge ES_{ks}^{n+2} ist dann wie folgt definiert:

$$ES_{ks}^{n+2} \subseteq BEZUG\_VON_{ks} \times ÜBERWACHUNG_{ks} \times (DATENBEREITSTELLUNG_{ks})^n \tag{5.47}$$

Für das kartesische Produkt der Relationen BEZUG_VON und ÜBERWACHUNG ist der Bezug zur Relation DATENBEREITSTELLUNG (kurz: DATENB) wie folgt induktiv definiert:

$$(DATENB_{ks})^n \stackrel{def}{=} \begin{cases} k_\varepsilon & \text{für } n = 0 \\ DATENB_{ks} & \text{für } n = 1 \\ (DATENB^{n-1}) \times DATENB_{ks} & \text{für } n > 1 \end{cases} \tag{5.48}$$

Der obige Ausdruck definiert, dass das kartesische Produkt der Relation DATENBEREITSTELLUNG der Länge n = 0 die leere Teilsequenz k_ε ist. Das kartesische Produkt der Länge n = 1 ist die entsprechende Relation DATENBEREITSTELLUNG. Das kartesische Produkt der Relation in der Länge n bildet sich induktiv aus dem kartesischen Produkt der Länge n-1 und der Relation DATENBEREITSTELLUNG.

5.4.1.2 Ausgangssequenzen

Der Kontextbezug eines Ausgangseffekts des operationellen Kontexts wird durch genau eine Ausgangssequenz dokumentiert. Der ContextML-Konstruktionsmechanismus ‚Ausgangssequenz' ist wie folgt definiert:

> **Definition 5-13**: *Ausgangssequenz (ContextML)*
> Eine Ausgangssequenz dokumentiert den Bezug eines Ausgangseffekts in der statisch-strukturellen Perspektive des operationellen Kontexts.

5.4.1.2.1 Konstruktion der Ausgangssequenz eines Ausgangseffekts

Zu einem Ausgangseffekt ae^i eines Kontextsubjekts ks wird die zugehörige Ausgangssequenz as_{ks}^{aei} wie folgt definiert (vgl. Abschnitt 5.3.2). Sei KE_{ks} die Menge aller Kontextentitäten im operationellen Kontext des Kontextsubjekts ks nach (5.3). Sei US_{ks} die Menge der

Kontextentitäten des Typs ‚Umgebungssystem' des Kontextsubjekts ks nach (5.5), BE_{ks} die Menge aller Kontextentitäten des Typs ‚Benutzer' nach (5.8) und UP_{ks} die Menge aller Kontextentitäten des Typs ‚Umgebungsphänomen' nach (5.9). Sei KG_{ks} die Menge aller Kontextgrößen des Kontextsubjekts ks nach (5.11). Seien ke_a, ke_b Kontextentitäten im operationellen Kontext des Kontextsubjekts ks. Sei k_c eine weitere Kontextentität oder das Kontextsubjekt und sei kg_h eine Kontextgröße des operationellen Kontexts des Kontextsubjekts ks, die der Bezug des Ausgangseffekts ae^i ist, d. h.:

$$\{ke_a, ke_b\} \subseteq KE_{ks} \land (k_c \in KE_{ks} \lor k_c = ks) \; mit \; KE_{ks} = (US_{ks} \cup BE_{ks} \cup UP_{ks})$$
$$\land (kg_h \in KG_{ks}) \; mit \; bez_{ae}(ae^i) = kg_h \tag{5.49}$$

Auf Grundlage von (5.49) ist die Ausgangssequenz $as_{ks}^{ae^i}$ eines Ausgangseffekts ae^i im operationellen Kontext des Kontextsubjekts ks wie folgt definiert:

$$as_{ks}^{ae^i} \stackrel{def}{=} \begin{Bmatrix} r \cup s \cup t: r = ((ks \twoheadrightarrow k_c) \lor k_\varepsilon) \land s = (k_c \twoheadrightarrow kg_r) \land t = (kg_r \twoheadrightarrow ke_a) \\ mit \; r, s, t \; dokumentieren \; gemeinsam \; den \; Kontextbezug \; von \; ae^i \end{Bmatrix} \tag{5.50}$$

(5.50) sagt aus, dass der Kontextbezug eines Ausgangseffekts durch eine Ausgangssequenz definiert wird, die sich durch zwei oder drei Teilsequenzen bildet. Die Anzahl der Teilsequenzen innerhalb einer Ausgangssequenz ist abhängig davon, ob das Kontextsubjekt die zugehörige Kontextgröße mittelbar oder unmittelbar reguliert (5.21). Besteht die Ausgangssequenz aus zwei Teilsequenzen, so ist die Teilsequenz r leer, was in (5.50) durch die leere Teilsequenz $r = k_\varepsilon$ ausgedrückt wird. Für die in (5.50) gezeigte Definition der Ausgangssequenz eines Ausgangseffekts gilt daher:

$$(k_c = ke_b \Leftrightarrow r \neq k_\varepsilon) \lor (k_c = ks \Leftrightarrow r = k_\varepsilon) \tag{5.51}$$

Die Bedingung im ersten Disjunktionsglied von (5.51) gilt für (5.50), wenn das Kontextsubjekt die Kontextgröße kg_h, auf die sich der ae^i bezieht, nicht unmittelbar reguliert, sondern über weitere Kontextentitäten. Die Bedingung im zweiten Disjunktionsglied von (5.51) gilt für (5.50), wenn ks die Kontextgröße kg_r unmittelbar kontrolliert.

Beispiel 5-22 zeigt die Konstruktion der Ausgangssequenz des Ausgangseffekts FAHRZEUGABBREMSEN des operationellen Kontexts des Kontextsubjekts ‚FAS'.

Beispiel 5-22: Dokumentation der Ausgangssequenz eines Ausgangseffekts mit drei Teilsequenzen '

$$as_{FAS}^{FAHRZEUGABBREMSEN} = \begin{Bmatrix} (FAS_K \twoheadrightarrow bremssystem_S) \\ (bremssystem_S \twoheadrightarrow bremsdruck_G), \\ (bremsdruck_G \twoheadrightarrow fahrzeug_P), \end{Bmatrix}$$

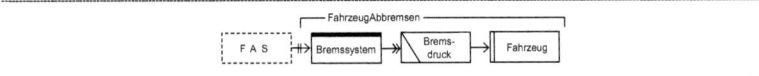

Die in Beispiel 5-22 gezeigte Ausgangssequenz zum Ausgangseffekt FAHRZEUGABBREMSEN wird über die Kontextgröße ‚bremsdruck' gebildet und setzt sich aus drei Teilsequenzen zusammen, da das Kontextsubjekt die Kontextgröße ‚bremsdruck' mittelbar über das Umgebungssystem ‚Bremssystem' regulieren soll. Beispiel 5-23 zeigt demgegenüber die Definition der Ausgangssequenz zum Ausgangseffekt FAHRERWARNEN des Kontextsubjekts ‚FAS', die aus zwei Teilsequenzen besteht.

Beispiel 5-23: Dokumentation der Ausgangssequenz eines Ausgangseffekts mit zwei Teilsequenzen

$$as_{FAS}^{\text{FAHRERWARNEN}} = \left\{ \begin{matrix} k_\varepsilon \\ (FAS_K \twoheadrightarrow lenkradvibration_G), \\ (lenkradvibration_G \to fahrer_B), \end{matrix} \right\}$$

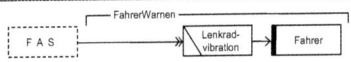

Die Ausgangssequenz in Beispiel 5-23 besteht lediglich aus zwei Teilsequenzen, da das Kontextsubjekt ‚FAS' in Bezug auf den Ausgangseffekt FAHRERWARNEN die zugehörige Kontextgröße ‚lenkradvibration' unmittelbar regulieren soll.

5.4.1.2.2 Definition der Menge von Ausgangssequenzen eines Kontextsubjekts

Für ein gegebenes Kontextsubjekt ks und eine Anzahl n von Ausgangssequenzen des operationellen Kontexts eines Kontextsubjekts ist die Menge der Ausgangssequenzen AS_{ks} des Kontextsubjekts wie folgt definiert:

$$AS_{ks} = \bigcup_{i=1}^{n} as_{ks}^{ae_i} \qquad (5.52)$$

Die Menge der Ausgangssequenzen eines Kontextsubjekts ist nach (5.52) eine Menge, die sich nach (5.50) wiederum aus Mengen von Teilsequenzen der Form $\{r,s,t\}$ zusammensetzt. Auf Grundlage der in Abschnitt 5.2.4 definierten Relationen von Kontextabhängigkeiten kann für AS_{ks} weiter festgehalten werden, dass die Menge aller Ausgangssequenzen eines Kontextsubjekts ks eine Teilmenge des kartesischen Produkts der in (5.16), (5.22) und (5.25) definierten Relationen von Kontextabhängigkeiten ist. Für die Menge der Ausgangssequenzen mit maximal drei Teilsequenzen gilt demzufolge:

$$AS_{ks} \subseteq (DATENBEREITSTELLUNG_{ks} \cup k_\varepsilon) \times REGULIERUNG_{ks} \times BEZUG\_AUF_{ks} \qquad (5.53)$$

Beispiel 5-24 zeigt exemplarisch an den beiden oben definierten Ausgangssequenzen der Ausgangseffekte FAHRZEUGABBREMSEN und FAHRERWARNEN die Bildung der Menge von Ausgangssequenzen des Kontextsubjekts ‚FAS' nach (5.52).

Beispiel 5-24: Dokumentation der Menge der Ausgangssequenzen des Kontextsubjekts ‚FAS'

$$AS_{FAS} = as_{FAS}^{\text{FAHRZEUGABBREMSEN}} \cup as_{FAS}^{\text{FAHRERWARNEN}}$$

$$= \left\{ \left\{ \begin{matrix} (FAS_K \twoheadrightarrow bremssystem_S) \\ (bremssystem_S \twoheadrightarrow bremsdruck_G), \\ (bremsdruck_G \to fahrzeug_P), \end{matrix} \right\}, \left\{ \begin{matrix} k_\varepsilon \\ (FAS_K \twoheadrightarrow lenkradvibration_G), \\ (lenkradvibration_G \to fahrer_B), \end{matrix} \right\} \right\}$$

Die im obigen Beispiel in der Menge von Eingangssequenzen enthaltenen Relationstupel eines Eingangseffekts gehören zu dem in (5.53) definierten kartesischen Produkt der Relationen DATENBEREITSTELLUNG, REGULIERUNG und BEZUG_AUF des Kontextsubjekts ‚FAS'. Beispiel 5-25 zeigt die Zuordnung der einzelnen Tupel der in Beispiel 5-24 enthaltenen Ausgangssequenzen zu den genannten Relationen.

Beispiel 5-25: Zuordnung der Tupel von Ausgangssequenzen zu Relationen von Kontextabhängigkeiten

$$(bremsdruck_G \rightarrow fahrzeug_P) \in \text{BEZUG\_AUF}_{FAS}$$
$$(lenkradvibration_G \rightarrow fahrer_B) \in \text{BEZUG\_AUF}_{FAS}$$
$$(bremssystem_S \rightsquigarrow bremsdruck_G) \in \text{REGULIERUNG}_{FAS}$$
$$(FAS_K \rightsquigarrow lenkradvibration_G) \in \text{REGULIERUNG}_{FAS}$$
$$(FAS_K \rightsquigarrow bremssystem_S) \in \text{DATENBEREITSTELLUNG}_{FAS}$$

5.4.1.2.3 Verallgemeinerung zur Konstruktion von Ausgangssequenzen beliebiger Länge

Für Ausgangssequenzen können die obigen Aussagen für solche Fälle verallgemeinert werden, in denen das Kontextsubjekt die Kontextgröße mittelbar reguliert. Diese Verallgemeinerung ermöglicht die Berücksichtigung beliebig vieler Kontextentitäten zwischen der Kontextgröße und dem Kontextsubjekt. Diese Kontextentitäten dienen zur Übertragung von Daten, die sich auf die Ausprägung der zu regulierenden Kontextgröße beziehen.

Beispielsweise könnte für das Kontextsubjekt ‚FAS' festgelegt sein, dass das zu entwickelnde Fahrassistenzsystem, wenn das Fahrzeug verunfallt ist, eine Notfallnachricht absetzen soll und dass die Übertragung der Notfallnachricht durch das im Fahrzeug vorhandene GSM-System (‚fahrzeugGSM') vorgenommen werden soll. Eine weitere technische Vorgabe könnte festlegen, dass das GSM-System mit dem Fahrassistenzsystem über den CAN-Bus [ISO 11898] gekoppelt werden soll. Beispiel 5-26 zeigt die algebraische und visuelle Dokumentation der Ausgangssequenz zum Ausgangseffekt UNFALLMELDEN des Kontextsubjekts ‚FAS', die aus vier Teilsequenzen besteht.

Beispiel 5-26: Dokumentation einer Ausgangssequenz mit vier Teilsequenzen

$$as_{FAS}^{\text{UNFALLMELDEN}} = \begin{cases} (FAS_K \rightsquigarrow canBUS_S), \\ (canBUS_S \rightsquigarrow fahrzeugGSM_S), \\ (fahrzeugGSM_S \rightsquigarrow notfallBenachrichtigung_G), \\ (notfallBenachrichtigung_G \rightarrow notfallManager_P) \end{cases}$$

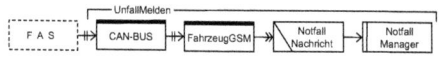

Zur Berücksichtigung von Ausgangssequenzen mit mehr als drei Teilsequenzen ist es wiederum notwendig, die Definitionen (5.49) und (5.50) anzupassen. Seien $ke_a, ke_{b1}, ..., ke_{bn}$ Kontextentitäten im operationellen Kontext des Kontextsubjekts ks, k_c sei eine Kontextentität oder das Kontextsubjekt ks und kg_h eine Kontextgröße des operationellen Kontexts des Kontextsubjekts, die der Bezug des Ausgangseffekts ae^i ist, d. h.:

$$(\{ke_a, ke_{bn} : n \in \mathbb{N}\} \subseteq KE_{ks} \land (k_c \in KE_{ks} \lor k_c = ks) \; mit \; KE_{ks} = US_{ks} \cup BE_{ks} \cup UP_{ks}) \\ \land (kg_h \in KG_{ks}) \; mit \; bez_{ae}(ae^i) = kg_h$$ (5.54)

Die Ausgangssequenz $as_{ks}^{ae^i}$ eines Ausgangseffekts ae^i im operationellen Kontext des Kontextsubjekts ks ist wie folgt definiert:

$$as_{ks}^{ae^i} \stackrel{\text{def}}{=} \left\{ \begin{matrix} r^n \cup s \cup t : r^n \land s = (k_c \twoheadrightarrow kg_h) \land t = (kg_h \twoheadrightarrow ke_a) \\ mit \; r^n, s, t \; dokumentieren \; gemeinsam \; den \; Kontextbezug \; von \; ae^i \end{matrix} \right\}$$ (5.55)

Die Anzahl der Teilsequenzen innerhalb einer Ausgangssequenz ist abhängig davon, ob das Kontextsubjekt die zugehörige Kontextgröße über weitere Kontextentitäten oder unmittelbar reguliert. Reguliert das Kontextsubjekt eine Kontextgröße mittelbar, so können eine bis beliebig viele Kontextentitäten zwischen dem Kontextsubjekt und der Kontextgröße liegen, die jeweils Daten zur Ausprägung der regulierten Kontextgröße übermitteln. In der verallgemeinerten Form besteht daher, in Bezug auf (5.55), für r^n der folgende induktiv definierte Zusammenhang:

$$r^n \stackrel{\text{def}}{=} \begin{cases} k_\varepsilon & \text{für } n = 0 \\ (ks \twoheadrightarrow ke_{bn}) & \text{für } n = 1 \\ r^{n-1} \cup (ke_{b(n-1)} \twoheadrightarrow ke_{bn}) & \text{für } n > 1 \end{cases}$$ (5.56)

Im obigen Ausdruck wird festgelegt, dass die Teilsequenz r^n, wenn n dem Wert 0 entspricht, die leere Teilsequenz k_ε ist. In diesem Fall besteht die zugehörige Ausgangssequenz $as_{ks}^{ae^i}$ aus den beiden Teilsequenzen s und t. Besitzt n den Wert 1, so setzt sich die Ausgangssequenz $as_{ks}^{ae^i}$ aus einer Teilsequenz r und den Teilsequenzen s, t zusammen. Die Teilsequenz r setzt dabei das Kontextsubjekt über die Kontextabhängigkeit ‚stellt Daten bereit' (5.24) mit einer Kontextentität in Beziehung. Nimmt n Werte größer 1 an, so definiert sich die Teilsequenz r^n durch die Vereinigung der Teilsequenz r^{n-1} mit der Teilsequenz, die die Kontextentität $ke_{b(n-1)}$ mit der Kontextentität ke_{bn} über eine Kontextabhängigkeit des Typs ‚stellt Daten bereit' (5.24) in Beziehung setzt. Für die in (5.55) vorgenommene verallgemeinerte Definition der Konstruktion von Ausgangssequenzen muss für die Teilsequenz s gelten:

$$(k_c = ke_{bn} \Leftrightarrow r^n \neq k_\varepsilon) \lor (k_c = ks \Leftrightarrow r^n = k_\varepsilon)$$ (5.57)

Für die Menge der Ausgangssequenzen eines Kontextsubjekts mit n+2 Teilsequenzen gilt, dass diese Ausgangssequenzen eine Teilmenge des kartesischen Produkts der entsprechenden Relationen von Kontextabhängigkeiten sind, wobei bei Ausgangssequenzen mit n+2 Teilsequenzen jeweils n Tupel innerhalb einer Ausgangssequenz zur Relation DATENBEREITSTELLUNG gehören. Die Menge AS_{ks}^{n+2} ist wie folgt definiert:

$$AS_{ks}^{n+2} \subseteq (\text{DATENBEREITSTELLUNG}_{ks})^n \times \text{REGULIERUNG}_{ks} \times \text{BEZUG\_AUF}_{ks}$$ (5.58)

Für das kartesische Produkt der Relationen BEZUG_AUF und REGULIERUNG ist dabei der Bezug zur Relation DATENBEREITSTELLUNG induktiv analog zu (5.48) definiert.

5.4.2 Modellierung des Kontextbezugs von Stimuli und Reaktionen

Der Kontextbezug von Stimuli und Reaktionen im operationellen Kontext eines Kontextsubjekts wird im ContextML-Modellierungsrahmenwerk durch Kontextfragmente dokumentiert. Die Konstruktion von Kontextfragmenten geschieht kompositionell über Kontextsequenzen, die den Kontextbezug der Eingangseffekte des jeweiligen Stimulus oder den Kontextbezug der Ausgangseffekte der jeweiligen Reaktion dokumentieren. Bei einem Kontextfragment, das den Kontextbezug eines Stimulus dokumentiert, handelt es sich um ein Eingangsfragment. Ein Kontextfragment, das den Kontextbezug einer Reaktion dokumentiert, wird als Ausgangsfragment bezeichnet.

5.4.2.1 Eingangsfragmente

Der ContextML-Konstruktionsmechanismus ‚Eingangsfragment' ist wie folgt definiert:

> Definition 5-14: *Eingangsfragment (ContextML)*
> Ein Eingangsfragment dokumentiert den Bezug eines Stimulus des Kontextsubjekts in der statisch-strukturellen Perspektive des operationellen Kontexts.

5.4.2.1.1 Konstruktion des Eingangsfragments eines Stimulus

Eingangsfragmente dokumentieren den Bezug von Stimuli im operationellen Kontext des Kontextsubjekts, indem das Eingangsfragment zu einem Stimulus alle Eingangssequenzen der Eingangseffekte gruppiert, die diesen Stimulus bilden (vgl. Abschnitt 5.3.3). Die Konstruktion des Eingangsfragments zu einem Stimulus wird über den Kompositionsoperator $\boxplus_{ES}$ zur Komposition von Eingangssequenzen der Eingangseffekte eines Stimulus wie folgt definiert: Sei ES_{ks} die Menge aller Eingangssequenzen des operationellen Kontexts eines Kontextsubjekts ks nach (5.41) und $Stim_{ks}$ die Menge aller Stimuli des Kontextsubjekts ks nach (5.32). Seien $es_{ks}^1, ..., es_{ks}^n$ Eingangssequenzen des operationellen Kontexts des Kontextsubjekts ks und $ee_{ks}^1, ..., ee_{ks}^n$ die zugehörigen Eingangseffekte nach (5.39). Der Kompositionsoperator $\boxplus_{ES}$ zur Bildung des Eingangsfragments $ef_{ks}^{st^i}$ eines Stimulus st_{ks}^i ist dann wie folgt definiert:

$$\boxplus_{ES}: Stim_{ks} \to \wp(ES_{ks}): \boxplus_{ES}\left(st_{ks}^i\right) = ef_{ks}^{st^i} \stackrel{def}{=} \left\{es_{ks}^{ee^j}: ee^j \in st_{ks}^i \text{ mit } 1 \leq j \leq n\right\} \quad (5.59)$$

Die obige Definition sagt aus, dass das Ergebnis der Komposition von Eingangssequenzen, bezogen auf einen Stimulus, die Menge aller Eingangssequenzen ist, deren Eingangseffekte Teil des Stimulus sind. Da der Bezug eines Stimulus im operationellen Kontext über den jeweiligen Kontextbezug der einzelnen Eingangseffekte gebildet wird, ist die Menge $ef_{ks}^{st^i}$ ein Element der Potenzmenge ($\wp$) der Menge von Eingangssequenzen (ES_{ks}).

Beispiel 5-27 zeigt die Konstruktion des Eingangsfragments zum Stimulus HINDERNISHOHEGESCHWINDIGKEIT aus Beispiel 5-15. Im oberen Bereich von Beispiel 5-27 ist die algebraische Dokumentation des Eingangsfragments gezeigt. Die Typen der zugehörigen Trägermengen sind in der algebraischen Definition durch die in (5.2), (5.4) und (5.10) eingeführten Typindizes angegeben. Der untere Bereich von Beispiel 5-27 zeigt die visuelle Dokumentation des entsprechenden Eingangsfragments.

5 CONTEXTML-MODELLIERUNGSRAHMENWERK

Beispiel 5-27: Komposition zweier Eingangssequenzen zu einem Eingangsfragment

$$\boxplus_{ES} (\text{HINDERNISHOHEGESCHWINDIGKEIT}) = ef_{FAS}^{\text{HINDERNISHOHEGESCHWINDIGKEIT}}$$

$$= \{es_{FAS}^{\text{DETEKTIONHINDERNIS}}\} \cup \{es_{FAS}^{\text{HOHEGESCHWINDIGKEIT}}\}$$

$$= \left\{ \begin{Bmatrix} (hindernis_P \dashrightarrow hindernisExistent_G), \\ (hindernisExistent_P \rightarrow infrarotsensor_S), \\ (infrarotsensor_S \nrightarrow FAS_K) \end{Bmatrix}, \begin{Bmatrix} (fahrzeug_P \dashrightarrow geschwindigkeit_G), \\ (geschwindigkeit_G \rightarrow FAS_K), \\ k_\varepsilon \end{Bmatrix} \right\}$$

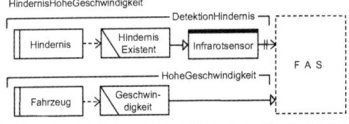

Wie in Beispiel 5-15 gezeigt, ist der Stimulus HINDERNISHOHEGESCHWINDIGKEIT durch die beiden Eingangseffekte DETEKTIONHINDERNIS und HOHEGESCHWINDIGKEIT definiert. Die Eingangssequenzen dieser beiden Eingangseffekte sind in Beispiel 5-17 und Beispiel 5-18 angegeben. Wie in (5.59) festgelegt, wird das Eingangsfragment zum Stimulus HINDERNISHOHEGESCHWINDIGKEIT durch die Vereinigung der Eingangssequenzen definiert, die den Kontextbezug derjenigen Eingangseffekte dokumentieren, die gemeinsam den Stimulus HINDERNISHOHEGESCHWINDIGKEIT für das Kontextsubjekt ‚FAS' bilden.

5.4.2.1.2 Definition der Menge von Eingangsfragmenten eines Kontextsubjekts

Wie in Abschnitt 5.3.3 erläutert, können Eingangseffekte eines Kontextsubjekts Bestandteil mehr als eines Stimuli dieses Kontextsubjekts sein. Demzufolge kann eine Eingangssequenz gegebenenfalls in mehreren Eingangsfragmenten enthalten sein und dabei entweder zusammen mit weiteren Eingangssequenzen oder einzeln das Eingangsfragment des zugehörigen Stimulus bilden. Für Eingangsfragmente $ef_{ks}^{st^i}$ gilt die folgende Beziehung zur Menge ES_{ks} von Eingangssequenzen des Kontextsubjekts ks:

$$ef_{ks}^{st^i} \in \wp(ES_{ks}) \tag{5.60}$$

Aus (5.60) folgt demnach, dass die Menge EF_{ks} der Eingangsfragmente des Kontextsubjekts ks, bezogen auf die Menge $Stim_{ks}$ (5.32) aller Stimuli dieses Kontextsubjekts, als eine Teilmenge der Potenzmenge von ES_{ks} (5.41) wie folgt definiert ist:

$$EF_{ks} = \{ef_{ks}^i : ef^i \text{ ist Eingangsfragment eines Stimulus in } Stim_{ks}\} \subseteq \wp(ES_{ks}) \tag{5.61}$$

5.4.2.2 Ausgangsfragmente

Der Kontextbezug von Reaktionen im operationellen Kontext wird durch Ausgangsfragmente dokumentiert. Der entsprechende Konstruktionsmechanismus ist wie folgt definiert:

Definition 5-15: *Ausgangsfragment (ContextML)*

Ein Ausgangsfragment dokumentiert den Bezug einer Reaktion des Kontextsubjekts in der statisch-strukturellen Perspektive des operationellen Kontextes.

5.4.2.2.1 Konstruktion des Ausgangsfragments einer Reaktion

Die Konstruktion des Ausgangsfragments einer Reaktion wird über den Kompositionsoperator $\boxplus_{AS}$ zur Komposition von Ausgangssequenzen der Ausgangseffekte einer Reaktion wie folgt definiert: Sei AS_{ks} die Menge aller Ausgangssequenzen des operationellen Kontexts eines Kontextsubjekts ks nach (5.52) und $Reak_{ks}$ die Menge aller Reaktionen des Kontextsubjekts ks nach (5.35). Seien $as_{ks}^1, \ldots, as_{ks}^n$ die Ausgangssequenzen des operationellen Kontexts des Kontextsubjekts ks und $ae_{ks}^1, \ldots, ae_{ks}^n$ die zugehörigen Ausgangseffekte nach (5.50). Der Kompositionsoperator $\boxplus_{AS}$ zur Bildung des Ausgangsfragments $af_{ks}^{re^i}$ einer Reaktion re_{ks}^i ist dann wie folgt definiert:

$$\boxplus_{AS}: Reak_{ks} \to \wp(AS_{ks}): \boxplus_{AS}\left(re_{ks}^i\right) = af_{ks}^{re^i} \stackrel{\text{def}}{=} \left\{as_{ks}^{ae^j}: ae^j \in re_{ks}^i \text{ mit } 1 \leq j \leq n\right\} \quad (5.62)$$

Die obige Definition sagt aus, dass das Ergebnis der Komposition von Ausgangssequenzen, bezogen auf eine Reaktion, die Menge aller Ausgangssequenzen ist, deren Ausgangseffekte Teil dieser Reaktion sind. Da der Bezug einer Reaktion im operationellen Kontext über den jeweiligen Kontextbezug der einzelnen Ausgangseffekte gebildet wird, ist die Menge $af_{ks}^{st^i}$ ein Element der Potenzmenge ($\wp$) der Menge von Ausgangssequenzen (AS_{ks}).

Beispiel 5-28 zeigt die Konstruktion des Ausgangsfragments zur Reaktion ‚NOTFALLBREMSUNG' aus Beispiel 5-16. Im oberen Bereich ist die algebraische Dokumentation des Ausgangsfragments gezeigt. Die Typen der Trägermengen sind in der algebraischen Dokumentation durch die in (5.2), (5.4) und (5.10) eingeführten Typindizes angegeben. Der untere Bereich von Beispiel 5-28 zeigt die visuelle Dokumentation des Ausgangsfragments.

Wie in Beispiel 5-16 dokumentiert, wird die Reaktion NOTFALLBREMSUNG durch die beiden Ausgangseffekte FAHRZEUGABBREMSEN und FAHRERWARNEN gebildet. Die Ausgangssequenzen dieser beiden Ausgangseffekte sind in Beispiel 5-22 und Beispiel 5-23 angegeben. Nach (5.62), wird das Ausgangsfragment zur Reaktion NOTFALLBREMSUNG durch die Vereinigung der Ausgangssequenzen FAHRZEUGABBREMSEN und FAHRERWARNEN definiert, die den Kontextbezug derjenigen Ausgangseffekte dokumentieren, die gemeinsam die Reaktion NOTFALLBREMSUNG des Kontextsubjekts ‚FAS' bilden.

Beispiel 5-28: Komposition zweier Ausgangssequenzen zu einem Ausgangsfragment

$$\boxplus_{AS} (\text{NOTFALLBREMSUNG}) = af_{FAS}^{\text{NOTFALLBREMSUNG}} = \{as_{FAS}^{\text{FAHRZEUGABBREMSEN}}\} \cup \{as_{FAS}^{\text{FAHRERWARNEN}}\}$$

$$= \left\{ \begin{cases} (FAS_K \twoheadrightarrow bremssystem_S) \\ (bremssystem_S \twoheadrightarrow bremsdruck_G), \\ (bremsdruck_G \twoheadrightarrow fahrzeug_P), \end{cases}, \begin{cases} k_\varepsilon \\ (FAS_K \twoheadrightarrow lenkradvibration_G), \\ (lenkradvibration_G \twoheadrightarrow fahrer_B), \end{cases} \right\}$$

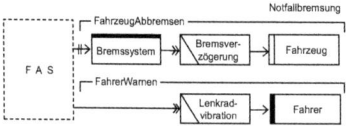

5.4.2.2.2 Definition der Menge von Ausgangsfragmenten eines Kontextsubjekts

Wie in Abschnitt 5.3.4 erläutert, können Ausgangseffekte eines Kontextsubjekts Bestandteil einer oder mehrerer Reaktionen dieses Kontextsubjekts sein. Dies hat zur Konsequenz, dass eine Ausgangssequenz gegebenenfalls in mehreren Ausgangsfragmenten enthalten ist und dabei entweder zusammen mit anderen Ausgangssequenzen oder einzeln das Ausgangsfragment der zugehörigen Reaktion bildet. Demnach gilt für Ausgangsfragmente $af_{ks}^{st^i}$ des operationellen Kontexts eines Kontextsubjekts ks die folgende Beziehung zur Menge AS_{ks} von Ausgangssequenzen des Kontextsubjekts ks:

$$af_{ks}^{st^i} \in \wp(AS_{ks}) \tag{5.63}$$

Aus (5.63) folgt, dass die Menge aller Ausgangsfragmente AF_{ks} des Kontextsubjekts ks, bezogen auf die Menge aller Reaktionen $Reak_{ks}$ (5.35) dieses Kontextsubjekts, als Teilmenge der Potenzmenge von AS_{ks} (5.52) wie folgt definiert ist:

$$AF_{ks} = \{af_{ks}^i : af^i \text{ ist Ausgangsfragment einer Reaktion in } Reak_{ks}\} \subseteq \wp(AS_{ks}) \tag{5.64}$$

5.4.3 Konstruktion von Partialdiagrammen

Das Merkmal der Reaktivität eines softwareintensiven reaktiven Systems zeigt sich im Betrieb von Systemen diese Typus dadurch, dass solche Systeme auf definierte Stimuli im operationellen Kontext eine Reaktion in den operationellen Kontext bewirken (vgl. Abschnitt 2.1.1). Zwischen spezifischen Stimuli und Reaktionen eines Systems besteht dann ein kausaler Zusammenhang, wenn das Kontextsubjekt im Betrieb beim Auftreten des Stimulus die entsprechende Reaktion bewirken muss, um seinen Systemzweck zu erfüllen.

5.4.3.1.1 Definition von Stimulus-Reaktions-Paaren des Kontextsubjekts

Der kausale Zusammenhang zwischen Stimuli und Reaktionen eines Kontextsubjekts wird im ContextML-Modellierungsrahmenwerk durch Stimulus-Reaktions-Paare dokumentiert, die wie folgt definiert sind:

Definition 5-16: *Stimulus-Reaktions-Paar (ContextML)*

Ein Stimulus st^i und eine Reaktion re^j bilden ein Stimulus-Reaktions-Paar $(st^i \cdot re^j)$, wenn das Kontextsubjekt im Betrieb beim Auftreten des Stimulus st^i die Reaktion re^j bewirken muss, um seinen Systemzweck zu erfüllen.

Ein Stimulus-Reaktions-Paar im operationellen Kontext eines Kontextsubjekts ks wird in ContextML über die Menge der Stimuli des Kontextsubjekts $Stim_{ks}$ (5.32) und die Menge der Reaktionen des Kontextsubjekts $Reak_{ks}$ (5.35) definiert. Da Stimulus-Reaktions-Paare zwischen Stimuli und Reaktionen des jeweiligen Kontextsubjekts bestehen, muss jedes Stimulus-Reaktions-Paar $st^i \cdot re^j$ eines Kontextsubjekts ks die folgende Bedingung erfüllen:

$$st^i \cdot re^j \in (Stim_{ks} \times Reak_{ks}) \Leftrightarrow st^i \in Stim_{ks} \wedge re^j \in Reak_{ks} \tag{5.65}$$

Jedes Stimulus-Reaktions-Paar im operationellen Kontext eines Kontextsubjekts ks muss nach (5.65) ein Element des kartesischen Produktes der Mengen $Stim_{ks}$ (5.32) und $Reak_{ks}$

(5.35) sein. Darauf aufbauend wird die Menge SRP_{ks} aller Stimulus-Reaktions-Paare des operationellen Kontexts eines Kontextsubjekts ks wie folgt definiert:

$$SRP_{ks} = \{(st^i, re^j) | \; st^i \cdot re^j \; mit \; st^i \in Stim_{ks} \wedge re^j \in Reak_{ks}\} \tag{5.66}$$

Beispiel 5-29 zeigt exemplarisch für das Kontextsubjekt ‚FAS' die Menge SRP_{FAS} der Stimulus-Reaktions-Paare des Kontextsubjekts ‚FAS'. Wie im Beispiel gezeigt, besteht ein Stimulus-Reaktions-Paar zwischen dem Stimulus HINDERNISHOHEGESCHWINDIGKEIT (Beispiel 5-15) und der Reaktion NOTFALLBREMSUNG (Beispiel 5-16). Das zweite Stimulus-Reaktions-Paar besteht zwischen dem Stimulus FAHRSITUATIONGRENZBEREICH und der Reaktion FAHRERWARNEN.

Beispiel 5-29: Menge der Stimulus-Reaktions-Paare des Kontextsubjekts ‚FAS'

$$SRP_{FAS} = \left\{ \begin{matrix} (\text{HINDERNISHOHEGESCHWINDIGKEIT, NOTFALLBREMSUNG}), \\ (\text{FAHRSITUATIONGRENZBEREICH, FAHRERWARNEN}) \end{matrix} \right\} \subseteq Stim_{FAS} \times Reak_{FAS}$$

Zur Schreibvereinfachung können die Stimulus-Reaktions-Paare in der Menge SRP im ContextML-Modellierungsrahmenwerk benannt werden. Beispiel 5-30 zeigt die Benennung des Stimulus-Reaktions-Paares (FAHRSITUATIONGRENZBEREICH, FAHRERWARNEN) durch den Bezeichner WARNUNGGRENZBEREICH.

Beispiel 5-30: Benennung von Stimulus-Reaktions-Paaren'

WARNUNGGRENZBEREICH=(FAHRSITUATIONGRENZBEREICH,FAHRERWARNEN)

5.4.3.1.2 Dokumentation des Kontextbezugs von Stimulus-Reaktions-Paaren

Der Kontextbezug von Stimulus-Reaktions-Paaren in der statisch-strukturellen Perspektive des operationellen Kontexts wird im ContextML-Modellierungsrahmenwerk durch Partialdiagramme dokumentiert, die wie folgt definiert sind:

Definition 5-17: *Partialdiagramm (ContextML)*

Ein Partialdiagramm dokumentiert den Kontextbezug eines Stimulus-Reaktions-Paares in der statisch-strukturellen Perspektive des operationellen Kontexts.

Ein Partialdiagramm zu einem Stimulus-Reaktions-Paar bildet sich durch die Zusammenführung der Kontextfragmente, die den Kontextbezug des Stimulus und den Kontextbezug der Reaktion dokumentiert. Demzufolge gilt für sämtliche Partialdiagramme (pd_{ks}) eines Kontextsubjekts ks die folgende Bedingung:

$$pd_{ks} \in (EF_{ks} \times AF_{ks}) \tag{5.67}$$

Wie aus (5.67) hervorgeht, sind Partialdiagramme eines Kontextsubjekts ks Elemente des kartesischen Produkts der Menge von Eingangsfragmenten EF_{ks} (5.61) und der Menge von Ausgangsfragmenten AF_{ks} (5.64) des Kontextsubjekts. Folglich gilt für die Menge der Partialdiagramme (PD_{ks}) zum operationellen Kontext eines Kontextsubjekts ks:

$$PD_{ks} \subseteq \{(ef_{ks}^i, af_{ks}^j) \mid ef_{ks}^i \in EF_{ks} \wedge af_{ks}^j \in AF_{ks}\} \tag{5.68}$$

Die Definition der Konstruktion von Partialdiagrammen zu Stimulus-Reaktions-Paaren im operationellen Kontext eines Kontextsubjekts geschieht über den Kompositionsoperator $\boxdot$ für Kontextfragmente, der für ein gegebenes Stimulus-Reaktions-Paar $(st_{ks}^a \cdot re_{ks}^b)$ in SRP (5.66) den Kontextbezug in der statisch-strukturellen Perspektive des operationellen Kontexts wie folgt bildet:

$$\boxdot : SRP_{ks} \rightarrow (EF_{ks} \times AF_{ks}) \stackrel{\text{def}}{=} \boxdot (st_{ks}^a, re_{ks}^b) \stackrel{\text{def}}{=} (ef_{ks}^{st^a}, af_{ks}^{re^b}) \tag{5.69}$$

Wie in (5.69) definiert, bildet der Kompositionsoperator für Kontextfragmente ($\boxdot$) Stimulus-Reaktions-Paare der Menge SRP auf Elemente des kartesischen Produkts der Menge von Eingangsfragmenten EF_{ks} (5.61) und Ausgangsfragmenten AF_{ks} (5.64) ab. Auf Basis des Kompositionsoperators ($\boxdot$) wird die Bildung des Partialdiagramms $pd_{ks}^{st^i \cdot re^j}$ zu einem Stimulus-Reaktions-Paar $st^i \cdot re^j$ wie folgt definiert:

$$pd_{ks}^{st^i \cdot re^j} \stackrel{\text{def}}{=} \boxdot (st^i, re^j) \tag{5.70}$$

Nach (5.70) wird zu einem Stimulus-Reaktions-Paar des operationellen Kontexts eines Kontextsubjekts ks das zugehörige Partialdiagramm durch die Anwendung des Kompositionsoperators $\boxdot$ auf Stimulus-Reaktions-Paare gebildet. Die Menge der Partialdiagramme eines Kontextsubjekts ks wird über (5.66) wie folgt definiert:

$$PD_{ks} = \left\{ pd_{ks}^{st^i \cdot re^j} \mid (st^i, re^j) \in SRP_{ks} \right\} \tag{5.71}$$

Beispiel 5-31 zeigt die Konstruktion des Partialdiagramms zum Stimulus-Reaktions-Paar, das durch den kausalen Zusammenhang zwischen dem Stimulus HINDERNISHOHEGESCHWINDIGKEIT und der Reaktion NOTFALLBREMSUNG definiert ist. Der obere Bereich zeigt die algebraische Dokumentation des Partialdiagramms. Die Typen der Trägermengen sind in der algebraischen Definition durch die in (5.2), (5.4) und (5.10) eingeführten Typindizes des ContextML-Modellierungsrahmenwerks angegeben.

In Beispiel 5-31 wird das Partialdiagramm durch die Anwendung des Kompositionsoperators auf das Stimulus-Reaktions-Paar des Stimulus HINDERNISHOHEGESCHWINDIGKEIT und der Reaktion NOTFALLBREMSUNG konstruiert. Der obere Bereich von Beispiel 5-31 zeigt die algebraische Dokumentation des Partialdiagramms und der untere Bereich des Beispiels dessen visuelle Dokumentation. Das Partialdiagramm definiert sich, wie in (5.70) festgelegt, durch ein 2-elementiges Tupel, bestehend aus dem Eingangsfragment des Stimulus HINDERNISHOHEGESCHWINDIGKEIT und dem Ausgangsfragment der Reaktion NOTFALLBREMSUNG. In der algebraischen Dokumentation des Partialdiagramms in Beispiel 5-31 ist zusätzlich das expandierte Partialdiagramm angegeben, das zum Eingangs- und Ausgangsfragment des Partialdiagramms auch die Bildung der zugehörigen Eingangssequenzen und Ausgangssequenzen zeigt.

Beispiel 5-31: Konstruktion des Partialdiagramms zu einem Stimulus-Reaktions-Paar

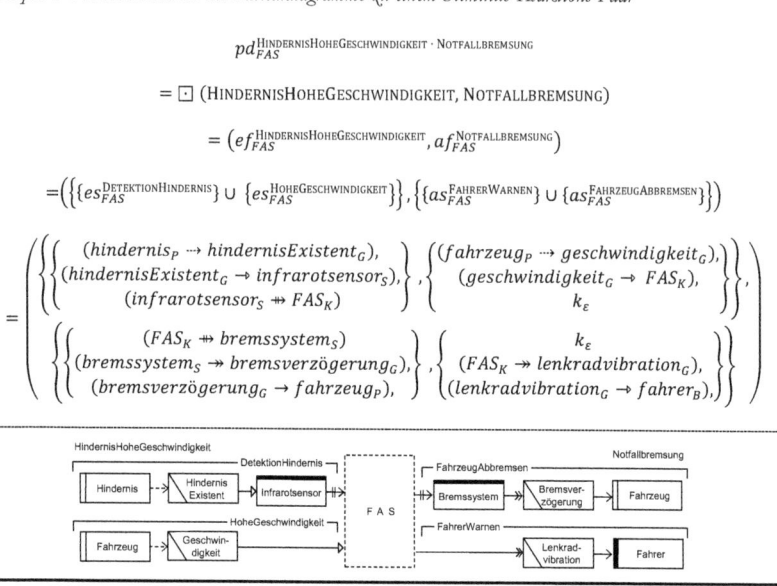

Wie in Beispiel 5-27 und Beispiel 5-28 angegeben, wird das entsprechende Eingangsfragment des Stimulus HINDERNISHOHEGESCHWINDIGKEIT durch die Eingangssequenzen der Eingangseffekte DETEKTIONHINDERNIS und HOHEGESCHWINDIGKEIT gebildet und das Ausgangsfragment der Reaktion NOTFALLBREMSUNG durch die Ausgangssequenzen der Ausgangseffekte FAHRERWARNEN und FAHRZEUGABBREMSEN.

5.4.4 Konstruktion von Kontextmodellen

Das ContextML-Kontextmodell dokumentiert die Eigenschaften des operationellen Kontexts eines Kontextsubjekts in der statisch-strukturellen Perspektive, indem das ContextML-Kontextmodell zu jedem Stimulus-Reaktions-Paar des Kontextsubjekts das entsprechende Partialdiagramm umfasst. Der ContextML-Konstruktionsmechanismus ‚Kontextmodell' ist wie folgt definiert:

Definition 5-18: *Kontextmodell (ContextML)*

Das ContextML-Kontextmodell eines Kontextsubjekts dokumentiert den Bezug aller Stimulus-Reaktions-Paare dieses Kontextsubjekts in der statisch-strukturellen Perspektive des operationellen Kontexts.

Ausgehend von den Partialdiagrammen $pd_{ks}^{st^i \cdot re^j}$ der einzelnen Stimulus-Reaktions-Paare $st^i \cdot re^j$ des Kontextsubjekts ks ist das ContextML-Kontextmodell $km_{ks}^{ContextML}$ durch die Menge aller Partialdiagramme des Kontextsubjekts (PD_{ks}), in Bezug auf die Menge SRP (5.66) der Stimulus-Reaktions-Paare des Kontextsubjekts, wie folgt definiert:

$$km_{ks}^{ContextML} = PD_{ks} = \{pd_{ks}^{st^i \cdot re^j} \mid st^i \cdot re^j \in SRP_{ks}\} \qquad (5.72)$$

Das ContextML-Kontextmodell eines Kontextsubjekts umfasst für jedes Stimulus-Reaktions-Paar genau ein Partialdiagramm, das den Bezug dieses Stimulus-Reaktions-Paares in der statisch-strukturellen Perspektive des operationellen Kontexts dokumentiert. Für das ContextML-Kontextmodell $km_{ks}^{ContextML}$ eines Kontextsubjekts ks muss in Bezug auf die Menge SRP_{ks} der Stimulus-Reaktions-Paare demnach gelten, dass die Mächtigkeit (| |) des ContextML-Kontextmodells, in Bezug auf die Anzahl der Partialdiagramme, der Mächtigkeit der Menge SRP_{ks} (5.66) entspricht, d. h.:

$$\mid km_{ks}^{ContextML} \mid = \mid SRP_{ks} \mid \qquad (5.73)$$

5.5 Zusammenfassung

In diesem Kapitel wurde mit dem ContextML-Modellierungsrahmenwerk der erste Bestandteil des spezifischen Lösungsansatzes dieser Arbeit vorgestellt. Das ContextML-Modellierungsrahmenwerk definiert eine Sprachbasis zur visuellen Dokumentation von Eigenschaften des operationellen Kontexts softwareintensiver reaktiver Systeme in der statisch-strukturellen Perspektive. Bei dem in diesem Kapitel eingeführten ContextML-Kontextmodell handelt es sich um die Definition der Basisausprägung für Kontextmodelle in ContextML. Durch die algebraisch kompositionelle Definition können Teile des ContextML-Modellierungsrahmenwerks (z. B. einzelne Konstruktionsmechanismen) redefiniert oder erweitert werden, um zusätzliche Eigenschaften des operationellen Kontexts softwareintensiver reaktiver Systeme zu dokumentieren. Die der visuellen Dokumentation im ContextML-Modellierungsrahmenwerk zugrunde liegenden Strukturen zur kompositionellen Konstruktion des ContextML-Kontextmodells sind algebraisch definiert, welches eine wesentliche Grundlage für die maschinelle Analyse der ContextML-Kontextmodelle ist.

Das ContextML-Modellierungsrahmenwerk führt in der Definition der Sprachbasis verschiedene Forschungsarbeiten aus dem Stand der Wissenschaft zusammen. So basiert die Definition der ontologischen Grundannahmen auf den Arbeiten von BUNGE, WAND und WEBER [Bunge 1977; Bunge 1979; Wand und Weber 1990] zum allgemeinen Aufbau von Ontologien in der Analyse von Informationssystemen. Die Definition der Kontextentitäten und Kontextabhängigkeiten basiert auf den Konzeptualisierungen des operationellen Kontexts von Informationssystemen in eigenen Forschungsarbeiten [Weyer und Pohl 2008] und den Arbeiten von DAVIS, JORDAN und NAKAJIMA [Davis et al. 1997] sowie JIN und LIU [Jin und Liu 2006] und JACKSON [Jackson 1995b; Jackson 2001b] (vgl. Abschnitt 3.2.1, Abschnitt 3.2.2). Das Konzept der Kontextgröße zur Repräsentation von Umgebungsgrößen, im Zusammenhang mit der Betrachtung von Stimulus-Reaktions-Systemen, entstammt den Arbeiten von CLEMENTS, HENINGER, MADEY, PARNAS und VAN SCHOUWEN [Heninger 1980; Parnas und Clements 1986; van Schouwen et al. 1992; Parnas und Madey 1995] zum Vier-Variablen-Modell (vgl. Abschnitt 3.2.7). Das Prinzip der kompositionellen Konstruktion von Kontextmodellen in ContextML orientiert sich an der Arbeit von PARNAS [Parnas 1993] sowie an der Arbeit von ZAVE und JACKSON [Zave und Jackson 1993].

6 ContextML-Kohärenzbasis

In diesem Kapitel wird mit der ContextML-Kohärenzbasis der zweite Bestandteil des im Rahmen der vorliegenden Arbeit entwickelten Ansatzes zur Kohärenzprüfung kanonischer Verhaltensspezifikationen vorgestellt.

Kapitelüberblick

6.1 Überblick 107
6.2 Basisdefinitionen 107
6.3 Formalismen zur Prüfung der Gültigkeit kanonischer Verhaltensspezifikationen ... 123
6.4 Formalismen zur Prüfung der Vollständigkeit kanonischer Verhaltensspezifikationen 134
6.5 Zusammenfassung 141

6.1 Überblick

Die ContextML-Kohärenzbasis definiert verschiedene Formalismen, um ungültige oder unvollständige Eigenschaften in kanonischen Verhaltensspezifikationen softwareintensiver reaktiver Systeme gegenüber Eigenschaften des operationellen Kontexts dieser Systeme zu identifizieren.

Die ContextML-Kohärenzbasis ist wie folgt strukturiert:

- *Basisdefinitionen (Abschnitt 6.2):* In diesem Teil der ContextML-Kohärenzbasis werden grundlegende Mengen und Operationen definiert, die Ausgangspunkt für die Definition von Formalismen zur Kohärenzprüfung kanonischer Verhaltensspezifikationen gegen ContextML-Kontextmodelle sind.

- *Formalismen zur Prüfung der Gültigkeit kanonischer Verhaltensspezifikationen gegenüber ContextML-Kontextmodellen (Abschnitt 6.3):* In diesem Teil werden spezifische Formalismen zur Identifikation ungültiger Eigenschaften in kanonischen Verhaltensspezifikationen gegenüber ContextML-Kontextmodellen definiert.

- *Formalismen zur Prüfung der Vollständigkeit kanonischer Verhaltensspezifikationen gegenüber ContextML-Kontextmodellen (Abschnitt 6.4):* In diesem Teil werden spezifische Formalismen zur Identifikation unvollständiger Eigenschaften in kanonischen Verhaltensspezifikationen gegenüber ContextML-Kontextmodellen definiert.

6.2 Basisdefinitionen

Die ContextML-Kohärenzbasis basiert auf grundlegenden Formalismen zur Analyse der kanonischen Verhaltensspezifikation eines softwareintensiven reaktiven Systems und zur Prüfung des Bezugs zwischen Modellelementen kanonischer Verhaltensspezifikationen und von ContextML-Kontextmodellen.

6.2.1 Basisdefinitionen zu kanonischen Verhaltensspezifikationen

Im spezifischen Lösungsansatz wird die kanonische Verhaltensspezifikation eines softwareintensiven reaktiven Systems auf Kohärenzbrüche gegenüber dem ContextML-Kontextmodell dieses Systems überprüft. Als Ausgangspunkt für die Kohärenzprüfung werden verschiedene Prüfmengen der kanonischen Verhaltensspezifikation bestimmt.

6.2.1.1 Bildung der kanonischen Verhaltensspezifikation

Für ein spezifisches Kontextsubjekt ks und die zugehörigen Spezifikationsautomaten $SPEC_1 \dots SPEC_n$ ist die Konstruktion der kanonische Verhaltensspezifikation $SPEC_{ks}$ mittels der Funktion s^{SPEC} wie folgt definiert:

$$s^{SPEC}(SPEC_1 \dots SPEC_n) = SPEC_{ks} = \bigcup_{i=1}^{n} SPEC_i \qquad (6.1)$$

Die in (6.1) definierte kanonische Verhaltensspezifikation $SPEC_{ks}$ eines Kontextsubjekts ks setzt sich aus einer Menge von 6-Tupeln nach Definition 2-4 zusammen. Für einen spezifischen Spezifikationsautomaten $SPEC_i$ enthält die Menge $SPEC_{ks}$ jeweils das Tupel:

$$SPEC_i = (\mathcal{V}_i, Vinit_i, I_i, O_i, H_i, \mathcal{T}_i) \qquad (6.2)$$

Wie in (6.2) gezeigt, setzt sich ein Spezifikationsautomat $SPEC_i$ der kanonischen Verhaltensspezifikation $SPEC_{ks}$ eines Kontextsubjekts ks aus der Menge von Zuständen $\mathcal{V}_i$, einem initialen Zustand $Vinit_i \in \mathcal{V}_i$, der Menge von Eingabeereignissen I_i, der Menge von Ausgabeereignissen O_i, der Menge interner Ereignisse H_i sowie der Schrittmenge des Automaten $\mathcal{T}_i$ zusammen.

Ausgangspunkt für die Prüfung der Kohärenz einer kanonischen Verhaltensspezifikation $SPEC_{ks}$ sind deren Eingabeereignismenge I_{ks}^{SPEC}, deren Ausgabeereignismenge O_{ks}^{SPEC} und die Schrittmenge $\mathcal{T}_i$ der einzelnen Spezifikationsautomaten von $SPEC_{ks}$.

6.2.1.2 Bildung der Eingabeereignismenge

Für eine kanonische Verhaltensspezifikation $SPEC_{ks}$, die durch die Spezifikationsautomaten $SPEC_1 \dots SPEC_n$ gegeben ist, wird deren Eingabeereignismenge wie folgt definiert: Sei I_j die Menge von Eingabeereignissen des Spezifikationsautomaten $SPEC_j$, dann wird die Eingabeereignismenge I_{ks}^{SPEC} von $SPEC_{ks}$ mittels der Funktion i^{SPEC} wie folgt konstruiert:

$$i^{SPEC}(SPEC_{ks}) = I_{ks}^{SPEC} = \left(\bigcup_{j=1}^{n} I_j\right) = \{i_l : i_l \in I_j \text{ für } j \in \{1, \dots, n\}\} \qquad (6.3)$$

Wie in (6.3) angegeben, wird die Eingabeereignismenge der kanonischen Verhaltensspezifikation eines Kontextsubjekts ks über die Vereinigung der Eingabeereignisse sämtlicher Spezifikationsautomaten von $SPEC_{ks}$ gebildet.

6.2.1.3 Bildung der Ausgabeereignismenge

Für eine kanonische Verhaltensspezifikation $SPEC_{ks}$, die durch die Spezifikationsautomaten $SPEC_1 \dots SPEC_n$ gegeben ist, wird deren Ausgabeereignismenge wie folgt definiert: Sei

O_j die Menge von Ausgabeereignissen eines Spezifikationsautomaten $SPEC_j$, dann wird die Ausgabeereignismenge O_{ks}^{SPEC} mittels der Funktion o^{SPEC} wie folgt konstruiert:

$$o^{SPEC}(SPEC_{ks}) = O_{ks}^{SPEC} = \left(\bigcup_{j=1}^{n} O_j \right) = \{o_k : o_k \in O_j \text{ für } j \in \{1,..,n\}\} \quad (6.4)$$

Wie in (6.4) angegeben, wird die Ausgabeereignismenge zu der kanonischen Verhaltensspezifikation eines Kontextsubjekts ks über die Vereinigung der Mengen von Ausgabeereignissen der einzelnen Spezifikationsautomaten von $SPEC_{ks}$ gebildet.

6.2.1.4 Bildung der Menge von Ausführungssequenzen

Zur Überprüfung der Kohärenz von $SPEC_{ks}$ ist es notwendig, die Ausführungssequenzen der einzelnen Spezifikationsautomaten $SPEC_1 ... SPEC_n$ zu bestimmen.

6.2.1.4.1 Ausführungssequenzen in Spezifikationsautomaten

Für Spezifikationsautomaten $SPEC_i = (V_i, Vinit_i, I_i, O_i, H_i, T_i)$ ist eine Ausführungssequenz a_l eine endliche Sequenz von Zuständen und Ereignissen, für die folgende Bedingung gilt:

$$a_l = (v_0, e_1, v_1, ..., e_n, v_n) \text{ mit } (v_{k-1}, e_k, v_k) \in T_i,$$
$$v_o = Vinit_i, v_k \in V_s, e_k \in (I_i \cup O_i \cup H_i) \text{ für } 0 < k < n \quad (6.5)$$
$$\wedge \ (v_n = Vinit_i \vee \nexists \ (v_n, e_{n+1}, v_{n+1}) \in T_i)$$

Eine Ausführungssequenz eines Spezifikationsautomaten $SPEC_i$ beschreibt nach (6.5) einen Pfad durch den Spezifikationsautomaten in Form einer alternierenden Abfolge von Zuständen und Ereignissen, die im initialen Zustand beginnt und entweder dann endet, wenn für einen erreichten Zustand kein weiterer Schritt in T_i definiert ist, oder wenn es sich bei dem erreichten Zustand um den initialen Zustand $Vinit_i$ handelt.

Die Menge A_i^{SPEC} der Ausführungssequenzen eines Spezifikationsautomaten $SPEC^i$ nach (6.5) wird über die Funktion a^{SPEC} wie folgt definiert:

$$a^{SPEC}(SPEC_i) = A_i^{SPEC} = \{a_l | \ a_l \text{ ist Ausführungssequenz von } SPEC_i\} \quad (6.6)$$

Beispiel 6-1 zeigt die Bestimmung der Menge A_i^{SPEC} der Ausführungssequenzen eines Spezifikationsautomaten $SPEC_i$.

Beispiel 6-1: Beispiel für die Bestimmung der Ausführungssequenzen eines Spezifikationsautomaten

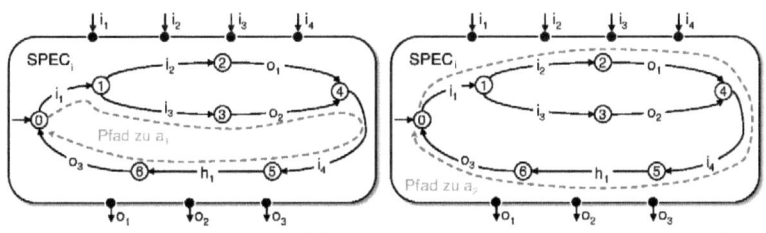

$$A_i^{SPEC} = \{a_1, a_2\} \text{ mit}$$
$$a_1 = (0, i_1, 1, i_3, 3, o_2, 4, i_4, 5, h_1, 6, o_3, 0), \ a_2 = (0, i_1, 1, i_2, 2, o_1, 4, i_4, 5, h_1, 6, o_3, 0)$$

Wie im Beispiel illustriert, besitzt der Spezifikationsautomat zwei Pfade, deren Abfolgen von Zuständen und Ereignissen die in (6.5) definierte Bedingung erfüllen und damit Ausführungssequenzen dieses Spezifikationsautomaten bilden.

6.2.1.4.2 Berücksichtigung von Zuständen mit mehr als einem möglichen Folgezustand

Wie in Beispiel 6-1 gezeigt, kann in der Schrittfunktion $\mathcal{T}$ eines Spezifikationsautomaten nach Definition 2-4 für einen internen Zustand v_l mehr als ein Schritt in einen Folgezustand existieren. Das heißt, für den Zustand v_l existieren mindestens zwei Schritte (v_l, e_k, v_l) und (v_l, e_r, v_j) in der Schrittfunktion $\mathcal{T}$ mit $e_k \neq e_r$. In Beispiel 6-1 gilt dies für Zustand 1, für den, wie im Beispiel gezeigt, in der Schrittfunktion $\mathcal{T}$ des Spezifikationsautomaten jeweils ein Schritt für das Eingabeereignis i_2 in den Zustand 2 und ein Schritt für das Eingabeereignis i_3 in den Zustand 3 definiert ist. Die Feststellung, dass in einem Zustand mehr als ein Schritt definiert sein kann, führt bei bestimmten Konstellationen von Ereignissen an den ausgehenden Kanten dieses Zustands dazu, dass beim Erreichen des Zustands nicht bestimmt werden kann, welcher Folgezustand eingenommen wird.

Abbildung 6-1 zeigt am Beispiel eines Zustands, für den zwei Schritte definiert sind, die möglichen Konstellationen von Typen von Ereignissen an dessen ausgehenden Kanten.

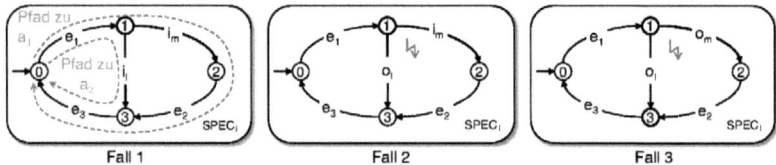

Abbildung 6-1: Berücksichtigung von Zuständen mit mehr als einem Folgezustand

In Bezug auf die Ermittlung der Menge von Ausführungssequenzen A_l^{SPEC} des Spezifikationsautomaten $SPEC^i$ gilt für die in Abbildung 6-1 gezeigten Fälle das Folgende:

- *Fall 1 (gültig in der ContextML-Kohärenzbasis)*: In diesem Fall können die Ausführungssequenzen des Spezifikationsautomaten bestimmt werden, da der Spezifikationsautomat, wenn er sich in Zustand 1 befindet, beim Eintreten eines der beiden Eingabeereignisse i_l und i_m in den Zustand 2 (i_m) oder in den Zustand 3 (i_l) wechselt.

- *Fall 2 (ungültig in der ContextML-Kohärenzbasis)*: In diesem Falle können keine Ausführungssequenzen bestimmt werden, da für diesen Spezifikationsautomaten beim Eintritt in den Zustand 1 nicht entschieden werden kann, ob der Spezifikationsautomat das Ausgabeereignis o_l auslöst oder auf das Eintreten des Eingabeereignis i_m wartet.

- *Fall 3 (ungültig in der ContextML-Kohärenzbasis)*: In diesem Falle können keine Ausführungssequenzen bestimmt werden, da für diesen Spezifikationsautomaten beim Eintritt in den Zustand 1 nicht entschieden werden kann, ob der Spezifikationsautomat das Ausgabeereignis o_l oder das Ausgabeereignis o_m auslöst.

6.2.1.4.3 Berücksichtigung von Zyklen

Unter der Annahme, dass, entgegen der in (6.5) definierten Bedingung, die Bildung einer Ausführungssequenz beim Erreichen des initialen Zustands nicht terminiert, würde der entsprechende Pfad in der Ausführungssequenz beliebig oft wiederholt. Neben Zyklen, die durch den initialen Zustand bedingt sind, sind in Spezifikationsautomaten auch nicht-triviale Zyklen möglich, d. h. Zyklen, die nicht im initialen Zustand des Spezifikationsautomaten beginnen. Für den in dieser Arbeit vorgestellten Lösungsansatz genügt es, dass solche Zyklen zur Bestimmung der Ausführungssequenzen maximal einmal durchlaufen werden. Dies ist ausreichend, da die ContextML-Kohärenzbasis auf die Prüfung kanonischer Verhaltensspezifikationen gegen Eigenschaften des operationellen Kontexts in der statisch-strukturellen Perspektive beschränkt ist. Hierzu ist es lediglich notwendig, dass in Ausführungssequenzen sämtliche Ereignisse innerhalb des jeweils betrachteten Pfades enthalten sind, weshalb zur Bestimmung der Ausführungssequenzen des Spezifikationsautomaten nicht-trivialen Zyklen nur einmal durchlaufen werden müssen.[41]

Beispiel 6-2 zeigt die Bestimmung der Menge von Ausführungssequenzen A_i^{SPEC} eines Spezifikationsautomaten $SPEC_i$, der einen Zyklus in Bezug auf Zustand 8 aufweist. Wie gezeigt, besitzt der Spezifikationsautomat die beiden Ausführungssequenzen a_1 und a_2.

Beispiel 6-2: Bestimmung der Ausführungssequenzen eines Spezifikationsautomaten mit Zyklen

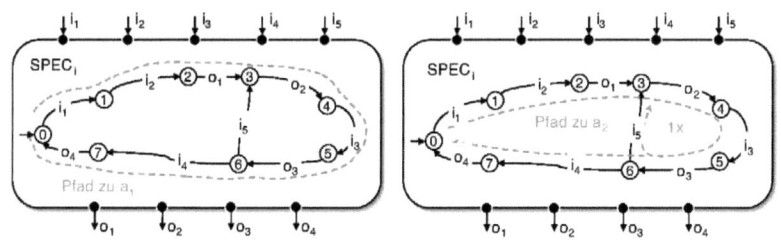

$$A_i^{SPEC} = \{a_1, a_2\};$$
$$a_1 = (0, i_1, 1, i_2, 2, o_1, 3, o_2, 4, i_3, 5, o_3, 6, i_4, 7, o_4, 0),$$
$$a_2 = (0, i_1, 1, i_2, 2, o_1, 3, o_2, 4, i_3, 5, o_3, 6, i_5, 3, o_2, 4, i_3, 5, o_3, 6, i_4, 7, o_4, 0)$$

Die Bildung der Ausführungssequenz a_1 für den in Beispiel 6-2 gezeigten Spezifikationsautomaten erfolgt entlang des für a_1 illustrierten Pfades durch den Automaten. Die Ausführungssequenz endet mit dem erneuten Erreichen des initialen Zustands. Die Ausführungssequenz a_2 berücksichtigt den einmaligen Durchlauf des im Zustand 6 beginnenden Zyklus, wodurch zusätzlich noch der Schritt $(6, i_5, 3)$ und der erneute Durchlauf der Sequenz $(3, o_2, 4, i_3, 5, o_3, 6)$ in die Ausführungssequenz a_2 aufgenommen werden.

---

[41] Die Reihenfolge der Ereignisse in der Ausführungssequenz ist für die korrekte Berechnung der Stimuli und Reaktionen von Spezifikationsautomaten wesentlich. Diese Berechnung der Stimuli und Reaktionen von Spezifikationsautomaten ist eine Voraussetzung für die verschiedenen in der ContextML-Kohärenzbasis definierten Kohärenzprüfungen.

6.2.1.4.4 Algorithmische Realisierung

Algorithmus 6-1 zeigt eine mögliche algorithmische Realisierung der Berechnung der Ausführungssequenzen eines Spezifikationsautomaten, angegeben in Pseudocode. Entsprechend der Systematik der Tiefensuche in einem Graphen ruft der eigentliche Algorithmus (01-18 u. 55-70) eine rekursive Hilfsprozedur 'calculateSequence' (20-52) auf. Der Algorithmus erhält als Eingabe ein Tupel, bestehend aus der Menge der Zustände, der Schrittmenge, der Menge von Ereignissen und dem Startzustand des Spezifikationsautomaten. Das Ergebnis des Algorithmus ist die Menge der Ausführungssequenzen ‚ASPEC' des Automaten. Das Vorliegen eines der beiden in Abbildung 6-1 gezeigten Fälle wird durch die Anweisungen in den Zeilen **39-42** überprüft. Liegt für einen Zustand im Spezifikationsautomaten eine der beiden in Abbildung 6-1 gezeigten ungültigen Konstellationen von Ereignissen an den ausgehenden Kanten vor, bricht die Berechnung der Ausführungssequenzen mit dem Ergebnis ‚nil' ab.

```
01   Algorithmus: Bestimmung der Ausführungssequenzen eines Spezifikationsautomaten
02   Typen:
03       Ausführungssequenz: Tupel von Transitionen und Ganzzahlen
04   Eingabewerte: (V,T,E,Vinit): Spezifikationsautomat
05       * V = Menge von Zuständen
06       * T = Menge von Transitionen
07       * E = Menge von Ereignissen
08       * Vinit = Startzustand
09   Ausgabewerte: ASPEC: Menge aller Ausführungssequenzen des Spezifikationsautomaten
10   Variablen:
11       q: Sequenz von Ereignissen;
12       A: Menge von Ausführungssequenzen;
13       s: Zustand;
14   Kommentare:
15       * A ist eine Hilfsvariable zur Zwischenspeicherung der bereits errechneten Sequenzen
16       * targetstate(t) ordnet einem Schritt t den Zustand zu, in den sie mündet
17       * transitions(s) ordnet einem Zustand die Menge der von ihm ausgehenden Transitionen zu
18       * name(t) ist eine Zuordnung, die einem Schritt t dessen Namen zuordnet
19
20   * Beginn der rekursiven Hilfsfunktion
21   Procedure calculateSequence
22   Eingabewerte: s: Zustand; K: Menge von Zuständen; A: Menge von Ausführungssequenzen
23   Ausgabewerte: Result: Menge von Sequenzen
24   Variablen:
25       O: Menge von Transitionen;
26       j: Sequenz von Ereignissen;
27       A': Menge von Ausführungssequenzen
28   Kommentare:
29       * K ist die Menge der bereits besuchten Zustände
30       * A', O; j sind Hilfsvariablen
31   Begin
32       Result:={};
33       If s ∉ K Then
34           K := K U {s};
35           O := transitions(s);
36           Repeat
37               t ∈ O;                      * beliebiges Element aus O
38               O := O\{t};
39               If name(t)[|name(t)|-1] = '!' And |O| > 1 Then
40                   Result := nil;          * Abbruch an dieser Stelle, da ein Ausgabeereignis
41                   Return                  * und mehr als ein weiteres Ereignis gefunden wurde.
42               End If;
43               A' := A;
44               For All j ∈ L' Do
45                   j := j \{t}
46               End For;
```

```
47              Result := (Result,s);    * s an das Ende der Ergebnissequenz anhängen
48              Result := (Result,t);    * t an das Ende der Ergebnissequenz anhängen
49              Result := (Result,calculateSequence(targetstate(t),K,L'))
50           Until Result ∉ A Or O = {}
51         End If
52      End
53
54      * Beginn des Algorithmus
55      Begin
56         For All s ∈ V Do
57            If s = Vinit Then
58               While q ∉ ASPEC Do
59                  q := calculateSequence(s,{},A);
60                  If q = nil Then
61                     Exit      * Abbruch, da Ausgabesequenzmenge ungültig
62                  End If;
63                  If q ≠ {} Then
64                     A := A U {q};
65                     ASPEC := ASPEC U {q}
66                  End If
67               End While
68            End If
69         End For
70      End
```

Algorithmus 6-1: Berechnung der Ausführungssequenzen eines Spezifikationsautomaten

6.2.1.5 Bildung der Menge von Stimuli

Wie in Abschnitt 2.1.1 erläutert, sind Stimuli eines softwareintensiven reaktiven Systems durch das Auftreten eines oder mehrerer Ereignisse im operationellen Kontext definiert, die gemeinsam dazu führen, dass das System eine Reaktion in den operationellen Kontext bewirken muss, um seinen Systemzweck zu erfüllen. Ein Stimulus in der kanonischen Verhaltensspezifikation eines softwareintensiven reaktiven Systems ist dabei wie folgt definiert:

Definition 6-1: *Stimulus (SPEC)*

Ein Stimulus in der kanonischen Verhaltensspezifikation ist eine Sequenz von Eingabeereignissen, für die das Kontextsubjekt ein Ausgabeereignis bewirken muss, wenn die Eingabeereignisse in der durch die Sequenz festgelegten Reihenfolge auftreten.

Die Menge $Stim_{ks}^{SPEC}$ der Stimuli in der kanonischen Verhaltensspezifikation $SPEC_{ks}$ eines Kontextsubjekts ks, die durch die Spezifikationsautomaten $SPEC_1 \ldots SPEC_n$ gegeben ist, wird durch die Vereinigung der Mengen der Stimuli der einzelnen Spezifikationsautomaten gebildet, d. h.:

$$Stim_{ks}^{SPEC} = \bigcup_{l=1}^{n} Stim_{l}^{SPEC} \qquad (6.7)$$

Bezogen auf einen einzelnen Spezifikationsautomaten $SPEC_l$, wird die Konstruktion der Menge $Stim_{l}^{SPEC}$ der Stimuli dieses Spezifikationsautomaten mittels der Funktion st^{SPEC} über die Menge der Ausführungssequenzen des Automaten wie folgt definiert:

$$st^{SPEC}(A_{l}^{SPEC}) = Stim_{l}^{SPEC} = \{st_j : st_j \text{ ist Stimulus in } SPEC_l\} \qquad (6.8)$$

Zur Charakterisierung der Stimuli eines Spezifikationsautomaten wird eine Hilfsfunktion c eingeführt, die in Bezug auf die Menge der Eingabeereignisse I_l und Ausgabeereignisse O_l des Spezifikationsautomaten $SPEC_l$ wie folgt definiert ist:

$$c(e_1, \ldots, e_n) = \begin{cases} \text{gültig,} & e_1, \ldots, e_n \text{ sind in der angegebenen Reihenfolge eingetreten} \\ \neg \text{ gültig,} & \text{sonst} \end{cases} \quad (6.9)$$

Wie in (6.9) gezeigt, definiert die Funktion c, dass eine Sequenz von Eingabe- und Ausgabeereignissen dann eingetreten ist, wenn sämtliche Ereignisse der Sequenz in der durch die Sequenz festgelegten Reihenfolge eingetreten sind. Sei a_i eine Ausführungssequenz nach (6.5). Die Stimuli der Menge $Stim_i^{SPEC}$ des Spezifikationsautomaten $SPEC_l$ in der Ausführungssequenz a_i sind wie folgt definiert: Sei $\sigma_l: A_l^{SPEC} \to I^n$ die Selektionsfunktion, die in Ausführungssequenzen in A_l^{SPEC} die in den Ausführungssequenzen enthaltene Sequenz von Eingabeereignissen ermittelt, seien $t_l^1: I^n \to I^m$ und $t_l^2: I^n \to I^r$ mit $n \geq m, r$ Funktionen, die Teilsequenzen von Eingabeereignissen in der Sequenz von Eingabeereignissen in a_i selektieren, dann gilt:

$$s_m = t_l^1(\sigma_l(a_i)) \in Stim_i^{SPEC} \Leftrightarrow \exists o_j \in a_i: c(s_m) \to c(o_j) \land$$
$$\left(\nexists s_r = t_l^2(\sigma_l(a_i)): c(s_r) \to c(o_j) \land (r < m) \right) \text{ Minimalität von Stimuli} \quad (6.10)$$

Wie in (6.10) definiert, bildet eine Sequenz von Eingabeereignissen $s_m = (i_1, \ldots, i_n)$ eines Spezifikationsautomaten $SPEC_l$ genau dann einen Stimulus dieses Spezifikationsautomaten, wenn in der Ausführungssequenz a_i ein Ausgabeereignis o_j existiert, dass durch das Eintreten von s_m ausgelöst wird und für das in der Ausführungssequenz a_i keine Teilsequenz s_r existiert, die eine geringere Anzahl von nicht notwendigerweise unterschiedlichen Eingabeereignissen aufweist (d. h. $r < m$) und die ebenfalls das Ausgabeereignis o_j auslöst.

Die Bestimmung der Menge der Stimuli eines Spezifikationsautomaten $SPEC_l$ erfolgt auf Grundlage der ermittelten Ausführungssequenzen A_l^{SPEC} dieses Spezifikationsautomaten. Für jede Ausführungssequenz a_i in A_l^{SPEC} werden deren Stimuli wie folgt bestimmt:

- Beginne am initialen Zustand der Ausführungssequenz |1
- Wiederhole 3-5, bis das Ende der Ausführungssequenz erreicht ist |2
- Suche das nächste Ausgabeereignis in der Ausführungssequenz |3
- Ermittle die Sequenz aller Eingabeereignisse vor dem Ausgabeereignis |4
- Gehe bis zum nächsten Eingabeereignis in der Ausführungssequenz |5

Innerhalb der obigen Systematik ist Schritt (5) notwendig, da Ausgabeereignisse, die direkt aufeinanderfolgen oder die lediglich durch interne Ereignisse in Bezug stehen, keinen weiteren Stimulus definieren, sondern durch den Stimulus ausgelöst werden, der das erste Ausgabeereignis dieser Folge auslöst.

Beispiel 6-3 zeigt die Berechnung der Stimuli eines Spezifikationsautomaten, durch die Anwendung der oben angegebenen Systematik zur Ermittlung der Stimuli in Ausführungssequenzen von Spezifikationsautomaten.

6 ContextML-Kohärenzbasis 115

Beispiel 6-3: Bestimmung der Stimuli eines Spezifikationsautomaten

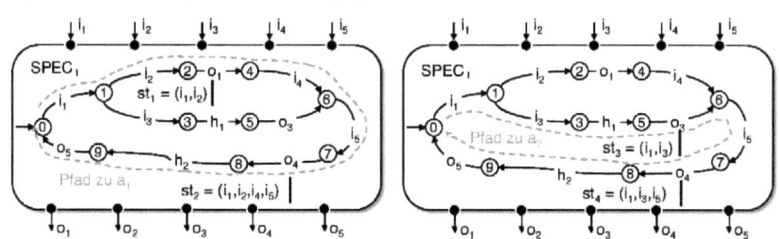

$$A_i^{SPEC} = \{a_1, a_2\};$$
$$a_1 = (0, i_1, 1, i_2, 2, o_1, 4, i_4, 6, i_5, 7, o_4, 8, h_2, 9, o_5, 0),$$
$$a_2 = (0, i_1, 1, i_3, 3, h_1, 5, i_4, 5, o_3, 6, i_5, 7, o_4, 8, h_2, 9, o_5, 0)$$
$$Stim_i^{SPEC} = \{st_1, st_2, st_3, st_4\} \text{ mit}$$
$$st_1 = (i_1, i_2), \ st_2 = (i_1, i_2, i_4, i_5), \ st_3 = (i_1, i_3), \ st_4 = (i_1, i_3, i_5)$$

Zur Berechnung der Stimuli in der Ausführungssequenz a_1 in Beispiel 6-3 wird, ausgehend vom initialen Zustand 0 der Ausführungssequenz a_1, das erste Ausgabeereignis o_1 in der Ausführungssequenz identifiziert. Die Sequenz der Eingabeereignisse (i_1, i_2) liegt in der Ausführungssequenz vor dem Ausgabeereignis o_1 und bildet daher den zugehörigen Stimulus st_1. Anschließend wird das nächste auf o_1 folgende Eingabeereignis in der Ausführungssequenz gesucht. Ausgehend von diesem Eingabeereignis i_4 wird das nächstfolgende Ausgabeereignis o_4 identifiziert. Für o_4 wird dann die Sequenz der Eingabeereignisse bestimmt, die in der Ausführungssequenz vor dem Ausgabeereignis o_4 liegen, d. h. (i_1, i_2, i_4, i_5). Diese Sequenz bildet den Stimulus st_2. Nach o_4 existiert kein weiteres Eingabeereignis in der Ausführungssequenz a_1, sodass das Ende der Ausführungssequenz erreicht wird und das Verfahren terminiert. Die Bestimmung der Stimuli in der Ausführungssequenz a_2 erfolgt analog.

Algorithmus 6-2 zeigt eine mögliche algorithmische Realisierung der Berechnung der Stimuli eines Spezifikationsautomaten auf Grundlage der durch Algorithmus 6-1 errechneten Menge von Ausführungssequenzen ‚ASPEC'. Als Ergebnis der Anwendung des Algorithmus auf ‚ASPEC' gibt der Algorithmus die Menge ‚Stim' der ermittelten Stimuli zurück. Jeder der Stimuli in ‚Stim' wird dabei als Sequenz von Eingabeereignissen angegeben.

```
01  Algorithmus: Bestimmung der Stimuli eines Spezifikationsautomaten
02  Eingabewerte: ASPEC: Menge von Ausführungssequenzen
03  Ausgabewerte: Stim: Menge der Stimuli als Sequenzen von Eingabeereignissen
04  Variablen:
05      q: Ausführungssequenz;
06      i: Ganzzahl;
07      s: Sequenz von Ereignissen;
08  Kommentare:
09      * Stim ist die Menge der errechneten Stimuli
10      * name(t) ordnet einem Schritt t dessen Namen zu
11      * action(t) ordnet einem Schritt t das zugehörige Ein- oder Ausgabeereignis zu
12  Begin
13      Stim := {};
14      i :=0;
```

```
15      For All q ∈ ASPEC Do
16          Repeat
17              If q[i] typeOf Schritt
18                  If name(q[i])[|name(q[i])|-1] ≠ '!' Then
19                      If action(q[i]) ≠ nil Then
20                          s := (s,action(q[i]))
21                      End If
22                  Else
23                      Stim := Stim U {s}
24                  End If
25              End If;
26              i := i + 1
27          Until i = |q|
28      End For
29  End
```

Algorithmus 6-2: Berechnung der Stimuli eines Spezifikationsautomaten

6.2.1.6 Bildung der Menge von Reaktionen

Wie in Abschnitt 2.1.1 erläutert, werden Reaktionen softwareintensiver reaktiver Systeme durch Stimuli des Systems ausgelöst. Eine Reaktion kann dabei aus einem oder mehreren singulären Ereignissen bestehen, die im operationellen Kontext des jeweiligen Systems bewirkt werden. Eine Reaktion in der kanonischen Verhaltensspezifikation eines softwareintensiven reaktiven Systems ist wie folgt definiert:

> **Definition 6-2:** *Reaktion (SPEC)*
>
> Eine Reaktion in der kanonischen Verhaltensspezifikation ist eine Sequenz von Ausgabeereignissen, die das Kontextsubjekt im Betrieb beim Eintreten eines spezifischen Stimulus ausführt, um seinen Systemzweck zu erfüllen.

Die Menge $Reak_{ks}^{SPEC}$ der Reaktionen in der kanonischen Verhaltensspezifikation $SPEC_{ks}$ eines Kontextsubjekts ks, die durch die Spezifikationsautomaten $SPEC_1 ... SPEC_n$ gegeben ist, bestimmt sich durch die Vereinigung der Mengen $Reak_l^{SPEC}$ der Reaktionen der einzelnen Spezifikationsautomaten von $SPEC_{ks}$, d. h.:

$$Reak_{ks}^{SPEC} = \bigcup_{l=1}^{n} Reak_l^{SPEC} \qquad (6.11)$$

Bezogen auf einen einzelnen Spezifikationsautomaten $SPEC_l$ wird die Konstruktion der Menge $Reak_l^{SPEC}$ der Reaktionen dieses Spezifikationsautomaten mittels der Funktion re^{SPEC} über die Ausführungssequenzen dieses Spezifikationsautomaten wie folgt definiert:

$$re^{SPEC}(A_l^{SPEC}) = Reak_l^{SPEC} = \{re_j: re_j \text{ ist Reaktion in } SPEC_l\} \qquad (6.12)$$

Eine Reaktion eines Spezifikationsautomaten besteht aus einem oder mehreren Ausgabeereignissen, die beim Eintreten eines spezifischen Stimulus in $SPEC_l$ als Reaktion ausgeführt werden. Auf Grundlage der in (6.9) definierten Hilfsfunktion c und der Menge $Stim_l^{SPEC}$ (6.8) von Stimuli des Spezifikationsautomaten $SPEC_l$ sind die Reaktionen der Menge $Reak_l^{SPEC}$ in einer Ausführungssequenz a_i wie folgt definiert: Sei $\sigma_O: A_l^{SPEC} \to O^n$ die Selektionsfunktion, die in Ausführungssequenzen in A_l^{SPEC} die in den Ausführungssequenzen enthaltene Sequenz von Ausgabeereignissen ermittelt, seien $t_O^1: O^n \to O^m$ und $t_O^2: O^n \to O^s$

mit $n \geq m, s$ Funktionen, die Teilsequenzen von Ausgabeereignissen in der Sequenz von Ausgabeereignissen in a_i selektieren, dann gilt:

$$r_m = t_O^1(\sigma_O(a_i)) \in Reak_i^{SPEC} \Leftrightarrow \exists st_j \in Stim_i^{SPEC}: c(st_j) \rightarrow c(r_m) \land$$
$$\left(\nexists r_s = t_O^2(\sigma_O(a_i)): c(st_j) \rightarrow c(r_s) \land (s > m) \right) \text{ Maximalität von Reaktionen}$$
(6.13)

Wie in (6.13) definiert, bildet eine Sequenz von Ausgabeereignissen $r_m = (o_1, ..., o_n)$ eines Spezifikationsautomaten $SPEC_l$ genau dann eine Reaktion von $SPEC_l$, wenn in einer Ausführungssequenz a_i ein Stimulus st_j existiert, dessen Eintreten die Ausgabeereignisse in r_m auslöst und für den in der Ausführungssequenz a_i keine Sequenz von Ausgabeereignissen r_s existiert, die eine größere Anzahl von nicht notwendigerweise unterschiedlichen Ausgabeereignissen aufweist (d. h. $s > m$), welche ebenfalls durch das Eintreten des Stimulus st_j ausgelöst werden.

Die Berechnung der Menge von Reaktionen eines Spezifikationsautomaten $SPEC_l$ erfolgt auf Basis der Ausführungssequenzen A_l^{SPEC} des Spezifikationsautomaten. Für jede Ausführungssequenz a_i in A_l^{SPEC} werden die Reaktionen in a_i wie folgt bestimmt:

- Beginne am initialen Zustand der Ausführungssequenz | 1
- Wiederhole 3-4, bis das Ende der Ausführungssequenz erreicht ist | 2
- Suche das nächste Ausgabeereignis in der Ausführungssequenz | 3
- Ermittle die Sequenz aller Ausgabeereignisse, bis das nächste Eingabeereignis | 4
  oder das Ende der Ausführungssequenz erreicht ist

Wie in der obigen Systematik angegeben, werden die Reaktionen einer Ausführungssequenz dadurch bestimmt, dass die in der Ausführungssequenz auftretenden zusammenhängenden Sequenzen von Ausgabeereignissen maximaler Länge identifiziert werden. Sequenzen von Ausgabeereignissen werden dabei auch über interne Ereignisse gebildet, die gegebenenfalls in der Ausführungssequenz zwischen zwei Ausgabeereignissen auftreten.

Beispiel 6-4 zeigt die Berechnung der Reaktionen eines Spezifikationsautomaten am Beispiel eines Spezifikationsautomaten mit zwei Ausführungssequenzen.

Beispiel 6-4: Bestimmung der Reaktionen eines Spezifikationsautomaten

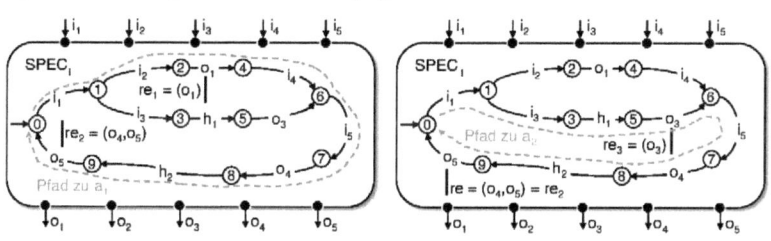

$$A_l^{SPEC} = \{a_1, a_2\};$$
$$a_1 = (0, i_1, 1, i_2, 2, o_1, 4, i_4, 6, i_5, 7, o_4, 8, h_2, 9, o_5, 0),$$
$$a_2 = (0, i_1, 1, i_3, 3, h_1, 5, i_4, 5, o_3, 6, i_5, 7, o_4, 8, h_2, 9, o_5, 0)$$
$$Reak_l^{SPEC} = \{re_1, re_2, re_3\} \text{ mit } re_1 = (o_1), re_2 = (o_4, o_5), re_3 = (o_3)$$

Durch die Anwendung der oben angegebenen Systematik werden in jeder der beiden Ausführungssequenzen zwei Reaktionen identifiziert. Zwei der berechneten Reaktionen werden dabei durch die gleiche Sequenz von Ausgabeereignissen gebildet.

Zur Berechnung der Reaktionen in der Ausführungssequenz a_1 in Beispiel 6-4 wird, ausgehend vom initialen Zustand 0 der Ausführungssequenz a_1, das erste Ausgabeereignis o_1 der Ausführungssequenz identifiziert. Von diesem Ausgabeereignis wird die Sequenz von Ausgabeereignissen (o_1) bis zum nächsten Eingabeereignis in der Ausführungssequenz bestimmt. Diese Sequenz bildet die Reaktion re_1. Die ermittelte Sequenz von Ausgabeereignissen besteht in diesem Fall lediglich aus dem Ausgabeereignis o_1, da das nächstfolgende Ereignis in der Ausführungssequenz das Eingabeereignis i_4 ist. Beginnend bei i_4 wird dann mit o_4 das nächstfolgende Ausgabeereignis in der Ausführungssequenz bestimmt. Aufgrund dessen, dass zwischen o_4 und dem Ende der Ausführungssequenz keine weiteren Eingabeereignisse auftreten, wird, ausgehend von o_4, die Sequenz (o_4, o_5) von Ausgabeereignissen bestimmt. Diese Sequenz bildet die Reaktion re_2. Anschließend terminiert die Berechnung der Reaktionen der Ausführungssequenz a_1. Die Bestimmung der Reaktionen in der Ausführungssequenz a_2 erfolgt analog.

Algorithmus 6-3 zeigt eine mögliche algorithmische Realisierung der Berechnung der Reaktionen eines Spezifikationsautomaten auf Grundlage der Menge von Ausführungssequenzen ‚ASPEC' dieses Spezifikationsautomaten. Als Ergebnis der Anwendung des Algorithmus auf ‚ASPEC' gibt dieser die Menge ‚Reak' der ermittelten Reaktionen zurück. Reaktionen in der Menge ‚Reak' werden als Sequenzen von Ausgabeereignissen ausgegeben.

```
01  Algorithmus: Bestimmung der Reaktionen eines Spezifikationsautomaten
02  Eingabewerte: ASPEC: Menge von Ausführungssequenzen
03  Ausgabewerte: Reak: Menge von Sequenzen von Ausgabeereignissen
04  Variablen:
05      q,s: Sequenz von Ereignissen;
06      i: Ganzzahl;
07  Kommentare:
08      * Reak ist die Menge der errechneten Reaktionen
09      * name(t) ordnet einem Schritt t dessen Namen zu
10      * action(t) ordnet einem Schritt t das zugehörige Ein- oder Ausgabeereignis zu
11  Begin
12      Reak := {};
13      i := 0;
14      For All q ∈ ASPEC Do
15          Repeat
16              If q[i] typeOf Schritt
17                  If name(q[i])[|name(q[i])|-1] ≠ '?' Then
18                      If action(q[i]) ≠ nil Then
19                          s := (s,action(q[i]))
20                      End If
21                  Else
22                      Reak := Reak U {s}
23                      s := ()
24                  End If
25              End If;
26              i := i + 1
27          Until i = |q|
28      End For
29  End
```

Algorithmus 6-3: Berechnung der Reaktionen eines Spezifikationsautomaten

6.2.2 Basisdefinitionen zur Kohärenz von Modellterminalen

Wie in Abschnitt 2.3.3 erläutert, besteht in der Kohärenzprüfung das Problem, dass aus der Benennung von Modellelementen in der kanonischen Verhaltensspezifikation und in den dokumentierten Eigenschaften des operationellen Kontexts nicht notwendigerweise hervorgeht, wenn diese den gleichen Bezug im zugrunde liegenden Gegenstandsbereich besitzen. Um in dieser Situation Kohärenzbrüche in der kanonischer Verhaltensspezifikationen gegenüber ContextML-Kontextmodellen identifizieren zu können, werden spezifische Formalismen eingeführt, die darauf abzielen, für Modellelemente in kanonischen Verhaltensspezifikationen und Modellelemente in ContextML-Kontextmodellen feststellen zu können, ob diese den gleichen Bezug im zugrunde liegenden Gegenstandsbereich besitzen.

6.2.2.1 Modellterminale

Ausgangspunkt der Definition von Formalismen zur Berücksichtigung der oben genannten Problematik in der Kohärenzprüfung ist die Betrachtung von Modellterminalen. Der Terminus ‚Modellterminal' wird in der ContextML-Kohärenzbasis wie folgt definiert:

> **Definition 6-3:** *Modellterminal (ContextML-Kohärenzbasis)*
> Ein Modellterminal eines Modells in einer Sprache ist ein elementares (d. h. in der Sprache nicht weiter strukturiertes) Modellelement, das durch seinen Bezeichner einen Bezug zwischen dem Modell und dem zugrunde liegenden Gegenstandsbereich herstellt.

Tabelle 6-1 zeigt die Typen von Modellterminalen in kanonischen Verhaltensspezifikationen und die Mengen, die zur Bestimmung der Modellterminalmenge einer kanonischen Verhaltensspezifikation nach (6.1) und (6.2) verwendet werden.

Modellterminale		Bestimmung der Modellterminalmenge		
Typ	Referenz	Teilmengen		Referenz
Eingabeereignis	i	Definition 2-4	Eingabeereignismenge	I_{ks}^{SPEC}	(6.3)
Ausgabeereignis	o	Definition 2-4	Ausgabeereignismenge	O_{ks}^{SPEC}	(6.4)

Tabelle 6-1: Modellterminale von kanonischen Verhaltensspezifikationen

Tabelle 6-2 zeigt die Typen von Modellterminalen, die nach Definition 6-3 in ContextML-Kontextmodellen auftreten sowie die Mengen, die zur Bestimmung der Modellterminalmenge von ContextML-Kontextmodellen nach (5.72) verwendet werden.

Modellterminale		Bestimmung der Modellterminalmenge		
Typ	Referenz	Teilmengen		Referenz
Kontextentität	ke_i	Definition 5-2	Kontextentitätsmenge	KE_{ks}	(5.3)
Eingangseffekt	ee_i	Definition 5-8	Eingangseffektmenge	EE_{ks}	(5.28)
Ausgangseffekt	ae_i	Definition 5-9	Ausgangseffektmenge	AE_{ks}	(5.30)

Tabelle 6-2: Modellterminale von ContextML-Kontextmodellen

6.2.2.2 Selektion von Modellterminalen

Die Definition der Formalismen zur Bestimmung der Kohärenz von Modellterminalen in der ContextML-Kohärenzbasis basiert auf den Modellterminalmengen der kanonischen Verhaltensspezifikation und des ContextML-Kontextmodells. Im Folgenden werden verschiedene Formalismen zur Konstruktion der Modellterminalmengen eingeführt.

6.2.2.2.1 Modelluniversum

Ausgangspunkt für die Definition der Formalismen zur Konstruktion der Modellterminalmengen ist die allgemeine Definition des Modelluniversums, als die Menge sämtlicher Modelle über einer Anzahl von Gegenstandsbereichen $\mathcal{G}_1, ..., \mathcal{G}_n$. Das Modelluniversum $\mathbb{U}$ der Gegenstandsbereiche $\mathcal{G}_1, ..., \mathcal{G}_n$ wird als Vereinigung der Modelluniversen $\mathbb{U}^{\mathcal{G}_i}$ der einzelnen Gegenstandsbereiche $\mathcal{G}_i$ wie folgt definiert:

$$\mathbb{U} = \bigcup_{i=1}^{n} \mathbb{U}^{\mathcal{G}_i} \qquad (6.14)$$

Das Modelluniversum zu einem spezifischen Gegenstandsbereich $\mathcal{G}_i$ in Bezug auf die Modellierungssprachen $\mathbb{MM}_1, ..., \mathbb{MM}_n$ ist als die Vereinigung der Modelluniversen der einzelnen Modellierungssprachen über dem Gegenstandsbereich $\mathcal{G}_i$ definiert, d. h.:

$$\mathbb{U}^{\mathcal{G}_i} = \bigcup_{j=1}^{n} \mathbb{U}^{\mathcal{G}_i}_{\mathbb{MM}_j} \qquad (6.15)$$

Ausgehend von (6.15) wird das Modelluniversum der kanonischen Verhaltensspezifikation ($SPEC$) eines spezifischen Gegenstandsbereich $\mathcal{S}$ als die Menge aller Modelle dieses Gegenstandsbereichs wie folgt definiert:

$$\mathbb{U}^{\mathcal{S}}_{SPEC} = \{m: m \text{ ist ein Modell des Gegenstandsbereichs } \mathcal{S} \text{ in } SPEC\} \qquad (6.16)$$

Wie in Abschnitt 2.1.2 erläutert, bezieht sich der Gegenstandsbereich $\mathcal{S}$ der kanonischen Verhaltensspezifikation auf die Schnittstelle des betrachteten Systems, indem in den Modellen m von $SPEC_{ks}$ Eigenschaften spezifiziert sind, die das betrachtete System an der Schnittstelle zur Umgebung hin aufweisen muss. Analog zu (6.16) wird das Modelluniversum für ContextML-Kontextmodelle in Bezug auf einen spezifischen Gegenstandsbereich $\mathcal{O}$ wie folgt definiert:

$$\mathbb{U}^{\mathcal{O}}_{ContextML} = \{m: m \text{ ist ein Modell des Gegenstansbereichs } \mathcal{O} \text{ in } ContextML\} \qquad (6.17)$$

Der Gegenstandsbereich $\mathcal{O}$, der der Konstruktion des ContextML-Kontextmodells im ContextML-Modellierungsrahmenwerk zugrunde liegt, ist der operationelle Kontext des betrachteten Kontextsubjekts. Aufgrund der Einschränkung des ContextML-Modellierungsrahmenwerks dokumentieren die Modelle m im ContextML-Kontextmodell lediglich Eigenschaften des operationellen Kontexts des jeweiligen Kontextsubjekts in der statisch-strukturellen Perspektive.[42]

---

[42] Wie in Abschnitt 2.3.2 erläutert, überlappt für ein System der Gegenstandsbereich $\mathcal{S}$, der der kanonischen Verhaltensspezifikation zugrunde liegt und der Gegenstandsbereich $\mathcal{O}$, der der Konstruktion des ContextML-Kontextmodells zugrunde liegt. Demzufolge gilt für ein gegebenes Kontextsubjekt ks für diese beiden Gegenstandsbereiche $\mathcal{S}_{ks}$ und $\mathcal{O}_{ks}$ die Bedingung $\mathcal{S}_{ks} \subset \mathcal{O}_{ks}$. Die Gültigkeit dieser Bedingung ist Grundlage für die in dieser Arbeit betrachtete Kohärenzprüfung.

6.2.2.2.2 Bestimmung der Modellterminalmengen

Sei $\mathbb{T}_{MM}^{\mathcal{G}}$ die Menge aller Modellterminale zum Gegenstandsbereich $\mathcal{G}$ in Bezug auf die Modellierungssprache MM. Die allgemeine Selektionsfunktion für Modellterminale ($\mathfrak{t}_{MM}$) ist wie folgt definiert:

$$\mathfrak{t}_{MM} \colon \mathbb{U}_{MM}^{\mathcal{G}} \to \wp(\mathbb{T}_{MM}^{\mathcal{G}}) | \; \mathfrak{t}_{MM}(m) = \{a \colon a \text{ ist ein Modellterminal in } m \text{ der Sprache MM}\} \quad (6.18)$$

Sei $\mathbb{T}_{SPEC}^{S_{ks}}$ die Menge aller Modellterminale zum Gegenstandsbereich S_{ks} in Bezug auf die Sprache $SPEC$. Dann ist die spezifische Selektionsfunktion $\mathfrak{t}_{SPEC}$ für Modellterminale in Modellen $m \subseteq SPEC_{ks}$ (6.1) eines Kontextsubjekts ks wie folgt definiert:

$$\mathfrak{t}_{SPEC} \colon \mathbb{U}_{SPEC}^{S_{ks}} \to \wp(\mathbb{T}_{SPEC}^{S_{ks}}) |$$
$$\mathfrak{t}_{SPEC}(m) = \{a \colon a \text{ ist ein Modellterminal von } m \text{ in der Sprache } SPEC\} = \mathbb{T}_{m_{SPEC}}^{O_{ks}} \quad (6.19)$$

Die Selektion der Modellterminale in Spezifikationsautomaten geschieht über die in Tabelle 6-1 aufgeführten Typen von Modellterminalen und die zugehörigen Mengen.

Die spezifische Selektionsfunktion für Modellterminale in ContextML-Kontextmodellen im Hinblick auf einen Gegenstandsbereich O wird analog zu (6.19) definiert: Sei $\mathbb{T}_{ContextML}^{O_{ks}}$ die Menge aller Modellterminale zum Gegenstandsbereich O_{ks} in Bezug auf das ContextML-Modellierungsrahmenwerk. Dann ist die spezifische Selektionsfunktion $\mathfrak{t}_{ContextML}$ für Modellterminale in Modellen $m \subseteq km_{ks}^{ContextML}$ (5.72) wie folgt definiert:

$$\mathfrak{t}_{ContextML} \colon \mathbb{U}_{ContextML}^{O_{ks}} \to \wp(\mathbb{T}_{ContextML}^{O_{ks}}) |$$
$$\mathfrak{t}_{ContextML}(m) = \{a \colon a \text{ ist Modellterminal von } m \text{ in } ContextML\} = \mathbb{T}_{m_{ContextML}}^{O} \quad (6.20)$$

Die Selektion der Modellterminale in ContextML-Kontextmodellen geschieht über die in Tabelle 6-2 genannten Typen von Modellterminalen in ContextML-Kontextmodellen.

6.2.2.3 Kohärenz von Modellterminalen

Zur Prüfung der Kohärenz einer kanonischen Verhaltensspezifikation gegen das zugehörige ContextML-Kontextmodell ist es notwendig, die Kohärenz zwischen Modellterminalen beider Modellterminalmengen bestimmen zu können. Für ein Kontextsubjekt ks wird die Kohärenz von Modellterminalen in $SPEC_{ks}$ (6.1) und $km_{ks}^{ContextML}$ (5.72) durch die Kohärenzrelation $\sim_{\mathbb{k}}$ ausgewertet, die im Folgenden definiert wird.

6.2.2.3.1 Interpretation von Modellterminalen

Zur Definition der Kohärenz von Modellterminalen werden zunächst spezifische Interpretationsfunktionen[43] für Modellterminale der kanonischen Verhaltensspezifikation und von ContextML-Kontextmodellen eingeführt. Die spezifische Interpretationsfunktion $\tilde{\mathfrak{i}}_{SPEC}^{S}$ für Modellterminale a in Modellen m von $SPEC_{ks}$ (d. h. $m \subseteq SPEC_{ks}$) ist in Bezug auf den Gegenstandsbereich S_{ks} der kanonischen Verhaltensspezifikation des Kontextsubjekts ks wie folgt definiert: Sei $\mathbb{T}_{SPEC}^{S_{ks}}$ die Menge aller Modellterminale der kanonischen Verhaltensspezifikation des Kontextsubjekts ks, dann gilt:

---

[43] In Anlehnung an [Falkenberg et al. 1998] kann eine spezifische Interpretationsfunktion für Modellterminale derart charakterisiert werden, dass durch die Anwendung der Interpretationsfunktion auf ein Modellterminal, diesem Modellterminal eine spezifische Bedeutung (Semantik) im Hinblick auf den zugrunde liegenden Gegenstandsbereich zugeordnet wird.

$$\overset{S_{ks}}{\mathfrak{i}}_{SPEC} : \mathbb{T}^{S_{ks}}_{SPEC} \rightarrow S_{ks} \mid \overset{S_{ks}}{\mathfrak{i}}_{SPEC}(a) \overset{\text{def}}{=} \textit{Bezug von } a \textit{ in } S_{ks} \qquad (6.21)$$

Die spezifische Interpretationsfunktion $\overset{O}{\mathfrak{i}}_{ContextML}$ für Modellterminale a eines Modells $m \subseteq km_{ks}^{ContextML}$ des Kontextsubjekts ks ist in Bezug auf den Gegenstandsbereich O_{ks} des Kontextsubjekts wie folgt definiert: Sei $\mathbb{T}^{O_{ks}}_{ContextML}$ die Menge aller Modellterminale des ContextML-Kontextmodells eines Kontextsubjekts ks, dann gilt:

$$\overset{O_{ks}}{\mathfrak{i}}_{ContextML} : \mathbb{T}^{O_{ks}}_{ContextML} \rightarrow O_{ks} \mid \overset{O_{ks}}{\mathfrak{i}}_{ContextML}(a) \overset{\text{def}}{=} \textit{Bezug von } a \textit{ in } O_{ks} \qquad (6.22)$$

6.2.2.3.2 Modellterminalkohärenz

Die Interpretationsfunktion $\overset{S}{\mathfrak{i}}_{SPEC}$ für Modellterminale in der kanonischen Verhaltensspezifikation und die Interpretationsfunktion $\overset{O}{\mathfrak{i}}_{ContextML}$ für Modellterminale des ContextML-Kontextmodells bilden in der ContextML-Kohärenzbasis die Grundlage zur Definition der Modellterminalkohärenz $\sim_{lk}$.

Die Modellterminalkohärenz $\sim_{lk}$ ist auf dem kartesischen Produkt der Modellterminalmenge $\mathbb{T}^{S_{ks}}_{SPEC}$ der kanonischen Verhaltensspezifikation und der Modellterminalmenge $\mathbb{T}^{O_{ks}}_{ContextML}$ des ContextML-Kontextmodells wie folgt definiert:

$$\sim_{lk} \subseteq \mathbb{T}^{S_{ks}}_{SPEC} \times \mathbb{T}^{O_{ks}}_{ContextML} \mid a \sim_{lk} b \Leftrightarrow \overset{S_{ks}}{\mathfrak{i}}_{SPEC}(a) = \overset{O_{ks}}{\mathfrak{i}}_{ContextML}(b) \qquad (6.23)$$

Nach (6.23) ist ein Modellterminal in der kanonischen Verhaltensspezifikation $SPEC_{ks}$ dann kohärent zu einem Modellterminal im ContextML-Kontextmodell $km_{ks}^{ContextML}$, wenn beide Modellterminale in den zugrunde liegenden Gegenstandsbereichen S_{ks} und O_{ks} den gleichen Bezug besitzen.

Abbildung 6-2 fasst die Definition der Modellterminalkohärenz $\sim_{lk}$ über die übrigen eingeführten Basisdefinitionen zur Kohärenz von Modellterminalen zusammen. Eine gestrichelte Kante in Abbildung 6-2 illustriert, dass die Basisdefinition am Ausgangspunkt der Kante unmittelbar auf der Basisdefinition am Endpunkt der Kante basiert. Eine durchgezogene Kante illustriert den unmittelbaren Bezug einer Basisdefinition in den jeweiligen Gegenstandsbereich (vgl. Abbildung 2-4).

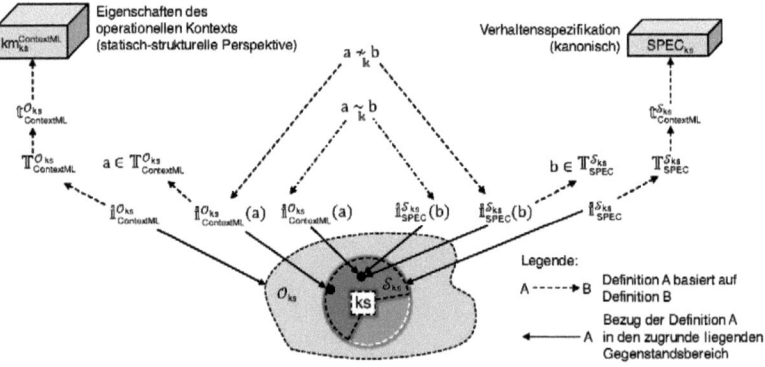

Abbildung 6-2: Bezug der Modellterminalkohärenz $\sim_{lk}$

6.2.3 Berechnung der Basisfunktionen und Basisrelationen

Die in Abschnitten 6.2.1 und Abschnitt 6.2.2 eingeführten Funktionen und Relationen der ContextML-Kohärenzbasis bildet die Grundlage für die Definition solcher Formalismen, die in der Anwendung der ContextML-Kohärenzbasis zur Prüfung der Gültigkeit und Vollständigkeit der kanonischen Verhaltensspezifikation eines softwareintensiven reaktiven Systems gegen das jeweilige ContextML-Kontextmodell verwendet werden. Tabelle 6-3 zeigt die einzelnen Basisfunktionen und Basisrelationen, deren Eingaben und Ergebnisse sowie den Automatisierungsgrad der Berechnung in der ContextML-Kohärenzbasis.

Basisfunktion/-relation	Referenz	Eingaben	Ergebnis	Automatisierungsgrad
s^{SPEC}	(6.1)	$\{SPEC_{ks}^i\}$	$SPEC_{ks}$	automatisiert
i^{SPEC}	(6.3)	$SPEC_{ks}$	I_{ks}^{SPEC}	automatisiert
o^{SPEC}	(6.4)	$SPEC_{ks}$	O_{ks}^{SPEC}	automatisiert
a^{SPEC}	(6.6)	$SPEC_{ks}^i$	A_i^{SPEC}	automatisiert
st^{SPEC}	(6.8)	A_i^{SPEC}	$Stim_i^{SPEC}$	automatisiert
re^{SPEC}	(6.12)	A_i^{SPEC}	$Reak_i^{SPEC}$	automatisiert
$\mathbb{t}_{SPEC}$	(6.19)	$m \subseteq SPEC_{ks}$	$\mathbb{T}_{SPEC}^S$	automatisiert
$\mathbb{t}_{ContextML}$	(6.20)	$m \subseteq km_{ks}^{ContextML}$	$\mathbb{T}_{ContextML}^O$	automatisiert
$\mathbb{i}_{SPEC}^S$	(6.21)	$a \in \mathbb{T}_{SPEC}^S$	Bezug in S	manuell
$\mathbb{i}_{ContextML}^O$	(6.22)	$a \in \mathbb{T}_{ContextML}^O$	Bezug in O	manuell
$\sim_k$	(6.23)	$\mathbb{T}_{SPEC}^S, \mathbb{T}_{ContextML}^O$	$(a \sim_k b) \vee (a \nsim_k b)$	manuell

Tabelle 6-3: Basisfunktionen und Basisrelationen der ContextML-Kohärenzbasis

Wie aus Tabelle 6-3 hervorgeht, werden die Interpretationsfunktionen für Modellterminale der kanonischen Verhaltensspezifikation $\mathbb{i}_{SPEC}^S$ und Modellterminale des ContextML-Kontextmodells $\mathbb{i}_{ContextML}^O$ in der ContextML-Kohärenzbasis manuell bestimmt, d. h., im Zuge der Durchführung von Kohärenzprüfungen muss eine Person für ein gegebenes Modellterminal den Bezug zum zugrunde liegenden Gegenstandsbereich herstellen. Aufgrund der manuellen Auswertung der beiden Interpretationsfunktionen wird auch die Modellterminalkohärenz $\sim_k$ in der Anwendung der ContextML-Kohärenzbasis manuell ausgewertet, d. h. für Modellterminale der kanonischen Verhaltensspezifikation und des ContextML-Kontextmodells muss manuell ausgewertet werden, ob diese im Sinne der Modellterminalkohärenz äquivalent sind.

6.3 Formalismen zur Prüfung der Gültigkeit kanonischer Verhaltensspezifikationen

Aufbauend auf den in Abschnitt 6.2 eingeführten Basisdefinitionen, werden in diesem Abschnitt Formalismen zur Prüfung der Gültigkeit kanonischer Verhaltensspezifikationen gegenüber ContextML-Kontextmodellen eingeführt. Die Anwendung dieser Formalismen zielt darauf ab, ungültige Eigenschaften in der kanonischen Verhaltensspezifikation des betrachteten Kontextsubjekts gegenüber dem zugehörigen ContextML-Kontextmodell zu identifizieren (vgl. Abschnitt 2.3.2). Im Weiteren werden zwei grobe Klassen von Formalismen unterschieden:

- Formalismen zur Prüfung der Gültigkeit von Eingabeereignismengen kanonischer Verhaltensspezifikationen (Abschnitt 6.3.1)
- Formalismen zur Prüfung der Gültigkeit von Ausgabeereignismengen kanonischer Verhaltensspezifikationen (Abschnitt 6.3.2)

6.3.1 Formalismen zur Prüfung der Gültigkeit von Eingabeereignismengen

Zur Identifikation ungültiger Eigenschaften in Bezug auf die Eingabeereignisse in kanonischen Verhaltensspezifikationen werden einzelne Eingabeereignisse und Teilmengen der Eingabeereignismenge, die einen Stimulus bilden, überprüft. Abhängig vom jeweiligen Gegenstand der Prüfung sind die Formalismen zur Prüfung der Gültigkeit von Eingabeereignismengen der kanonischen Verhaltensspezifikationen in drei Klassen unterteilt:

- Formalismen zur Identifikation ungültiger Eingabeereignisse in Bezug auf die Eingangseffektmenge des ContextML-Kontextmodells (Abschnitt 6.3.1.1)
- Formalismen zur Identifikation ungültiger Eingabeereignisse in Bezug auf die Eingangssequenzen des ContextML-Kontextmodells (Abschnitt 6.3.1.2)
- Formalismen zur Identifikation ungültiger Stimuli in kanonischen Verhaltensspezifikationen in Bezug auf Stimuli im ContextML-Kontextmodell (Abschnitt 6.3.1.3)

6.3.1.1 Identifikation ungültiger Eingabeereignisse in Bezug auf die Eingangseffektmenge des ContextML-Kontextmodells

Im Rahmen dieser Prüfung wird die Eingabeereignismenge I_{ks}^{SPEC} (6.3) der kanonischen Verhaltensspezifikation $SPEC_{ks}$ (6.1) dahin gehend überprüft, ob sie in Bezug auf die Eingangseffektmenge EE_{ks} (5.28) des ContextML-Kontextmodells $km_{ks}^{ContextML}$ (5.72) gültig ist. Die Gültigkeit der Eingabeereignismenge in Bezug auf die Eingangseffekte des ContextML-Kontextmodells ist dabei ein notwendiges aber kein hinreichendes Kriterium für die Gültigkeit der Eingabeereignismenge in der ContextML-Kohärenzbasis.

Das notwendige Kriterium für die Gültigkeit der Eingabeereignismenge wird in Bezug auf die Eingangseffektmenge EE_{ks} des ContextML-Kontextmodells über die Modellterminalkohärenz $\sim_k$ (6.23) wie folgt definiert:

$$\forall i_j \in I_{ks}^{SPEC}: \exists ee^k \in EE_{ks}: i_j \sim_k ee^k \qquad (6.24)$$

Das in (6.24) definierte notwendige Kriterium für die Gültigkeit der Eingabeereignismenge einer kanonischen Verhaltensspezifikation gegenüber der Eingangseffektmenge des ContextML-Kontextmodells legt fest, dass eine Voraussetzung für die Gültigkeit eines Eingabeereignisses i_j in $SPEC_{ks}$ darin besteht, dass in der Menge EE_{ks} ein im Sinne der Modellterminalkohärenz $\sim_k$ äquivalenter Eingangseffekt ee^k identifiziert werden kann. Eingabeereignisse, die das in (6.24) definierte notwendige Kriterium nicht erfüllen, sind ungültig.

Demzufolge gilt für ein beliebiges aber festes Eingabeereignis i_j der kanonischen Verhaltensspezifikation $SPEC_{ks}$ in Bezug auf die Eingangseffektmenge EE_{ks} des ContextML-Kontextmodells $km_{ks}^{ContextML}$ die folgende Bedingung:

$$(\nexists ee^k \in EE_{ks}: i_j \sim_k ee^k) \Rightarrow i_j \text{ ist ungültig in Bezug auf } km_{ks}^{ContextML} \quad (6.25)$$

Wie in (6.25) definiert, ist ein Eingabeereignis i_j der kanonischen Verhaltensspezifikation dann ungültig, wenn kein Eingangseffekt ee^k in der Eingangseffektmenge EE_{ks} identifiziert werden kann, für den $i_j \sim_k ee^k$ gilt. Die logische Implikation ($\Rightarrow$) drückt aus, dass es sich um ein notwendiges aber kein hinreichendes Kriterium für die Gültigkeit von Eingabeereignissen handelt.

In der Auswertung der Modellterminalkohärenz $\sim_k$ können hinsichtlich der Granularität von Eingabeereignissen in $SPEC_{ks}$ gegenüber den Eingangseffekten des ContextML-Kontextmodells zwei spezifische Fälle auftreten, die in Abbildung 6-3 illustriert sind.

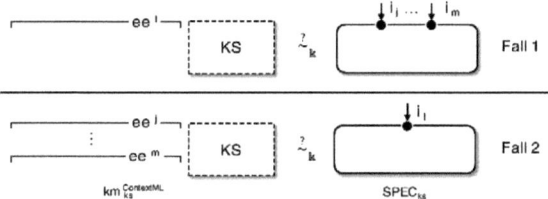

Abbildung 6-3: Granularität von Eingabeereignissen gegenüber Eingangseffekten

Die oben gezeigten Fälle besitzen in der Auswertung der Modellterminalkohärenz $\sim_k$ die folgenden charakteristischen *Merkmale*:

- *Fall 1:* Mehrere Eingabeereignisse $i_j \ldots i_m$ der kanonischen Verhaltensspezifikation $SPEC_{ks}$ bilden gemeinsam einen Eingangseffekt ee^l von $km_{ks}^{ContextML}$.

- *Fall 2:* Ein Eingabeereignis i_l der kanonischen Verhaltensspezifikation $SPEC_{ks}$ wird durch die Eingangseffekte $ee^j \ldots ee^m$ von $km_{ks}^{ContextML}$ gebildet.

Das Auftreten dieser Fälle in der Auswertung der Modellterminalkohärenz $\sim_k$ hat die folgenden *Konsequenzen* für die Gültigkeit der betrachteten Eingabeereignisse von $SPEC_{ks}$:

- *Fall 1:* Wie in Abschnitt 5.3.1 definiert, ist ein Eingangseffekt im ContextML-Kontextmodell ein singuläres Kontextereignis. Dies stünde im Widerspruch zu einer Modellterminalkohärenz zwischen den Eingabeereignissen $i_j \ldots i_m$ und dem Eingangseffekt ee^l. Demzufolge sind die einzelnen Eingabeereignisse $i_j \ldots i_m$ ungültig, falls diese mit keinem anderen Eingangseffekt in der Modellterminalkohärenz $\sim_k$ stehen.

- *Fall 2:* Das ContextML-Kontextmodell dokumentiert, dass das Kontextsubjekt im Betrieb das Eintreten der Eingangseffekte $ee^j \ldots ee^m$ feststellt. Dies steht bei einer Modellterminalkohärenz der Eingangseffekte zum Eingabeereignis i_l im Widerspruch zur kanonischen Verhaltensspezifikation, die festlegt, dass das Eintreten dieser Eingangseffekte im operationellen Kontext ausgewertet wird. Daher ist das Eingabeereignis i_l ungültig, falls es mit keinem anderen Eingangseffekt in Modellterminalkohärenz steht.

Die Menge $\overline{\mathfrak{G}}_I^{EEks}$ der im Hinblick auf die Eingangseffektmenge EE_{ks} des ContextML-Kontextmodells ungültigen Eingabeereignisse ist als eine Teilmenge der Eingabeereignismenge I_{ks}^{SPEC} von $SPEC_{ks}$ wie folgt definiert:

$$\overline{\mathfrak{G}}_I^{EEks} = \left\{ i_j \in I_{ks}^{SPEC} \mid \nexists ee^k \in EE_{ks} : i_j \sim_{\mathbb{k}} ee^k \right\} \subseteq I_{ks}^{SPEC} \tag{6.26}$$

Nach (6.26) umfasst die Menge der in Bezug auf die Eingangseffektmenge des ContextML-Kontextmodells ungültigen Eingabeereignisse von $SPEC_{ks}$ alle Eingabeereignissen in I_{ks}^{SPEC}, die nach (6.25) ungültig sind. Ausgehend von (6.26) wird die Menge $\mathfrak{G}_I^{EEks}$ der nach (6.25) gültig Eingabeereignisse von $SPEC_{ks}$ durch die Differenzmenge der Eingabeereignismenge I_{ks}^{SPEC} und der Menge $\overline{\mathfrak{G}}_I^{EEks}$ der ungültigen Eingabeereignisse wie folgt definiert:

$$\mathfrak{G}_I^{EEks} = I_{ks}^{SPEC} \setminus \overline{\mathfrak{G}}_I^{EEks} \tag{6.27}$$

6.3.1.2 Identifikation ungültiger Eingabeereignisse in Bezug auf die Eingangssequenzen des ContextML-Kontextmodells

Die Eingabeereignisse von $SPEC_{ks}$, die nach (6.25) das notwendige Kriterium für die Gültigkeit erfüllen, werden in der Anwendung der ContextML-Kohärenzbasis auf Gültigkeit gegenüber der Eingangssequenz überprüft, die den Kontextbezug des in Modellterminalkohärenz stehenden Eingangseffekts dokumentiert. Die Menge $\overline{\mathfrak{G}}_I^{ESks}$ der Eingabeereignisse, die gegenüber der zugehörigen Eingangssequenz ungültig sind, ist wie folgt definiert:

$$\overline{\mathfrak{G}}_I^{ESks} = \left\{ i_j \in \mathfrak{G}_I^{EEks} \mid i_j \text{ ist ungültig gegenüber } es_{ks}^{ee^k} \right\} \subseteq I_{ks}^{SPEC} \tag{6.28}$$

Zur Identifikation der ungültigen Eingabeereignisse der Menge $\overline{\mathfrak{G}}_I^{ESks}$ werden die Eingabeereignisse der Menge $\mathfrak{G}_I^{EEks}$ (6.27) jeweils gegen den durch die zugehörige Eingangssequenz dokumentierten Bezug in der statisch-strukturellen Perspektive des operationellen Kontexts des Kontextsubjekts ks geprüft.

Ausgangspunkt der Definition der Formalismen zur Identifikation der ungültigen Eingabeereignisse der Menge $\overline{\mathfrak{G}}_I^{ESks}$ ist die in (5.44) angegebene Struktur für Eingangssequenzen, die sich jeweils aus Mengen spezifischer Relationstupel zusammensetzt. Die Identifikation der Eingabeereignisse in der Menge $\overline{\mathfrak{G}}_I^{ESks}$ erfolgt durch Verwendung der Modellterminalkohärenz $\sim_{\mathbb{k}}$, die in der ContextML-Kohärenzbasis unter anderem zwischen Kontextentitäten von ContextML-Kontextmodellen und Eingabeereignissen der kanonischen Verhaltensspezifikation definiert ist.

6.3.1.2.1 Identifikation ungültiger Eingabeereignisse in Bezug auf Abhängigkeiten des Typs ‚ist Bezug von' in Eingangssequenzen

Das Kriterium dafür, dass ein Eingabeereignis i_j in $\mathfrak{G}_I^{EEks}$ gegenüber der Abhängigkeit des Typs $k_c \dashrightarrow kg_r$ nach (5.12) in der zugehörigen Eingangssequenz $es_{ks}^{ee^k}$ zum Eingangseffekt ee^k ungültig ist, ist wie folgt definiert:

$$\begin{aligned} &\text{Für } i_j \in \mathfrak{G}_I^{EEks}, es_{ks}^{ee^k} \in ES_{ks} \text{ mit } i_j \sim_{\mathbb{k}} ee^k | \\ &\left(\exists (k_c \dashrightarrow kg_r) \in es_{ks}^{ee^k} \wedge k_c \neq ks \wedge \left(k_c \not\sim_{\mathbb{k}} i_j \right) \right) \Rightarrow i_j \in \overline{\mathfrak{G}}_I^{ESks} \end{aligned} \tag{6.29}$$

Das obige Kriterium legt fest, dass ein Eingabeereignis aus der Menge $\mathfrak{G}_I^{EEks}$ dann ungültig im Sinne von (6.28) ist, wenn für die Abhängigkeit des Typs $k_c \dashrightarrow kg_r$ in der betrachteten Eingangssequenz gilt, dass das linke Element des zugehörigen Relationstupel eine Kontextentität ist und diese Kontextentität im Sinne der Modellterminalkohärenz $\sim_\Bbbk$ nicht äquivalent zum Eingabeereignis i_j ist. Dies sagt aus, dass in Bezug auf die im ContextML-Kontextmodell dokumentierten Eigenschaften des operationellen Kontexts die Kontextentität k_c nicht Ursprung des Eingabeereignisses i_j ist.

6.3.1.2.2 Identifikation ungültiger Eingabeereignisse in Bezug auf Abhängigkeiten des Typs ‚wird überwacht' in Eingangssequenzen

Das Kriterium dafür, dass ein Eingabeereignis i_j in Bezug auf die Abhängigkeit des Typs $kg_r \dashrightarrow k_c$ nach (5.18) in der Eingangssequenz $es_{ks}^{ee^k}$ zum Eingangseffekt ee^k ungültig ist, ist wie folgt definiert:

$$\text{Für } i_j \in \mathfrak{G}_I^{EEks}, es_{ks}^{ee^k} \in ES_{ks} \text{ mit } i_j \sim_\Bbbk ee^k \mid$$
$$\left(\exists (kg_r \dashrightarrow k_c) \in es_{ks}^{ee^k} \wedge k_c \neq ks \wedge \left(k_c \not\sim_\Bbbk i_j\right) \right) \Rightarrow i_j \in \overline{\mathfrak{G}}_I^{ES_{ks}} \quad (6.30)$$

Das Kriterium legt fest, dass ein Eingabeereignis aus der Menge $\mathfrak{G}_I^{EEks}$ dann ungültig im Sinne von (6.28) ist, wenn für die Abhängigkeit des Typs $kg_r \dashrightarrow k_c$ in der betrachteten Eingangssequenz gilt, dass das rechte Element des zugehörigen Relationstupel eine Kontextentität ist und diese Kontextentität im Sinne der Modellterminalkohärenz $\sim_\Bbbk$ nicht äquivalent zum Eingabeereignis i_j ist. Dies sagt aus, dass in Bezug auf die im ContextML-Kontextmodell dokumentierten Eigenschaften des operationellen Kontexts die Kontextentität k_c nicht das Eintreten des Eingabeereignis i_j detektiert beziehungsweise misst.

6.3.1.2.3 Identifikation ungültiger Eingabeereignisse in Bezug auf Abhängigkeiten des Typs ‚stellt Daten bereit' in Eingangssequenzen

Die Identifikation ungültiger Eingabeereignisse in Bezug auf die Abhängigkeiten des Typs ‚stellt Daten bereit' bezieht sich auf solche Tupel der Relation DATENBEREITSTELLUNG$_{ks}$, die als rechtes Element das Kontextsubjekt ks besitzen. Dies ist der Fall, da für die Gültigkeit eines Eingabeereignisses gegenüber den Abhängigkeiten dieses Typs in einer Eingangssequenz lediglich diejenige Abhängigkeit von Bedeutung ist, die dokumentiert, welche Daten dem Kontextsubjekt unmittelbar zur Verfügung gestellt werden. Das Kriterium dafür, dass ein Eingabeereignis i_j in Bezug auf die Abhängigkeit des Typs $k_c \dashrightarrow ks$ (5.24) in der Eingangssequenz $es_{ks}^{ee^k}$ zum Eingangseffekt ee^k ungültig ist, ist wie folgt definiert:

$$\text{Für } i_j \in \mathfrak{G}_I^{EEks}, es_{ks}^{ee^k} \in ES_{ks} \text{ mit } i_j \sim_\Bbbk ee^k \mid$$
$$\left(\exists (k_c \dashrightarrow ks) \in es_{ks}^{ee^k} \wedge \left(k_c \not\sim_\Bbbk i_j\right) \right) \Rightarrow i_j \in \overline{\mathfrak{G}}_I^{ES_{ks}} \quad (6.31)$$

Das obige Kriterium legt fest, dass ein Eingabeereignis aus der Menge $\mathfrak{G}_I^{EEks}$ dann ungültig im Sinne von (6.28) ist, wenn für die Abhängigkeit des Typs $k_c \dashrightarrow ks$ in der zugehörigen Eingangssequenz gilt, dass das linke Element des Tupels eine Kontextentität ist und diese Kontextentität im Sinne der Modellterminalkohärenz $\sim_\Bbbk$ nicht äquivalent zum Eingabeereignis i_j ist. Dies sagt aus, dass in Bezug auf die im ContextML-Kontextmodell dokumentierten Eigenschaften des operationellen Kontexts die Kontextentität k_c dem Kontextsubjekt keine Daten zur Verfügung stellt, die sich auf das Eingabeereignis i_j beziehen. Handelt es sich bei der Kontextentität k_c um ein Umgebungssystem, für das die Signatur $\sigma_{Out}(k_c)$ der ausgehenden Schnittstelle nach (5.6) dokumentiert ist, so erfolgt die Prüfung der Gültigkeit des Eingabeereignisses nicht nach (6.31), sondern auf Grundlage des folgenden Kriteriums:

$$\text{Für } i_j \in \mathfrak{G}_I^{EE_{ks}}, es_{ks}^{ee^k} \in ES_{ks} \text{ mit } i_j \neg_{\Bbbk} ee^k \land (k_c \twoheadrightarrow ks) \in es_{ks}^{ee^k} \land k_c \in US_{ks} \mid$$
$$i_j \notin \sigma_{Out}(k_c) \Rightarrow i_j \in \overline{\mathfrak{G}}_I^{ES_{ks}} \quad (6.32)$$

Das obige Kriterium sagt aus, dass ein Eingabeereignis i_j in Bezug auf eine Abhängigkeit des Typs $k_c \twoheadrightarrow ks$ in der zugehörigen Eingangssequenz $es_{ks}^{ee^k}$ ungültig ist, wenn das Eingabeereignis i_j im ContextML-Kontextmodell nicht in der Signatur der ausgehenden Schnittstelle des Umgebungssystems auftritt. In diesem Fall besitzt ein System, das $SPEC_{ks}$ implementiert, ein Eingabeereignis, das nach dem ContextML-Kontextmodell im operationellen Kontext nicht auftritt.

6.3.1.3 Identifikation ungültiger Stimuli in der kanonischen Verhaltensspezifikation gegenüber dem ContextML-Kontextmodell

Das notwendige Kriterium für die Gültigkeit der Stimuli in $Stim_{ks}^{SPEC}$ (6.8) gegenüber der Menge $Stim_{ks}^{ContextML}$ (5.32) des ContextML-Kontextmodells ist wie folgt definiert:

$$\forall st_j \in Stim_{ks}^{SPEC}: \exists st^k \in Stim_{ks}^{ContextML}: st_j \sim_s st^k \quad (6.33)$$

Das in (6.33) angegebene notwendige Kriterium für die Gültigkeit der Stimuli in der kanonischen Verhaltensspezifikation definiert, das für jeden der Stimuli st_j von $SPEC_{ks}$ ein Stimulus st^k im ContextML-Kontextmodell existieren muss, der im Sinne einer Kohärenzrelation $\sim_s$ äquivalent zu st_j ist. Die Kohärenz $\sim_s$ ist dabei wie folgt definiert:

$$\sim_s \subseteq Stim^{SPEC} \times Stim^{ContextML} \mid st_j \sim_s st^k \Leftrightarrow \forall i_r \in st_j': \exists! ee^s \in st^k \text{ mit } i_r \sim_{\Bbbk} ee^s$$
$$\land st_j' = \{i_1, \ldots, i_n\} \text{ für } st_j = (i_1, \ldots, i_n) \in Stim_{ks}^{SPEC} \land st^k = \{ee^1, \ldots, ee^m\} \in Stim_{ks}^{ContextML} \quad (6.34)$$

Die Kohärenzrelation $\sim_s$ ist auf dem kartesischen Produkt der Menge von Stimuli von $SPEC_{ks}$ und der Menge von Stimuli des ContextML-Kontextmodells definiert und sagt aus, dass ein Stimulus st_j aus der Menge $Stim_{ks}^{SPEC}$ der Stimuli von $SPEC_{ks}$ das notwendige Kriterium für die Gültigkeit gegenüber dem ContextML-Kontextmodell erfüllt, wenn ein Stimulus st^k in der Menge $Stim_{ks}^{ContextML}$ existiert, der für jedes Eingabeereignis i_r des Stimulus st_j genau einen Eingangseffekt ee^s besitzt, der im Sinne der Modellterminalkohärenz $\sim_{\Bbbk}$ (6.23) äquivalent zu i_r ist. Kann ein Eingabeereignis i_r im Stimulus st_j der kanonischen Verhaltensspezifikation mehr als einem Eingangseffekt ee^s in st^k zugeordnet werden, sind die Stimuli st_j und st^k im Sinne von $\sim_s$ nicht äquivalent.

Für ein Stimulus st_j aus der Menge $Stim_{ks}^{SPEC}$ gilt in Bezug auf die Menge $Stim_{ks}^{ContextML}$ der Stimuli des ContextML-Kontextmodells $km_{ks}^{ontextML}$:

$$(\nexists st^k \in Stim_{ks}^{ContextML}: st^k \sim_s st_j) \Rightarrow st_j \text{ ist ungültig in Bezug auf } km_{ks}^{ContextML} \quad (6.35)$$

Wie in (6.35) definiert, ist ein Stimulus st_j aus $Stim_{ks}^{SPEC}$ dann ungültig, wenn kein Stimulus st^k in $Stim_{ks}^{ContextML}$ identifiziert werden kann, für den $st_j \sim_s st^k$ gilt. Die Verwendung der logischen Implikation (⟹) drückt aus, dass es sich bei (6.35) um ein notwendiges aber kein hinreichendes Kriterium für die Gültigkeit eines Stimulus in $SPEC_{ks}$ handelt. Ein nach (6.35) ungültiger Stimulus st_j tritt in Bezug auf die im ContextML-Kontextmodell dokumentierten Eigenschaften des operationellen Kontexts im Betrieb des Kontextsubjekts nicht auf und ist daher gegenüber dem operationellen Kontext des Kontextsubjekts ks ungültig (vgl. auch Abschnitt 2.3.2).

Bezogen auf ein Kontextsubjekt ks ist die Menge $\overline{\mathfrak{G}}_I^{Stim_{ks}}$ der gegenüber den Stimuli $Stim_{ks}^{ContextML}$ im ContextML-Kontextmodell ungültigen Stimuli von $SPEC_{ks}$ als Teilmenge von $Stim_{ks}^{SPEC}$ wie folgt definiert:

$$\overline{\mathfrak{G}}_I^{Stim_{ks}} = \{st_j \in Stim_{ks}^{SPEC} \mid \nexists st^k \in Stim_{ks}^{ContextML} : st_j \backsim_s st^k\} \subseteq Stim_{ks}^{SPEC} \qquad (6.36)$$

Die Menge $\mathfrak{G}_I^{Stim_{ks}}$ aller Stimuli von $SPEC_{ks}$, die das notwendige Kriterium für die Gültigkeit gegenüber der Menge $Stim_{ks}^{ContextML}$ erfüllen, wird durch die Differenzmenge von $Stim_{ks}^{SPEC}$ und der Menge $\overline{\mathfrak{G}}_I^{Stim_{ks}}$ wie folgt definiert:

$$\mathfrak{G}_I^{Stim_{ks}} = Stim_{ks}^{SPEC} \setminus \overline{\mathfrak{G}}_I^{Stim_{ks}} \qquad (6.37)$$

6.3.2 Formalismen zur Prüfung der Gültigkeit von Ausgabeereignismengen

Zur Identifikation ungültiger Eigenschaften in Bezug auf die Ausgabeereignismenge in kanonischen Verhaltensspezifikationen werden einzelne Ausgabeereignisse und Teilmengen der Ausgabeereignismengen, die eine Reaktion bilden, überprüft. Abhängig vom jeweiligen Gegenstand der Überprüfung sind die Formalismen zur Prüfung der Gültigkeit von Ausgabeereignismengen der kanonischen Verhaltensspezifikationen in drei Klassen unterteilt:

- Formalismen zur Identifikation ungültiger Ausgabeereignisse in Bezug auf die Ausgangseffektmenge des ContextML-Kontextmodells (Abschnitt 6.3.2.1)
- Formalismen zur Identifikation ungültiger Ausgabeereignisse in Bezug auf die Ausgangssequenzen des ContextML-Kontextmodells (Abschnitt 6.3.2.2)
- Formalismen zur Identifikation ungültiger Reaktionen in kanonischen Verhaltensspezifikationen in Bezug auf Reaktionen im ContextML-Kontextmodell (Abschnitt 6.3.2.3)

6.3.2.1 Identifikation ungültiger Ausgabeereignisse in Bezug auf die Ausgangseffektmenge des ContextML-Kontextmodells

Im Rahmen dieser Prüfung werden die einzelnen Ausgabeereignisse der Ausgabeereignismenge O_{ks}^{SPEC} (6.4) der kanonischen Verhaltensspezifikation $SPEC_{ks}$ (6.1) darauf hin überprüft, ob sie in Bezug auf die Ausgangseffekte AE_{ks} (5.30) des ContextML-Kontextmodells $km_{ks}^{ContextML}$ (5.72) gültig sind. Die Gültigkeit der Ausgabeereignismenge gegenüber den Ausgangseffekten des ContextML-Kontextmodells ist dabei ein notwendiges aber kein hinreichendes Kriterium für die Gültigkeit der Ausgabeereignismenge.

Das notwendige Kriterium für die Gültigkeit der Ausgabeereignismenge wird in Bezug auf die Ausgangseffektmenge AE_{ks} des ContextML-Kontextmodells mittels der Modellterminalkohärenz $\sim_{lk}$ (6.23) wie folgt definiert:

$$\forall o_j \in O_{ks}^{SPEC}: \exists ae^k \in AE_{ks}: o_j \sim_{lk} ae^k \qquad (6.38)$$

Das in (6.38) definierte Kriterium legt fest, dass eine notwendige Voraussetzung für die Gültigkeit eines Ausgabeereignisses o_j in $SPEC_{ks}$ darin besteht, dass ein Ausgangseffekt ae^k in der Menge der Ausgangseffekte AE_{ks} des ContextML-Kontextmodells existiert, der im Sinne der Modellterminalkohärenz $\sim_{lk}$ äquivalent zum Ausgabeereignis o_j ist. Ausgabeereignisse von $SPEC_{ks}$, die das Kriterium (6.38) nicht erfüllen, sind ungültig.

Für ein beliebiges aber festes Ausgabeereignis o_j der kanonischen Verhaltensspezifikation $SPEC_{ks}$ gilt in Bezug auf die Ausgangseffektmenge AE_{ks} des ContextML-Kontextmodells $km_{ks}^{ContextML}$ die folgende Bedingung:

$$(\nexists ae^k \in AE_{ks}: o_j \sim_{lk} ae^k) \Rightarrow o_j \text{ ist ungültig in Bezug auf } km_{ks}^{ContextML} \qquad (6.39)$$

Ein im Sinne des obigen Kriteriums ungültiges Ausgabeereignis o_j tritt in Bezug auf die im ContextML-Kontextmodell dokumentierten Eigenschaften des operationellen Kontexts im Betrieb des Kontextsubjekts nicht auf. Wie in (6.39) definiert, ist ein Ausgabeereignis o_j in $SPEC_{ks}$ dann ungültig, wenn kein Ausgangseffekt ae^k in der Ausgangseffektmenge AE_{ks} identifiziert werden kann, für den $o_j \sim_{lk} ae^k$ gilt.

In der Auswertung der Modellterminalkohärenz $\sim_{lk}$ können hinsichtlich der Granularität von Ausgabeereignissen in $SPEC_{ks}$ gegenüber den Ausgangseffekten des ContextML-Kontextmodells zwei spezifische Fälle auftreten, die in Abbildung 6-4 illustriert sind.

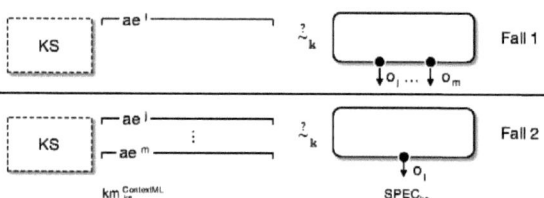

Abbildung 6-4: Granularität von Ausgabeereignissen gegenüber Ausgangseffekten

Die oben gezeigten Fälle haben in der Auswertung der Modellterminalkohärenz $\sim_{lk}$ die folgenden charakteristischen *Merkmale*:

- *Fall 1*: Mehrere Ausgabeereignisse $o_j \ldots o_m$ der kanonischen Verhaltensspezifikation $SPEC_{ks}$ bilden gemeinsam einen Ausgangseffekt ae^l von $km_{ks}^{ContextML}$.

- *Fall 2*: Ein Ausgabeereignis o_l der kanonischen Verhaltensspezifikation $SPEC_{ks}$ wird durch mehrere Ausgangseffekte $ae^j \ldots ae^m$ von $km_{ks}^{ContextML}$ gebildet.

Das Auftreten dieser Fälle in der Auswertung der Modellterminalkohärenz $\sim_{lk}$ hat die folgenden *Konsequenzen* für die Gültigkeit der jeweiligen Ausgabeereignisse von $SPEC_{ks}$:

- *Fall 1*: Wie in Abschnitt 5.3.2 definiert, ist ein Ausgangseffekt im ContextML-Kontextmodell ein singuläres Kontextereignis. Dies stünde im Widerspruch zu einer

Modellterminalkohärenz zwischen den einzelnen Ausgabeereignissen $o_j \ldots o_m$ und dem Ausgangseffekt ae^l. Demzufolge sind die einzelnen Ausgabeereignisse $o_j \ldots o_m$ ungültig, falls diese mit keinem anderen Ausgangseffekt in der Modellterminalkohärenz $\sim_{lk}$ stehen.

- *Fall 2:* Das ContextML-Kontextmodell dokumentiert, dass das Kontextsubjekt im Betrieb die Ausgangseffekte $ae^j \ldots ae^m$ differenziert bewirkt. Dies steht im Falle einer Modellterminalkohärenz der Ausgangseffekte zum Ausgabeereignis o_l im Widerspruch zur kanonischen Verhaltensspezifikation, in der festgelegt ist, dass das Kontextsubjekt ein einzelnes (d. h. nicht weiter differenziertes) Ausgabeereignis bewirkt. Daher ist das Ausgangsereignis o_l ungültig, falls es mit keinem anderen Ausgangseffekt in Modellterminalkohärenz $\sim_{lk}$ steht.

Bezogen auf ein Kontextsubjekt ks ist die Menge $\overline{\mathfrak{G}}_O^{AE_{ks}}$ der im Hinblick auf die Ausgangseffektmenge AE_{ks} des ContextML-Kontextmodells ungültigen Ausgabeereignisse als eine Teilmenge der Ausgabeereignismenge O_{ks}^{SPEC} der kanonischen Verhaltensspezifikation $SPEC_{ks}$ wie folgt definiert:

$$\overline{\mathfrak{G}}_O^{AE_{ks}} = \{o_j \in O_{ks}^{SPEC} \mid \nexists ae^k \in AE_{ks} : o_j \sim_{lk} ae^k \} \subseteq O_{ks}^{SPEC} \qquad (6.40)$$

Nach (6.40) umfasst die Menge der in Bezug auf die Ausgangseffektmenge des ContextML-Kontextmodells ungültigen Ausgabeereignisse von $SPEC_{ks}$ solche Ausgabeereignisse in O_{ks}^{SPEC}, die das notwendige Kriterium nach (6.39) nicht erfüllen. Die Menge $\mathfrak{G}_O^{AE_{ks}}$ aller Ausgabeereignisse von $SPEC_{ks}$ wird durch die Differenzmenge der Ausgabeereignismenge O_{ks}^{SPEC} und der Menge $\overline{\mathfrak{G}}_O^{AE_{ks}}$ der ungültigen Ausgabeereignisse wie folgt definiert:

$$\mathfrak{G}_O^{AE_{ks}} = O_{ks}^{SPEC} \setminus \overline{\mathfrak{G}}_O^{AE_{ks}} \qquad (6.41)$$

6.3.2.2 Identifikation ungültiger Ausgabeereignisse in Bezug auf die Ausgangssequenzen des ContextML-Kontextmodells

Die Ausgabeereignisse von $SPEC_{ks}$, die nach (6.39) das notwendige Kriterium erfüllen, werden in der Anwendung der ContextML-Kohärenzbasis auf Gültigkeit gegenüber den Ausgangssequenzen überprüft, die den Kontextbezug des jeweils in Modellterminalkohärenz stehenden Ausgangseffekts dokumentieren. Die Menge $\overline{\mathfrak{G}}_O^{AS_{ks}}$ der Ausgabeereignisse, die gegenüber der zugehörigen Ausgangssequenz ungültig sind, ist wie folgt definiert:

$$\overline{\mathfrak{G}}_O^{AS_{ks}} = \left\{ o_j \in \mathfrak{G}_O^{AE_{ks}} \mid o_j \text{ ist ungültig gegenüber } as_{ks}^{ae^k} \right\} \subseteq O_{ks}^{SPEC} \qquad (6.42)$$

Zur Identifikation der ungültigen Ausgabeereignisse der Menge $\overline{\mathfrak{G}}_O^{AS_{ks}}$ werden die Ausgabeereignisse der Menge $\mathfrak{G}_O^{AE_{ks}}$ (6.41) gegen den durch die zugehörige Ausgangssequenz dokumentierten Bezug in der statisch-strukturellen Perspektive des operationellen Kontexts des Kontextsubjekts ks geprüft.

Ausgangspunkt der Definition von Formalismen zur Identifikation ungültiger Ausgabeereignisse in der Menge $\overline{\mathfrak{G}}_O^{AS_{ks}}$ ist die in (5.58) angegebene Struktur für Ausgangssequenzen, die sich jeweils aus Mengen spezifischer Relationstupel zusammensetzen. Die Identifikation der Ausgabeereignisse in der Menge $\overline{\mathfrak{G}}_O^{AS_{ks}}$ erfolgt mithilfe der Modellterminalkohärenz $\sim_{lk}$, die in der ContextML-Kohärenzbasis unter anderem zwischen Kontextentitäten von

ContextML-Kontextmodellen und Ausgabeereignissen der kanonischen Verhaltensspezifikation definiert ist.

6.3.2.2.1 Identifikation ungültiger Ausgabeereignisse in Bezug auf Abhängigkeiten des Typs ‚stellt Daten bereit' in Ausgangssequenzen

Die Identifikation ungültiger Ausgabeereignisse in Bezug auf die Abhängigkeiten des Typs ‚stellt Daten bereit' bezieht sich auf solche Tupel der Relation DATENBEREITSTELLUNG$_{ks}$, die als linkes Element das Kontextsubjekt ks besitzen. Der Grund für diese Einschränkung ist, dass für die Gültigkeit eines Ausgabeereignisses gegenüber den Abhängigkeiten dieses Typs in einer Ausgangssequenz lediglich diejenige Abhängigkeit von Bedeutung ist, die dokumentiert, welche Daten das Kontextsubjekt unmittelbar zur Verfügung stellt. Das Kriterium dafür, dass ein Ausgabeereignis o_j in Bezug auf die Abhängigkeit des Typs $ks \twoheadrightarrow k_c$ (5.24) in der Ausgangssequenz $as_{ks}^{ae^k}$ zum Ausgangseffekt ae^k ungültig ist, ist wie folgt definiert:

$$\text{Für } o_j \in \mathfrak{G}_O^{AE_{ks}}, as_{ks}^{ae^k} \in AS_{ks} \text{ mit } o_j \sim_\Bbbk ae^k \,|$$
$$\left(\exists (ks \twoheadrightarrow k_c) \in as_{ks}^{ae^k} \wedge \left(k_c \not\sim_\Bbbk o_j \right) \right) \Longrightarrow o_j \in \overline{\mathfrak{G}}_O^{AS_{ks}} \qquad (6.43)$$

Das obige Kriterium legt fest, dass ein Ausgabeereignis aus der Menge $\mathfrak{G}_O^{AE_{ks}}$ dann ungültig im Sinne von (6.42) ist, wenn für die Abhängigkeit des Typs $ks \twoheadrightarrow k_c$ in der zugehörigen Ausgabesequenz gilt, dass das rechte Element des Tupels eine Kontextentität ist und diese Kontextentität im Sinne der Modellterminalkohärenz $\sim_\Bbbk$ nicht äquivalent zum Ausgabeereignis o_j ist. Dies sagt aus, dass, in Bezug auf die im ContextML-Kontextmodell dokumentierten Eigenschaften des operationellen Kontexts, das Kontextsubjekt der Kontextentität k_c keine Daten zur Verfügung stellt, die sich auf das Ausgabeereignis o_j beziehen.

Handelt es sich bei der Kontextentität k_c um ein Umgebungssystem, für das die Signatur $\sigma_{In}(k_c)$ der eingehenden Schnittstelle nach (5.7) dokumentiert ist, so erfolgt die Prüfung der Gültigkeit des Ausgabeereignisses nicht nach (6.43) sondern auf Grundlage des folgenden Kriteriums:

$$\text{Für } o_j \in \mathfrak{G}_O^{AE_{ks}}, as_{ks}^{ae^k} \in AS_{ks} \text{ mit } o_j \sim_\Bbbk ae^k \wedge (ks \twoheadrightarrow k_c) \in as_{ks}^{ae^k} \wedge k_c \in US_{ks} \,|$$
$$o_j \notin \sigma_{In}(k_c) \Longrightarrow o_j \in \overline{\mathfrak{G}}_O^{AS_{ks}} \qquad (6.44)$$

Das obige Kriterium sagt aus, dass ein Ausgabeereignis o_j in Bezug auf eine Abhängigkeit des Typs $ks \twoheadrightarrow k_c$ in der zugehörigen Ausgangssequenz $as_{ks}^{ae^k}$ ungültig ist, wenn das Ausgabeereignis o_j im ContextML-Kontextmodell nicht in der Signatur der eingehenden Schnittstelle des Umgebungssystems auftritt. In diesem Fall besitzt ein System, das $SPEC_{ks}$ implementiert, ein Ausgabeereignis, das nach dem ContextML-Kontextmodell im operationellen Kontext nicht auftritt.

6.3.2.2.2 Identifikation ungültiger Ausgabeereignisse in Bezug auf Abhängigkeiten des Typs ‚reguliert' in Ausgangssequenzen

Das Kriterium dafür, dass ein Ausgabeereignis o_j in Bezug auf die Abhängigkeit des Typs $k_c \twoheadrightarrow kg_r$ nach (5.21) in der Ausgangssequenz $as_{ks}^{ae^k}$ zum Ausgangseffekt ae^k ungültig ist, ist wie folgt definiert:

$$\text{Für } o_j \in \mathfrak{G}_O^{AE_{ks}}, as_{ks}^{ae^k} \in AS_{ks} \text{ mit } o_j \sim_{\mathrm{k}} ae^k |$$
$$\exists (k_c \twoheadrightarrow kg_r) \in as_{ks}^{ae^k} \wedge k_c \neq ks \wedge (k_c \not\sim_{\mathrm{k}} o_j) \Rightarrow o_j \in \overline{\mathfrak{G}}_O^{AS_{ks}} \tag{6.45}$$

Das Kriterium legt fest, dass ein Ausgabeereignis o_j aus der Menge $\mathfrak{G}_O^{AE_{ks}}$ dann ungültig im Sinne von (6.42) ist, wenn für die Abhängigkeit des Typs $k_c \twoheadrightarrow kg_r$ in der zugehörigen Ausgangssequenz gilt, dass das linke Element des zugehörigen Relationstupel eine Kontextentität ist und diese Kontextentität im Sinne der Modellterminalkohärenz $\sim_{\mathrm{k}}$ nicht äquivalent zum Ausgabeereignis o_j ist. In einem solchen Fall gilt, dass in Bezug auf die im ContextML-Kontextmodell dokumentierten Eigenschaften des operationellen Kontexts die Kontextentität k_c die zugehörige Kontextgröße nicht reguliert und damit das Ausgabeereignis o_j nicht bewirken kann.

6.3.2.2.3 Identifikation ungültiger Ausgabeereignisse in Bezug auf Abhängigkeiten des Typs ‚bezieht sich auf' in Ausgangssequenzen

Das Kriterium dafür, dass ein Ausgabeereignis o_j in Bezug auf die Abhängigkeit des Typs $kg_r \to k_c$ nach (5.15) in der Ausgangssequenz $as_{ks}^{ae^k}$ zum Ausgangseffekt ae^k ungültig ist, ist wie folgt definiert:

$$\text{Für } o_j \in \mathfrak{G}_O^{AE_{ks}}, as_{ks}^{ae^k} \in AS_{ks} \text{ mit } o_j \sim_{\mathrm{k}} ae^k |$$
$$\exists (kg_r \to k_c) \in as_{ks}^{ae^k} \wedge k_c \neq ks \wedge (k_c \not\sim_{\mathrm{k}} o_j) \Rightarrow o_j \in \overline{\mathfrak{G}}_O^{AS_{ks}} \tag{6.46}$$

Nach obigem Kriterium ist ein Ausgabeereignis o_j aus der Menge $\mathfrak{G}_O^{AE_{ks}}$ dann ungültig im Sinne von (6.42), wenn für die Abhängigkeit des Typs $kg_r \to k_c$ in der betrachteten Ausgangssequenz gilt, dass das rechte Element des zugehörigen Relationstupel eine Kontextentität ist und diese Kontextentität im Sinne der Modellterminalkohärenz $\sim_{\mathrm{k}}$ nicht äquivalent zum Ausgabeereignis o_j ist. Dies sagt aus, dass das Ausgabeereignis o_j sich in Bezug auf die im ContextML-Kontextmodell dokumentierten Eigenschaften des operationellen Kontexts nicht auf die Kontextentität k_c bezieht.

6.3.2.3 Identifikation ungültiger Reaktionen in der kanonischen Verhaltensspezifikation gegenüber dem ContextML-Kontextmodell

Das notwendige Kriterium für die Gültigkeit der Reaktionen in $Reak_{ks}^{SPEC}$ (6.12) gegenüber der Menge $Reak_{ks}^{ContextML}$ (5.35) ist wie folgt definiert:

$$\forall re_j \in Reak_{ks}^{SPEC}: \exists re^k \in Reak_{ks}^{ContextML}: re_j \sim_{\mathrm{r}} re^k \tag{6.47}$$

Das in (6.47) angegebene notwendige Kriterium legt fest, dass die Menge der Reaktionen in der kanonischen Verhaltensspezifikation dann das notwendige Kriterium für deren Gültigkeit erfüllt, wenn für jede Reaktion re_j in der Menge $Reak_{ks}^{SPEC}$ der Reaktionen von $SPEC_{ks}$ eine Reaktion re^k in der Menge $Reak_{ks}^{ContextML}$ der Reaktionen des ContextML-Kontextmodells existiert, die im Sinne der Kohärenzrelation $\sim_{\mathrm{r}}$ äquivalent zu re_j ist. Die Kohärenz $\sim_{\mathrm{r}}$ ist dabei wie folgt definiert:

$$\sim_{\mathrm{r}} \subseteq Reak^{SPEC} \times Reak^{ContextML} \mid re_j \sim_{\mathrm{r}} re^k \Leftrightarrow \forall o_r \in re_j': \exists! ae^s \in re^i \text{ mit } o_r \sim_{\mathrm{k}} ae^s$$
$$\text{mit } re_j' = \{o_1, \ldots, o_n\} \text{ für } re_j = (o_1, \ldots, o_n) \in Reak_{ks}^{SPEC} \tag{6.48}$$
$$\wedge \; re^k = \{ae^1, \ldots, ae^m\} \in Reak_{ks}^{ContextML}$$

Wie aus (6.48) hervorgeht, ist die Kohärenzrelation $\sim_r$ auf dem kartesischen Produkt der Menge $Reak_{ks}^{SPEC}$ und der Menge $Reak_{ks}^{ContextML}$ definiert. Die Kohärenzrelation $\sim_r$ legt dabei fest, dass eine Reaktion re_j aus der Menge $Reak_{ks}^{SPEC}$ das notwendige Kriterium für die Gültigkeit gegenüber dem ContextML-Kontextmodell erfüllt, wenn eine Reaktion in der Menge $Reak_{ks}^{ContextML}$ existiert, die für jedes Ausgabeereignis o_r der Reaktion re_j genau einen in Bezug auf die Modellterminalkohärenz $\sim_{lk}$ (6.23) äquivalenten Ausgangseffekt ae^s besitzt. Kann einem Ausgabeereignis o_r in der Reaktion re_j mehr als ein in Modellterminalkohärenz $\sim_{lk}$ zu o_r stehender Ausgangseffekt ae^s in re^k zugeordnet werden, sind die Reaktionen re_j und re^k im Sinne der Kohärenz $\sim_r$ nicht äquivalent.

Für eine Reaktion re_j aus der Menge $Reak_{ks}^{SPEC}$ gilt in Bezug auf die Menge $Reak_{ks}^{ContextML}$ der Reaktionen des ContextML-Kontextmodells $km_{ks}^{ContextML}$:

$$(\nexists re^k \in Reak_{ks}^{ContextML} : re^k \sim_r re_j) \Rightarrow re_j \text{ ist ungültig in Bezug auf } km_{ks}^{ContextML} \quad (6.49)$$

Nach (6.49) ist eine Reaktion re_j in der Menge $Reak_{ks}^{SPEC}$ dann ungültig, wenn keine Reaktion re^k in $km_{ks}^{ContextML}$ identifiziert werden kann, für die $re_j \sim_r re^k$ gilt. Die Verwendung der logischen Implikation ($\Rightarrow$) zeigt an, dass es sich um ein notwendiges aber kein hinreichendes Kriterium für die Gültigkeit einer Reaktion re_j aus $Reak_{ks}^{SPEC}$ handelt. Eine in $Reak_{ks}^{SPEC}$ enthaltene Reaktion, die nach (6.49) ungültig ist, tritt im Hinblick auf die im ContextML-Kontextmodell $km_{ks}^{ContextML}$ dokumentierten Eigenschaften des operationellen Kontexts nicht auf und ist demzufolge ungültig (vgl. auch Abschnitt 2.3.2).

Die Menge $\overline{\mathfrak{G}}_O^{Reak_{ks}}$ aller gegenüber den Reaktionen in $Reak_{ks}^{ContextML}$ ungültigen Reaktionen von $SPEC_{ks}$ ist als Teilmenge von $Reak_{ks}^{SPEC}$ wie folgt definiert:

$$\overline{\mathfrak{G}}_O^{Reak_{ks}} = \{re_j \in Reak_{ks}^{SPEC} \mid \nexists re^k \in Reak_{ks}^{ContextML} : re_j \sim_r re^k\} \subseteq Reak_{ks}^{SPEC} \quad (6.50)$$

Die Menge $\mathfrak{G}_O^{Reak_{ks}}$ der Reaktionen in $SPEC_{ks}$, die das notwendige Kriterium (6.47) für die Gültigkeit gegenüber dem ContextML-Kontextmodell $km_{ks}^{ContextML}$ erfüllen, wird durch die Differenzmenge der Mengen $Reak_{ks}^{SPEC}$ und $\overline{\mathfrak{G}}_O^{Reak_{ks}}$ gebildet, d. h.:

$$\mathfrak{G}_O^{Reak_{ks}} = Reak_{ks}^{SPEC} \setminus \overline{\mathfrak{G}}_O^{Reak_{ks}} \quad (6.51)$$

6.4 Formalismen zur Prüfung der Vollständigkeit kanonischer Verhaltensspezifikationen

Die Prüfung der Vollständigkeit kanonischer Verhaltensspezifikationen zielt darauf ab, fehlende oder unvollständige Eigenschaften in der kanonischen Verhaltensspezifikation in Bezug auf das ContextML-Kontextmodell zu identifizieren (vgl. Abschnitt 2.3.2). Aufbauend auf den in Abschnitt 6.2 eingeführten Basisdefinitionen werden in diesem Abschnitt die Formalismen der ContextML-Kohärenzbasis zur Identifikation von Unvollständigkeiten in kanonischen Verhaltensspezifikationen eingeführt. Im Weiteren werden zwei grobe Klassen von Formalismen unterschieden:

- Formalismen zur Prüfung der Vollständigkeit von Eingabeereignismengen kanonischer Verhaltensspezifikationen (Abschnitt 6.4.1)

- Formalismen zur Prüfung der Vollständigkeit von Ausgabeereignismengen kanonischer Verhaltensspezifikationen (Abschnitt 6.4.2)

6.4.1 Formalismen zur Prüfung der Vollständigkeit von Eingabeereignismengen

Zur Identifikation von Unvollständigkeiten in Bezug auf die Eingabeereignismenge von kanonischen Verhaltensspezifikationen werden sowohl die Eingabeereignismenge I_{ks}^{SPEC} (6.3) als auch die Stimuli in $Stim_{ks}^{SPEC}$ (6.8) gegen die im ContextML-Kontextmodell dokumentierten Eigenschaften des operationellen Kontexts geprüft. Abhängig vom jeweiligen Gegenstand der Überprüfung sind die Formalismen zur Prüfung der Vollständigkeit von Eingabeereignismengen kanonischer Verhaltensspezifikationen in zwei Klassen unterteilt:

- Formalismen zur Identifikation von Unvollständigkeiten der Eingabeereignismenge gegenüber dem ContextML-Kontextmodell (Abschnitt 6.4.1.1)
- Formalismen zur Identifikation von Unvollständigkeiten der Stimuli gegenüber dem ContextML-Kontextmodell (Abschnitt 6.4.1.2)

6.4.1.1 Identifikation von Unvollständigkeiten der Eingabeereignismenge gegenüber dem ContextML-Kontextmodell

Um Unvollständigkeiten in der Eingabeereignismenge der kanonischen Verhaltensspezifikation aufdecken zu können, wird die Eingabeereignismenge I_{ks}^{SPEC} (6.3) der kanonischen Verhaltensspezifikation $SPEC_{ks}$ (6.1) des jeweiligen Kontextsubjekts ks gegen die Eingangseffektmenge EE_{ks} (5.28) des ContextML-Kontextmodells geprüft. Die Eingabeereignismenge I_{ks}^{SPEC} von $SPEC_{ks}$ ist dabei vollständig in Bezug auf die im ContextML-Kontextmodell dokumentierten Eigenschaften des operationellen Kontexts, wenn die Eingabeereignismenge I_{ks}^{SPEC} gegenüber der Menge der Eingangseffekte EE_{ks} des ContextML-Kontextmodells die folgende Bedingung erfüllt:

$$\forall ee^k \in EE_{ks} : \exists\, i_j \in I_{ks}^{SPEC} : i_j \sim_{\mathbb{k}} ee^k \qquad (6.52)$$

Nach dem in (6.52) angegeben Kriterium ist I_{ks}^{SPEC} genau dann vollständig, wenn für jeden Eingangseffekt ee^k in der Menge der Eingangseffekte des ContextML-Kontextmodells ein Eingabeereignis i_j in I_{ks} existiert, welches im Sinne der Modellterminalkohärenz $\sim_{\mathbb{k}}$ (6.23) äquivalent zu ee^k ist.

Auf Grundlage des in (6.52) definierten Kriteriums kann geschlussfolgert werden, dass die Eingabeereignismenge I_{ks}^{SPEC} der kanonischen Verhaltensspezifikation eines Kontextsubjekts genau dann unvollständig ist, wenn in der Eingangseffektmenge EE_{ks} ein Eingangseffekt ee^k existiert, für den in der Menge I_{ks} der kanonischen Verhaltensspezifikation kein Eingabeereignis i_j existiert, das im Sinne der Modellterminalkohärenz $\sim_{\mathbb{k}}$ äquivalent zu ee^k ist. Das entsprechende Kriterium für die Unvollständigkeit der Eingabeereignismenge I_{ks}^{SPEC} ist demnach wie folgt definiert:

$$\exists\, ee^k \in EE_{ks} : \nexists\, i_j \in I_{ks}^{SPEC} \mid i_j \sim_{\mathbb{k}} ee^k \Leftrightarrow I_{ks}^{SPEC}\ \text{ist unvollständig in Bezug auf}\ km_{ks}^{ContextML} \qquad (6.53)$$

Das Ergebnis der Überprüfung der Eingabeereignismenge I_{ks}^{SPEC} auf Unvollständigkeiten in Bezug auf die im ContextML-Kontextmodell dokumentierten Eigenschaften des operationellen Kontexts wird durch die Menge aller Eingangseffekte in EE_{ks} festgehalten, die dazu führen, dass die Eingabeereignismenge I_{ks}^{SPEC} im Sinne von (6.53) unvollständig ist. Die zugehörige Menge $\mathfrak{U}_I^{EE_{ks}}$ der Eingangseffekte in EE_{ks}, die zu einer Unvollständigkeit von I_{ks}^{SPEC} führen, ist wie folgt definiert:

$$\mathfrak{U}_I^{EE_{ks}} = \{ee^k \in EE_{ks} \mid \nexists i_j \in I_{ks} : i_j \sim_k ee^k\} \subseteq EE_{ks} \qquad (6.54)$$

Die Eingangseffekte in der Menge $\mathfrak{U}_I^{EE_{ks}}$ induzieren Kohärenzbrüche in $SPEC_{ks}$ gegenüber dem ContextML-Kontextmodell. Hierbei kennzeichnet jeder in $\mathfrak{U}_I^{EE_{ks}}$ vertretene Eingangseffekt ee^k, dass im operationellen Kontext ein singuläres Ereignis auftreten kann, das, gegebenenfalls gemeinsam mit anderen Ereignissen, einen Stimulus bildet, für das allerdings in $SPEC_{ks}$ kein Eingabeereignis i_j definiert ist. Dies hat zur Konsequenz, dass ein softwareintensives reaktives System, welches auf Basis der kanonischen Verhaltensspezifikation realisiert wird, im Betrieb nicht feststellen kann, ob ein solcher Eingangseffekt ee^k vorliegt.

6.4.1.2 Identifikation von Unvollständigkeiten der Stimuli in der kanonischen Verhaltensspezifikation gegenüber dem ContextML-Kontextmodell

Unvollständigkeiten in Bezug auf die Stimuli in der kanonischen Verhaltensspezifikation werden in der ContextML-Kohärenzbasis durch die Prüfung der Menge $Stim_{ks}^{SPEC}$ von Stimuli der kanonischen Verhaltensspezifikation gegen die Menge $Stim_{ks}^{ContextML}$ von Stimuli im ContextML-Kontextmodell identifiziert.

Eine Unvollständigkeit in $Stim_{ks}^{SPEC}$ kann aufgrund eines fehlenden Stimulus oder aufgrund eines unvollständigen Stimulus in der kanonischen Verhaltensspezifikation auftreten. Daher sind die Formalismen zur Identifikation von Unvollständigkeiten der Stimuli in der kanonischen Verhaltensspezifikation gegenüber dem ContextML-Kontextmodell wiederum in zwei Klassen unterteilt:

- Formalismen zur Identifikation unvollständiger Stimulusmengen in kanonischen Verhaltensspezifikationen (Abschnitt 6.4.1.2.1)
- Formalismen zur Identifikation unvollständiger Stimuli in der kanonischen Verhaltensspezifikation (Abschnitt 6.4.1.2.2)

6.4.1.2.1 Identifikation unvollständiger Stimulusmengen in der kanonischen Verhaltensspezifikation

Die Stimulusmenge $Stim_{ks}^{SPEC}$ ist dann vollständig in Bezug auf die im ContextML-Kontextmodell dokumentierten Eigenschaften des operationellen Kontexts, wenn $Stim_{ks}^{SPEC}$ gegenüber der Menge $Stim_{ks}^{ContextML}$ der Stimuli des ContextML-Kontextmodells die folgende Bedingung erfüllt:

$$\forall st^k \in Stim_{ks}^{ContextML} : \exists st_j \in Stim_{ks}^{SPEC} : st_j \sim_s st^k \qquad (6.55)$$

Nach dem in (6.55) angegeben Kriterium ist $Stim_{ks}^{SPEC}$ genau dann vollständig, wenn für jeden Stimulus st^k in der Menge $Stim_{ks}^{ContextML}$ des ContextML-Kontextmodells ein Stimulus st_j in $Stim_{ks}^{SPEC}$ existiert, welcher im Sinne der Kohärenz $\sim_s$ (6.34) äquivalent zu st^k ist.

Die Menge $Stim_{ks}^{SPEC}$ ist demzufolge unvollständig, wenn ein Stimulus st^k in der Menge $Stim_{ks}^{ContextML}$ existiert, für den in $Stim_{ks}^{SPEC}$ kein Stimulus st_j auftritt, der im Sinne der Kohärenz $\sim_\mathrm{s}$ äquivalent zu st^k ist, d. h.:

$$\exists st^k \in Stim_{ks}^{ContextML}: \nexists st_j \in Stim_{ks}^{SPEC} \mid st_j \sim_\mathrm{s} st^k \\ \Rightarrow Stim_{ks}^{SPEC} \text{ ist unvollständig in Bezug auf } km_{ks}^{ContextML} \tag{6.56}$$

Eine nach (6.56) unvollständige Menge von Stimuli in der kanonischen Verhaltensspezifikation zeigt an, das im operationellen Kontext des betrachteten Kontextsubjekts im Betrieb ein Stimulus auftritt, der in der kanonischen Verhaltensspezifikation des Kontextsubjekts nicht berücksichtigt ist. Daraus kann schlussgefolgert werden, dass $SPEC_{ks}$ unvollständig ist. Wie der Implikationsschluss in (6.56) angibt, gilt die Umkehrung dieser Aussage allerdings nicht, da eine Unvollständigkeit in $Stim_{ks}^{SPEC}$ auch durch Unvollständigkeiten innerhalb einzelner Stimuli bedingt sein kann.

Das Ergebnis der Überprüfung der Stimulusmenge $Stim_{ks}^{SPEC}$ auf Unvollständigkeiten im Sinne fehlender Stimuli in Bezug auf das ContextML-Kontextmodell wird durch die Menge solcher Stimuli des ContextML-Kontextmodells definiert, die nach (6.56) dazu führen, dass $Stim_{ks}^{SPEC}$ unvollständig ist. Die zugehörige Menge $\mathfrak{U}_I^{Stim_{ks}}$ von Stimuli im ContextML-Kontextmodell, die einen fehlenden Stimulus in $Stim_{ks}^{SPEC}$ und damit eine Unvollständigkeit in $SPEC_{ks}$ induzieren, ist wie folgt definiert:

$$\mathfrak{U}_I^{Stim_{ks}} = \{st^k \in Stim_{ks}^{ContextML} \mid \nexists st_j \in Stim_{ks}^{SPEC}: st_j \sim_\mathrm{s} st^k\} \subseteq Stim_{ks}^{ContextML} \tag{6.57}$$

6.4.1.2.2 Identifikation unvollständiger Stimuli in der kanonischen Verhaltensspezifikation

Die Menge der Stimuli in der kanonischen Verhaltensspezifikation ist auch dann unvollständig, wenn die zugehörige Menge von Eingabeereignissen eines Stimulus in $SPEC_{ks}$ unvollständig gegenüber der Menge von Eingangseffekten eines in Kohärenz $\sim_\mathrm{s}$ (6.34) stehenden Stimulus in $Stim_{ks}^{ContextML}$ ist. Das zugehörige Kriterium ist wie folgt definiert: Sei st_j ein Stimulus in $Stim_{ks}^{SPEC}$ und sei st_j' die Menge der Eingabeereignisse dieses Stimulus und st^k ein Stimulus in $Stim_{ks}^{ContextML}$ mit $st_j \sim_\mathrm{s} st^k$ dann gilt folgender Implikationsschluss:

$$\left(\exists ee^r \in st^k: \nexists i_l \in st_j' \text{ mit } i_j \sim_\mathrm{k} ee^r \Leftrightarrow st_j \text{ ist unvollständig in Bezug auf } st^k \right) \\ \Rightarrow Stim_{ks}^{SPEC} \text{ ist unvollständig in Bezug auf } km_{ks}^{ContextML} \tag{6.58}$$

Das obige Kriterium sagt aus, dass ein Stimulus st_j in der kanonischen Verhaltensspezifikation genau dann unvollständig gegenüber einem im Sinne der Kohärenz $\sim_\mathrm{s}$ äquivalenten Stimulus st^k im ContextML-Kontextmodell ist, wenn st^k einen Eingangseffekt ee^r besitzt, zu dem kein im Sinne der Modellterminalkohärenz $\sim_\mathrm{k}$ (6.23) äquivalentes Eingabeereignis i_j existiert. Ein solcher unvollständiger Stimulus in $Stim_{ks}^{SPEC}$ impliziert, dass $SPEC_{ks}$ gegenüber dem ContextML-Kontextmodell unvollständig ist.

Die Ergebnismenge der Überprüfung eines Stimulus st_j in $Stim_{ks}^{SPEC}$ auf Unvollständigkeiten in Bezug auf die Menge der Eingabeereignisse gegenüber einem im Sinne der Kohärenz $\sim_\mathrm{s}$ äquivalenten Stimulus st^k im ContextML-Kontextmodell, wird wie folgt definiert:

$$\mathfrak{u}_{st_j}^{st^k} = \{ee^k \in st^k \mid \nexists i_j \in st_j': ee^k \sim_\mathrm{k} i_j\} \subseteq st^k \tag{6.59}$$

Die Menge $\mathfrak{U}_u^{Stim_{ks}}$ der nach Kriterium (6.58) unvollständigen Stimuli setzt sich aus solchen Stimuli st_j von $SPEC_{ks}$ zusammen, für die ein im Sinne der Kohärenz $\sim_s$ äquivalenter Stimulus st^k im ContextML-Kontextmodell existiert, der mindestens einen Eingangseffekt ee^r besitzt, für den der Stimulus st_j kein Eingabeereignis aufweist, das im Sinne der Modellterminalkohärenz $\sim_{lk}$ äquivalent zu ee^r ist, d. h.:

$$\mathfrak{U}_u^{Stim_{ks}} = \left\{ \begin{array}{l} st_j \in Stim_{ks}^{SPEC} \mid \exists st^k \in Stim_{ks}^{ContextML}: st_j \sim_s st^k \\ \wedge \; \exists ee^r \in st^k : \nexists i_j \in st_j' : ee^r \sim_{lk} i_j \end{array} \right\} \quad (6.60)$$

Die in der Menge $\mathfrak{U}_u^{Stim_{ks}}$ enthaltenen Stimuli von $SPEC_{ks}$ weisen jeweils eine geringere Anzahl im Sinne der Kohärenz $\sim_{lk}$ gültiger Eingabeereignissen auf, als für den in Kohärenz $\sim_s$ stehenden Stimulus im ContextML-Kontextmodell Eingangseffekte dokumentiert sind. Dies hat zur Konsequenz, dass ein auf Basis von $SPEC_{ks}$ implementiertes Systems im Betrieb einen Stimulus identifiziert, obwohl für das Eintreten dieses Stimulus nach dem ContextML-Kontextmodell noch weitere Eingabeereignisse vorliegen müssen.

6.4.2 Formalismen zur Prüfung der Vollständigkeit von Ausgabeereignismengen

Zur Identifikation von Unvollständigkeiten in Bezug auf die Ausgabeereignismenge von kanonischen Verhaltensspezifikationen werden sowohl die Ausgabeereignismenge O_{ks}^{SPEC} (6.4) als auch die Reaktionen in $Reak_{ks}^{SPEC}$ (6.11) gegen die im ContextML-Kontextmodell dokumentierten Eigenschaften des operationellen Kontexts geprüft. Abhängig vom jeweiligen Gegenstand der Prüfung sind die Formalismen zur Prüfung der Vollständigkeit von Ausgabeereignismengen kanonischer Verhaltensspezifikationen in zwei Klassen unterteilt:

- Formalismen zur Identifikation von Unvollständigkeiten der Ausgabeereignismenge gegenüber dem ContextML-Kontextmodell (Abschnitt 6.4.2.1)

- Formalismen zur Identifikation von Unvollständigkeiten der Reaktionen gegenüber dem ContextML-Kontextmodell (Abschnitt 6.4.2.2)

6.4.2.1 Identifikation von Unvollständigkeiten der Ausgabeereignismenge gegenüber dem ContextML-Kontextmodell

Um Unvollständigkeiten in der kanonischen Verhaltensspezifikation hinsichtlich der Ausgabeereignisse gegenüber dem ContextML-Kontextmodell aufdecken zu können, wird die Ausgabeereignismenge O_{ks}^{SPEC} (6.4) der kanonischen Verhaltensspezifikation $SPEC_{ks}$ (6.1) des zugehörigen Kontextsubjekts ks gegen die Ausgangseffektmenge AE_{ks} (5.30) des ContextML-Kontextmodells von ks geprüft. Die Ausgabeereignismenge O_{ks}^{SPEC} der kanonischen Verhaltensspezifikation ist vollständig in Bezug auf die im ContextML-Kontextmodell dokumentierten Eigenschaften des operationellen Kontexts, wenn O_{ks}^{SPEC} gegenüber der Menge AE_{ks} die folgende Bedingung erfüllt:

$$\forall ae^k \in AE_{ks} : \exists \, o_j \in O_{ks}^{SPEC} : o_j \sim_{lk} ae^k \quad (6.61)$$

Das in (6.61) angegeben Kriterium für die Vollständigkeit der Ausgabeereignismenge O_{ks}^{SPEC} sagt aus, dass O_{ks}^{SPEC} genau dann vollständig ist, wenn für jeden Ausgangseffekt ae^k in der

Menge AE_{ks} ein Ausgabeereignis o_j in O_{ks}^{SPEC} existiert, welches im Sinne der Modellterminalkohärenz $\sim_{lk}$ (6.23) äquivalent zu ae^k ist.

Die Ausgabeereignismenge O_{ks}^{SPEC} der kanonischen Verhaltensspezifikation eines Kontextsubjekts ks ist genau dann unvollständig, wenn in der Ausgangseffektmenge AE_{ks} ein Ausgangseffekt ae^k auftritt, für den in der Menge O_{ks}^{SPEC} kein Ausgabeereignis o_j existiert, das im Sinne der Modellterminalkohärenz $\sim_{lk}$ äquivalent zu ae^k ist. Das Kriterium für die Unvollständigkeit der Ausgabeereignismenge O_{ks}^{SPEC} ist demzufolge wie folgt definiert:

$$\exists ae^k \in AE_{ks} : \nexists o_j \in O_{ks}^{SPEC} \mid o_j \sim_{lk} ae^k$$
$$\Leftrightarrow O_{ks}^{SPEC} \text{ ist unvollständig in Bezug auf } km_{ks}^{ContextML} \tag{6.62}$$

Das Ergebnis der Überprüfung der Ausgabeereignismenge O_{ks}^{SPEC} auf Unvollständigkeiten gegenüber dem ContextML-Kontextmodell wird durch die Menge aller Ausgangseffekte in AE_{ks} festgehalten, die dazu führen, dass die Ausgabeereignismenge O_{ks}^{SPEC} im Sinne von (6.62) unvollständig ist. Die zugehörige Menge $\mathfrak{U}_O^{AE_{ks}}$ der Ausgangseffekte in AE_{ks}, die zu einer Unvollständigkeit von O_{ks}^{SPEC} führen, ist wie folgt definiert:

$$\mathfrak{U}_O^{AE_{ks}} = \{ae^k \in AE_{ks} \mid \nexists o_j \in O_{ks} : o_j \sim_{lk} ae^k\} \subseteq AE_{ks} \tag{6.63}$$

Die Ausgangseffekte in der Menge $\mathfrak{U}_O^{AE_{ks}}$ induzieren Kohärenzbrüche in $SPEC_{ks}$ gegenüber dem ContextML-Kontextmodell. Jeder in $\mathfrak{U}_O^{AE_{ks}}$ vertretene Ausgangseffekt ae^k kennzeichnet, dass durch das Kontextsubjekt im Betrieb ein singuläres Ereignis bewirkt werden muss, das, gegebenenfalls gemeinsam mit anderen Ereignissen, eine Reaktion des Kontextsubjekts bildet, für das allerdings in $SPEC_{ks}$ kein Ausgabeereignis o_j definiert ist. Dies hat zur Konsequenz, dass ein softwareintensives reaktives System, das auf Basis von $SPEC_{ks}$ implementiert ist, im Betrieb den Ausgangseffekt ae^k nicht bewirken kann.

6.4.2.2 Identifikation von Unvollständigkeiten der Reaktionen in der kanonischen Verhaltensspezifikation gegenüber dem ContextML-Kontextmodell

Unvollständigkeiten in Bezug auf die Reaktionen in der kanonischen Verhaltensspezifikation werden in der ContextML-Kohärenzbasis durch die Prüfung der Menge $Reak_{ks}^{SPEC}$ der Reaktionen der kanonischen Verhaltensspezifikation gegen die Menge $Reak_{ks}^{ContextML}$ der Reaktionen im ContextML-Kontextmodell identifiziert.

Eine Unvollständigkeit in $Reak_{ks}^{SPEC}$ kann dabei aufgrund einer fehlenden oder einer unvollständigen Reaktion in der kanonischen Verhaltensspezifikation auftreten. Daher sind die Formalismen zur Identifikation von Unvollständigkeiten der Reaktionen in der kanonischen Verhaltensspezifikation gegenüber dem ContextML-Kontextmodell wiederum in zwei Klassen unterteilt:

- Formalismen zur Identifikation unvollständiger Reaktionsmengen in kanonischen Verhaltensspezifikationen (Abschnitt 6.4.2.2.1)

- Formalismen zur Identifikation unvollständiger Reaktionen in der kanonischen Verhaltensspezifikation (Abschnitt 6.4.2.2.2)

6.4.2.2.1 Identifikation unvollständiger Reaktionsmengen in der kanonischen Verhaltensspezifikation

Die Menge $Reak_{ks}^{SPEC}$ ist vollständig in Bezug auf die im ContextML-Kontextmodell dokumentierten Eigenschaften des operationellen Kontexts, wenn $Reak_{ks}^{SPEC}$ gegenüber der Menge $Reak_{ks}^{ContextML}$ von Reaktionen im ContextML-Kontextmodell die folgende Bedingung erfüllt:

$$\forall re^k \in Reak_{ks}^{ContextML}: \exists re_j \in Reak_{ks}^{SPEC}: re_j \sim_{\mathrm{r}} re^k \qquad (6.64)$$

Nach dem in (6.64) angegeben Kriterium ist $Reak_{ks}^{SPEC}$ genau dann vollständig, wenn für jede Reaktion re^k in der Menge $Reak_{ks}^{ContextML}$ der Reaktionen des ContextML-Kontextmodells eine Reaktion re_j in $Reak_{ks}^{SPEC}$ existiert, welche im Sinne der Kohärenz $\sim_{\mathrm{r}}$ (6.48) äquivalent zu re^k ist.

Die Menge $Reak_{ks}^{SPEC}$ ist folglich unvollständig, wenn eine Reaktion re^k aus der Menge $Reak_{ks}^{ContextML}$ existiert, für die in der Menge $Reak_{ks}^{SPEC}$ keine Reaktion re_j existiert, die im Sinne der Kohärenz $\sim_{\mathrm{r}}$ äquivalent zu re^k ist, d. h.:

$$\begin{aligned}&\exists re^k \in Reak_{ks}^{ContextML}: \not\exists re_j \in Reak_{ks}^{SPEC} \mid re_j \sim_{\mathrm{r}} re^k \\ &\Rightarrow Reak_{ks}^{SPEC} \text{ ist unvollständig in Bezug auf } km_{ks}^{ContextML}\end{aligned} \qquad (6.65)$$

Eine nach (6.65) unvollständige Menge von Reaktionen zeigt an, dass im operationellen Kontext des Kontextsubjekts im Betrieb eine Reaktion auftritt, die in der kanonischen Verhaltensspezifikation des Kontextsubjekts nicht berücksichtigt ist. Dies hat zur Konsequenz, dass $SPEC_{ks}$ unvollständig ist. Wie der Implikationsschluss in (6.65) angibt, gilt die Umkehrung dieser Aussage allerdings nicht, da eine Unvollständigkeit in $Reak_{ks}^{SPEC}$ auch durch Unvollständigkeiten innerhalb einzelner Reaktionen bedingt sein kann.

Das Ergebnis der Überprüfung der Menge $Reak_{ks}^{SPEC}$ auf Unvollständigkeiten im Sinne fehlender Reaktionen in Bezug auf $Reak_{ks}^{ContextML}$ wird durch die Menge solcher Reaktionen des ContextML-Kontextmodells definiert, die nach (6.65) dazu führen, dass $Reak_{ks}^{SPEC}$ unvollständig ist. Die zugehörige Menge $\mathfrak{U}_0^{Reak_{ks}}$ von Reaktionen im ContextML-Kontextmodell, die eine fehlende Reaktion in $Reak_{ks}^{SPEC}$ und damit eine Unvollständigkeit in $SPEC_{ks}$ induzieren, ist wie folgt definiert:

$$\mathfrak{U}_0^{Reak_{ks}} = \{re^k \in Reak_{ks}^{ContextML} \mid \not\exists re_j \in Reak_{ks}^{SPEC}: re_j \sim_{\mathrm{r}} re^k\} \subseteq Reak_{ks}^{ContextML} \qquad (6.66)$$

6.4.2.2.2 Identifikation unvollständiger Reaktionen in der kanonischen Verhaltensspezifikation

Neben fehlenden Reaktionen kann die Menge $Reak_{ks}^{SPEC}$ auch dadurch unvollständig sein, dass die Ausgabeereignisse einer Reaktion re_j in $Reak_{ks}^{SPEC}$ unvollständig gegenüber der Menge von Ausgangseffekten einer in Kohärenz $\sim_{\mathrm{r}}$ (6.48) zu re_j stehenden Reaktion re^k im ContextML-Kontextmodell sind. Das zugehörige Kriterium ist wie folgt definiert: Sei re_j eine Reaktion in $Reak_{ks}^{SPEC}$, und sei $re_j{'}$ die Menge der Ausgabeereignisse dieser Reaktion und sei re^k eine Reaktion in $Reak_{ks}^{ContextML}$ mit $re_j \sim_{\mathrm{r}} re^k$ dann gilt:

$$\begin{aligned}&(\exists ae^r \in re^k: \not\exists o_l \in re_j{'} \text{ mit } o_l \sim_{\mathrm{k}} ae^r \Leftrightarrow re_j \text{ ist unvollständig in Bezug auf } re^k\,) \\ &\Rightarrow Reak_{ks}^{SPEC} \text{ ist unvollständig in Bezug auf } km_{ks}^{ContextML}\end{aligned} \qquad (6.67)$$

Das obige Kriterium sagt aus, dass eine Reaktion re_j in $Reak_{ks}^{SPEC}$ genau dann unvollständig gegenüber einer in der Kohärenz $\sim_r$ stehenden Reaktion re^k von $Reak_{ks}^{ContextML}$ ist, wenn re^k einen Ausgangseffekt ae^r besitzt, zu dem kein im Sinne der Modellterminalkohärenz $\sim_{\mathbb{k}}$ (6.23) äquivalentes Ausgabeereignis o_l existiert. Eine solche unvollständige Reaktion impliziert, dass $Reak_{ks}^{SPEC}$ gegenüber dem ContextML-Kontextmodell unvollständig ist.

Die Ergebnismenge der Überprüfung einer Reaktion re_j in $Reak_{ks}^{SPEC}$ auf Unvollständigkeiten in Bezug auf die Menge der Ausgabeereignisse gegenüber einer in der Kohärenz $\sim_r$ stehenden Reaktion re^k im ContextML-Kontextmodell wird wie folgt definiert:

$$\mathfrak{u}_{re_j}^{re^k} = \{ae^r \in re^k \mid \nexists o_l \in re_j' : ae^r \sim_{\mathbb{k}} o_l\} \subseteq re^k \qquad (6.68)$$

Die Menge $\mathfrak{u}_u^{Reak_{ks}}$ der nach (6.68) unvollständigen Reaktionen setzt sich aus solchen Reaktionen re_j in $Reak_{ks}^{SPEC}$ zusammen, für die eine im Sinne der Kohärenz $\sim_r$ äquivalente Reaktion re^k im ContextML-Kontextmodell existiert, die mindestens einen Ausgangseffekt ae^r besitzt, für den die Reaktion re_j kein Ausgabeereignis aufweist, das im Sinne der Modellterminalkohärenz $\sim_{\mathbb{k}}$ äquivalent zu ae^r ist, d. h.:

$$\mathfrak{u}_u^{Reak_{ks}} = \begin{cases} re_j \in Reak_{ks}^{SPEC} \mid \exists re^k \in Reak_{ks}^{ContextML} : re_j \sim_r re^k \\ \land\; \exists ae^r \in re^k \mid \nexists o_l \in re_j' : ae^r \sim_{\mathbb{k}} o_l \end{cases} \qquad (6.69)$$

Die in $\mathfrak{u}_u^{Reak_{ks}}$ enthaltenen Reaktionen weisen jeweils eine geringere Anzahl im Sinne der Kohärenz $\sim_{\mathbb{k}}$ gültiger Ausgabeereignisse auf, als für die zugehörige Reaktion im ContextML-Kontextmodell Ausgangseffekte dokumentiert sind. Dies hat zur Konsequenz, dass ein auf Basis von $SPEC_{ks}$ realisiertes System im Betrieb eine Reaktion bewirkt, die im Hinblick auf das ContextML-Kontextmodell nicht vollständig ist, da die zugehörige Reaktion im ContextML-Kontextmodell einen oder mehrere Ausgangseffekte umfasst, zu denen das implementierte System kein korrespondierendes Ausgabeereignis auslösen kann.

6.5 Zusammenfassung

In diesem Kapitel wurde mit der ContextML-Kohärenzbasis der zweite Bestandteil des spezifischen Lösungsansatzes dieser Arbeit vorgestellt. Die Kohärenzbasis definiert Formalismen zur Identifikation von Kohärenzbrüchen in kanonischen Verhaltensspezifikationen softwareintensiver reaktiver Systeme in Bezug auf die im jeweiligen ContextML-Kontextmodell dokumentierten Eigenschaften des operationellen Kontexts in der statisch-strukturellen Perspektive. Die Resultate der verschiedenen Kohärenzprüfungen werden in unterschiedlichen Ergebnismengen dokumentiert. Tabelle 6-4 zeigt die Ergebnismengen der Kohärenzprüfungen in der ContextML-Kohärenzbasis.

Menge	Referenz	Angezeigte / induzierte Kohärenzbrüche	Automatisierungsg.	Manuell
$\overline{\mathfrak{G}}_I^{EE}$	(6.26)	Ungültige Eingabeereignisse	teilautomatisiert	$\sim_{\mathbb{k}}$
$\overline{\mathfrak{G}}_I^{ES}$	(6.28)	Ungültige Eingabeereignisse	teilautomatisiert	$\sim_{\mathbb{k}}$
$\overline{\mathfrak{G}}_I^{Stim}$	(6.36)	Ungültige Stimuli	teilautomatisiert	$\sim_s$
$\overline{\mathfrak{G}}_O^{AE}$	(6.40)	Ungültige Ausgabeereignisse	teilautomatisiert	$\sim_{\mathbb{k}}$

Menge	Referenz	Angezeigte / induzierte Kohärenzbrüche	Automatisierungsg.	Manuell
$\overline{\mathfrak{G}}_O^{AS}$	(6.42)	Ungültige Ausgabeereignisse	teilautomatisiert	$\sim_{lk}$
$\overline{\mathfrak{G}}_O^{Reak}$	(6.50)	Ungültige Reaktionen	teilautomatisiert	$\sim_r$
$\mathfrak{U}_I^{EE}$	(6.54)	Unvollständige Menge von Eingabeereignissen	teilautomatisiert	$\sim_{lk}$
$\mathfrak{U}_I^{Stim}$	(6.57)	Unvollständige Menge von Stimuli	teilautomatisiert	$\sim_s$
$\mathfrak{U}_u^{Stim}$	(6.60)	Unvollständige Stimuli	teilautomatisiert	$\sim_{lk}$
$\mathfrak{U}_O^{AE}$	(6.63)	Unvollständige Menge von Ausgabeereignissen	teilautomatisiert	$\sim_{lk}$
$\mathfrak{U}_O^{Reak}$	(6.66)	Unvollständige Menge von Reaktionen	teilautomatisiert	$\sim_r$
$\mathfrak{U}_u^{Reak}$	(6.69)	Unvollständige Reaktionen	teilautomatisiert	$\sim_{lk}$

Tabelle 6-4: Eigenschaften der Ergebnismengen der ContextML-Kohärenzbasis

Zu jeder Ergebnismenge der ContextML-Kohärenzbasis ist in der obigen Tabelle der angezeigte oder induzierte Kohärenzbruch in der kanonischen Verhaltensspezifikation aufgeführt. Zusätzlich ist in Tabelle 6-4 der jeweilige Automatisierungsgrad der Berechnung der einzelnen Ergebnismengen angegeben sowie der Teil der Prüfung, der in der Anwendung der ContextML-Kohärenzbasis jeweils manuell durchgeführt wird. Wie aus der Tabelle hervorgeht, erfolgt die Bestimmung der einzelnen Ergebnismengen teilautomatisiert, wobei lediglich die Auswertung der Relationen $\sim_{lk}$ (Kohärenz von Modellterminalen), $\sim_s$ (Kohärenz von Stimuli) und $\sim_r$ (Kohärenz von Reaktionen) manuell durchzuführen ist.

Die Ausarbeitung der ContextML-Kohärenzbasis stützt sich auf Ergebnisse anderer Forschungsarbeiten: Hierzu gehören die allgemeinen Beziehungen zwischen ‚problem domains', ‚requirements' und ‚specification' aus den Arbeiten von M. JACKSON zum World-and-the-Machine-Modell und zum Problem-Frames-Ansatz [Jackson 1995b; Jackson 2001b] (vgl. Abschnitt 3.2.2). Die Beziehungen zwischen Eigenschaften der Verhaltensspezifikation, den Stimuli und Reaktionen des Systems und deren Bezug zu Umgebungsgrößen in der ContextML-Kohärenzbasis basieren auf den Arbeiten von CLEMENTS, HENINGER, MADEY, PARNAS und VAN SCHOUWEN zum Vier-Variablen-Modell [Heninger 1980; Parnas und Clements 1986; van Schouwen et al. 1992; Parnas und Madey 1995] (vgl. Abschnitt 3.2.7). Spezifische Kohärenzbedingungen der ContextML-Kohärenzbasis beruhen auf den Arbeiten von JOHNSON [Johnson 1988], RAPANOTTI, HALL, LI [Rapanotti et al. 2006] und SEATER, D. JACKSON [Seater und Jackson 2006a] zur Ableitung von Verhaltensspezifikationen aus Eigenschaften des operationellen Kontexts (vgl. Abschnitt 3.3.3) sowie auf der Arbeit von SILVA [Silva 2002] zur Kategorisierung von Diskrepanzen in der Diskrepanzanalyse (vgl. Abschnitt 3.3.6).

Teil III
Evaluation des Ansatzes

Gliederung Teil III

In Kapitel 7 »Prototypische Werkzeugunterstützung« wird zum Nachweis der technischen Umsetzbarkeit des entwickelten Ansatzes der im Rahmen dieser Arbeit konstruierte Werkzeugprototyp CONTEXTML ANALYZER vorgestellt.

In Kapitel 8 »Anwendungsbeispiel ‚Dynamische Scheibentönung'« wird die Anwendbarkeit und Nützlichkeit des Ansatzes durch dessen exemplarische Anwendung auf ein ausgewähltes softwareintensives reaktives System aufgezeigt.

Inhalt

7   Prototypische Werkzeugunterstützung 145
8   Anwendungsbeispiel ‚Dynamische Scheibentönung' 153

7 Prototypische Werkzeugunterstützung

Ein Ziel der Evaluation des entwickelten Ansatzes ist es, dessen technische Umsetzbarkeit nachzuweisen (vgl. [Walls et al. 1992]). Zu diesem Zweck wurde der Ansatz im Sinne einer ‚Proof-of-Concept'-Implementierung prototypisch realisiert. Der entwickelte Werkzeugprototyp CONTEXTML ANALYZER wird im Folgenden anhand einiger ausgewählter Merkmale überblicksartig vorgestellt.

Kapitelüberblick
7.1 Logische Grobarchitektur des CONTEXTML ANALYZER 145
7.2 Technische Umsetzung des CONTEXTML ANALYZER 146
7.3 Benutzungsoberfläche des CONTEXT MODEL EDITOR 148
7.4 Kohärenzprüfung im CONTEXTML COHERENCE CHECKER 149
7.5 Zusammenfassende Bewertung...151

7.1 Logische Grobarchitektur des CONTEXTML ANALYZER

Die logische Grobarchitektur des CONTEXTML ANALYZER basiert auf der in Abschnitt 4.3.1 vorgestellten Grobstruktur des spezifischen Lösungsansatzes dieser Arbeit. Abbildung 7-1 zeigt die Grobarchitektur des CONTEXTML ANALYZER in Form eines Klassenmodells der Unified Modeling Language (UML) [OMG 2005a]. Die Darstellung der Details der einzelnen Klassen wurde aus Gründen der Lesbarkeit und Übersichtlichkeit auf die für das Verständnis der Grobarchitektur des CONTEXTML ANALYZER wesentlichen Methoden oder Attribute reduziert.

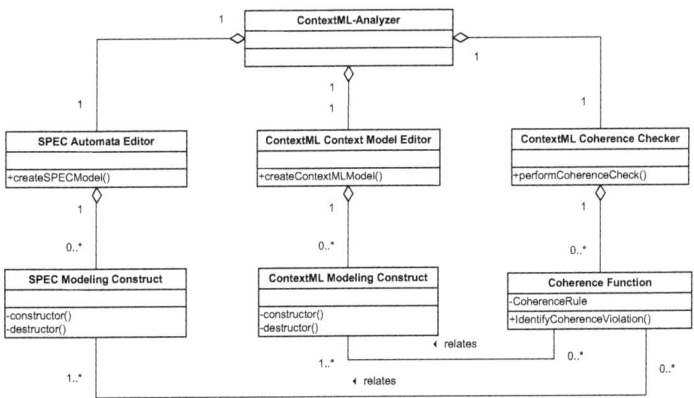

Abbildung 7-1: Grobarchitektur des CONTEXTML ANALYZER

Die einzelnen Klassen in der Grobarchitektur des CONTEXTML ANALYZER haben die folgende Bedeutung:

- *ContextML-Analyzer*: Diese Klasse repräsentiert das Werkzeug, das den in dieser Arbeit entwickelten Ansatz umsetzt. Die Klasse setzt sich aus den Klassen SPEC Automata Editor, ContextML Context Model Editor und ContextML Coherence Checker zusammen.

- *ContextML Context Model Editor*: Diese Klasse repräsentiert die Modellierungskomponente des Werkzeugs, die die Konstruktion von ContextML-Kontextmodellen nach Definition 5-18 ermöglicht. Eine Ausprägung der Klasse ContextML Context Model Editor umfasst eine Menge von Instanzen der Klasse Context Modeling Construct.

- *SPEC Automata Editor*: Diese Klasse repräsentiert die Modellierungskomponente des Werkzeuges, die die Konstruktion von kanonischen Verhaltensspezifikationen im Sinne von Definition 2-4 unterstützt. Die Ausprägung der Klasse SPEC Automata Editor umfasst eine Menge von Instanzen der Klasse SPEC Modeling Construct.

- *ContextML Modeling Construct*: Die Ausprägungen der Klasse ContextML Modeling Construct repräsentieren einzelne Elemente des in Kapitel 5 vorgestellten ContextML-Modellierungsrahmenwerks und definieren die Sprachbasis der Klasse ContextML Context Model Editor.

- *SPEC Modeling Construct*: Die Ausprägungen der Klasse SPEC Modeling Construct repräsentieren einzelne Elemente der in Abschnitt 2.1.3 vorgestellten Spezifikationsautomaten der kanonischen Verhaltensspezifikation und definieren die Sprachbasis für die Klasse SPEC Automata Editor.

- *ContextML Coherence Checker*: Die Klasse ContextML Coherence Checker repräsentiert die Prüfkomponente zur Kohärenzprüfung kanonischer Verhaltensspezifikationen gegen ContextML-Kontextmodelle. Die Klasse ContextML Coherence Checker besteht aus einer Menge von Ausprägungen der Klasse Coherence Function.

- *Coherence Function*: Die Klasse Coherence Function repräsentiert Kohärenzfunktionen, die zur Identifikation von Kohärenzbrüchen verwendet werden. Die Ausprägungen dieser Klasse setzen die in Kapitel 6 definierten Regeln zur Identifikation ungültiger oder unvollständiger Eigenschaften in kanonischen Verhaltensspezifikationen um.

7.2 Technische Umsetzung des CONTEXTML ANALYZER

Da das entwickelte Werkzeug (CONTEXTML ANALYZER) eine zügige ‚Proof-of-Concept'-Implementierung ermöglichen und auf einfache Weise mit künftig entwickelten Werkzeugen integrierbar sein sollte, wurde zur Implementierung die ECLIPSE™-Plattform [Eclipse Fnd. 2010a] in Kombination mit ECLIPSE GMF (Graphical Modeling Framework) [Eclipse Fnd. 2010b] verwendet. Die Struktur der technischen Umsetzung des CONTEXTML ANALYZER auf der ECLIPSE-Plattform ist in Abbildung 7-2 illustriert.

7 Prototypische Werkzeugunterstützung

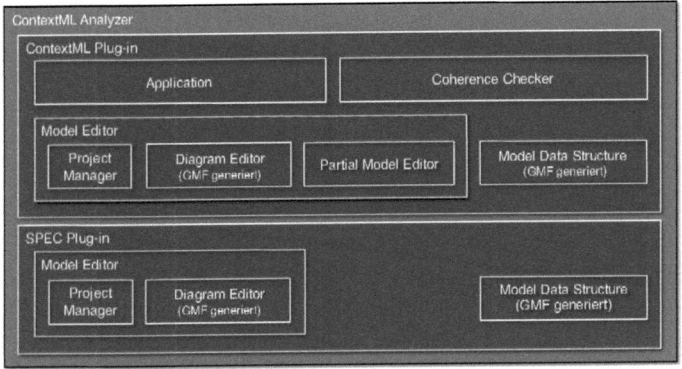

Abbildung 7-2: ECLIPSE-Plug-in-Struktur des CONTEXTML ANALYZER

Der CONTEXTML-ANALYZER setzt sich aus den beiden Plug-ins ‚ContextML Plug-in' und ‚SPEC Plug-in' zusammen. Das Plug-in ‚ContextML Plug-in' besitzt die Plug-ins ‚Application', ‚Coherence Checker', ‚Model Editor' und ‚Model Data Structure'. Das Plug-in ‚Application' bildet die technische Infrastruktur für die Ausführung der verschiedenen Plug-ins und legt das grundlegende Erscheinungsbild des ContextML-Analyzer fest, indem für die grafische Benutzungsoberfläche individuelle Ansichten, wie (Kontext-)menüs sowie spezielle Navigationsansichten, wie z. B. eine Baumdarstellung der im Projekt enthaltenen Modelle, definiert werden.

Das Plug-in ‚Coherence Checker' setzt die verschiedenen Funktionen zur Überprüfung der Gültigkeit und Vollständigkeit der kanonischen Verhaltensspezifikation um, welche auf den in den Abschnitten 6.3 und 6.4 definierten Kohärenzregeln beruhen. Das Plug-in berechnet hierzu die Stimuli und Reaktionen der kanonischen Verhaltensspezifikation nach den in Abschnitt 6.2 erläuterten Algorithmen und realisiert die Benutzungsoberflächen, die den Nutzer des Werkzeuges in der manuellen Anwendung der in Abschnitt 6.2.2 definierten Kohärenzrelation unterstützen.

Das Plug-in ‚Model Editor' dient zur Konstruktion von ContextML-Partialdiagrammen und besteht aus generiertem Programmcode und zusätzlichen spezifischen Anpassungen. Der generierte Teil ‚Diagram Editor' wurde mittels GMF aus dem Metamodell der ContextML-Sprachbasis und einem Generatormodell erstellt. Der ‚Project Manager' dient zur Verwaltung der Modellierungsprojekte und bietet typische Funktionalitäten, wie z. B. das Öffnen, Speichern und Schließen von Modellierungsprojekten. Der ‚Partial Model Editor' realisiert die komplementäre Definition von Eintrittsbedingungen und Wirkungen zu Partialdiagrammen des ContextML-Projekts und stellt dazu entsprechende Eingabemasken zur Verfügung. ‚Model Data Structure' ist ein durch den GMF-Codegenerator erzeugtes Plug-in zur Speicherung der im ContextML Plug-in erstellten ContextML-Kontextmodelle.

Das Plug-in ‚SPEC Plug-in' besteht aus zwei Plug-ins, dem ‚Model Editor' und ‚Model Data Structure'. Das Plug-in ‚Model Editor' setzt sich wiederum aus den beiden Plug-ins ‚Project Manager' und ‚Diagram Editor' zusammen. Analog zum Plug-in ‚Project Manager' des ‚ContextML Plug-in' realisiert ‚Project Manager' im ‚SPEC Plug-in' die Verwaltung der

Modellierungsprojekte für kanonische Verhaltensspezifikationen. Das Plug-in ‚Diagram Editor' dient zur Erstellung der kanonischen Verhaltensspezifikationen und wurde auf Grundlage des zugehörigen Metamodells aus der GMF-Editoreinheit und einem Generatormodell erzeugt. Die Werkzeugpalette wird zur Laufzeit dynamisch angepasst, um den Benutzer bei der Erstellung des Spezifikationsmodells bestmöglich zu unterstützen. ‚Model Data Structure' ist wiederum ein durch den GMF-Codegenerator erzeugtes Plug-in zur Speicherung der im SPEC Plug-in erstellten Spezifikationsmodelle.

7.3 Benutzungsoberfläche des CONTEXT MODEL EDITOR

Die Nutzung des CONTEXTML ANALYZER geschieht über die Benutzungsoberfläche des CONTEXTML CONTEXT MODEL EDITOR, der im Werkzeug durch das Plug-in ‚ContextML Plug-in' realisiert ist. Abbildung 7-3 gibt einen Überblick über den Aufbau der Benutzungsoberfläche des CONTEXTML CONTEXT MODEL EDITOR.

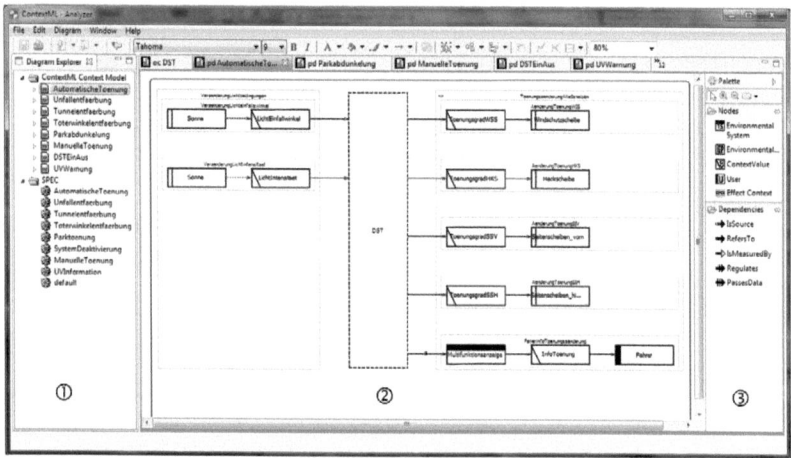

Abbildung 7-3: Benutzungsoberfläche des CONTEXTML CONTEXT MODEL EDITOR

Die Benutzungsoberfläche des CONTEXTML CONTEXT MODEL EDITOR besteht aus drei Teilbereichen:

- *Diagramm Explorer* (Abbildung 7-3 ①): Der ‚Diagram Explorer' zeigt unter dem Eintrag ‚ContextML Context Model' die verfügbaren Partialdiagramme des ContextML-Kontextmodells im entsprechenden Projekt. Unter dem Eintrag ‚SPEC' werden die verschiedenen Spezifikationsautomaten gezeigt, die die kanonische Verhaltensspezifikation des Kontextsubjekts definieren.

- *Modellierungsfenster* (Abbildung 7-3 ②): Das Modellierungsfenster zeigt abhängig von der jeweiligen Modellierungskomponente entweder das Partialdiagramm des im ‚Diagram Explorer' ausgewählten Partialdiagramm des ContextML-Kontextmodells oder den im Diagram Explorer ausgewählten Spezifikationsautomaten.

- *Modellkonstruktepalette* (Abbildung 7-3 ③): Die Modellkonstruktepalette zeigt abhängig von der ausgewählten Modellierungskomponente, die zur Modellkonstruktion verwendbaren Modellelemente. In der Abbildung ist die Modellkonstruktepalette des CONTEXTML CONTEXT MODEL EDITOR gezeigt, die die zur Konstruktion von Partialdiagrammen verwendbaren Modellkonstrukte bietet.

7.4 Kohärenzprüfung im CONTEXTML COHERENCE CHECKER

Die Kohärenzprüfung der kanonischen Verhaltensspezifikation gegenüber dem ContextML-Kontextmodell wird durch den CONTEXTML COHERENCE CHECKER initiiert, der im Werkzeug durch das Plug-in ‚Coherence Checker' realisiert ist. Die Benutzungsoberfläche zur Kohärenzprüfung wird im Folgenden am Beispiel der Prüfung von Stimuli und Reaktionen skizziert. Abbildung 7-4 zeigt die Benutzungsoberfläche zur Kohärenzprüfung der Stimuli und Reaktionen in der kanonischen Verhaltensspezifikation.

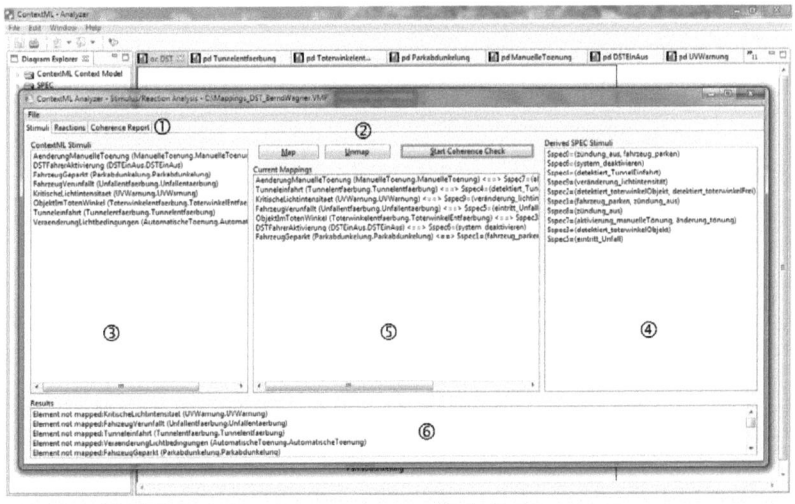

Abbildung 7-4: Auswertung der Kohärenz im CONTEXTML COHERENCE CHECKER

Zur Kohärenzprüfung der Stimuli und Reaktionen in der kanonischen Verhaltensspezifikation bestimmt der CONTEXTML COHERENCE CHECKER zunächst die Ausführungssequenzen der einzelnen Spezifikationsautomaten (Algorithmus 6-1). Auf Grundlage der Ausführungssequenzen werden die Stimuli (Algorithmus 6-2) und Reaktionen (Algorithmus 6-3) der kanonischen Verhaltensspezifikation bestimmt.

Die im Ansatz manuell vorzunehmende Auswertung der Kohärenz von Modellterminalen (6.23), von Stimuli (6.34) und von Reaktionen (6.48) erfolgt über die Benutzungsoberfläche des CONTEXTML COHERENCE CHECKER. Die Benutzungsoberfläche zur Kohärenzprüfung von Eingabe- und Ausgabeereignissen ist in analoger Weise aufgebaut. Die

Benutzungsoberfläche des CONTEXTML COHERENCE CHECKER zur Kohärenzprüfung von Stimuli und Reaktionen der kanonischen Verhaltensspezifikation gegenüber dem ContextML-Kontextmodell besteht aus den folgenden sechs Bereichen:

- *Registerkarten [Stimuli][Reactions][Coherence Report]* (Abbildung 7-4 ①): Über die jeweilige Registerkarte kann das Fenster zur Zuordnung von Stimuli, das Fenster zur Zuordnung von Reaktionen sowie das Ergebnis der Kohärenzprüfung aufgerufen werden.

- *Schaltflächen [Map][Unmap][Start Coherence Check]* (Abbildung 7-4 ②): Mittels ‚Map' beziehungsweise ‚Unmap' wird die Zuordnung zwischen Stimuli / Reaktionen in der kanonischen Verhaltensspezifikation und Stimuli / Reaktionen im ContextML-Kontextmodell hergestellt beziehungsweise aufgehoben. Über ‚Start Coherence Check' wird die Kohärenzprüfung initiiert.

- *ContextML Stimuli / ContextML Reactions* (Abbildung 7-4 ③): In diesem Auswahlfenster werden die im ContextML-Kontextmodell dokumentierten Stimuli / Reaktionen des ContextML-Kontextmodells aufgelistet.

- *SPEC Stimuli / SPEC Reactions:* (Abbildung 7-4 ④): Dieses Auswahlfenster zeigt die vom CONTEXTML COHERENCE CHECKER bestimmten Stimuli und Reaktionen in den Spezifikationsautomaten der zu prüfenden kanonischen Verhaltensspezifikation.

- *Mappings* (Abbildung 7-4 ⑤): Dieses Auswahlfenster zeigt die bereits festgelegten Zuordnungen zwischen Stimuli / Reaktionen in der kanonischen Verhaltensspezifikation und den Stimuli / Reaktionen des ContextML-Kontextmodells.

- *Ergebnis der Kohärenzprüfung* (Abbildung 7-4 ⑥): Nach der Initiierung der Kohärenzprüfung werden in diesem Fenster die jeweils identifizierten Kohärenzbrüche in der kanonischen Verhaltensspezifikation aufgelistet.

Die Ergebnisse der Kohärenzprüfung werden im CONTEXTML COHERENCE CHECKER in Form von Kohärenzberichten zu Verfügung gestellt, auf die jeweils über die Registerkarte ‚Coherence Report' zugegriffen werden kann. Kohärenzbrüche werden in Kohärenzberichten durch das Schlüsselwort ‚Remark' angezeigt. Abbildung 7-5 zeigt einen Auszug aus einem Kohärenzbericht aus der Prüfung von Stimuli / Reaktionen in der kanonischen Verhaltensspezifikation gegen das ContextML-Kontextmodell.

7 Prototypische Werkzeugunterstützung

Abbildung 7-5: Auszug aus einem Kohärenzbericht des CONTEXTML COHERENCE CHECKER

Die Ergebnisse der Kohärenzprüfung von Eingabe- und Ausgabeereignissen und der Kohärenzprüfung von Stimuli und Reaktionen der kanonischen Verhaltensspezifikation werden vom CONTEXTML COHERENCE CHECKER jeweils in Form von Kohärenzberichten ausgegeben, die wie folgt aufgebaut sind:

- *Validity Check* (Abbildung 7-5 ①): In diesem Abschnitt sind die Ergebnisse der verschiedenen Gültigkeitsprüfung nach Abschnitt 6.3 angegeben. Diese Ergebnisse sind nochmals untergliedert nach Ergebnissen in Bezug auf die Eingabeereignisse / Stimuli („Input Specification") sowie Ergebnisse in Bezug auf die Ausgabeereignisse / Reaktionen („Output Specification") der kanonischen Verhaltensspezifikation.

- *Completeness Check* (Abbildung 7-5 ②): In diesem Abschnitt sind die Ergebnisse der verschiedenen Vollständigkeitsprüfung nach Abschnitt 6.4 angegeben. Diese sind nochmals untergliedert nach Ergebnissen, die sich auf die Vollständigkeit von Eingabeereignissen / Stimuli der kanonischen Verhaltensspezifikation („Input Specification") beziehen sowie Ergebnissen in Bezug auf die Gültigkeit von Ausgabeereignissen / Reaktionen der kanonischen Verhaltensspezifikation („Output Specification").

7.5 Zusammenfassende Bewertung

Die Ausführungen in diesem Kapitel geben einen Überblick über die grundsätzliche werkzeugtechnische Realisierung des entwickelten Ansatzes. Das tatsächliche Funktionsspektrum des CONTEXTML ANALYZER wird in diesem Kapitel dabei nur ausschnittsweise aufgezeigt. Durch die im Rahmen der Arbeit vorgenommene softwaretechnische Realisierung des gesamten ContextML-Ansatzes im CONTEXTML ANALYZER ist die technische Umsetzbarkeit des entwickelten Ansatzes nachgewiesen (vgl. Cao et al. 2006]).

8 Anwendungsbeispiel ‚Dynamische Scheibentönung'

Neben dem Nachweis der technischen Umsetzbarkeit besteht ein weiteres Ziel der Evaluation des Ansatzes darin, dessen Nützlichkeit und Anwendbarkeit aufzuzeigen (vgl. [Walls et al. 1992; Cao et al. 2006]). Hierzu wurde der Ansatzes auf die kanonische Verhaltensspezifikation eines softwareintensiven reaktiven Systems zur dynamischen Tönung von Fahrzeugscheiben angewendet. Bei diesem System handelt es sich um eines von zwei Systemen, die von Mitarbeitern der DAIMLER AG im Verbundforschungsprojekt ‚REMsES'[44] des Bundesministeriums für Bildung und Forschung (BMBF) als Illustrator entwickelt wurden (vgl. [Braun et al. 2010]). Der Zweck des Systems ‚Dynamische Scheibentönung' (DST) ist wie folgt charakterisiert: *Das DST soll die Insassen des Fahrzeugs, und im Besonderen den Fahrer, vor Blendbeeinträchtigung schützen und dabei die höchstmögliche Sicherheit für die Fahrgäste und deren Eigentum gewährleisten.*

Kapitelüberblick
8.1 Kanonische Verhaltensspezifikation von ‚DST'...................153
8.2 ContextML-Kontextmodell von ‚DST'...................156
8.3 Kohärenzprüfung...................166
8.4 Zusammenfassende Bewertung...................187

8.1 Kanonische Verhaltensspezifikation von ‚DST'

Wie in Abschnitt 6.2.1.1 definiert, setzt sich die kanonische Verhaltensspezifikation eines softwareintensiven reaktiven Systems aus einer Menge von Spezifikationsautomaten nach dem in Definition 2-4 angegebenen Formalismus zusammen. Die kanonische Verhaltensspezifikation $SPEC_{DST}$ der ‚Dynamischen Scheibentönung' wird wie folgt gebildet:

$$SPEC_{DST} = \left\{ \begin{array}{l} SPEC_{DST}^{Automatiktönung}, \\ SPEC_{DST}^{Unfallentfärbung}, \\ SPEC_{DST}^{Tunnelentfärbung}, \\ SPEC_{DST}^{Toterwinkelentfärbung}, \\ SPEC_{DST}^{Parktönung}, \\ SPEC_{DST}^{ManuelleTönung}, \\ SPEC_{DST}^{UvInfo} \end{array} \right\}$$

Die kanonische Verhaltensspezifikation $SPEC_{DST}$ setzt sich aus sieben Spezifikationsautomaten nach Definition 2-4 zusammen. Diese Automaten spezifizieren jeweils ein spezifisches Verhalten des Systems an der Schnittstelle zur Umgebung, welches das System aufweisen muss, um im Betrieb den oben genannten Systemzweck zu erfüllen.

---

[44] Weiter Informationen zum Verbundprojekt ‚REMsES' finden sich unter: http://www.remses.org

Der unten gezeigte Spezifikationsautomat $SPEC_{DST}^{Automatiktönung}$ legt das Verhalten des Systems in Bezug auf die automatische Tönung der Fahrzeugscheiben fest.

Spezifikationsautomat „Automatiktönung"

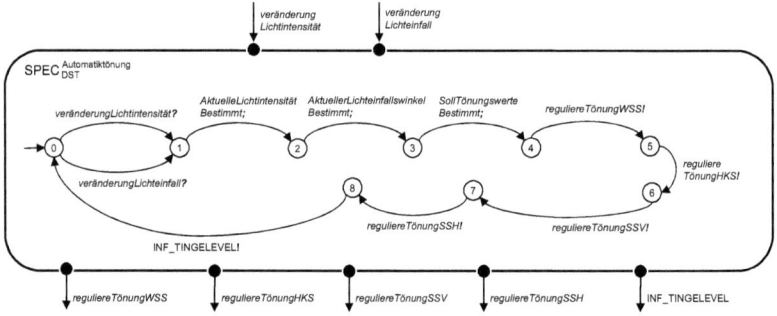

Der obige Automat spezifiziert, dass beim Auftreten einer Veränderung der Lichtintensität (Eingabeereignis: ‚veränderungLichtintensität') oder des Lichteinfallswinkels (Eingabeereignis: ‚veränderungLichteinfall') zunächst die aktuelle Lichtintensität (internes Ereignis: ‚AktuelleLichtintensitätBestimmt'), der aktuelle Lichteinfallswinkel (internes Ereignis: ‚AktuellerLichteinfallswinkelBestimmt') und die zugehörigen Soll-Tönungswerte für die Fahrzeugscheiben (internes Ereignis: ‚SollTönungswerteBestimmt') bestimmt werden. Auf Basis der berechneten Soll-Tönungswerte soll das System anschließend den Tönungsgrad der Windschutzscheibe (Ausgabeereignis: ‚reguliereTönungWSS'), der Heckscheibe (Ausgabeereignis: ‚reguliereTönungHKS'), der Seitenscheiben vorn (Ausgabeereignis: ‚reguliereTönungSSV') und der Seitenscheiben hinten (Ausgabeereignis: ‚reguliereTönungSSH') regulieren. Schließlich wird noch das Signal (Ausgabeereignis: ‚INF_TINGELEVEL') ausgegeben, mittels dessen der Fahrer über die aktuellen Tönungswerte informiert wird.

Neben dem oben gezeigten Spezifikationsautomaten umfasst die kanonische Verhaltensspezifikation SPEC$_{DST}$ noch die folgenden weiteren Spezifikationsautomaten:

Spezifikationsautomat „Unfallentfärbung"

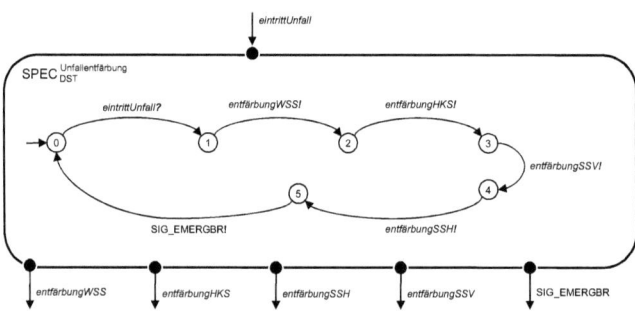

8 Anwendungsbeispiel ‚Dynamische Scheibentönung'

Spezifikationsautomat ‚Tunnelentfärbung'

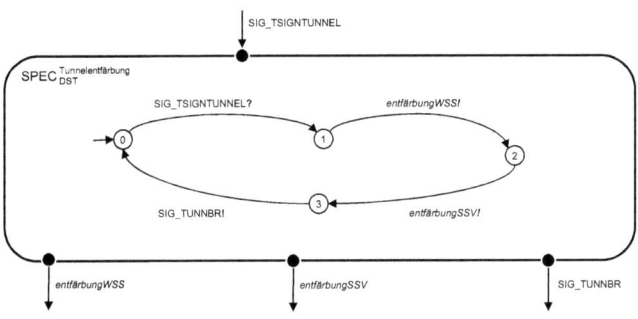

Spezifikationsautomat ‚Toterwinkelentfärbung'

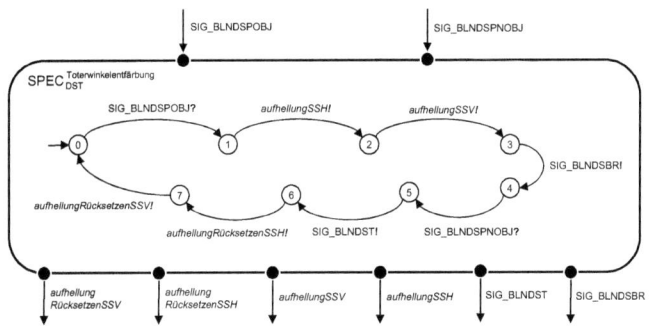

Spezifikationsautomat ‚Parktönung'

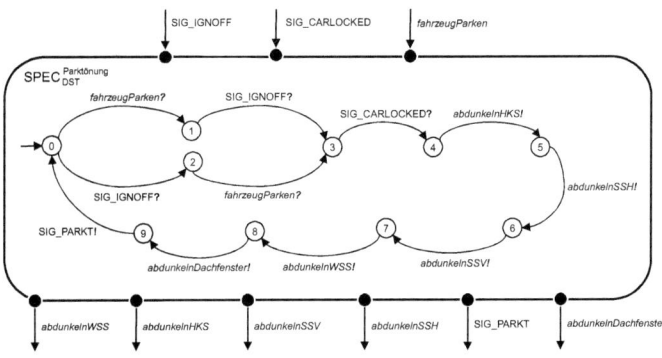

Spezifikationsautomat ‚ManuelleTönung'

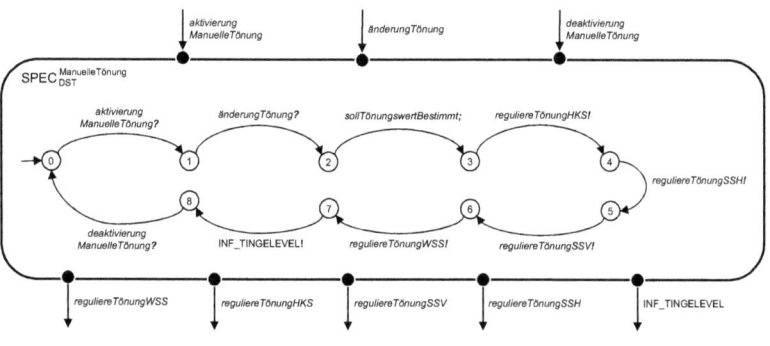

Spezifikationsautomat ‚UvInfo'

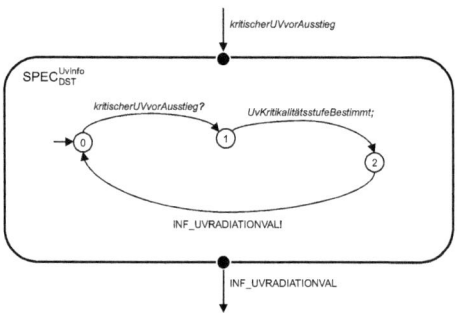

8.2 ContextML-Kontextmodell von ‚DST'

In diesem Abschnitt wird das ContextML-Kontextmodell des Systems ‚Dynamische Scheibentönung' (DST) vorgestellt, gegen das die in Abschnitt 8.1 gezeigte kanonische Verhaltensspezifikation $SPEC_{DST}$ mittels der in Kapitel 6 eingeführten Formalismen der ContextML-Kohärenzbasis auf Kohärenzbrüche überprüft wird.

8.2.1 Konstruktion des ContextML-Kontextmodells km_{DST}

Das ContextML-Kontextmodell km_{DST} des Kontextsubjekts ‚DST' ist nach (5.72) durch eine Menge von Partialdiagrammen definiert, die für das betrachtete System ‚Dynamische Scheibentönung' den Kontextbezug der Stimuli und Reaktionen in der statisch-strukturellen Perspektive des operationellen Kontexts dokumentieren.

ContextML-Kontextmodell des Kontextsubjekts ‚DST'

$$km_{DST} = \left\{ \begin{array}{l} pd_{DST}^{AutomatischeTönungLichtintensität}, \\ pd_{DST}^{AutomatischeTönungLichteinfall}, \\ pd_{DST}^{Unfallenttönung}, \\ pd_{DST}^{Tunnelentfärbung}, \\ pd_{DST}^{Totwinkelentfärbung}, \\ pd_{DST}^{Parkabdunkelung}, \\ pd_{DST}^{ManuelleTönung}, \\ pd_{DST}^{DST-An-Aus}, \\ pd_{DST}^{UV-Warnung} \end{array} \right\}$$

Jedes Partialdiagramm des Kontextsubjekts ‚DST' dokumentiert dabei den Bezug eines Stimulus-Reaktions-Paares nach (5.66) in der statisch-strukturellen Perspektive des operationellen Kontexts von ‚DST'. Die einzelnen Stimulus-Reaktions-Paare von km_{DST} sind wie folgt definiert und benannt:

Stimulus-Reaktions-Paare im ContextML-Kontextmodell ‚DST'

AUTOMATISCHETÖNUNGLICHTINTENSITÄT = VERÄNDERUNGLICHTBEDINGUNGINTENSITÄT · TÖNUNGSÄNDERUNGALLESCHEIBEN

AUTOMATISCHETÖNUNGLICHTEINFALL = VERÄNDERUNGLICHTBEDINGUNGEINFALLSWINKEL · TÖNUNGSÄNDERUNGALLESCHEIBEN

UNFALLENTTÖNUNG = FAHRZEUGVERUNFALLT · TÖNUNGSÄNDERUNGALLESCHEIBEN

TUNNELENTFÄRBUNG = TUNNELEINFAHRT · TÖNUNGSÄNDERUNGSCHEIBENVORN

TOTWINKELENTFÄRBUNG = OBJEKTIMTOTENWINKEL · TÖNUNGSÄNDERUNGSEITENSCHEIBEN

PARKABDUNKELUNG = FAHRZEUGGEPARKT · TÖNUNGSÄNDERUNGALLESCHEIBEN

MANUELLETÖNUNG = ÄNDERUNGMANUELLETÖNUNG · TÖNUNGSÄNDERUNGALLESCHEIBENINSASSENINFO

DST-AN-AUS = DSTAKTIVIERENDEAKTIVIEREN · TÖNUNGSÄNDERUNGALLESCHEIBEN

UV-WARNUNG = KRITISCHELICHTINTENSITÄT · UVINFO

8.2.1.1 Partialdiagramme des ContextML-Kontextmodells km_{DST}

Das ContextML-Kontextmodell km_{DST} setzt sich aus neun Partialdiagrammen nach Definition 5-17 zusammen, die jeweils für die einzelnen oben angegebenen Stimulus-Reaktions-Paare deren Bezug in der statisch-strukturellen Perspektive des operationellen Kontexts der dynamischen Scheibentönung dokumentieren.

Das unten gezeigte Partialdiagramm $pd_{DST}^{AutomatischeTönungLichtintensität}$ dokumentiert den Kontextbezug des Stimulus-Reaktions-Paares (VERÄNDERUNGLICHTBEDINGUNGINTENSITÄT, TÖNUNGSÄNDERUNGALLESCHEIBEN).

Partialdiagramm zum Stimulus-Reaktions-Paar ‚AutomatischeTönungLichtintensität'

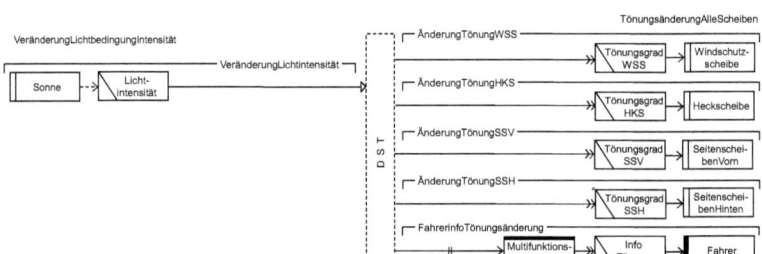

Das obige Partialdiagramm dokumentiert, dass der Kontextbezug des Stimulus VERÄNDERUNGLICHTBEDINGUNGINTENSITÄT durch den Kontextbezug des Eingangseffekts VERÄNDERUNGLICHTINTENSITÄT gebildet wird, da der Stimulus VERÄNDERUNGLICHTBEDINGUNGINTENSITÄT alleinig durch das Auftreten des Eingangseffekts VERÄNDERUNGLICHTINTENSITÄT definiert ist. Das Vorliegen dieses Eingangseffekts wird über die Ausprägung der Kontextgröße ‚Lichtintensität' bestimmt, über die der statisch-strukturelle Kontextbezug des Eingangseffekts VERÄNDERUNGLICHTINTENSITÄT gebildet wird. Die Ausprägung der Kontextgröße ‚Lichtintensität' wird dabei durch das Kontextsubjekt ‚DST' im Betrieb gemessen und besitzt das Umgebungsphänomen ‚Sonne' als Bezug, d. h. Eigenschaften des Umgebungsphänomens ‚Sonne' bestimmen im Betrieb unmittelbar die Ausprägung der Kontextgröße ‚Lichtintensität'.

Der Bezug der Reaktion TÖNUNGSÄNDERUNGALLESCHEIBEN innerhalb der statisch-strukturellen Perspektive des operationellen Kontexts wird durch den Kontextbezug der fünf Ausgabeeffekte ÄNDERUNGTÖNUNGWSS, ÄNDERUNGTÖNUNGHKS, ÄNDERUNGTÖNUNGSSV, ÄNDERUNGTÖNUNGSSH und FAHRERINFOTÖNUNGSÄNDERUNG gebildet. Dabei wird der Ausgangseffekt ÄNDERUNGTÖNUNGWSS über die Ausprägung der Kontextgröße ‚TönungsgradWSS' festgelegt, über die der statisch-strukturelle Kontextbezug dieses Ausgangseffekts gebildet wird. Das Kontextsubjekt ‚DST' reguliert dabei im Betrieb die Ausprägung dieser Kontextgröße, die sich auf eine spezifische physikalische Eigenschaft des Umgebungsphänomens ‚Windschutzscheibe' bezieht, und zwar auf deren Tönungsgrad. Der Kontextbezug der Ausgangseffekte ÄNDERUNGTÖNUNGHKS, ÄNDERUNGTÖNUNGSSV, ÄNDERUNGTÖNUNGSSH wird in analoger Weise gebildet.

Der Kontextbezug des Ausgangseffekts FAHRERINFOTÖNUNGSÄNDERUNG wird über die Kontextgröße ‚InfoTönung' gebildet, die sich auf den Benutzer ‚Fahrer' bezieht. Die Kontextgröße ‚InfoTönung' wird vom Kontextsubjekt dabei mittelbar reguliert, in dem das Kontextsubjekt dem Umgebungssystem ‚Multifunktionsanzeige' Daten bereitstellt, auf deren Grundlage das Umgebungssystem die Kontextgröße ‚InfoTönung' unmittelbar reguliert.

Neben dem oben betrachteten Partialdiagramm zum Stimulus-Reaktions-Paar (VERÄNDERUNGLICHTBEDINGUNGINTENSITÄT, TÖNUNGSÄNDERUNGALLESCHEIBEN) umfasst das ContextML-Kontextmodell km_{DST} des Kontextsubjekts ‚Dynamische Scheibentönung' (DST) noch die folgenden weiteren Partialdiagramme:

8 ANWENDUNGSBEISPIEL ‚DYNAMISCHE SCHEIBENTÖNUNG'

Partialdiagramm zum Stimulus-Reaktions-Paar ‚AutomatischeTönungLichteinfall'

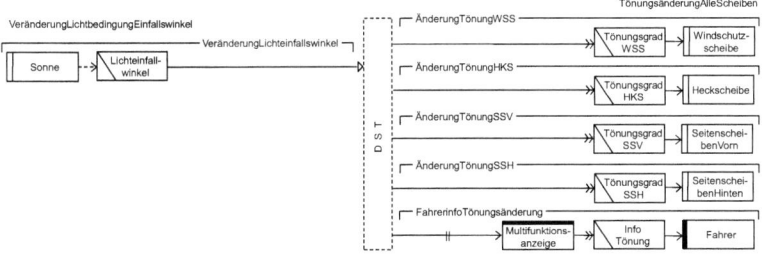

Partialdiagramm zum Stimulus-Reaktions-Paar ‚Unfallenttönung'

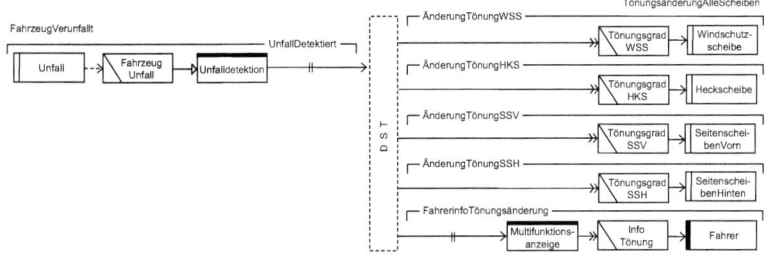

Partialdiagramm zum Stimulus-Reaktions-Paar ‚Tunnelentfärbung'

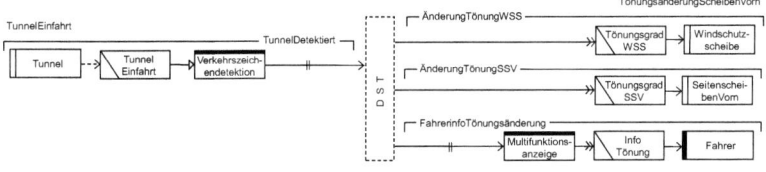

Partialdiagramm zum Stimulus-Reaktions-Paar ‚Totwinkelentfärbung'

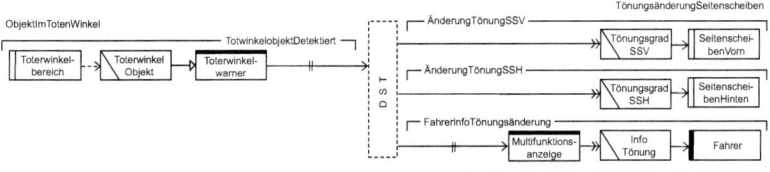

Partialdiagramm zum Stimulus-Reaktions-Paar ‚Parkabdunkelung'

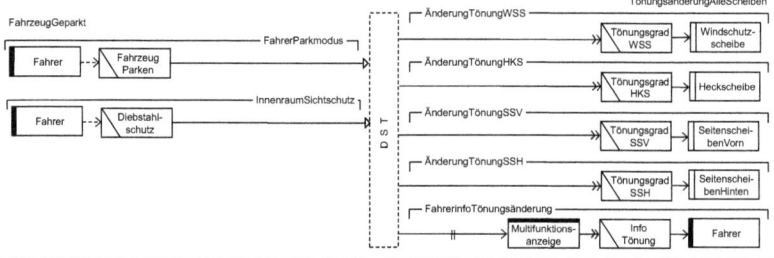

Partialdiagramm zum Stimulus-Reaktions-Paar ‚ManuelleTönung'

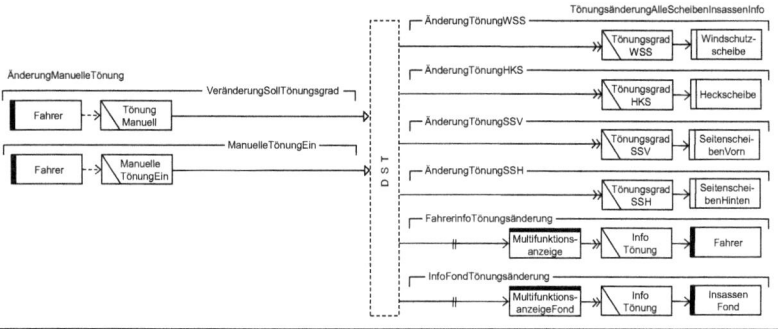

Partialdiagramm zum Stimulus-Reaktions-Paar ‚DST-An-Aus'

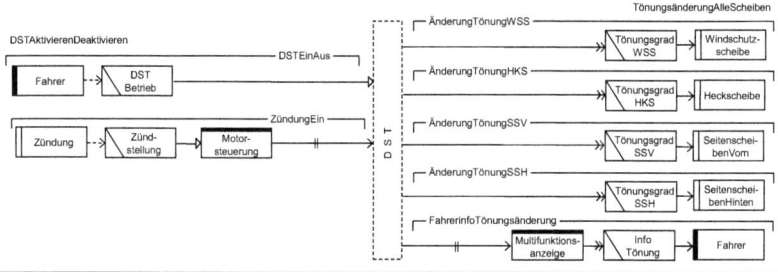

Partialdiagramm zum Stimulus-Reaktions-Paar ‚UV-Warnung'

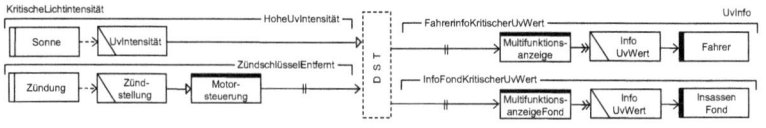

8.2.1.2 Schnittstellen der Umgebungssysteme im ContextML-Kontextmodell

Wie in Abschnitt 5.2.2.1 festgelegt, können Umgebungssysteme im ContextML-Kontextmodell Attribute aufweisen, die den relevanten Teil der Signatur der eingehenden Schnittstelle (σ_{In}) und der ausgehenden Schnittstelle (σ_{Out}) eines Umgebungssystems dokumentieren. Die Umgebungssysteme im ContextML-Kontextmodell km_{DST} besitzen die folgenden ausgehenden Signaturen nach (5.6):[45]

- $\sigma_{Out}(unfalldetektion) = \{SIG\_CRASH\}$

- $\sigma_{Out}(verkehrszeichendetektion) = \{SIG\_TSIGNTUNNEL\}$

- $\sigma_{Out}(toterwinkelwarner) = \{SIG\_BLNDSPOBJ, SIG\_BLNDSPNOBJ\}$

- $\sigma_{Out}(motorsteuerung) = \{SIG\_IGNOFF, SIG\_IGNON\}$

Die Umgebungssysteme im ContextML-Kontextmodell km_{DST} besitzen die folgenden eingehenden Signaturen nach (5.7):

- $\sigma_{In}(multifunktionsanzeige) = \left\{\begin{array}{l} SIG\_PARKT, SIG\_TUNNBR, SIG\_EMERGBR, SIG\_UVCRI, \\ SIG\_BLNDST, SIG\_BLNDSBR, INF\_TINGELEVEL \end{array}\right\}$

- $\sigma_{In}(multifunktionsanzeigeFond) = \{INF\_TINGELEVEL\}$

8.2.2 Prüfmengen des ContextML-Kontextmodells zur Anwendung der ContextML-Kohärenzbasis

Auf Grundlage des in Abschnitt 8.2.1 vorgestellten ContextML-Kontextmodells km_{DST} werden im Zuge der Kohärenzprüfung von $SPEC_{DST}$ in der ContextML-Kohärenzbasis verschiedene Prüfmengen benötigt, die in Kapitel 5 formal definiert sind. Im folgenden werden diese Prüfmengen angegeben. Die Menge der Eingangseffekte EE_{DST} des ContextML-Kontextmodells km_{DST} bildet sich nach (5.28) wie folgt:

$$EE_{DST} = \left\{\begin{array}{l} \text{VERÄNDERUNGLICHTEINFALLSWINKEL,} \\ \text{VERÄNDERUNGLICHTINTENSITÄT,} \\ \text{UNFALLDETEKTIERT,} \\ \text{TUNNELDETEKTIERT,} \\ \text{TOTWINKELOBJEKTDETEKTIERT,} \\ \text{FAHRERPARKMODUS,} \\ \text{INNENRAUMSICHTSCHUTZ,} \\ \text{ZÜNDSCHLÜSSELENTFERNT,} \\ \text{DSTEINAUS,} \\ \text{ZÜNDUNGEIN,} \\ \text{MANUELLETÖNUNGEIN,} \\ \text{VERÄNDERUNGSOLLTÖNUNGSGRAD,} \\ \text{HOHEUVINTENSITÄT} \end{array}\right\}$$

Der Bezug eines Eingangseffekts in der statisch-strukturellen Perspektive des operationellen Kontexts wird in ContextML-Kontextmodellen durch eine zugehörige Eingangsse-

---

[45] Die Signale / Nachrichten haben die folgenden Bedeutungen: SIG_CRASH (Eintreten eines Unfalls), SIG_TSIGNTUNNEL (Erkennen einer Tunneleinfahrt), SIG_BLNDSPOBJ (Objekt im Toten Winkel erkannt), SIG_BLNDSPNOBJ (kein Objekt im Toten Winkel), SIG_IGNOFF (Zundung aus), SIG_IGNON (Zündung ein) sowie SIG_PARKT (anzeigen Parktönung aktiv), SIG_TUNNBR (anzeigen Tunnelentärbung aktiv), SIG_EMERGBR (anzeigen Notfallentärbung aktiv), SIG_UVCRI (anzeigen UV-Warnung), SIG_BLNDST (anzeigen Toter-Winkel-Tönung aktiv), SIG_BLNDSBR (anzeigen Toter-Winkel-Entärbung aktiv), INF_TINGELEVEL (anzeigen aktuellen Tönungswert).

quenz dokumentiert. Die Menge der Eingangssequenzen ES_{DST} wird nach (5.41) demzufolge wie folgt gebildet:

$$ES_{DST} = \begin{Bmatrix} es_{DST}^{\text{VeränderungLichtEinfallswinkel}}, \\ es_{DST}^{\text{VeränderungLichtintensität}}, \\ es_{DST}^{\text{UnfallDetektiert}}, \\ es_{DST}^{\text{TunnelDetektiert}}, \\ es_{DST}^{\text{TotwinkelobjektDetektiert}}, \\ es_{DST}^{\text{FahrerParkmodus}}, \\ es_{DST}^{\text{InnenraumSichtschutz}}, \\ es_{DST}^{\text{ZündschlüsselEntfernt}}, \\ es_{DST}^{\text{DSTEinAus}}, \\ es_{DST}^{\text{ZündungEin}}, \\ es_{DST}^{\text{ManuelleTönungEin}}, \\ es_{DST}^{\text{VeränderungSollTönungsgrad}}, \\ es_{DST}^{\text{HoheUvIntensität}} \end{Bmatrix}$$

Die einzelnen Eingangssequenzen aus ES_{DST} werden nach (5.44) als Mengen von Relationstupel der in Abschnitt 5.2.4 definierten Relationen definiert. Beispielsweise ist die Eingangssequenz zum Eingangseffekt VERÄNDERUNGLICHTEINFALLSWINKEL durch eine Menge von Relationstupel wie folgt gegeben:

$$- \quad es_{DST}^{\text{VeränderungLichtEinfallswinkel}} = \begin{Bmatrix} (sonne_P \dashrightarrow lichteinfallwinkel_G), \\ (lichteinfallwinkel_G \rightarrow DST_K), \\ k_\varepsilon \end{Bmatrix}$$

Die Eingangssequenz dokumentiert dabei, dass die Kontextgröße ‚lichteinfallwinkel' der Bezug des Eingangseffekts VERÄNDERUNGLICHTEINFALLSWINKEL ist, in dem Sinne, dass der Eingangseffekt über die spezifische Ausprägung dieser Kontextgröße definiert ist. Die Eingangssequenz dokumentiert darüber hinaus, dass die Ausprägung der Kontextgröße ‚lichteinfallwinkel' über spezifische Eigenschaften des Umgebungsphänomens ‚Sonne' bestimmt wird und das die Kontextgröße ‚lichteinfallwinkel' im Betrieb des betrachteten Kontextsubjekts ‚DST' unmittelbar durch dieses überwacht wird.

Die anderen Eingangssequenzen der Eingangseffekte im ContextML-Kontextmodell des Kontextsubjekts ‚DST' sind als Mengen von Relationstupel der in Abschnitt 5.2.4 definierten Relationen wie folgt definiert:

$$- \quad es_{DST}^{\text{VeränderungLichtintensität}} = \begin{Bmatrix} (sonne_P \dashrightarrow lichtintensität_G), \\ (lichtintensität_G \rightarrow DST_K), \\ k_\varepsilon \end{Bmatrix}$$

$$- \quad es_{DST}^{\text{UnfallDetektiert}} = \begin{Bmatrix} (unfall_P \dashrightarrow fahrzeugUnfall_G), \\ (fahrzeugUnfall_G \rightarrow unfalldetektion_S), \\ (unfalldetektion_S \twoheadrightarrow DST_K) \end{Bmatrix}$$

$$- \quad es_{DST}^{\text{TunnelDetektiert}} = \begin{Bmatrix} (tunnel_P \dashrightarrow tunnelEinfahrt_G), \\ (tunnelEinfahrt_G \rightarrow verkehrszeichendetektion_S), \\ (verkehrszeichendetektion_S \twoheadrightarrow DST_K) \end{Bmatrix}$$

$$- \quad es_{DST}^{\text{TotwinkelobjektDetektiert}} = \begin{Bmatrix} (toterwinkelbereich_P \dashrightarrow toterwinkelobjekt_G), \\ (toterwinkelobjekt_G \rightarrow toterwinkelwarner_S), \\ (toterwinkelwarner_S \twoheadrightarrow DST_K) \end{Bmatrix}$$

8 ANWENDUNGSBEISPIEL ‚DYNAMISCHE SCHEIBENTÖNUNG'

- $es_{DST}^{\text{FahrerParkmodus}} = \begin{Bmatrix} (fahrer_B \dashrightarrow fahrzeugParken_G), \\ (fahrzeugParken_G \twoheadrightarrow DST_K), \\ k_\varepsilon \end{Bmatrix}$

- $es_{DST}^{\text{InnenraumSichtschutz}} = \begin{Bmatrix} (fahrer_B \dashrightarrow diebstahlschutz_G), \\ (diebstahlschutz_G \twoheadrightarrow DST_K), \\ k_\varepsilon \end{Bmatrix}$

- $es_{DST}^{\text{ZündschlüsselEntfernt}} = \begin{Bmatrix} (zündung_P \dashrightarrow zündstellung_G), \\ (zündstellung_G \dashrightarrow motorsteuerung_S), \\ (motorsteuerung_S \twoheadrightarrow DST_K) \end{Bmatrix}$

- $es_{DST}^{\text{DSTEinAus}} = \begin{Bmatrix} (fahrer_B \dashrightarrow dstBetrieb_G), \\ (dstBetrieb_G \twoheadrightarrow DST_K), \\ k_\varepsilon \end{Bmatrix}$

- $es_{DST}^{\text{ZündungEin}} = \begin{Bmatrix} (zündung_P \dashrightarrow zündstellung_G), \\ (zündstellung_G \dashrightarrow motorsteuerung_S), \\ (motorsteuerung_S \twoheadrightarrow DST_K) \end{Bmatrix}$

- $es_{DST}^{\text{VeränderungSollTönungsgrad}} = \begin{Bmatrix} (fahrer_B \dashrightarrow tönungManuell_G), \\ (tönungManuell_G \twoheadrightarrow DST_K), \\ k_\varepsilon \end{Bmatrix}$

- $es_{DST}^{\text{ManuelleTönungEin}} = \begin{Bmatrix} (fahrer_B \dashrightarrow manuelleTönungEin_G), \\ (manuelleTönungEin_G \twoheadrightarrow DST_K), \\ k_\varepsilon \end{Bmatrix}$

- $es_{DST}^{\text{HoheUvIntensität}} = \begin{Bmatrix} (sonne_P \dashrightarrow UvIntensität_G), \\ (UvIntensität_G \twoheadrightarrow DST_K), \\ k_\varepsilon \end{Bmatrix}$

Die Menge $Stim_{DST}^{ContextML}$ der Stimuli im ContextML-Kontextmodell km_{DST} wird nach (5.32) wie folgt gebildet:

$$Stim_{DST}^{ContextML} = \begin{Bmatrix} \text{VeränderungLichtbedingungIntensität,} \\ \text{VeränderungLichtbedingungEinfallswinkel,} \\ \text{FahrzeugVerunfallt,} \\ \text{TunnelEinfahrt,} \\ \text{ObjektImTotenWinkel,} \\ \text{FahrzeugGeparkt,} \\ \text{ÄnderungManuelleTönung,} \\ \text{DstAktivierenDeaktivieren,} \\ \text{KritischeLichtintensität} \end{Bmatrix}$$

Die einzelnen Stimuli des ContextML-Kontextmodells km_{DST} aus $Stim_{DST}^{ContextML}$ sind nach (5.34) über die Eingangseffekte von km_{DST} wie folgt definiert:

- VERÄNDERUNGLICHTBEDINGUNGINTENSITÄT = {VERÄNDERUNGLICHTINTENSITÄT}

- VERÄNDERUNGLICHTBEDINGUNGEINFALLSWINKEL = {VERÄNDERUNGLICHTEINFALLSWINKEL}

- FAHRZEUGVERUNFALLT = {UNFALLDETEKTIERT}

- TUNNELEINFAHRT = {TUNNELDETEKTIERT}

- OBJEKTIMTOTENWINKEL = {TOTWINKELOBJEKTDETEKTIERT}

- FAHRZEUGGEPARKT = {FAHRERPARKMODUS, INNENRAUMSICHTSCHUTZ}

- ÄNDERUNGMANUELLETÖNUNG = {VERÄNDERUNGSOLLTÖNUNGSGRAD, MANUELLETÖNUNGEIN}

- DstAktivierenDeaktivieren = {DstEinAus , ZündungEin}

- KritischeLichtintensität = {HoheUvIntensität , ZündschlüsselEntfernt }

Die Menge der Ausgangseffekte AE_{DST} des ContextML-Kontextmodells km_{DST} bildet sich nach (5.30) wie folgt:

$$AE_{DST} = \begin{Bmatrix} \text{ÄnderungTönungWSS,} \\ \text{ÄnderungTönungHKS,} \\ \text{ÄnderungTönungSSV,} \\ \text{ÄnderungTönungSSH,} \\ \text{FahrerinfoTönungsänderung,} \\ \text{InfoFondTönungsänderung,} \\ \text{InfoFondKritischerUvWert,} \\ \text{FahrerinfoKritischerUvWert} \end{Bmatrix}$$

Der Bezug eines Ausgangseffekts in der statisch-strukturellen Perspektive des operationellen Kontexts wird durch eine zugehörige Ausgangssequenz dokumentiert. Die Menge der Ausgangssequenzen AS_{DST} wird nach (5.52) demzufolge wie folgt gebildet:

$$AS_{DST} = \begin{Bmatrix} as_{DST}^{\text{ÄnderungTönungWSS}}, \\ as_{DST}^{\text{ÄnderungTönungHKS}}, \\ as_{DST}^{\text{ÄnderungTönungSSV}}, \\ as_{DST}^{\text{ÄnderungTönungSSH}}, \\ as_{DST}^{\text{FahrerinfoTönungsänderung}}, \\ as_{DST}^{\text{InfoFondTönungsänderung}}, \\ as_{DST}^{\text{InfoFondKritischerUvWert}}, \\ as_{DST}^{\text{FahrerinfoKritischerUvWert}} \end{Bmatrix}$$

Die einzelnen Ausgangssequenzen aus AS_{DST} werden nach (5.55) als Mengen von Relationstupel der in Abschnitt 5.2.4 definierten Relationen definiert. Beispielsweise ist die Ausgangssequenz zum Ausgangseffekt ÄnderungTönungWSS durch eine Menge von Relationstupel wie folgt gegeben:

- $as_{DST}^{\text{ÄnderungTönungWSS}} = \begin{Bmatrix} k_E, \\ (DST_K \twoheadrightarrow t\ddot{o}nungsgradWSS_G), \\ (t\ddot{o}nungsgradWSS_G \rightarrow windschutzscheibe_P) \end{Bmatrix}$

Die Ausgangssequenz dokumentiert, dass die Kontextgröße ‚tönungsgradWSS' der Bezug des Ausgangseffekts ÄnderungTönungWSS ist, weshalb der Ausgangseffekt über die spezifische Ausprägung dieser Kontextgröße definiert ist. Diese Ausgangssequenz dokumentiert weiter, dass sich die Ausprägung der Kontextgröße auf eine spezifische Eigenschaft des Umgebungsphänomens ‚Windschutzscheibe' bezieht und dass im Betrieb des betrachteten Kontextsubjekts ‚DST' die Kontextgröße ‚tönungsgradWSS' unmittelbar durch dieses Kontextsubjekt reguliert wird.

Die anderen Ausgangssequenzen der Ausgangseffekte im ContextML-Kontextmodell des Kontextsubjekts ‚DST' sind als Mengen von Relationstupel der in Abschnitt 5.2.4 definierten Relationen wie folgt definiert:

- $as_{DST}^{\text{ÄnderungTönungHKS}} = \begin{Bmatrix} k_E, \\ (DST_K \twoheadrightarrow t\ddot{o}nungsgradHKS_G), \\ (t\ddot{o}nungsgradHKS_G \rightarrow heckscheibe_P) \end{Bmatrix}$

8 Anwendungsbeispiel ‚Dynamische Scheibentönung'

- $as_{DST}^{\text{ÄnderungTönungSSV}} = \left\{ \begin{array}{l} k_E, \\ (DST_K \twoheadrightarrow t\ddot{o}nungsgradSSV_G), \\ (t\ddot{o}nungsgradSSV_G \rightarrow seitenscheibenVorn_P) \end{array} \right\}$

- $as_{DST}^{\text{ÄnderungTönungSSH}} = \left\{ \begin{array}{l} k_E, \\ (DST_K \twoheadrightarrow t\ddot{o}nungsgradSSH_G), \\ (t\ddot{o}nungsgradSSH_G \rightarrow seitenscheibenHinten_P) \end{array} \right\}$

- $as_{DST}^{\text{FahrerinfoTönungsänderung}} = \left\{ \begin{array}{l} (DST_K \twoheadrightarrow multifunktionsanzeige_S), \\ (multifunktionsanzeige_S \twoheadrightarrow infoT\ddot{o}nung_G), \\ (infoT\ddot{o}nung_G \rightarrow fahrer_P) \end{array} \right\}$

- $as_{DST}^{\text{InfoFondKritischerUvWert}} = \left\{ \begin{array}{l} (DST_K \twoheadrightarrow multifunktionsanzeigeFond_S), \\ (multifunktionsanzeigeFond_S \twoheadrightarrow infoUvWert_G), \\ (infoUvWert_G \rightarrow insassenFond_P) \end{array} \right\}$

- $as_{DST}^{\text{InfoFondTönungsänderung}} = \left\{ \begin{array}{l} (DST_K \twoheadrightarrow multifunktionsanzeigeFond_S), \\ (multifunktionsanzeigeFond_S \twoheadrightarrow infoT\ddot{o}nung_G), \\ (infoT\ddot{o}nung_G \rightarrow insassenFond_P) \end{array} \right\}$

- $as_{DST}^{\text{FahrerinfoKritischerUvWert}} = \left\{ \begin{array}{l} (DST_K \twoheadrightarrow multifunktionsanzeige_S), \\ (multifunktionsanzeige_S \twoheadrightarrow infoUvWert_G), \\ (infoUvWert_G \rightarrow fahrer_P) \end{array} \right\}$

Die Menge der Reaktionen des ContextML-Kontextmodells km_{DST} wird nach (5.35) wie folgt gebildet:

$$Reak_{DST}^{ContextML} = \left\{ \begin{array}{l} \text{TönungsänderungAlleScheiben,} \\ \text{TönungsänderungScheibenVorn,} \\ \text{TönungsänderungSeitenscheiben,} \\ \text{TönungsänderungAlleScheibenInsassenInfo,} \\ \text{UvInfo} \end{array} \right\}$$

Die einzelnen Reaktionen aus $Reak_{DST}^{ContextML}$ werden nach (5.37) über die Ausgangseffekte von km_{DST} wie folgt gebildet:

- $\text{TönungsänderungAlleScheiben} = \left\{ \begin{array}{l} \text{ÄnderungTönungWSS,} \\ \text{ÄnderungTönungHKS,} \\ \text{ÄnderungTönungSSH,} \\ \text{ÄnderungTönungSSV,} \\ \text{FahrerinfoTönungsänderung} \end{array} \right\}$

- $\text{TönungsänderungAlleScheibenInsassenInfo} = \left\{ \begin{array}{l} \text{ÄnderungTönungWSS,} \\ \text{ÄnderungTönungHKS,} \\ \text{ÄnderungTönungSSH,} \\ \text{ÄnderungTönungSSV,} \\ \text{InfoFondTönungsänderung,} \\ \text{FahrerinfoTönungsänderung} \end{array} \right\}$

- $\text{TönungsänderungScheibenVorn} = \left\{ \begin{array}{l} \text{ÄnderungTönungWSS,} \\ \text{ÄnderungTönungSSV,} \\ \text{FahrerinfoTönungsänderung} \end{array} \right\}$

- $\text{TönungsänderungSeitenscheiben} = \left\{ \begin{array}{l} \text{ÄnderungTönungSSH,} \\ \text{ÄnderungTönungSSV,} \\ \text{FahrerinfoTönungsänderung} \end{array} \right\}$

- $\text{UvInfo} = \left\{ \begin{array}{l} \text{FahrerinfoKritischerUvWert,} \\ \text{InfoFondKritischerUvWert} \end{array} \right\}$

8.3 Kohärenzprüfung

Die Kohärenzprüfung der in Abschnitt 8.1 vorgestellten kanonischen Verhaltensspezifikation SPEC$_{DST}$ des Systems ‚Dynamische Scheibentönung' gegenüber dem in Abschnitt 8.2 vorgestellten ContextML-Kontextmodell km_{DST} basiert auf den in Kapitel 6 eingeführten Formalismen der ContextML-Kohärenzbasis zur Identifikation ungültiger oder unvollständiger Eigenschaften in kanonischen Verhaltensspezifikationen.

8.3.1 Bestimmung der Basismengen von SPEC$_{DST}$

Zur Durchführung der verschiedenen Kohärenzprüfungen von SPEC$_{DST}$, welche die in Tabelle 6-4 aufgeführten Arten von Kohärenzbrüchen adressieren, werden zunächst für SPEC$_{DST}$ die in Abschnitt 6.2 definierten Basismengen von kanonischen Verhaltensspezifikationen in der ContextML-Kohärenzbasis bestimmt.

8.3.1.1 Bestimmung der Eingabeereignismenge von SPEC$_{DST}$

Nach (6.3) bestimmt sich die Eingabeereignismenge I_{DST} von SPEC$_{DST}$ über die Eingabeereignismengen der einzelnen Spezifikationsautomaten von SPEC$_{DST}$, d. h.:

$$I_{DST} = \left\{ \begin{array}{l} \text{veränderungLichtintensität}, \text{veränderungLichteinfall}, \\ \text{eintrittUnfall}, \text{SIG\_TSIGNTUNNEL}, \text{SIG\_BLNDSPOBJ}, \text{SIG\_BLNDSPNOBJ}, \\ \text{SIG\_IGNOFF}, \text{SIG\_CARLOCKED}, \text{fahrzeugParken}, \text{aktivierungManuelleTönung}, \\ \text{änderungTönung}, \text{deaktivierungManuelleTönung}, \text{kritischerUVvorAusstieg} \end{array} \right\}$$

8.3.1.2 Bestimmung der Ausgabeereignismenge von SPEC$_{DST}$

Die Ausgabeereignismenge O_{DST} von SPEC$_{DST}$ bestimmt sich nach (6.4) über die Mengen von Ausgabeereignissen der einzelnen Spezifikationsautomaten von SPEC$_{DST}$, d. h.:

$$O_{DST} = \left\{ \begin{array}{l} \text{reguliereTönungWSS}, \text{reguliereTönungHKS}, \text{reguliereTönungSSV}, \\ \text{reguliereTönungSSH}, \text{INF\_TINGELEVEL}, \text{entfärbungWSS}, \text{entfärbungHKS}, \\ \text{entfärbungSSV}, \text{entfärbungSSH}, \text{SIG\_EMERGBR}, \text{SIG\_TUNNBR}, \\ \text{aufhellungSSV}, \text{aufhellungSSH}, \text{aufhellungRücksetzenSSH}, \\ \text{aufhellungRücksetzenSSV}, \text{abdunkelnWSS}, \text{abdunkelnHKS}, \text{abdunkelnSSV}, \text{abdunkelnSSH}, \\ \text{abdunkelnDachfenster}, \text{SIG\_BLNDST}, \text{SIG\_BLNDSBR}, \text{SIG\_PARKT}, \text{INF\_UVRADIATIONVAL} \end{array} \right\}$$

8.3.1.3 Bestimmung der Ausführungssequenzen von SPEC$_{DST}$

Zur Bestimmung der Stimuli und Reaktionen von SPEC$_{DST}$ werden zunächst die Ausführungssequenzen der einzelnen Spezifikationsautomaten im Sinne von (6.5) bestimmt. Die Berechnung der Ausführungssequenzen von SPEC$_{DST}$ geschieht maschinell nach dem in Algorithmus 6-1 angegebenen Verfahren. Für SPEC$_{DST}$ ergeben sich damit die folgenden Ausführungssequenzen:

$$- A_{\text{Automatiktönung1}}^{\text{SPEC}} = \left(\begin{array}{l} 0, \text{veränderungLichtintensität?}, 1, \text{aktuelleLichtintensitätBestimmt;}, 2, \\ \text{aktuellerLichteinfallswinkelBestimmt;}, 3, \text{SollTönungswerteBestimmt;}, 4, \\ \text{reguliereTönungWSSI}, 5, \text{reguliereTönungHKSI}, 6, \text{reguliereTönungSSVI}, 7, \\ \text{reguliereTönungSSHI}, 8, \text{INF\_TINGELEVELI}, 0 \end{array} \right)$$

8 ANWENDUNGSBEISPIEL ‚DYNAMISCHE SCHEIBENTÖNUNG'

- $A_{\text{Automatiktönung2}}^{\text{SPEC}} = \begin{pmatrix} 0 \text{, veränderungLichteinfall?, 1, aktuelleLichtintensitätBestimmt; , 2,} \\ \text{aktuellerLichteinfallswinkelBestimmt; , 3, SollTönungswerteBestimmt; , 4,} \\ \text{reguliereTönungWSSI, 5, reguliereTönungHKSI, 6, reguliereTönungSSVI, 7,} \\ \text{reguliereTönungSSHI, 8, INF\_TINGELEVELI, 0} \end{pmatrix}$

- $A_{\text{Unfallentfärbung}}^{\text{SPEC}} = \begin{pmatrix} 0 \text{, eintrittUnfall?, 1, entfärbungWSSI, 2, entfärbungHKSI, 3,} \\ \text{entfärbungSSVI, 4, entfärbungSSHI, 5, SIG\_EMERGBRI, 0} \end{pmatrix}$

- $A_{\text{Tunnelentfärbung}}^{\text{SPEC}} = \begin{pmatrix} 0 \text{, SIG\_TSIGNTUNNEL?, 1, entfärbungWSSI, 2,} \\ \text{entfärbungSSVI, 3, SIG\_TUNNBRI, 0} \end{pmatrix}$

- $A_{\text{Toterwinkelentfärbung}}^{\text{SPEC}} = \begin{pmatrix} 0 \text{, SIG\_BLNDSPOBJ?, 1, aufhellungSSHI, 2,} \\ \text{aufhellungSSVI, 3, SIG\_BLNDSBRI, 4,} \\ \text{SIG\_BLNDSPNOBJ?, 5, SIG\_BLNDSTI, 6,} \\ \text{aufhellungRücksetzenSSHI, 7,} \\ \text{aufhellungRücksetzenSSVI, 0} \end{pmatrix}$

- $A_{\text{Parktönung1}}^{\text{SPEC}} = \begin{pmatrix} 0 \text{, SIG\_IGNOFF?, 2, fahrzeugParken?, 3, SIG\_CARLOCKED?, 4} \\ \text{abdunkelnHKSI, 5, abdunkelnSSHI, 6, abdunkelnSSVI, 7,} \\ \text{abdunkelnWSSI, 8, abdunkelnDachfensterI, 9, SIG\_PARKTI, 0} \end{pmatrix}$

- $A_{\text{Parktönung2}}^{\text{SPEC}} = \begin{pmatrix} 0 \text{, fahrzeugParken?, 1, SIG\_IGNOFF?, 3, SIG\_CARLOCKED?, 4} \\ \text{abdunkelnHKSI, 5, abdunkelnSSHI, 6, abdunkelnSSVI, 7,} \\ \text{abdunkelnWSSI, 8, abdunkelnDachfensterI, 9, SIG\_PARKTI, 0} \end{pmatrix}$

- $A_{\text{ManuelleTönung}}^{\text{SPEC}} = \begin{pmatrix} 0 \text{, aktivierungManuelleTönung?, 1, änderungTönung?, 2,} \\ \text{sollTönungswertBestimmt; , 3, reguliereTönungHKSI, 4,} \\ \text{reguliereTönungSSHI, 5, reguliereTönungSSVI, 6} \\ \text{reguliereTönungWSSI, 7, INF\_TINGELEVELI, 8,} \\ \text{deaktivierungManuelleTönung?, 0} \end{pmatrix}$

- $A_{\text{UvInfo}}^{\text{SPEC}} = \begin{pmatrix} 0 \text{, kritischerUVvorAusstieg?, 1, UvKritikalitätsstufeBestimmt; , 2,} \\ \text{INF\_UVRADIATIONVALI, 0} \end{pmatrix}$

8.3.1.4 Bestimmung der Stimuli von SPEC$_{\text{DST}}$

Ausgehend von den berechneten Ausführungssequenzen von SPEC$_{\text{DST}}$ werden die Stimuli von SPEC$_{\text{DST}}$ im Sinne von (6.10) durch das in Algorithmus 6-2 angegebene Verfahren ermittelt. Die Anwendung dieses Verfahrens führt zur Identifikation der folgenden Stimuli von SPEC$_{\text{DST}}$:

- $st_1 = (\text{veränderungLichtintensität})$

- $st_2 = (\text{veränderungLichteinfall})$

- $st_3 = (\text{eintrittUnfall})$

- $st_4 = (\text{SIG\_TSIGNTUNNEL})$

- $st_5 = (\text{SIG\_BLNDSPOBJ})$

- $st_6 = (\text{SIG\_IGNOFF, fahrzeugParken, SIG\_CARLOCKED})$

- $st_7 = (\text{fahrzeugParken, SIG\_IGNOFF, SIG\_CARLOCKED})$

- $st_8 = (\text{aktivierungManuelleTönung, änderungTönung})$

- $st_9 = (\text{SIG\_BLNDSPOBJ, SIG\_BLNDSPNOBJ})$

- $st_{10} = (\text{kritischerUVvorAusstieg})$

Die einzelnen Stimuli sind jeweils durch Tupel von Eingabeereignissen angegeben, wobei die Stimuli st_1 bis st_5 sowie st_{10} jeweils durch das Auftreten eines einzelnen Eingabeereignisses definiert sind. Für Menge $Stim_{DST}^{SPEC}$ der Stimuli von SPEC$_{DST}$ nach (6.7) gilt:

$$Stim_{DST}^{SPEC} = \left\{ \begin{array}{c} (\text{veränderungLichtintensität}), (\text{veränderungLichteinfall}), \\ (\text{eintrittUnfall}), (\text{SIG\_TSIGNTUNNEL}), (\text{SIG\_BLNDSPOBJ}), \\ (\text{SIG\_BLNDSPOBJ}, \text{SIG\_BLNDSPNOBJ}), (\text{SIG\_IGNOFF}, \text{fahrzeugParken}, \text{SIG\_CARLOCKED}), \\ (\text{fahrzeugParken}, \text{SIG\_IGNOFF}, \text{SIG\_CARLOCKED}), \\ (\text{aktivierungManuelleTönung}, \text{änderungTönung}), (\text{kritischerUVvorAusstieg}) \end{array} \right\}$$

8.3.1.5 Bestimmung der Reaktionen von SPEC$_{DST}$

Ausgehend von den berechneten Ausführungssequenzen von SPEC$_{DST}$ werden die Reaktionen von SPEC$_{DST}$ im Sinne von (6.13) durch das in Algorithmus 6-3 angegebene Verfahren ermittelt. Die Anwendung dieses Verfahrens führt zur Identifikation der folgenden Reaktionen in SPEC$_{DST}$:

- $re_1 = \begin{pmatrix} \text{reguliereTönungWSS}, \text{reguliereTönungHKS}, \text{reguliereTönungSSV}, \\ \text{reguliereTönungSSH}, \text{INF\_TINGELEVEL} \end{pmatrix}$

- $re = \begin{pmatrix} \text{reguliereTönungWSS}, \text{reguliereTönungHKS}, \text{reguliereTönungSSV}, \\ \text{reguliereTönungSSH}, \text{INF\_TINGELEVEL} \end{pmatrix} = re_1$

- $re_2 = \begin{pmatrix} \text{entfärbungWSS}, \text{entfärbungHKS}, \text{entfärbungSSV}, \\ \text{entfärbungSSH}, \text{SIG\_EMERGBR} \end{pmatrix}$

- $re_3 = (\text{entfärbungWSS}, \text{entfärbungSSV}, \text{SIG\_TUNNBR})$

- $re_4 = (\text{aufhellungSSH}, \text{aufhellungSSV}, \text{SIG\_BLNDSBR})$

- $re_5 = (\text{SIG\_BLNDST}, \text{aufhellungRücksetzenSSH}, \text{aufhellungRücksetzenSSV})$

- $re_6 = \begin{pmatrix} \text{abdunkelnHKS}, \text{abdunkelnSSH}, \text{abdunkelnSSV}, \\ \text{abdunkelnWSS}, \text{abdunkelnDachfenster}, \text{SIG\_PARKT} \end{pmatrix}$

- $re = \begin{pmatrix} \text{abdunkelnHKS}, \text{abdunkelnSSH}, \text{abdunkelnSSV}, \\ \text{abdunkelnWSS}, \text{abdunkelnDachfenster}, \text{SIG\_PARKT} \end{pmatrix} = re_6$

- $re_7 = \begin{pmatrix} \text{reguliereTönungHKS}, \text{reguliereTönungSSH}, \text{reguliereTönungSSV}, \\ \text{reguliereTönungWSS}, \text{INF\_TINGELEVEL} \end{pmatrix}$

- $re_8 = (\text{INF\_UVRADIATIONVAL})$

Mit Ausnahme der Reaktion re_8 besitzt jede der identifizierten Reaktionen mehr als ein Ausgabeereignis. Das Verfahren ermittelt für die beiden Reaktionen re_1 und re_6 weitere Reaktionen, die in Bezug auf das zugehörige Tupel von Ausgabeereignissen identisch zu re_1 bzw. re_6 sind. Für die Menge $Reak_{DST}^{SPEC}$ der Reaktionen in SPEC$_{DST}$ nach (6.11) gilt:

$$\text{Reak}_{DST}^{SPEC} = \left\{ \begin{array}{l} \begin{pmatrix} \text{reguliereTönungWSS, reguliereTönungHKS, reguliereTönungSSV,} \\ \text{reguliereTönungSSH, INF\_TINGELEVEL} \end{pmatrix}, \\ \begin{pmatrix} \text{entfärbungWSS, entfärbungHKS, entfärbungSSV,} \\ \text{entfärbungSSH, SIG\_EMERGBR} \end{pmatrix}, \\ (\text{entfärbungWSS, entfärbungSSV, SIG\_TUNNBR}), \\ (\text{aufhellungSSH, aufhellungSSV, SIG\_BLNDSBR}), \\ (\text{SIG\_BLNDST, aufhellungRücksetzenSSH, aufhellungRücksetzenSSV}), \\ \begin{pmatrix} \text{abdunkelnHKS, abdunkelnSSH, abdunkelnSSV,} \\ \text{abdunkelnWSS, abdunkelnDachfenster, SIG\_PARKT} \end{pmatrix}, \\ \begin{pmatrix} \text{reguliereTönungHKS, reguliereTönungSSH, reguliereTönungSSV,} \\ \text{reguliereTönungWSS, INF\_TINGELEVEL} \end{pmatrix}, \\ (\text{INF\_UVRADIATIONVAL}) \end{array} \right\}$$

8.3.2 Identifikation von ungültigen Eigenschaften in $SPEC_{DST}$

Im Rahmen der Prüfung der kanonischen Verhaltensspezifikation $SPEC_{DST}$ auf ungültige Eigenschaften in Bezug auf das ContextML-Kontextmodell km_{DST} werden auf Grundlage der in Abschnitt 6.3 definierten Formalismen die folgenden Mengen von Kohärenzbrüchen in $SPEC_{DST}$ bestimmt:

- Die Menge $\overline{\mathfrak{G}}_I^{EE_{DST}}$ ungültiger Eingabeereignisse gegenüber der Eingangseffektmenge des ContextML-Kontextmodells (Abschnitt 8.3.2.1)
- Die Menge $\overline{\mathfrak{G}}_I^{ES_{DST}}$ ungültiger Eingabeereignisse gegenüber den Eingangssequenzen des ContextML-Kontextmodells (Abschnitt 8.3.2.2)
- Die Menge $\overline{\mathfrak{G}}_I^{Stim_{DST}}$ ungültiger Stimuli (Abschnitt 8.3.2.3)
- Die Menge $\overline{\mathfrak{G}}_O^{AE_{DST}}$ ungültiger Ausgabeereignisse gegenüber der Ausgangseffektmenge des ContextML-Kontextmodells (Abschnitt 8.3.2.4)
- Die Menge $\overline{\mathfrak{G}}_O^{AS_{DST}}$ ungültiger Ausgabeereignisse gegenüber den Ausgangssequenzen des ContextML-Kontextmodells (Abschnitt 8.3.2.5)
- Die Menge $\overline{\mathfrak{G}}_O^{Reak_{DST}}$ ungültiger Reaktionen (Abschnitt 8.3.2.6)

Die Ergebnisse der Kohärenzprüfungen werden im Folgenden jeweils tabellarisch dargestellt. Die in den dunkel eingefärbten Bereichen im Rumpf der Tabelle angegebenen Prüfmengen von $SPEC_{DST}$ bzw. km_{DST} werden durch die entsprechenden in Abschnitt 6.3 definierten Prüfformalismen vorgegeben. Bei den manuell durchzuführenden Tätigkeiten sind die jeweils nicht eingefärbten Tabellenbereiche zu bestimmen oder zu entscheiden.

8.3.2.1 Bestimmung ungültiger Eingabeereignisse in $SPEC_{DST}$ in Bezug auf die Eingangseffektmenge

Auf Grundlage der in Abschnitt 6.3.1.1 eingeführten Formalismen zur Identifikation ungültiger Eingabeereignisse in Verhaltensspezifikationen gegenüber dem ContextML-Kontextmodell wird die Eingabeereignismenge I_{DST} ($\rightarrow$ Abschnitt 8.3.1.1) der kanonischen Verhaltensspezifikation $SPEC_{DST}$ gegen die Eingangseffektmenge EE_{DST} des ContextML-Kontextmodells km_{DST} mittels des in (6.25) definierten Formalismus überprüft. Im Rahmen der Überprüfungen muss für jedes Eingabeereignis der Eingabeereignismenge I_{DST} von $SPEC_{DST}$ entschieden werden, ob in der Menge der Eingangseffekte EE_{DST} ein im Sinne der Modellterminalkohärenz $\sim_k$ äquivalenter Eingangseffekt existiert. Im Zuge der Prüfung wurde das in Tabelle 8-1 angegebene ungültige Eingabeereignis identifiziert.

SPEC (I_{DST})	$\sim_k$	ContextML (EE_{DST})
SIG_CARLOCKED	×	×

Tabelle 8-1: Ungültige Eingabeereignisse in SPEC$_{DST}$ gegen Eingangseffekte

Wie aus Tabelle 8-1 hervorgeht, kann für das Eingabeereignis ‚SIG_CARLOCKED' kein Eingangseffekt identifiziert werden, der im Sinne der Kohärenz $\sim_k$ äquivalent zu diesem Eingabeereignis ist. Für die Menge $\overline{\mathfrak{G}}_I^{EE_{DST}}$ der in Bezug auf die Eingangseffektmenge des ContextML-Kontextmodells ungültigen Eingabeereignisse gilt nach (6.26) demzufolge:

$$\overline{\mathfrak{G}}_I^{EE_{DST}} = \{SIG\_CARLOCKED\}$$

Das obige Resultat der Kohärenzprüfung sagt aus, dass die kanonische Verhaltensspezifikation definiert, dass das Eingabeereignis ‚SIG_CARLOCKED' im Betrieb des Systems im operationellen Kontext des betrachteten Kontextsubjekts ‚DST' auftritt, dass allerdings nach dem ContextML-Kontextmodell ein solches Ereignis im operationellen Kontext des betrachteten Kontextsubjekts nicht auftreten kann. Demzufolge liegt bezüglich dieses Eingabeereignisses ein Kohärenzbruch in SPEC$_{DST}$ gegenüber km_{DST} vor.

Im Zuge der Prüfung wurden die folgenden Äquivalenzen im Sinne der Kohärenz $\sim_k$ zwischen Eingabeereignissen in SPEC$_{DST}$ und Eingangseffekten von km_{DST} bestätigt.

SPEC (I_{DST})	$\sim_k$	ContextML (EE_{DST})
veränderungLichteinfall	$\sim_k$	VERÄNDERUNGLICHTEINFALLSWINKEL
veränderungLichtintensität	$\sim_k$	VERÄNDERUNGLICHTINTENSITÄT
eintrittUnfall	$\sim_k$	UNFALLDETEKTIERT
SIG_TSIGNTUNNEL	$\sim_k$	TUNNELDETEKTIERT
SIG_BLNDSPOBJ	$\sim_k$	TOTWINKELOBJEKTDETEKTIERT
fahrzeugParken	$\sim_k$	FAHRERPARKMODUS
SIG_IGNOFF	$\sim_k$	ZÜNDSCHLÜSSELENTFERNT
aktivierungManuelleTönung	$\sim_k$	MANUELLETÖNUNGEIN
änderungTönung	$\sim_k$	VERÄNDERUNGSOLLTÖNUNGSGRAD
SIG_BLNDSPNOBJ	$\sim_k$	TOTWINKELOBJEKTDETEKTIERT
kritischerUVvorAusstieg	$\sim_k$	HOHEUVINTENSITÄT
deaktivierungManuelleTönung	$\sim_k$	MANUELLETÖNUNGEIN

Tabelle 8-2: Identifizierte Äquivalenzen zwischen Eingabeereignissen und Eingangseffekten

Das Eingabeereignis ‚SIG_CARLOCKED' erfüllt das notwendige Kriterium zur Gültigkeit gegenüber dem ContextML-Kontextmodell nicht und wird daher im Zuge der weiteren Kohärenzüberprüfungen der Eingabeereignismenge I_{DST} nicht mehr berücksichtigt. Die Menge $\mathfrak{G}_I^{EE_{DST}}$ der Eingabeereignisse, die das notwendige Kriterium für die Gültigkeit

8 ANWENDUNGSBEISPIEL ‚DYNAMISCHE SCHEIBENTÖNUNG'

gegenüber dem ContextML-Kontextmodell erfüllen, bestimmt sich nach (6.27) durch die Bildung der Differenzmenge von I_{DST} und $\overline{\mathfrak{G}}_I^{EE_{DST}}$, d. h.:

$$\mathfrak{G}_I^{EE_{DST}} = \left\{ \begin{array}{l} \text{veränderungLichtintensität, veränderungLichteinfall, eintrittUnfall,} \\ \text{SIG\_TSIGNTUNNEL, SIG\_BLNDSPOBJ, SIG\_BLNDSPNOBJ, SIG\_IGNOFF,} \\ \text{fahrzeugParken, aktivierungManuelleTönung, änderungTönung,} \\ \text{deaktivierungManuelleTönung, kritischerUVvorAusstieg} \end{array} \right\}$$

Die Eingabeereignisse der Menge $\mathfrak{G}_I^{EE_{DST}}$ werden im Weiteren auf Gültigkeit gegenüber den Eingangssequenzen ES_{DST} des ContextML-Kontextmodells überprüft.

8.3.2.2 Bestimmung ungültiger Eingabeereignisse in SPEC$_{DST}$ in Bezug auf Eingangssequenzen

Im Rahmen der Überprüfung der Gültigkeit der Eingabeereignisse von SPEC$_{DST}$ wurde für Eingabeereignisse durch die Anwendung der Modellterminalkohärenz der Bezug zu einem im Sinne der Kohärenz $\sim_k$ äquivalenten Eingangseffekt des ContextML-Kontextmodells km_{DST} hergestellt. Diese in Tabelle 8-2 vorgenommene Zuordnung bildet den Ausgangspunkt zur Überprüfung der Gültigkeit der Eingabeereignisse in Bezug auf die Eingangssequenzen von km_{DST}. Hierzu wird jedes Eingabeereignis in $\mathfrak{G}_I^{EE_{DST}}$ auf Gültigkeit gegenüber derjenigen Eingangssequenz in ES_{DST} überprüft, deren zugehöriger Eingangseffekt im Sinne der Kohärenz $\sim_k$ äquivalent zu dem zu prüfenden Eingabeereignis ist.

Der Bezug zwischen dem zu prüfenden Eingabeereignis und der zugehörigen Eingangssequenz kann maschinell vorgenommen werden (grauer Bereich im Rumpf der Tabelle), sodass lediglich die Gültigkeit des Eingabeereignisses in Bezug auf die Tupel der Eingangssequenz manuell ausgewertet werden muss (weißer Bereich im Rumpf der Tabelle).

Die Überprüfung der Gültigkeit eines Eingabeereignisses gegenüber den einzelnen Tupeln der Eingangssequenz erfolgt nach den in Abschnitt 6.3.1.2 eingeführten Formalismen. Im Zuge der Prüfung wurde das in Tabelle 8-3 angegebene ungültige Eingabeereignis in $\mathfrak{G}_I^{EE_{DST}}$ in Bezug auf die zugehörigen Eingangssequenzen in km_{DST} identifiziert.

SPEC ($\mathfrak{G}_I^{EE_{DST}}$)	$\sim_k \mid \sigma_{Out}$	ContextML (ES_{DST})
eintrittUnfall	×	$(unfall_P \rightarrow fahrzeugUnfall_G)$
		$(fahrzeugUnfall_G \rightarrow unfalldetektion_S)$
		$(\mathbf{unfalldetektion_S \nrightarrow DST_K})$

Tabelle 8-3: Ungültige Eingabeereignisse in SPEC$_{DST}$ gegenüber den Eingangssequenzen

Wie aus Tabelle 8-3 hervorgeht, ist das Eingabeereignis ‚eintrittUnfall' gegenüber der zugehörigen Eingangssequenz nicht gültig. Für die Menge $\overline{\mathfrak{G}}_I^{ES_{DST}}$ der ungültigen Eingabeereignisse in SPEC$_{DST}$ in Bezug auf die Eingangssequenzen ES_{DST} des ContextML-Kontextmodells km_{DST} gilt nach (6.28) demzufolge:

$$\overline{\mathfrak{G}}_I^{ES_{DST}} = \{eintrittUnfall\}$$

Ursache für den Kohärenzbruch ist das Tupel $(unfalldetektion_S \nrightarrow DST_K)$ der Relation DATENBEREITSTELLUNG$_{DST}$. Da nach dem Kontextmodell das zugehörige Eingabeereignis über das Umgebungssystem ‚Unfalldetektion' durch das Signal ‚SIG_CRASH' angezeigt wird, ist das Eingabeereignis ‚eintrittUnfall' nach dem in (6.32) definierten Formalismus ungültig. Im Zuge der Prüfung der Gültigkeit der Eingabeereignisse in $SPEC_{DST}$ gegenüber den Eingangssequenzen von km_{DST} wurden darüber hinaus die folgenden im Sinne der Kohärenz $\sim_k$ gültigen Eingabeereignisse in $SPEC_{DST}$ identifiziert.

SPEC ($\mathfrak{G}_I^{EE_{DST}}$)	$\sim_k \mid \sigma_{Out}$	ContextML (ES_{DST})
veränderungLichteinfall	$\sim_k$	($sonne_P \rightsquigarrow lichteinfallwinkel_G$)
	$\sim_k$	($lichteinfallwinkel_G \rightarrow DST_K$)
veränderungLichtintensität	$\sim_k$	($sonne_P \rightsquigarrow lichtintensität_G$)
	$\sim_k$	($lichtintensität_G \rightarrow DST_K$)
SIG_TSIGNTUNNEL	$\sim_k$	($tunnel_P \rightsquigarrow tunnelEinfahrt_G$)
	$\sim_k$	($tunnelEinfahrt_G \rightarrow verkehrszeichendetektion_S$)
	σ_{Out}	($verkehrszeichendetektion_S \twoheadrightarrow DST_K$)
SIG_BLNDSPOBJ	$\sim_k$	($toterwinkelbereich_P \rightsquigarrow toterwinkelobjekt_G$)
	$\sim_k$	($toterwinkelobjekt_G \rightarrow toterwinkelwarner_S$)
	σ_{Out}	($toterwinkelwarner_S \twoheadrightarrow DST_K$)
SIG_BLNDSPNOBJ	$\sim_k$	($toterwinkelbereich_P \rightsquigarrow toterwinkelobjekt_G$)
	$\sim_k$	($toterwinkelobjekt_G \rightarrow toterwinkelwarner_S$)
	σ_{Out}	($toterwinkelwarner_S \twoheadrightarrow DST_K$)
fahrzeugParken	$\sim_k$	($fahrer_B \rightsquigarrow fahrzeugParken_G$)
	$\sim_k$	($fahrzeugParken_G \rightarrow DST_K$)
SIG_IGNOFF	$\sim_k$	($zündung_P \rightsquigarrow zündstellung_G$)
	$\sim_k$	($zündstellung_G \rightarrow motorsteuerung_S$)
	σ_{Out}	($motorsteuerung_S \twoheadrightarrow DST_K$)
aktivierungManuelleTönung	$\sim_k$	($fahrer_B \rightsquigarrow manuelleTönungEin_G$)
	$\sim_k$	($manuelleTönungEin_G \rightarrow DST_K$)
deaktivierungManuelleTönung	$\sim_k$	($fahrer_B \rightsquigarrow manuelleTönungEin_G$)
	$\sim_k$	($manuelleTönungEin_G \rightarrow DST_K$)
änderungTönung	$\sim_k$	($fahrer_B \rightsquigarrow tönungManuell_G$)
	$\sim_k$	($tönungManuell_G \rightarrow DST_K$)
kritischerUVvorAusstieg	$\sim_k$	($sonne_P \rightsquigarrow UvIntensität_G$)
	$\sim_k$	($UvIntensität_G \rightarrow DST_K$)

Tabelle 8-4: Gültige Eingabeereignisse in $SPEC_{DST}$ gegenüber Eingangssequenzen

8.3.2.3 Bestimmung ungültiger Stimuli in $SPEC_{DST}$

Zur Überprüfung der Gültigkeit der Stimuli von $SPEC_{DST}$ werden die berechneten Stimuli der Menge $Stim_{DST}^{SPEC}$ ($\rightarrow$ Abschnitt 8.3.1.4) gegen die Stimuli $Stim_{DST}^{ContextML}$ des ContextML-Kontextmodells mittels der in Abschnitt 6.3.1.3 eingeführten Formalismen überprüft, um ungültige Stimuli in $Stim_{DST}^{SPEC}$ aufzudecken.

8 Anwendungsbeispiel ‚Dynamische Scheibentönung'

Im Rahmen der Prüfung wird für jeden Stimulus in $Stim_{DST}^{SPEC}$ ein im Sinne von $\sim_s$ äquivalenter Stimulus in $Stim_{DST}^{ContextML}$ gesucht, d. h. nach (6.34), ein Stimulus in $Stim_{DST}^{ContextML}$, der für jedes Eingabeereignis des zu prüfenden Stimulus aus $Stim_{DST}^{SPEC}$ ein Eingangseffekt aufweist, der zu diesem Eingabeereignis im Sinne der Kohärenz $\sim_k$ äquivalent ist. Bei der Prüfung wurden die in Tabelle 8-5 aufgeführten ungültigen Stimuli in $Stim_{DST}^{SPEC}$ identifiziert.

SPEC ($Stim_{DST}^{SPEC}$)		$\sim_s$	ContextML ($Stim_{DST}^{ContextML}$)	
Stimulus	Eingabeereignis	$\sim_k$	Eingangseffekt	Stimulus
	SIG_IGNOFF	×	×	
st_6	fahrzeugParken	$\sim_k$	FAHRERPARKMODUS	FAHRZEUGGEPARKT
	SIG_CARLOCKED	×	×	
	fahrzeugParken	$\sim_k$	FAHRERPARKMODUS	
st_7	SIG_IGNOFF	×	×	FAHRZEUGGEPARKT
	SIG_CARLOCKED	×	×	
st_9	SIG_BLNDSPOBJ	×	×	×
	SIG_BLNDSPNOBJ	×	×	

Tabelle 8-5: Ungültige Stimuli in SPEC$_{DST}$

Wie aus Tabelle 8-5 hervorgeht, können für die Stimuli st_6, st_7 und st_9 aus $Stim_{DST}^{SPEC}$ keine im Sinne der Kohärenz $\sim_s$ äquivalenten Stimuli aus $Stim_{DST}^{ContextML}$ bestimmt werden. Für solche Stimuli in SPEC$_{DST}$ gilt, dass diese in Bezug auf die tatsächlichen Eigenschaften des operationellen Kontexts ungültig sind, weil der entsprechende Stimulus aus SPEC$_{DST}$ mindestens ein Eingabeereignis umfasst, das im Zusammenhang mit den übrigen Eingabeereignissen dieses Stimulus nach den in km_{DST} dokumentierten Eigenschaften des operationellen Kontexts nicht auftreten kann.

Für die Menge $\overline{\mathfrak{G}}_I^{Stim_{DST}}$ der ungültigen Stimuli in SPEC$_{DST}$ in Bezug auf die Stimulusmenge $Stim_{DST}^{ContextML}$ des ContextML-Kontextmodells km_{DST} gilt nach (6.36) demzufolge:

$$\overline{\mathfrak{G}}_I^{Stim_{DST}} = \left\{\begin{array}{l}(SIG\_IGNOFF, fahrzeugParken, SIG\_CARLOCKED),\\(fahrzeugParken, SIG\_IGNOFF, SIG\_CARLOCKED),\\(SIG\_BLNDSPOBJ, SIG\_BLNDSPNOBJ),\end{array}\right\}$$

Im Zuge der Prüfung wurden darüber hinaus die folgenden im Sinne der Kohärenz $\sim_k$ gültigen Stimuli in SPEC$_{DST}$ identifiziert.

SPEC ($Stim_{DST}^{SPEC}$)		$\sim_s$	ContextML ($Stim_{DST}^{ContextML}$)	
Stimulus	Eingabeereignis	$\sim_k$	Eingangseffekt	Stimulus
st_1	veränderungLichtintensität	$\sim_k$	VERÄNDERUNG LICHTINTENSITÄT	VERÄNDERUNG LICHTBEDINGUNGINTENSITÄT
st_2	veränderungLichteinfall	$\sim_k$	VERÄNDERUNG LICHTEINFALLSWINKEL	VERÄNDERUNG LICHTBEDINGUNGEINFALLSWINKEL
st_3	eintrittUnfall	$\sim_k$	UNFALLDETEKTIERT	FAHRZEUGVERUNFALLT

SPEC ($Stim_{DST}^{SPEC}$)		$\sim_s$	ContextML ($Stim_{DST}^{ContextML}$)
Stimulus	Eingabeereignis	$\sim_k$ Eingangseffekt	Stimulus
st_4	SIG_TSIGNTUNNEL	$\sim_k$ TUNNELDETEKTIERT	TUNNELEINFAHRT
st_5	SIG_BLNDSPOBJ	$\sim_k$ TOTWINKELOBJEKT DETEKTIERT	OBJEKTIMTOTENWINKEL
st_8	aktivierungManuelleTönung	$\sim_k$ MANUELLETÖNUNGEIN	ÄNDERUNG MANUELLETÖNUNG
	änderungTönung	$\sim_k$ VERÄNDERUNG SOLLTÖNUNGSGRAD	
st_{10}	kritischerUVvorAusstieg	$\sim_k$ HOHEUVINTENSITÄT	KRITISCHELICHTINTENSITÄT

Tabelle 8-6: Gültige Stimuli in SPEC$_{DST}$

Wie in Tabelle 8-6 gezeigt, besitzt z. B. das Eingabeereignis ‚eintrittUnfall' ein im Sinne von $\sim_k$ äquivalenten Eingangseffekt, weshalb auch der Stimulus st_3 den nach (6.34) äquivalenten Stimulus ‚FAHRZEUGVERUNFALLT' in $Stim_{DST}^{ContextML}$ besitzt und nach (6.35) demzufolge nicht zur Menge $\overline{\mathfrak{S}}_I^{Stim_{DST}}$ zählt.

8.3.2.4 Bestimmung ungültiger Ausgabeereignisse in SPEC$_{DST}$ in Bezug auf die Ausgangseffektmenge

Auf Grundlage der in Abschnitt 6.3.2 eingeführten Formalismen zur Identifikation ungültiger Ausgabeereignisse in kanonischen Verhaltensspezifikationen gegenüber dem zugehörigen ContextML-Kontextmodell wird die Ausgabeereignismenge O_{DST} (→ Abschnitt 8.3.1.2) der kanonische Verhaltensspezifikation SPEC$_{DST}$ gegen die Ausgangseffektmenge AE_{DST} des ContextML-Kontextmodells km_{DST} mittels des in (6.39) definierten Formalismus überprüft. Im Rahmen der Überprüfungen muss für jedes Ausgabeereignis der Ausgabeereignismenge O_{DST} von SPEC$_{DST}$ entschieden werden, ob in der Menge der Ausgangseffekte AE_{DST} von km_{DST} ein im Sinne der Kohärenz $\sim_k$ äquivalenter Ausgangseffekt existiert. In der Prüfung wurde das in Tabelle 8-7 angegebene ungültige Ausgabeereignis identifiziert.

SPEC (O_{DST}^{SPEC})	$\sim_k$	ContextML (AE_{DST})
abdunkelnDachfenster	×	×

Tabelle 8-7: Ungültige Ausgabeereignisse in SPEC$_{DST}$ gegenüber Ausgangseffekten

Wie aus Tabelle 8-7 hervorgeht, kann für das Ausgabeereignis ‚abdunkelnDachfenster' kein Ausgangseffekt identifiziert werden, der im Sinne der Modellterminalkohärenz $\sim_k$ äquivalent zum Ausgabeereignis ‚abdunkelnDachfenster' ist. Für die Menge $\overline{\mathfrak{S}}_O^{AE_{DST}}$ der in Bezug auf die Ausgangseffektmenge des ContextML-Kontextmodells ungültigen Ausgabeereignisse gilt nach (6.40) demzufolge:

$$\overline{\mathfrak{S}}_O^{AE_{DST}} = \{\text{abdunkelnDachfenster}\}$$

Das obige Resultat der Kohärenzprüfung sagt aus, dass die kanonische Verhaltensspezifikation definiert, dass das Ausgabeereignis ‚abdunkelnDachfenster' im Betrieb des Systems im operationellen Kontext des betrachteten Kontextsubjekts ‚DST' auftritt, dass allerdings

8 Anwendungsbeispiel ‚Dynamische Scheibentönung'

nach dem ContextML-Kontextmodell ein solches Ereignis im operationellen Kontext des betrachteten Kontextsubjekts nicht auftreten kann. Demzufolge liegt bezüglich dieses Ausgabeereignisses ein Kohärenzbruch in $SPEC_{DST}$ gegenüber km_{DST} vor.

Im Zuge der Prüfung wurden die folgenden Äquivalenzen im Sinne der Kohärenz $\sim_k$ zwischen Ausgabeereignissen in $SPEC_{DST}$ und Ausgangseffekten von km_{DST} bestätigt.

SPEC (O_{DST}^{SPEC})	$\sim_k$	ContextML (AE_{DST})
reguliereTönungWSS	$\sim_k$	ÄNDERUNGTÖNUNGWSS
reguliereTönungHKS	$\sim_k$	ÄNDERUNGTÖNUNGHKS
reguliereTönungSSV	$\sim_k$	ÄNDERUNGTÖNUNGSSV
reguliereTönungSSH	$\sim_k$	ÄNDERUNGTÖNUNGSSH
INF_TINGELEVEL	$\sim_k$	FAHRERINFOTÖNUNGSÄNDERUNG
entfärbungWSS	$\sim_k$	ÄNDERUNGTÖNUNGWSS
entfärbungHKS	$\sim_k$	ÄNDERUNGTÖNUNGHKS
entfärbungSSV	$\sim_k$	ÄNDERUNGTÖNUNGSSV
entfärbungSSH	$\sim_k$	ÄNDERUNGTÖNUNGSSH
SIG_EMERGBR	$\sim_k$	FAHRERINFOTÖNUNGSÄNDERUNG
SIG_TUNNBR	$\sim_k$	FAHRERINFOTÖNUNGSÄNDERUNG
aufhellungSSV	$\sim_k$	ÄNDERUNGTÖNUNGSSV
aufhellungSSH	$\sim_k$	ÄNDERUNGTÖNUNGSSH
aufhellungRücksetzenSSH	$\sim_k$	ÄNDERUNGTÖNUNGSSH
aufhellungRücksetzenSSV	$\sim_k$	ÄNDERUNGTÖNUNGSSV
abdunkelnWSS	$\sim_k$	ÄNDERUNGTÖNUNGWSS
abdunkelnHKS	$\sim_k$	ÄNDERUNGTÖNUNGHKS
abdunkelnSSV	$\sim_k$	ÄNDERUNGTÖNUNGSSV
abdunkelnSSH	$\sim_k$	ÄNDERUNGTÖNUNGSSH
SIG_PARKT	$\sim_k$	FAHRERINFOTÖNUNGSÄNDERUNG
SIG_BLNDSBR	$\sim_k$	FAHRERINFOTÖNUNGSÄNDERUNG
SIG_BLNDST	$\sim_k$	FAHRERINFOTÖNUNGSÄNDERUNG
INF_UVRADIATIONVAL	$\sim_k$	FAHRERINFOKRITISCHERUVWERT

Tabelle 8-8: Identifizierte Äquivalenzen zwischen Ausgabeereignissen und Ausgangseffekten

Das Ausgabeereignis ‚abdunkelnDachfenster' erfüllt das notwendige Kriterium zur Gültigkeit gegenüber dem ContextML-Kontextmodell nicht und bleibt daher in den weiteren Prüfungen der Ausgabeereignismenge unberücksichtigt. Die Menge der Ausgabeereignisse, die das notwendige Kriterium zur Gültigkeit gegenüber dem ContextML-Kontextmodell erfüllen, bestimmt sich nach (6.41) durch die Differenzmenge von O_{DST} und $\overline{\mathfrak{G}}_O^{AE_{DST}}$.

$$\mathfrak{G}_0^{AE_{DST}} = \left\{ \begin{array}{l} \text{reguliereTönungWSS}, \text{reguliereTönungHKS}, \text{reguliereTönungSSV}, \\ \text{reguliereTönungSSH}, \text{INF\_TINGELEVEL}, \text{entfärbungWSS}, \text{entfärbungHKS}, \\ \text{entfärbungSSV}, \text{entfärbungSSH}, \text{SIG\_EMERGBR}, \text{SIG\_TUNNBR}, \\ \text{aufhellungSSV}, \text{aufhellungSSH}, \text{SIG\_BLNDSBR}, \text{aufhellungRücksetzenSSH}, \\ \text{aufhellungRücksetzenSSV}, \text{SIG\_BLNDST}, \text{abdunkelnWSS}, \text{abdunkelnHKS}, \\ \text{abdunkelnSSV}, \text{abdunkelnSSH}, \text{SIG\_PARKT}, \text{INF\_UVRADIATIONVAL} \end{array} \right\}$$

Die Ausgabeereignisse der Menge $\mathfrak{G}_0^{AE_{DST}}$ werde im Weiteren auf Gültigkeit gegenüber den Ausgangssequenzen AS_{DST} des ContextML-Kontextmodells überprüft.

8.3.2.5 Bestimmung ungültiger Ausgabeereignisse in SPEC$_{DST}$ in Bezug auf Ausgangssequenzen

Die in Tabelle 8-8 vorgenommene Zuordnung bildet den Ausgangspunkt zur Überprüfung der Gültigkeit der Ausgabeereignisse in $\mathfrak{G}_0^{AE_{DST}}$, indem jedes Ausgabeereignis in $\mathfrak{G}_0^{AE_{DST}}$ auf Gültigkeit gegenüber derjenigen Ausgangssequenz in AS_{DST} überprüft wird, deren zugehöriger Ausgangseffekt im Sinne der Kohärenz $\sim_k$ äquivalent zu dem zu prüfenden Ausgabeereignis ist. Der Bezug zwischen dem zu prüfenden Ausgabeereignis und der zugehörigen Ausgangssequenz kann demzufolge maschinell vorgenommen werden, sodass lediglich die Gültigkeit des Ausgabeereignisses in Bezug auf die Tupel der Ausgangssequenz manuell ausgewertet werden muss. Die Überprüfung der Gültigkeit eines Ausgabeereignisses gegenüber den einzelnen Tupeln der zugehörigen Ausgangssequenz erfolgt abhängig vom Typ der jeweiligen Abhängigkeit nach den in Abschnitt 6.3.2.2 eingeführten Formalismen. In der Prüfung wurde das in Tabelle 8-9 angegebene ungültige Ausgabeereignis in $\mathfrak{G}_0^{AE_{DST}}$ in Bezug auf die zugehörigen Ausgangssequenzen identifiziert.

SPEC ($\mathfrak{G}_0^{AE_{DST}}$)	$\sim_k \mid \sigma$	ContextML (AS_{DST})
INF_UVRADIATIONVAL	×	$(DST_K \twoheadrightarrow multifunktionsanzeige_S)$
		$(multifunktionsanzeige_S \twoheadrightarrow infoUvWert_G)$
		$(infoUvWert_G \rightarrow fahrer_P)$

Tabelle 8-9: Ungültige Ausgabeereignisse in SPEC$_{DST}$ gegen Ausgangssequenzen

Wie aus Tabelle 8-9 hervorgeht, ist das Ausgabeereignis ‚INF_UVRADIATIONVAL' gegenüber der zugehörigen Ausgangssequenz nicht gültig. Für die Menge $\overline{\mathfrak{G}}_0^{AS_{DST}}$ der ungültigen Ausgabeereignisse in SPEC$_{DST}$ in Bezug auf die Ausgangssequenzen in AS_{DST} des ContextML-Kontextmodells km_{DST} gilt nach (6.42) demzufolge:

$$\overline{\mathfrak{G}}_0^{AS_{DST}} = \{\text{INF\_UVRADIATIONVAL}\}$$

Ursache für den Kohärenzbruch ist das Tupel $(DST_K \twoheadrightarrow multifunktionsanzeige_S)$ in der Relation DATENBEREITSTELLUNG$_{DST}$. Da nach dem ContextML-Kontextmodell das zugehörige Ausgabeereignis an dem Umgebungssystem ‚Multifunktionsanzeige' durch das Signal ‚SIG_UVCRI' ausgelöst wird ($\rightarrow$ Abschnitt 8.2.1.2), ist das Ausgabeereignis ‚INF_UVRADIATIONVAL' nach dem in (6.44) definierten Formalismus ungültig.

Im Zuge der Prüfung wurden darüber hinaus die folgenden im Sinne der Kohärenz $\sim_k$ gültigen Ausgabeereignisse in SPEC$_{DST}$ identifiziert.

8 Anwendungsbeispiel ‚Dynamische Scheibentönung'

SPEC ($\mathfrak{G}_O^{AE_{DST}}$)	$\sim_k \mid \sigma$	ContextML (AS_{DST})
reguliereTönungWSS	$\sim_k$	($DST_K \twoheadrightarrow t\ddot{o}nungsgradWSS_G$)
	$\sim_k$	($t\ddot{o}nungsgradWSS_G \rightarrow windschutzscheibe_P$)
reguliereTönungHKS	$\sim_k$	($DST_K \twoheadrightarrow t\ddot{o}nungsgradHKS_G$)
	$\sim_k$	($t\ddot{o}nungsgradHKS_G \rightarrow heckscheibe_P$)
reguliereTönungSSV	$\sim_k$	($DST_K \twoheadrightarrow t\ddot{o}nungsgradSSV_G$)
	$\sim_k$	($t\ddot{o}nungsgradSSV_G \rightarrow seitenscheibenVorn_P$)
reguliereTönungSSH	$\sim_k$	($DST_K \twoheadrightarrow t\ddot{o}nungsgradSSH_G$)
	$\sim_k$	($t\ddot{o}nungsgradSSH_G \rightarrow seitenscheibenHinten_P$)
INF_TINGELEVEL	σ_{In}	($DST_K \twoheadrightarrow multifunktionsanzeige_S$)
	$\sim_k$	($multifunktionsanzeige_S \twoheadrightarrow infoT\ddot{o}nung_G$)
	$\sim_k$	($infoT\ddot{o}nung_G \rightarrow fahrer_P$)
entfärbungWSS	$\sim_k$	($DST_K \twoheadrightarrow t\ddot{o}nungsgradWSS_G$)
	$\sim_k$	($t\ddot{o}nungsgradWSS_G \rightarrow windschutzscheibe_P$)
entfärbungHKS	$\sim_k$	($DST_K \twoheadrightarrow t\ddot{o}nungsgradHKS_G$)
	$\sim_k$	($t\ddot{o}nungsgradHKS_G \rightarrow heckscheibe_P$)
entfärbungSSV	$\sim_k$	($DST_K \twoheadrightarrow t\ddot{o}nungsgradSSV_G$)
	$\sim_k$	($t\ddot{o}nungsgradSSV_G \rightarrow seitenscheibenVorn_P$)
entfärbungSSH	$\sim_k$	($DST_K \twoheadrightarrow t\ddot{o}nungsgradSSH_G$)
	$\sim_k$	($t\ddot{o}nungsgradSSH_G \rightarrow seitenscheibenHinten_P$)
SIG_EMERGBR	σ_{In}	($DST_K \twoheadrightarrow multifunktionsanzeige_S$)
	$\sim_k$	($multifunktionsanzeige_S \twoheadrightarrow infoT\ddot{o}nung_G$)
	$\sim_k$	($infoT\ddot{o}nung_G \rightarrow fahrer_P$)
SIG_TUNNBR	σ_{In}	($DST_K \twoheadrightarrow multifunktionsanzeige_S$)
	$\sim_k$	($multifunktionsanzeige_S \twoheadrightarrow infoT\ddot{o}nung_G$)
	$\sim_k$	($infoT\ddot{o}nung_G \rightarrow fahrer_P$)
aufhellungSSV	$\sim_k$	($DST_K \twoheadrightarrow t\ddot{o}nungsgradSSV_G$)
	$\sim_k$	($t\ddot{o}nungsgradSSV_G \rightarrow seitenscheibenVorn_P$)
aufhellungSSH	$\sim_k$	($DST_K \twoheadrightarrow t\ddot{o}nungsgradSSH_G$)
	$\sim_k$	($t\ddot{o}nungsgradSSH_G \rightarrow seitenscheibenHinten_P$)
SIG_BLINDSBR	σ_{In}	($DST_K \twoheadrightarrow multifunktionsanzeige_S$)
	$\sim_k$	($multifunktionsanzeige_S \twoheadrightarrow infoT\ddot{o}nung_G$)
	$\sim_k$	($infoT\ddot{o}nung_G \rightarrow fahrer_P$)
aufhellungRücksetzenSSV	$\sim_k$	($DST_K \twoheadrightarrow t\ddot{o}nungsgradSSV_G$)
	$\sim_k$	($t\ddot{o}nungsgradSSV_G \rightarrow seitenscheibenVorn_P$)
aufhellungRücksetzenSSH	$\sim_k$	($DST_K \twoheadrightarrow t\ddot{o}nungsgradSSH_G$)
	$\sim_k$	($t\ddot{o}nungsgradSSH_G \rightarrow seitenscheibenHinten_P$)

SPEC ($\mathfrak{G}_O^{AE_{DST}}$)	$\sim_k \mid \sigma$	ContextML (AS_{DST})
SIG_BLINDST	σ_{In}	($DST_K \twoheadrightarrow multifunktionsanzeige_S$)
	$\sim_k$	($multifunktionsanzeige_S \twoheadrightarrow infoTönung_G$)
	$\sim_k$	($infoTönung_G \to fahrer_P$)
abdunkelnWSS	$\sim_k$	($DST_K \twoheadrightarrow tönungsgradWSS_G$)
	$\sim_k$	($tönungsgradWSS_G \to windschutzscheibe_P$)
abdunkelnHKS	$\sim_k$	($DST_K \twoheadrightarrow tönungsgradHKS_G$)
	$\sim_k$	($tönungsgradHKS_G \to heckscheibe_P$)
abdunkelnSSV	$\sim_k$	($DST_K \twoheadrightarrow tönungsgradSSV_G$)
	$\sim_k$	($tönungsgradSSV_G \to seitenscheibenVorn_P$)
abdunkelnSSH	$\sim_k$	($DST_K \twoheadrightarrow tönungsgradSSH_G$)
	$\sim_k$	($tönungsgradSSH_G \to seitenscheibenHinten_P$)
SIG_PARKT	σ_{In}	($DST_K \twoheadrightarrow multifunktionsanzeige_S$)
	$\sim_k$	($multifunktionsanzeige_S \twoheadrightarrow infoTönung_G$)
	$\sim_k$	($infoTönung_G \to fahrer_P$)

Tabelle 8-10: Gültige Ausgabeereignisse in SPEC$_{DST}$ gegenüber Ausgangssequenzen

8.3.2.6 Bestimmung ungültiger Reaktionen in SPEC$_{DST}$

Zur Überprüfung der Gültigkeit der Reaktionen von SPEC$_{DST}$ werden die berechneten Reaktionen der Menge $Reak_{DST}^{SPEC}$ ($\to$ Abschnitt 8.3.1.5) gegen die Reaktionen $Reak_{DST}^{ContextML}$ des ContextML-Kontextmodells mittels der in Abschnitt 6.3.2.3 eingeführten Formalismen überprüft, um ungültige Reaktionen in $Reak_{DST}^{SPEC}$ aufzudecken.

Zur Prüfung wird für jede Reaktion aus $Reak_{DST}^{SPEC}$ eine im Sinne von $\sim_r$ äquivalente Reaktion in $Reak_{DST}^{ContextML}$ gesucht, d. h. nach (6.48), eine Reaktion in $Reak_{DST}^{ContextML}$, die für jedes Ausgabeereignis der betrachteten Reaktion aus $Reak_{DST}^{SPEC}$ einen Ausgangseffekt besitzt, der zu diesem Ausgabeereignis in Kohärenz $\sim_k$ steht. Im Zuge der Prüfung wurde die in Tabelle 8-11 aufgeführte ungültige Reaktion in $Reak_{DST}^{SPEC}$ identifiziert.

SPEC ($Reak_{DST}^{SPEC}$)		$\sim_r$	ContextML ($Reak_{DST}^{ContextML}$)	
Reaktion	Ausgabeereignis	$\sim_k$	Ausgangseffekt	Reaktion
re$_6$	abdunkelnWSS	$\sim_k$	ÄNDERUNGTÖNUNGWSS	TÖNUNGSÄNDERUNG ALLESCHEIBEN
	abdunkelnHKS	$\sim_k$	ÄNDERUNGTÖNUNGHKS	
	abdunkelnSSH	$\sim_k$	ÄNDERUNGTÖNUNGSSH	
	abdunkelnSSV	$\sim_k$	ÄNDERUNGTÖNUNGSSV	
	abdunkelnDachfenster	×	×	
	SIG_PARKT	$\sim_k$	FAHRERINFO TÖNUNGSÄNDERUNG	

Tabelle 8-11: Ungültiger Reaktionen in SPEC$_{DST}$

8 ANWENDUNGSBEISPIEL ‚DYNAMISCHE SCHEIBENTÖNUNG'

Wie aus Tabelle 8-11 hervorgeht, kann für die Reaktion re_6 aus der Menge $Reak_{DST}^{SPEC}$ keine im Sinne der Kohärenz $\sim_r$ äquivalente Reaktion aus $Reak_{DST}^{ContextML}$ bestimmt werden. Für die Menge $\overline{\mathfrak{G}}_O^{Reak_{DST}}$ der ungültigen Reaktionen in SPEC$_{DST}$ in Bezug auf die Menge der Reaktionen $Reak_{DST}^{ContextML}$ des ContextML-Kontextmodells km_{DST} gilt nach (6.50) demzufolge:

$$\overline{\mathfrak{G}}_O^{Reak_{DST}} = \left\{ \binom{\text{abdunkelnHKS, abdunkelnSSH, abdunkelnSSV,}}{\text{abdunkelnWSS, abdunkelnDachfenster, SIG\_PARKT}} \right\}$$

Die Ungültigkeit der Reaktion re_6 resultiert aus der Feststellung, dass, wie auch aus Tabelle 8-11 hervorgeht, das Ausgabeereignis ‚abdunkelnDachfenster' als eines der Ausgabeereignisse von re_6, in km_{DST} keinen im Sinne der Modellterminalkohärenz $\sim_k$ äquivalenten Ausgangseffekt besitzt. Dies hat zur Konsequenz, dass keine der Reaktionen in $Reak_{DST}^{ContextML}$ bezüglich der Kohärenz $\sim_r$ äquivalent zu re_6 sein kann.

Im Zuge der Prüfung wurden darüber hinaus die folgenden im Sinne der Kohärenz $\sim_k$ gültigen Reaktionen in SPEC$_{DST}$ identifiziert.

SPEC ($Reak_{DST}^{SPEC}$)		$\sim_r$	ContextML ($Reak_{DST}^{ContextML}$)	
Reaktion	Ausgabeereignis	$\sim_k$	Ausgangseffekt	Reaktion
re_1	reguliereTönungWSS	$\sim_k$	ÄNDERUNGTÖNUNGWSS	TÖNUNGSÄNDERUNG ALLESCHEIBEN
	reguliereTönungHKS	$\sim_k$	ÄNDERUNGTÖNUNGHKS	
	reguliereTönungSSH	$\sim_k$	ÄNDERUNGTÖNUNGSSH	
	reguliereTönungSSV	$\sim_k$	ÄNDERUNGTÖNUNGSSV	
	INF_TINGELEVEL	$\sim_k$	FAHRERINFO TÖNUNGSÄNDERUNG	
re_2	entfärbungWSS	$\sim_k$	ÄNDERUNGTÖNUNGWSS	TÖNUNGSÄNDERUNG ALLESCHEIBEN
	entfärbungHKS	$\sim_k$	ÄNDERUNGTÖNUNGHKS	
	entfärbungSSH	$\sim_k$	ÄNDERUNGTÖNUNGSSH	
	entfärbungSSV	$\sim_k$	ÄNDERUNGTÖNUNGSSV	
	SIG_EMERGBR	$\sim_k$	FAHRERINFO TÖNUNGSÄNDERUNG	
re_3	entfärbungWSS	$\sim_k$	ÄNDERUNGTÖNUNGWSS	TÖNUNGSÄNDERUNG SCHEIBENVORN
	entfärbungSSV	$\sim_k$	ÄNDERUNGTÖNUNGSSV	
	SIG_TUNNBR	$\sim_k$	FAHRERINFO TÖNUNGSÄNDERUNG	
re_4	aufhellungSSV	$\sim_k$	ÄNDERUNGTÖNUNGSSV	TÖNUNGSÄNDERUNG SEITENSCHEIBEN
	aufhellungSSH	$\sim_k$	ÄNDERUNGTÖNUNGSSH	
	SIG_BLNDSBR	$\sim_k$	FAHRERINFO TÖNUNGSÄNDERUNG	
re_5	SIG_BLNDST	$\sim_k$	FAHRERINFO TÖNUNGSÄNDERUNG	TÖNUNGSÄNDERUNG SEITENSCHEIBEN
	aufhellungRücksetzenSSV	$\sim_k$	ÄNDERUNGTÖNUNGSSV	
	aufhellungRücksetzenSSH	$\sim_k$	ÄNDERUNGTÖNUNGSSH	

SPEC ($Reak_{DST}^{SPEC}$)		$\sim_r$	ContextML ($Reak_{DST}^{ContextML}$)	
Reaktion	Ausgabeereignis	$\sim_k$	Ausgangseffekt	Reaktion
re₇	reguliereTönungHKS	$\sim_k$	ÄNDERUNGTÖNUNGHKS	TÖNUNGSÄNDERUNG ALLESCHEIBEN
	reguliereTönungSSH	$\sim_k$	ÄNDERUNGTÖNUNGSSH	
	reguliereTönungSSV	$\sim_k$	ÄNDERUNGTÖNUNGSSV	
	reguliereTönungWSS	$\sim_k$	ÄNDERUNGTÖNUNGWSS	
	INF_TINGELEVEL	$\sim_k$	FAHRERINFO TÖNUNGSÄNDERUNG	
re₈	INF_UVRADIATIONVAL	$\sim_k$	FAHRERINFO KRITISCHERUVWERT	UVINFO

Tabelle 8-12: Gültige Reaktionen in SPEC$_{DST}$

8.3.3 Identifikation von Unvollständigkeiten in SPEC$_{DST}$

Im Rahmen der Prüfung von SPEC$_{DST}$ auf Unvollständigkeiten gegenüber dem ContextML-Kontextmodell werden unter Verwendung der in Abschnitt 6.4 definierten Formalismen die folgenden Mengen bestimmt, die spezifische Ausprägungen von Kohärenzbrüchen in SPEC$_{DST}$ gegenüber dem ContextML-Kontextmodell induzieren:

- Die Menge $\mathfrak{U}_I^{EE_{DST}}$, deren Elemente Unvollständigkeiten der Eingabeereignisse von SPEC$_{DST}$ induzieren (Abschnitt 8.3.3.1)
- Die Menge $\mathfrak{U}_I^{Stim_{DST}}$, deren Elemente Unvollständigkeiten der Menge von Stimuli von SPEC$_{DST}$ induzieren (Abschnitt 8.3.3.2)
- Die Menge $\mathfrak{U}_u^{Stim_{DST}}$ unvollständiger Stimuli in SPEC$_{DST}$ (Abschnitt 8.3.3.3)
- Die Menge $\mathfrak{U}_O^{AE_{DST}}$, deren Elemente Unvollständigkeiten der Ausgabeereignisse von SPEC$_{DST}$ induzieren (Abschnitt 8.3.3.4)
- Die Menge $\mathfrak{U}_O^{Reak_{DST}}$, deren Elemente Unvollständigkeiten der Reaktionen von SPEC$_{DST}$ induzieren (Abschnitt 8.3.3.5)
- Die Menge $\mathfrak{U}_u^{Reak_{DST}}$ unvollständiger Reaktionen in SPEC$_{DST}$ (Abschnitt 8.3.3.6)

Die Ergebnisse der einzelnen Prüfungen werden im Folgenden wiederum tabellarisch dargestellt. In gleicher Weise, wie in den verschiedenen Gültigkeitsprüfungen in Abschnitt 8.3.2, werden die in den dunkel eingefärbten Bereiche des Rumpfs der jeweiligen Tabellen angegebenen Prüfmengen durch die entsprechenden in Abschnitt 6.4 definierten Prüfformalismen vorgegeben. Bei den manuell durchzuführenden Tätigkeiten sind die jeweils nicht eingefärbten Tabellenbereiche zu bestimmen bzw. zu entscheiden.

8.3.3.1 Bestimmung von Unvollständigkeiten in der Menge von Eingabeereignissen

Auf Grundlage der in Abschnitt 6.4.1.1 eingeführten Formalismen zur Identifikation von Unvollständigkeiten wird die Eingangseffektmenge EE_{DST} des ContextML-Kontextmodells km_{DST} gegen die Eingabeereignismenge I_{DST} von SPEC$_{DST}$ dahin gehend überprüft, ob jeder

8 ANWENDUNGSBEISPIEL ‚DYNAMISCHE SCHEIBENTÖNUNG'   181

Eingangseffekt in EE_{DST} ein im Sinne der Modellterminalkohärenz $\sim_k$ äquivalentes Eingabeereignis besitzt. Existiert zu einem Eingangseffekt kein solches Eingabeereignis, so induziert dies nach (6.53) eine Unvollständigkeit in der Eingabeereignismenge I_{DST} und somit einen Kohärenzbruch in SPEC$_{DST}$ gegenüber dem ContextML-Kontextmodell km_{DST}. In der Prüfung wurden die in Tabelle 8-13 angegebenen Unvollständigkeiten in Bezug auf die Eingabeereignismenge von SPEC$_{DST}$ identifiziert.

ContextML (EE_{DST})	$\sim_k$	SPEC (I_{DST}^{SPEC})
INNENRAUMSICHTSCHUTZ	x	x
DSTEINAUS	x	x
ZÜNDUNGEIN	x	x

Tabelle 8-13: Unvollständigkeiten in der Eingabeereignismenge von SPEC$_{DST}$

Wie aus Tabelle 8-13 hervorgeht, existiert sowohl für die Eingangseffekte ‚INNENRAUMSICHTSCHUTZ' und ‚DSTEINAUS' als auch für den Eingangseffekte ‚ZÜNDUNGEIN' jeweils kein in Modellterminalkohärenz stehendes Eingabeereignis in I_{DST}. Für die Menge $\mathfrak{U}_I^{EE_{DST}}$ von Eingangseffekten des ContextML-Kontextmodells, die einen Kohärenzbruch in Bezug auf die Eingabeereignismenge I_{DST} von SPEC$_{DST}$ induzieren, gilt nach (6.54) demzufolge:

$$\mathfrak{U}_I^{EE_{DST}} = \{\text{INNENRAUMSICHTSCHUTZ, DSTEINAUS, ZÜNDUNGEIN}\}$$

Das obige Resultat der Kohärenzprüfung sagt aus, dass das ContextML-Kontextmodell dokumentiert, das im operationellen Kontext des betrachteten Kontextsubjekts ‚DST' drei Eingangseffekte auftreten, die als Stimulus oder Teil eines Stimulus eine Reaktion des Systems auslösen, die allerdings in SPEC$_{DST}$ nicht berücksichtigt sind. Die Eingangseffekte ‚INNENRAUMSICHTSCHUTZ' sowie ‚DSTEINAUS' und ‚ZÜNDUNGEIN' induzieren damit Kohärenzbrüche in SPEC$_{DST}$ gegenüber dem ContextML-Kontextmodell.

In der Prüfung wurden zudem die folgenden Zuordnungen zwischen Eingangseffekten von km_{DST} und Eingabeereignissen in SPEC$_{DST}$ im Sinne der Kohärenz $\sim_k$ identifiziert.

ContextML (EE_{DST})	$\sim_k$	SPEC (I_{DST}^{SPEC})
VERÄNDERUNGLICHTINTENSITÄT	$\sim_k$	veränderungLichtintensität
VERÄNDERUNGLICHTEINFALLSWINKEL	$\sim_k$	veränderungLichteinfall
UNFALLDETEKTIERT	$\sim_k$	eintrittUnfall
TUNNELDETEKTIERT	$\sim_k$	SIG_TSIGNTUNNEL
TOTWINKELOBJEKTDETEKTIERT	$\sim_k$	SIG_BLNDSPOBJ
FAHRERPARKMODUS	$\sim_k$	fahrzeugParken
ZÜNDSCHLÜSSELENTFERNT	$\sim_k$	SIG_IGNOFF
MANUELLETÖNUNGEIN	$\sim_k$	aktivierungManuelleTönung
VERÄNDERUNGSOLLTÖNUNGSGRAD	$\sim_k$	änderungTönung
HOHEUVINTENSITÄT	$\sim_k$	kritischerUVvorAusstieg

Tabelle 8-14: Zuordnung von Eingangseffekten zu Eingabeereignissen

8.3.3.2 Bestimmung von Unvollständigkeiten in der Menge von Stimuli

Auf Grundlage der in Abschnitt 6.4.1.2.1 eingeführten Formalismen wird die Menge $Stim_{DST}^{SPEC}$ dahin gehend überprüft, ob Stimuli in $Stim_{DST}^{ContextML}$ vertreten sind, für die kein im Sinne der Kohärenz $\sim_s$ äquivalenter Stimulus in $Stim_{DST}^{SPEC}$ besteht. Existiert zu einem Stimulus in $Stim_{DST}^{ContextML}$ kein solcher Stimulus, so induziert dies nach (6.56) eine Unvollständigkeit in $Stim_{DST}^{SPEC}$ und damit einen Kohärenzbruch in SPEC$_{DST}$ gegenüber dem ContextML-Kontextmodell km_{DST}. In der Prüfung wurde die in Tabelle 8-15 angegebene Unvollständigkeit in Bezug auf die Stimulusmenge von SPEC$_{DST}$ identifiziert.

ContextML ($Stim_{DST}^{ContextML}$)	$\sim_s$	SPEC ($Stim_{DST}^{SPEC}$)
DSTAKTIVIERENDEAKTIVIEREN	×	×

Tabelle 8-15: Unvollständigkeiten der Stimulusmenge von SPEC$_{DST}$

Wie aus Tabelle 8-15 hervorgeht, existiert für den Stimulus ‚DSTAKTIVIERENDEAKTIVIEREN' kein im Sinne von $\sim_s$ äquivalenter Stimulus in $Stim_{DST}^{SPEC}$. Für die Menge $\mathfrak{U}_I^{Stim_{DST}}$ von Stimuli des ContextML-Kontextmodells, die einen Kohärenzbruch in Bezug auf die Stimuli von SPEC$_{DST}$ induzieren, gilt nach (6.57) demzufolge:

$$\mathfrak{U}_I^{Stim_{DST}} = \{\text{DSTAKTIVIERENDEAKTIVIEREN}\}$$

Das obige Resultat der Kohärenzprüfung sagt aus, dass das ContextML-Kontextmodell dokumentiert, das im operationellen Kontext des betrachteten Kontextsubjekts ‚DST' mit ‚DSTAKTIVIERENDEAKTIVIEREN' ein Stimulus auftritt, der in SPEC$_{DST}$ nicht berücksichtigt ist. Der Stimulus ‚DSTAKTIVIERENDEAKTIVIEREN' induziert damit einen Kohärenzbruch in SPEC$_{DST}$ gegenüber dem ContextML-Kontextmodell.

In der Prüfung wurden zudem die folgenden Zuordnungen im Sinne der Kohärenz $\sim_s$ zwischen Stimuli in km_{DST} und Stimuli in SPEC$_{DST}$ identifiziert.

ContextML ($Stim_{DST}^{ContextML}$)	$\sim_s$	SPEC ($Stim_{DST}^{SPEC}$)
VERÄNDERUNGLICHTBEDINGUNGINTENSITÄT	$\sim_s$	(veränderungLichtintensität)
VERÄNDERUNGLICHTBEDINGUNGEINFALLSWINKEL	$\sim_s$	(veränderungLichtinteinfall)
FAHRZEUGVERUNFALLT	$\sim_s$	(eintrittUnfall)
TUNNELEINFAHRT	$\sim_s$	(SIG_TSIGNTUNNEL)
OBJEKTIMTOTENWINKEL	$\sim_s$	(SIG_BLNDSPOBJ)
FAHRZEUGGEPARKT	$\sim_s$	(SIG_IGNOFF, fahrzeugParken, SIG_CARLOCKED)
ÄNDERUNGMANUELLETÖNUNG	$\sim_s$	(aktivierungManuelleTönung, änderungTönung)
KRITISCHELICHTINTENSITÄT	$\sim_s$	(kritischerUVvorAusstieg)

Tabelle 8-16: Zuordnung von Stimuli in km_{DST} zu Stimuli in SPEC$_{DST}$

8.3.3.3 Bestimmung von Unvollständigkeiten in Stimuli

Ausgehend von der in Tabelle 8-16 vorgenommen Bestimmung der Kohärenz zwischen Stimuli von SPEC$_{DST}$ und Stimuli des ContextML-Kontextmodells werden die in Abschnitt 6.4.1.2.2 eingeführten Formalismen eingesetzt, um Unvollständigkeiten innerhalb einzelner

8 ANWENDUNGSBEISPIEL ‚DYNAMISCHE SCHEIBENTÖNUNG'

Stimuli der Menge $Stim_{DST}^{SPEC}$ in SPEC$_{DST}$ aufzudecken. Hierzu wird für die in Kohärenz stehenden Paare von Stimuli aus $Stim_{DST}^{SPEC}$ und $Stim_{DST}^{ContextML}$ jeweils überprüft, ob der Stimulus des ContextML-Kontextmodells Eingangseffekte besitzt, für die im zugehörigen Stimulus von SPEC$_{DST}$ kein Eingabeereignis existiert, welches im Sinne der Modellterminalkohärenz $\sim_{lk}$ zu diesem äquivalent ist. Das Auftreten eines solchen Eingangseffekts induziert nach (6.58) einen unvollständigen Stimulus in $Stim_{DST}^{SPEC}$ und damit einen Kohärenzbruch in SPEC$_{DST}$ gegenüber dem ContextML-Kontextmodell km_{DST}. In der Prüfung wurden die in Tabelle 8-17 angegebenen Unvollständigkeiten der Stimuli von SPEC$_{DST}$ identifiziert.

ContextML ($Stim_{DST}^{ContextML}$)		$\sim_s$	SPEC ($Stim_{DST}^{SPEC}$)	
Stimulus	Eingangseffekt	$\sim_{lk}$	Eingabeereignis	Stimulus
FAHRZEUG GEPARKT	FAHRERPARKMODUS	$\sim_{lk}$	fahrzeugParken	$st_{6/7}$
	INNENRAUMSICHTSCHUTZ	×	×	
KRITISCHE LICHTINTENSITÄT	HOHEUVINTENSITÄT	$\sim_{lk}$	kritischerUVvorAusstieg	st_{10}
	ZÜNDSCHLÜSSEL ENTFERNT	×	×	

Tabelle 8-17: Unvollständigkeiten der Stimuli von SPEC$_{DST}$

Wie aus Tabelle 8-17 hervorgeht, besitzen die Stimuli ‚KRITISCHELICHTINTENSITÄT' und ‚FAHRZEUGGEPARKT' jeweils Eingangseffekte, für die im zugehörigen Stimulus von SPEC$_{DST}$ kein im Sinne der Modellterminalkohärenz äquivalentes Eingabeereignis existiert. Nach (6.59) sind die jeweiligen Menge von Eingangseffekten dieser Stimuli, die Kohärenzbrüche in SPEC$_{DST}$ induzieren, wie folgt definiert:

$$u_{st_{10}}^{KRITISCHELICHTINTENSITÄT} = \{ZÜNDSCHLÜSSELENTFERNT\}$$

$$u_{st_{6/7}}^{FAHRZEUGGEPARKT} = \{INNENRAUMSICHTSCHUTZ\}$$

Die erste Ergebnismenge sagt aus, dass der Stimulus ‚KRITISCHELICHTINTENSITÄT' gegenüber dem zugehörigen Stimulus st_{10} von SPEC$_{DST}$ den Eingangseffekt ZÜNDSCHLÜSSELENTFERNT besitzt, für den in st_{10} kein im Sinne der Modellterminalkohärenz $\sim_{lk}$ äquivalentes Eingabeereignisse auftritt. Die zweite Ergebnismenge sagt aus, dass der Stimulus ‚FAHRZEUGGEPARKT' gegenüber den zugehörigen Stimuli st_6 und st_7 den Eingangseffekt INNENRAUMSICHTSCHUTZ besitzt, für den weder in st_6 noch in st_7 ein im Sinne der Modellterminalkohärenz äquivalentes Eingabeereignis existiert. Für die Menge $\mathfrak{U}_u^{Stim_{DST}}$ der unvollständigen Stimuli von SPEC$_{DST}$ ergibt sich nach (6.60) demzufolge:

$$\mathfrak{U}_u^{Stim_{DST}} = \{(fahrzeugParken), (kritischerUVvorAusstieg)\}$$

Die erste angezeigte Unvollständigkeit von SPEC$_{DST}$ in der obigen Ergebnismenge sagt aus, dass die Stimuli $st_{6/7}$ in Bezug auf die im ContextML-Kontextmodell km_{DST} dokumentierten Eigenschaften des operationellen Kontexts unvollständig sind, da laut SPEC$_{DST}$ die Stimuli $st_{6/7}$ bereits auftreten, ohne das ein Eingabeereignis vorliegt, dass zu dem in $u_{st_{6/7}}^{FAHRZEUGGEPARKT}$ enthaltenen Eingangseffekt in Kohärenz $\sim_{lk}$ steht. Dieser Kohärenzbruch führt unter anderem dazu, dass ein System, welches auf Basis von SPEC$_{DST}$ implementiert ist, die mit dem Stimulus st_6 assoziierte Reaktion auch dann bewirkt, wenn kein zum Eingangseffekt INNENRAUMSICHTSCHUTZ in Kohärenz $\sim_k$ stehendes Eingabeereignis vorliegt. Im Zuge der Überprüfung der in $SPEC_{DST}$ enthaltenen Stimuli auf Unvollständigkeiten wurden zudem die folgenden Beziehungen zwischen Stimuli in km_{DST} und zugehörigen Eingangseffekten und Stimuli in $SPEC_{DST}$ und zugehörigen Eingabeereignissen identifiziert.

ContextML ($Stim_{DST}^{ContextML}$)		$\sim_s$	SPEC ($Stim_{DST}^{SPEC}$)	
Stimulus	Eingangseffekt	$\sim_k$	Eingabeereignis	Stimulus
VERÄNDERUNGLICHTBEDINGUNG INTENSITÄT	VERÄNDERUNG LICHTINTENSITÄT	$\sim_k$	veränderung Lichtintensität	st_1
VERÄNDERUNGLICHTBEDINGUNG EINFALLSWINKEL	VERÄNDERUNG LICHTEINFALLSWINKEL	$\sim_k$	veränderung Lichteinfall	st_2
FAHRZEUGVERUNFALLT	UNFALLDETEKTIERT	$\sim_k$	eintrittUnfall	st_3
TUNNELEINFAHRT	TUNNELDETEKTIERT	$\sim_k$	SIG_TSIGNTUNNEL	st_4
OBJEKTIMTOTENWINKEL	TOTWINKELOBJEKT DETEKTIERT	$\sim_k$	SIG_BLNDSPOBJ	st_5
ÄNDERUNG MANUELLETÖNUNG	MANUELLETÖNUNGEIN	$\sim_k$	aktivierung ManuelleTönung	st_8
	VERÄNDERUNG SOLLTÖNUNGSGRAD	$\sim_k$	änderungTönung	

Tabelle 8-18: Zuordnung von Stimuli und Eingangseffekte zu Stimuli in $SPEC_{DST}$

8.3.3.4 Bestimmung von Unvollständigkeiten in der Menge von Ausgabeereignissen

Auf Grundlage der in Abschnitt 6.4.2.1 eingeführten Formalismen zur Identifikation von Unvollständigkeiten wird die Ausgangseffektmenge AE_{DST} des ContextML-Kontextmodells km_{DST} gegen die Ausgabeereignismenge O_{DST} von $SPEC_{DST}$ dahin gehend überprüft, ob jeder Ausgangseffekt in AE_{DST} ein im Sinne der Modellterminalkohärenz $\sim_k$ äquivalentes Ausgabeereignis besitzt. Existiert zu einem Ausgangseffekt kein solches Ausgabeereignis, so induziert dies nach (6.62) eine Unvollständigkeit in der Ausgabeereignismenge O_{DST} und somit einen Kohärenzbruch in $SPEC_{DST}$ gegenüber dem ContextML-Kontextmodell km_{DST}. In der Prüfung wurden die in Tabelle 8-19 angegebenen Unvollständigkeiten in Bezug auf die Ausgabeereignismenge von $SPEC_{DST}$ identifiziert.

ContextML (AE_{DST})	$\sim_k$	SPEC (O_{DST}^{SPEC})
INFOFONDTÖNUNGSÄNDERUNG	×	×
INFOFONDKRITISCHERUVWERT	×	×

Tabelle 8-19: Unvollständigkeiten in der Ausgabeereignismenge von $SPEC_{DST}$

Wie aus Tabelle 8-19 hervorgeht, existiert sowohl für den Ausgangseffekt ‚INFOFONDTÖNUNGSÄNDERUNG' als auch für den Ausgangseffekt ‚INFOFONDKRITISCHERUVWERT' jeweils kein in Modellterminalkohärenz stehendes Ausgabeereignis in O_{DST}. Für die Menge $\mathfrak{U}_O^{AE_{DST}}$

8 Anwendungsbeispiel ‚Dynamische Scheibentönung'

von Ausgangseffekten des ContextML-Kontextmodells, die einen Kohärenzbruch in Bezug auf die Ausgangseffektmenge O_{DST} von SPEC$_{DST}$ induzieren, gilt nach (6.63) demzufolge:

$$\mathfrak{U}_O^{AE_{DST}} = \{\text{InfoFondTönungsänderung}, \text{InfoFondKritischerUvWert}\}$$

Das obige Resultat der Kohärenzprüfung sagt aus, dass das ContextML-Kontextmodell dokumentiert, das im operationellen Kontext des betrachteten Kontextsubjekts ‚DST' zwei Ausgangseffekte auftreten, die eine Reaktion oder Teil einer Reaktion des betrachteten Kontextsubjekts sind, welche allerdings in SPEC$_{DST}$ nicht berücksichtigt sind. Die Ausgangseffekte ‚InfoFondTönungsänderung' und ‚InfoFondKritischerUvWert' induzieren damit Kohärenzbrüche in SPEC$_{DST}$ gegenüber dem ContextML-Kontextmodell.

Im Zuge der Prüfung wurden die folgenden Zuordnungen zwischen Ausgangseffekten von km_{DST} und Ausgabeereignissen in SPEC$_{DST}$ im Sinne der Kohärenz $\sim_k$ identifiziert.

ContextML (AE_{DST})	$\sim_k$	SPEC (O_{DST}^{SPEC})
ÄnderungTönungWSS	$\sim_k$	abdunkelnWSS
ÄnderungTönungHKS	$\sim_k$	abdunkelnHKS
ÄnderungTönungSSV	$\sim_k$	abdunkelnSSV
ÄnderungTönungSSH	$\sim_k$	abdunkelnSSH
FahrerinfoTönungsänderung	$\sim_k$	INF_TINGELEVEL
FahrerinfoKritischerUvWert	$\sim_k$	INF_UVRADIATIONVAL

Tabelle 8-20: Zuordnung von Ausgangseffekten zu Ausgabeereignissen

8.3.3.5 Bestimmung von Unvollständigkeiten in der Menge von Reaktionen

Auf Grundlage der in Abschnitt 6.4.2.2.1 eingeführten Formalismen wird die Menge $Reak_{DST}^{SPEC}$ dahin gehend überprüft, ob Reaktionen in $Reak_{DST}^{ContextML}$ existieren, für die keine im Sinne der Kohärenz $\sim_r$ äquivalente Reaktion in $Reak_{DST}^{SPEC}$ existiert. Existiert zu einer Reaktion in $Reak_{DST}^{ContextML}$ keine solche Reaktion, so induziert dies nach (6.65) eine Unvollständigkeit in $Reak_{DST}^{SPEC}$ und damit einen Kohärenzbruch in SPEC$_{DST}$ gegenüber dem ContextML-Kontextmodell km_{DST}. In der Prüfung wurde die in Tabelle 8-21 angegebene Unvollständigkeit in Bezug auf die Reaktionsmenge von SPEC$_{DST}$ identifiziert.

ContextML ($Reak_{DST}^{ContextML}$)	$\sim_r$	SPEC ($Reak_{DST}^{SPEC}$)
TönungsänderungAlleScheibenInsassenInfo	×	×

Tabelle 8-21: Unvollständigkeiten der Reaktionsmenge von SPEC$_{DST}$

Wie aus Tabelle 8-21 hervorgeht, existiert für die Reaktion ‚TönungsänderungAlleScheibenInsassenInfo' keine im Sinne von $\sim_r$ äquivalente Reaktion in $Reak_{DST}^{SPEC}$. Für die Menge $\mathfrak{U}_O^{Reak_{DST}}$ von Reaktionen des ContextML-Kontextmodells, die einen Kohärenzbruch in Bezug auf die Reaktionen von SPEC$_{DST}$ induzieren, gilt nach (6.66) demzufolge:

$$\mathfrak{U}_O^{Reak_{DST}} = \{\text{TönungsänderungAlleScheibenInsassenInfo}\}$$

Das obige Resultat der Kohärenzprüfung sagt aus, dass das ContextML-Kontextmodell dokumentiert, dass im operationellen Kontext des betrachteten Kontextsubjekts ‚DST' mit ‚TÖNUNGSÄNDERUNGALLESCHEIBENINSASSENINFO' eine Reaktion auftritt, die in $SPEC_{DST}$ nicht berücksichtigt ist. Diese Reaktion induziert damit einen Kohärenzbruch in $SPEC_{DST}$ gegenüber dem ContextML-Kontextmodell.

In der Prüfung wurden zudem die folgenden Zuordnungen im Sinne der Kohärenz $\sim_r$ zwischen Reaktionen in km_{DST} und Reaktionen in $SPEC_{DST}$ identifiziert.

ContextML ($Reak_{DST}^{ContextML}$)	$\sim_r$	SPEC ($Reak_{DST}^{SPEC}$)
TÖNUNGSÄNDERUNGALLESCHEIBEN	$\sim_r$	(reguliereTönungWSS , reguliereTönungHKS , reguliereTönungSSV , reguliereTönungSSH , INF_TINGELEVEL)
TÖNUNGSÄNDERUNGSCHEIBENVORN	$\sim_r$	(entfärbungWSS , entfärbungSSV , SIG_TUNNBR)
TÖNUNGSÄNDERUNGSEITENSCHEIBEN	$\sim_r$	(aufhellungSSH , aufhellungSSV , SIG_BLNDSBR)
UVINFO	$\sim_r$	(INF_UVRADIATIONVAL)

Tabelle 8-22: Zuordnung von Reaktionen in km_{DST} zu Stimuli in $SPEC_{DST}$

8.3.3.6 Bestimmung von Unvollständigkeiten in Reaktionen

Ausgehend von der in Tabelle 8-22 vorgenommenen Bestimmung der Kohärenz zwischen Reaktionen von $SPEC_{DST}$ und Reaktionen des ContextML-Kontextmodells werden die in Abschnitt 6.4.2.2.2 eingeführten Formalismen eingesetzt, um Unvollständigkeiten innerhalb einzelner Reaktionen in der Menge $Reak_{DST}^{SPEC}$ in $SPEC_{DST}$ aufzudecken. Zu diesem Zweck wird für die in Kohärenz stehenden Paare von Reaktionen aus $Reak_{DST}^{SPEC}$ und $Reak_{DST}^{ContextML}$ jeweils überprüft, ob die Reaktion des ContextML-Kontextmodells Ausgangseffekte besitzt, für die in der zugehörigen Reaktion von $SPEC_{DST}$ kein Ausgabeereignis existiert, welches im Sinne der Modellterminalkohärenz $\sim_{lk}$ zu diesem äquivalent ist. Die Existenz eines solchen Ausgangseffekts induziert nach (6.67) eine unvollständige Reaktion in $Reak_{DST}^{SPEC}$ und damit einen Kohärenzbruch in $SPEC_{DST}$ gegenüber dem ContextML-Kontextmodell km_{DST}. In der Prüfung wurde die in Tabelle 8-23 angegebene Unvollständigkeit der Reaktionen von $SPEC_{DST}$ identifiziert.

ContextML ($Reak_{DST}^{ContextML}$)		$\sim_r$	SPEC ($Reak_{DST}^{SPEC}$)	
Reaktion	Ausgangseffekt		Ausgabeereignis	Reaktion
UVINFO	FAHRERINFOKRITISCHERUVWERT	×	INF_UVRADIATIONVAL	re_8
	INFOFONDKRITISCHERUVWERT	×	×	

Tabelle 8-23: Unvollständigkeiten der Reaktionen von $SPEC_{DST}$

Wie in Tabelle 8-23 aufgeführt, besitzt die im ContextML-Kontextmodell km_{DST} auftretende Reaktion ‚UVINFO' einen Ausgangseffekt, für den in der zugehörigen Reaktion in $SPEC_{DST}$ kein im Sinne der Kohärenz $\sim_{lk}$ äquivalentes Ausgabeereignis existiert. Nach (6.68) gilt für die Menge von Ausgangseffekten der Reaktion ‚UVINFO', die Kohärenzbrüche in $SPEC_{DST}$ induzieren, damit:

$$u_{re_8}^{\text{UVINFO}} = \{\text{INFOFONDKRITISCHERUVWERT}\}$$

Die obige Ergebnismenge sagt aus, dass die Reaktion ‚UVINFO' gegenüber der zugehörigen Reaktion re_8 in SPEC$_{\text{DST}}$ den Ausgangseffekt INFOFONDKRITISCHERUVWERT besitzt, für den in re_8 kein im Sinne der Modellterminalkohärenz äquivalentes Ausgabeereignis auftritt. Für die Menge $\mathfrak{U}_u^{\text{Reak}_{DST}}$ der unvollständigen Reaktionen von SPEC$_{\text{DST}}$ ergibt sich nach (6.69) demzufolge:

$$\mathfrak{U}_u^{\text{Reak}_{DST}} = \{(\text{INF\_UVRADIATIONVAL})\}$$

Die hier identifizierte Unvollständigkeit von SPEC$_{\text{DST}}$ bedeutet, dass die Reaktion re_8 in Bezug auf die im ContextML-Kontextmodell km_{DST} dokumentierten Eigenschaften unvollständig ist, da laut SPEC$_{\text{DST}}$ beim Vorliegen des auslösenden Stimulus von re_8 kein Ausgabeereignis zu dem in $u_{re_8}^{\text{UVINFO}}$ enthaltenen Ausgangseffekt INFOFONDKRITISCHERUVWERT bewirkt werden muss, obwohl dies nach km_{DST} notwendig ist, damit das System im Betrieb seinen Systemzweck erfüllt.

Im Zuge der Überprüfung der in SPEC$_{\text{DST}}$ enthaltenen Reaktionen auf Vollständigkeit wurden zudem die folgenden Beziehungen zwischen Reaktionen in km_{DST} und zugehörigen Ausgangseffekten und Reaktionen in SPEC$_{\text{DST}}$ und zugehörigen Ausgabeereignissen identifiziert.

ContextML ($Reak_{DST}^{ContextML}$)		$\sim_r$	SPEC ($Reak_{DST}^{SPEC}$)	
Reaktion	Ausgangseffekt		Ausgabeereignis	Reaktion
TÖNUNGSÄNDERUNG ALLESCHEIBEN	ÄNDERUNGTÖNUNGWSS	$\sim_k$	reguliereTönungWSS	re_1
	ÄNDERUNGTÖNUNGHKS	$\sim_k$	reguliereTönungHKS	
	ÄNDERUNGTÖNUNGSSH	$\sim_k$	reguliereTönungSSH	
	ÄNDERUNGTÖNUNGSSV	$\sim_k$	reguliereTönungSSV	
	FAHRERINFOTÖNUNGSÄNDERUNG	$\sim_k$	INF_TINGELEVEL	
TÖNUNGSÄNDERUNG SCHEIBENVORN	ÄNDERUNGTÖNUNGWSS	$\sim_k$	entfärbungWSS	re_3
	ÄNDERUNGTÖNUNGSSV	$\sim_k$	entfärbungSSV	
	FAHRERINFOTÖNUNGSÄNDERUNG	$\sim_k$	SIG_TUNNBR	
TÖNUNGSÄNDERUNG SEITENSCHEIBEN	ÄNDERUNGTÖNUNGSSH	$\sim_k$	aufhellungSSH	re_4
	ÄNDERUNGTÖNUNGSSV	$\sim_k$	aufhellungSSV	
	FAHRERINFOTÖNUNGSÄNDERUNG	$\sim_k$	SIG_BLNDSBR	

Tabelle 8-24: Zuordnung von Reaktionen und Ausgangseffekten zu Reaktionen in SPEC$_{\text{DST}}$

8.4 Zusammenfassende Bewertung

Tabelle 8-25 fasst die im Rahmen des Anwendungsbeispiels ermittelten Ergebnismengen der Kohärenzprüfung der kanonischen Verhaltensspezifikation SPEC$_{\text{DST}}$ gegen die im ContextML-Kontextmodell km_{DST} dokumentierten Eigenschaften des operationellen Kontexts dieses Systems zusammen.

Ergebnismengen die Kohärenzbrüche in SPEC$_{DST}$ anzeigen / induzieren
$\overline{\mathfrak{G}}_I^{EE_{DST}} = \{\text{SIG\_CARLOCKED}\}$
$\overline{\mathfrak{G}}_I^{ES_{DST}} = \{\text{eintrittUnfall}\}$
$\overline{\mathfrak{G}}_I^{Stim_{DST}} = \begin{Bmatrix} (\text{SIG\_IGNOFF}, \text{fahrzeugParken}, \text{SIG\_CARLOCKED}), \\ (\text{fahrzeugParken}, \text{SIG\_IGNOFF}, \text{SIG\_CARLOCKED}), \\ (\text{SIG\_BLNDSPOBJ}, \text{SIG\_BLNDSPNOBJ}) \end{Bmatrix}$
$\overline{\mathfrak{G}}_O^{AE_{DST}} = \{\text{abdunkelnDachfenster}\}$
$\overline{\mathfrak{G}}_O^{AS_{DST}} = \{\text{INF\_UVRADIATIONVAL}\}$
$\overline{\mathfrak{G}}_O^{Reak_{DST}} = \left\{ \begin{pmatrix} \text{abdunkelnHKS}, \text{abdunkelnSSH}, \text{abdunkelnSSV}, \\ \text{abdunkelnWSS}, \text{abdunkelnDachfenster}, \text{SIG\_PARKT} \end{pmatrix} \right\}$
$\mathfrak{u}_I^{EE_{DST}} = \{\text{I{\scriptsize NNENRAUM}S{\scriptsize ICHTSCHUTZ}}, \text{DSTE{\scriptsize IN}A{\scriptsize US}}, \text{Z{\scriptsize ÜNDUNG}E{\scriptsize IN}}\}$
$\mathfrak{u}_I^{Stim_{DST}} = \{\text{DSTA{\scriptsize KTIVIEREN}D{\scriptsize EAKTIVIEREN}}\}$
$\mathfrak{u}_u^{Stim_{DST}} = \{(\text{fahrzeugParken}), (\text{kritischerUVvorAusstieg})\}$
$\mathfrak{u}_O^{AE_{DST}} = \{\text{I{\scriptsize NFO}F{\scriptsize OND}T{\scriptsize ÖNUNGSÄNDERUNG}}, \text{I{\scriptsize NFO}F{\scriptsize OND}K{\scriptsize RITISCHER}U{\scriptsize V}W{\scriptsize ERT}}\}$
$\mathfrak{u}_O^{Reak_{DST}} = \{\text{T{\scriptsize ÖNUNGSÄNDERUNG}A{\scriptsize LLE}S{\scriptsize CHEIBEN}I{\scriptsize NSASSEN}I{\scriptsize NFO}}\}$
$\mathfrak{u}_u^{Reak_{DST}} = \{(\text{INF\_UVRADIATIONVAL})\}$

Tabelle 8-25: Ergebnismengen der Kohärenzprüfung von SPEC$_{DST}$

Im Anwendungsbeispiel ‚Dynamische Scheibentönung' (DST) wurde gezeigt, dass die verschiedenen Ausprägungsformen von Kohärenzbrüchen in der kanonischen Verhaltensspezifikation eines softwareintensiven reaktiven Systems gegenüber Eigenschaften des operationellen Kontexts dieses Systems in der statisch-strukturellen Perspektive durch die Anwendung des Ansatz identifiziert werden konnten. Mit der Berechnung der Prüfsummen der kanonischen Verhaltensspezifikation von ‚DST' und der notwendigen Prüfsummen des ContextML-Kontextmodells von ‚DST' wurden dabei wesentliche Teile der Anwendung des Ansatzes maschinell durchgeführt. Daher kann festgestellt werden, dass der entwickelte Ansatz im Hinblick auf die dieser Arbeit zugrunde liegende spezifische Problemstellung anwendbar und nützlich ist.

Teil IV
Zusammenfassung und Ausblick

Gliederung Teil IV

In Kapitel 9 »Beitrag der Arbeit« wird der Forschungsbeitrag der vorliegenden Arbeit zusammengefasst und typische Einsatzszenarien für den entwickelten Ansatz vorgestellt.

In Kapitel 10 »Kritische Betrachtung« werden die Ergebnisse der vorliegenden Arbeit, deren Beitrag und Einschränkungen des Ansatzes kritisch erörtert.

In Kapitel 11 »Ausblick« werden überblicksartig verschiedene Forschungs- und Entwicklungsfragestellungen vorgestellt, die auf den Ergebnissen dieser Arbeit aufbauen.

Inhalt
9 Beitrag der Arbeit 191
10 Kritische Betrachtung 195
11 Ausblick 197

9 Beitrag der Arbeit

In diesem Abschnitt wird der Beitrag der vorliegenden Arbeit in Bezug auf den Stand der Wissenschaft zusammengefasst sowie mögliche Einsatzszenarien für den entwickelten Ansatz in der Praxis vorgestellt.

Forschungsbeitrag der Arbeit

Wie in Abschnitt 2.4 erläutert, bestand das spezifische Ziel der Arbeit in der *„Entwicklung eines Ansatzes zur teilautomatisierten Kohärenzprüfung kanonischer Verhaltensspezifikationen von softwareintensiven reaktiven Systemen gegen Eigenschaften des operationellen Kontexts in der statisch-strukturellen Perspektive."* Die vorliegende Arbeit leistet die folgenden Beiträge zur Erfüllung dieses Ziels:

1. Modellierungsrahmenwerk zur Dokumentation von Eigenschaften des operationellen Kontexts softwareintensiver reaktiver Systeme in der statisch-strukturellen Perspektive

In der vorliegenden Arbeit wurde mit dem ContextML-Modellierungsrahmenwerk ein Ansatz zur Dokumentation von Eigenschaften des operationellen Kontexts softwareintensiver reaktiver Systeme in der statisch-strukturellen Perspektive vorgestellt. Die Dokumentation dieser spezifischen Eigenschaften des operationellen Kontexts erfolgt im Ansatz ausgehend vom modellierten Kontextbezug singulärer Ereignisse im operationellen Kontext des betrachteten Systems. Der Kontextbezug von Stimuli und Reaktionen wird dabei kompositionell über den Bezug solcher singulären Ereignisse im operationellen Kontext gebildet, die gemeinsam den jeweiligen Stimulus oder die jeweilige Reaktion definieren. Die Gesamtheit der Eigenschaften des operationellen Kontexts des betrachteten Systems in der statisch-strukturellen Perspektive wird im Ansatz durch eine Menge von Diagrammen modelliert, die jeweils den Kontextbezug eines einzelnen Stimulus und der in kausaler Abhängigkeit zu diesem Stimulus stehenden Reaktion dokumentieren.

2. Formalismen zur Überprüfung der Gültigkeit und Vollständigkeit kanonischer Verhaltensspezifikationen gegenüber Eigenschaften des operationellen Kontexts in der statisch-strukturellen Perspektive

Die verschiedenen Formalismen der ContextML-Kohärenzbasis unterstützen die Identifikation solcher Eigenschaften in der kanonischen Verhaltensspezifikation, die im Hinblick auf die in den Kontextmodellen des Ansatzes dokumentierten Eigenschaften des operationellen Kontexts ungültig oder unvollständig sind. Aufgrund der dem Ansatz zugrunde gelegten Annahmen sind identifizierte Kohärenzbrüche auf Fehler in der Verhaltensspezifikation zurückzuführen. Werden diese Annahmen fallen gelassen, so identifizieren die in der Arbeit vorgestellten Formalismen Kohärenzbrüche im Sinne von Diskrepanzen zwischen der zu prüfenden Verhaltensspezifikation und den im Ansatz betrachteten Eigenschaften des operationellen Kontexts. Zur Auflösung einer solchen Diskrepanz ist es dann notwendig, festzustellen, ob die Ursache des Kohärenzbruchs auf einen Fehler in der Verhaltensspezifikation oder auf eine fehlerhafte Dokumentation von Eigenschaften des operationellen Kontexts zurückzuführen ist.

3. Abgrenzung der manuell durchzuführenden Tätigkeiten in der Kohärenzprüfung kanonischer Verhaltensspezifikationen von den maschinell durchführbaren Tätigkeiten

Der in dieser Arbeit vorgestellte Ansatz grenzt die maschinell durchführbaren Teile der Kohärenzprüfung kanonischer Verhaltensspezifikationen gegen die manuell durchzuführenden Tätigkeiten ab. Die Dokumentation der Eigenschaften des operationellen Kontexts in der statisch-strukturellen Perspektive erfolgt im Ansatz manuell, auf Grundlage des ContextML-Modellierungsrahmenwerks. Die Berechnung der zugrunde liegenden Prüfmengen zur Beurteilung der Kohärenzrelationen wird unter Anwendung der entsprechenden Formalismen der ContextML-Kohärenzbasis maschinell vorgenommen. Die eigentliche Auswertung der Kohärenzrelationen in der Anwendung der ContextML-Kohärenzbasis geschieht wiederum manuell, in dem ein Fachexperte die in der jeweiligen Interpretationsfunktion festgelegten Vergleiche des Bezugs in den zugehörigen Gegenstandsbereich vornimmt.

Zusammenfassende Bewertung des Forschungsbeitrags

Aufgrund des zuvor aufgezeigten Forschungsbeitrags dieser Arbeit kann zusammenfassend festgestellt werden, dass die vorliegende Arbeit einen signifikanten Beitrag zur Kompensation der in Kapitel 3 identifizierten Forschungslücke in Bezug auf *Ansätze zur teilautomatisierten Prüfung der Kohärenz von Verhaltensspezifikationen gegenüber Eigenschaften des operationellen Kontexts in der statisch-strukturellen Perspektive* leistet.

Einsatzszenarien des ContextML-Ansatzes in der Praxis

Für den entwickelten Ansatz sind eine Reihe von Einsatzszenarien in der Praxis denkbar:[46]

Szenario Nr. 1: Einsatz des ContextML-Ansatzes in der Neuentwicklung eines Systems

Zum Einsatz des ContextML-Ansatzes in der Neuentwicklung eines Systems wird das gewünschte Verhalten des zu entwickelnden Systems an seiner Schnittstelle zur Umgebung in kanonischer Form spezifiziert, d. h. als eine Menge von Spezifikationsautomaten im Sinne von Definition 2-4. Unabhängig von der Verhaltensspezifikation wird das ContextML-Modellierungsrahmenwerk dazu verwendet, die Eigenschaften des operationellen Kontexts dieses Systems in der statisch-strukturellen Perspektive zu modellieren. Als Ausgangspunkt für die Kohärenzprüfung werden die Prüfmengen der ContextML-Kohärenzbasis berechnet. Diese Prüfmengen dienen einem Fachexperten dann dazu, die in der ContextML-Kohärenzbasis definierten Überprüfungen der Kohärenzrelationen vorzunehmen, um Kohärenzbrüche in der Verhaltensspezifikation des Systems gegenüber den im Ansatz betrachteten Eigenschaften des operationellen Kontexts zu identifizieren.

Szenario Nr. 2: Einsatz des ContextML-Ansatzes in der Weiterentwicklung eines Systems

Zum Einsatz des ContextML-Ansatzes in der Weiterentwicklung eines Systems wird beim Vorliegen einer Verhaltensspezifikation des ursprünglichen Systems, diese in die kanoni-

---

[46] Die folgende Auflistung umfasst lediglich drei typische Einsatzszenarien für den ContextML-Ansatz. Abhängig vom jeweiligen Prozesskontext sind weitere Einsatzszenarien bzw. auch verschiedenste Variationen der hier vorgestellten Einsatzszenarien denkbar.

sche Form überführt, d. h. in eine Menge von Spezifikationsautomaten nach Definition 2-4. Dabei können nur solche Eigenschaften in der ursprünglichen Verhaltensspezifikation auf Kohärenzbrüche zum operationellen Kontext überprüft werden, für die eine semantische äquivalente Überführung in die kanonische Form möglich ist. Auf Basis der dann vorliegenden kanonischen Verhaltensspezifikation des Ursprungssystems (Ist-System) wird die kanonische Verhaltensspezifikation des gewünschten Systems (Soll-System) erstellt. Unabhängig von der Verhaltensspezifikation wird für das Soll-System das zugehörige ContextML-Kontextmodell konstruiert. Die Identifikation von Kohärenzbrüchen in der Verhaltensspezifikation des Soll-Systems gegenüber dem ContextML-Kontextmodell des Soll-Systems erfolgt dann wie in *Szenario Nr. 1* angegeben.

Szenario Nr. 3: Einsatz des ContextML-Ansatzes zur Beurteilung der Kontextevolution

Der Einsatz des ContextML-Ansatzes zur Beurteilung von Veränderungen im operationellen Kontext (Kontextevolution) setzt voraus, dass sowohl die Verhaltensspezifikation des Systems in kanonischer Form als auch das ContextML-Kontextmodell des Systems verfügbar sind. Im Gegensatz zu *Szenario Nr. 2* liegt bei diesem Einsatzszenario die Situation vor, dass das betrachtete System und die zugehörige Verhaltensspezifikation unverändert bleiben, sich allerdings der operationelle Kontext des Systems verändert hat. In diesem Falle wird das ContextML-Kontextmodell so angepasst, dass es die veränderten Eigenschaften des operationellen Kontexts (z. B. Nutzung eines anderen Umgebungssystems) adäquat dokumentiert. Anschließend wird unter Verwendung der ContextML-Kohärenzbasis die bestehende kanonische Verhaltensspezifikation auf Kohärenzbrüche gegenüber dem aktualisierten ContextML-Kontextmodell überprüft. Die Identifikation der Kohärenzbrüche kann wie in *Szenario Nr. 1* angegeben erfolgen. Treten in der Prüfung keine Kohärenzbrüche auf, ist die Verhaltensspezifikation auch nach der Kontextveränderung noch kohärent zu den Eigenschaften des operationellen Kontexts in der statisch-strukturellen Perspektive. Werden hingegen Kohärenzbrüche identifiziert, ist eine Anpassung der Verhaltensspezifikation und des implementierten Systems notwendig, da der operationelle Kontext für gewöhnlich nicht verändert werden kann.

10 Kritische Betrachtung

In diesem Abschnitt werden die Ergebnisse und der Beitrag der Arbeit vor dem Hintergrund der getroffenen Einschränkungen und Annahmen kritisch betrachtet.

1. *Subjektivität der Kohärenzbestimmung für Modellterminale*

In der Anwendung der ContextML-Kohärenzbasis ist die Beurteilung der Modellterminalkohärenz zwischen Modellterminalen der kanonischen Verhaltensspezifikation und Modellterminalen des ContextML-Kontextmodells eine manuell durchzuführende Tätigkeit. Diese Beurteilung der Modellterminalkohärenz wird in der Anwendung des Ansatzes gegebenenfalls durch die subjektive Einschätzung des jeweiligen Fachexperten korrumpiert. Dies hat zur Konsequenz, dass die Menge der identifizierten Kohärenzbrüche nur unter der Annahme, dass die Modellterminalkohärenz korrekt und vollständig bestimmt wurde, der tatsächlichen Menge von Kohärenzbrüchen entspricht.

2. *Generalisierbarkeit in Bezug auf Kohärenzprüfung nicht-kanonischen Verhaltensspezifikationen*

Der vorgestellte Ansatz besitzt die Einschränkung, dass die zu prüfende Verhaltensspezifikation in kanonischer Form vorliegen muss. Nicht-kanonische Verhaltensspezifikationen können im Ansatz nicht unmittelbar auf Kohärenz gegenüber Eigenschaften des operationellen Kontexts geprüft werden. Um den Ansatz anwenden zu können, ist es dann notwendig, die Verhaltensspezifikation in die kanonische Form zu überführen. Bei einer solchen Überführung kann das Problem auftreten, dass die vorliegende Verhaltensspezifikation, im Vergleich zur kanonischen Verhaltensspezifikation, unterschiedliche Abstraktionen beziehungsweise unterschiedliche Semantik von Spezifikationskonstrukten aufweist. In einem solchen Fall können keine oder nur einige wenige Eigenschaften der Verhaltensspezifikation in die kanonische Form überführt und damit im Ansatz überprüft werden.

3. *Korrektheit und Vollständigkeit des ContextML-Kontextmodells*

Die Anwendung des Ansatzes basiert auf der Annahme, dass im Zuge der Konstruktion des Kontextmodells keinerlei Transformationseffekte auftreten. Diese Annahme hat zur Konsequenz, dass die im Rahmen der Kohärenzprüfung identifizierten Kohärenzbrüche zwischen kanonischer Verhaltensspezifikation und dem ContextML-Kontextmodell unmittelbar auf ungültige oder unvollständige Eigenschaften in der kanonischen Verhaltensspezifikation zurückzuführen sind. Eine solche Annahme kann in der Praxis nur schwer aufrechterhalten werden, da auch in der Konstruktion des Kontextmodells – wie in allen Modellbildungsprozessen – Transformationseffekte auftreten können. Wird die obige Annahme aufgegeben, sind identifizierte Kohärenzbrüche nicht notwendigerweise auf Ungültigkeiten oder Unvollständigkeiten in der kanonischen Verhaltensspezifikation zurückzuführen. Vielmehr zeigen diese lediglich eine Diskrepanz zwischen Eigenschaften in der Verhaltensspezifikation und Eigenschaften im ContextML-Kontextmodell an. Solche Diskrepanzen müssen dann analysiert werden, um festzustellen, ob der Kohärenzbruch durch die vorliegende Verhaltensspezifikation oder das erstellte Kontextmodell induziert wird.

11 Ausblick

Im Zuge der Ausarbeitung des Ansatzes wurden verschiedene Forschungs- und Entwicklungsfragestellungen identifiziert, die auf den Ergebnissen dieser Arbeit aufbauen.

1. Erweiterung des Modellierungsrahmenwerks zur Identifikation unerwünschter Wechselwirkungen

Durch die Definition des ContextML-Kontextmodells durch algebraische Strukturen bietet der vorgestellte Ansatz die Möglichkeiten, das ContextML-Modellierungsrahmenwerk für andere Verwendungszwecke zu erweitern oder zu redefinieren. Dies gilt unter anderem im Hinblick auf die Modellierung von Wechselwirkungen zwischen Kontextentitäten oder Kontextgrößen, die sich nicht auf die Kausalabhängigkeit von Stimuli und Reaktionen beziehen, sondern auf funktionale Abhängigkeiten, die im Betrieb zu ungewolltem Verhalten des Systems führen können. Um dies zu erreichen, ist es notwendig, die Kontextabhängigkeiten im vorliegenden Modellierungsrahmenwerk um solche Abhängigkeitstypen zu ergänzen, die in den ContextML-Kontextmodellen die Existenz einer für den fehlerfreien Systembetrieb kritischen funktionalen Abhängigkeit im operationellen Kontext dokumentieren. Auf Grundlage der Dokumentation solcher Abhängigkeiten können, als Erweiterung der ContextML-Kohärenzbasis, Formalismen definiert werden, mit deren Hilfe für spezifische Konstellationen von Eigenschaften des operationellen Kontexts das Auftreten von kritischen funktionalen Abhängigkeiten nachgewiesen werden kann.

2. Erweiterung des Modellierungsrahmenwerks um Integritätsregeln für ContextML-Kontextmodelle

In Bezug auf das ContextML-Modellierungsrahmenwerk erscheint es angezeigt, in weiteren Arbeiten zusätzliche Integritätsbedingungen für ContextML-Kontextmodelle zu definieren, um etwa die Widerspruchsfreiheit der erstellten Kontextmodelle sicherstellen zu können. Beispielsweise besteht in der Anwendung des Modellierungsrahmenwerks gegenwärtig die Möglichkeit, dass der Kontextbezug eines Kontexteffekts nicht eindeutig ist, weil diesem Kontexteffekt mehr als eine Kontextsequenz zugeordnet ist. Andere Integritätsbedingungen könnten etwa Eintrittsbedingungen von Stimuli mit den spezifischen Merkmalsausprägungen der zugehörigen Kontextentitäten in Bezug setzen, um maschinell prüfen zu können, ob diese Eintrittsbedingung im Hinblick auf die entsprechenden Kontextentitäten im Betrieb überhaupt eintreten kann. Zudem bietet sich eine Erweiterung des Modellierungsrahmenwerks um Integritätsregeln zum Bezug zwischen der Wirkung von Reaktionen und der möglichen Merkmalsausprägung zugehöriger Kontextentitäten im Betrieb an.

3. Erweiterung der Kohärenzbasis zur Kohärenzprüfung nicht-kanonischer Verhaltensspezifikationen

Der vorgestellte Ansatz kann um die Kohärenzprüfung von Verhaltensspezifikationen erweitert werden, die in Form nicht-kanonischer Verhaltensspezifikationen, wie z. B. Statecharts nach [Harel 1987] oder Zustandsmaschinendiagrammen der Unified Modeling Language [OMG 2005a] vorliegen. Abhängig von der spezifischen Ausprägung der nicht-kanonischen Verhaltensspezifikation ist es denkbar, Adaptoren zu definieren, die Eigenschaften in nicht-kanonischen Verhaltensspezifikationen in die kanonische Form überführen, welche dann mittels Formalismen der ContextML-Kohärenzbasis auf Kohärenzbrüche gegenüber dem ContextML-Kontextmodell überprüft werden können. Eine andere, wenn auch ähnliche Möglichkeit zur Kohärenzprüfung nicht-kanonischer Verhaltensspezifikationen auf Basis des ContextML-Ansatzes besteht darin, die Formalismen der Kohärenzbasis im Hinblick auf die spezifische Semantik der Spezifikationskonstrukte in der gewählten Art der Verhaltensspezifikation zu redefinieren.

4. Umsetzung des ContextML-Ansatzes in Konformität zu gängigen Modellierungsstandards

Der in dieser Arbeit vorgestellte Ansatz wurde absichtlich unabhängig von einschlägigen Standardisierungsbemühungen im Bereich der modellbasierten Entwicklung definiert. Dennoch bietet es sich an, im Rahmen weiterer Arbeiten, den ContextML-Ansatz konform zu ausgewählten Standards umzusetzen, um z. B. auf die weitreichenden Funktionalitäten kommerzieller Werkzeuge zurückgreifen zu können. Hierzu eignen sich unter anderem einschlägige Standards der OBJECT MANAGEMENT GROUP (OMG). Im Falle der Verwendung von OMG-Standards ist es denkbar, den ContextML-Ansatz konform zur SysML-Spezifikation [OMG 2008] zu definieren und als nicht-kanonische Verhaltensspezifikation SysML-konforme Zustandsmaschinen vorzusehen. Auf Grundlage spezifischer Standards, wie z. B. OMG-QVT (Query / View / Transformation) [OMG 2007], die auf OMG-MOF (Meta Object Facility) [OMG 2005b] beruhen, können mittels Transformationsregeln zwischen SysML-konformen ContextML-Kontextmodellen und Zustandsmaschinen, geeignete Formalismen definiert werden, auf deren Grundlage dann Kohärenzbrüche in der SysML-konformen Verhaltensspezifikation gegenüber SysML-konformen ContextML-Kontextmodellen identifiziert werden können.

5. Kombination des ContextML-Ansatzes mit dem szenariobasierten Requirements Engineering

Die Kombination der in ContextML-Kontextmodellen dokumentierten strukturellen Beziehungen zwischen Kontextereignissen unterschiedlicher Granularität und deren Kontextbezug mit Ansätzen des szenariobasierten Requirements Engineering wird aufgrund der Bedeutung von szenariobasierten Ansätzen im Requirements Engineering als eine wichtige zukünftige Forschungsfragestellung angesehen. Solche Szenarien können als exemplarische Abfolge von Ereignissen verstanden werden, die das Erreichen eines spezifischen Systemzwecks beschreibt. Durch die Kombination des ContextML-Ansatzes mit Ansätzen des szenariobasierten Requirements Engineering besteht die Möglichkeit, die strukturellen Abhängigkeiten der in Szenarien enthaltenen Ereignisse sowie den Bezug dieser Ereignisse im operationellen Kontext mit Hilfe von ContextML-Kontextmodellen zu dokumentieren. Über den Bezug zwischen dem ContextML-Kontextmodell eines Systems und Szenarien dieses Systems werden die Szenarien sowie die in den Szenarien auftretenden Ereignisse um deren statisch-strukturellen Kontextbezug angereichert. Dieser Bezug kann dann eine Grundlage für die Definition und Überprüfung von Szenarien im Requirements Engineering sein.

Die vorliegende Arbeit schafft einen Ausgangspunkt zur künftigen Untersuchung der oben aufgeführten Forschungs- und Entwicklungsfragestellungen.

Anhang

A Abbildungsverzeichnis

Abbildung 1-1: Requirements-Engineering-Rahmenwerk 3
Abbildung 2-1: Grundprinzip eines softwareintensiven reaktiven Systems 12
Abbildung 2-2: Schema der allgemeinen und spezifischen Kontextbildung 19
Abbildung 2-3: Perspektiven auf den operationellen Kontext 23
Abbildung 2-4: Kohärenz der Verhaltensspezifikation zum operationellen Kontext 26
Abbildung 4-1: Struktur des allgemeinen Lösungsansatzes 57
Abbildung 4-2: Struktur des spezifischen Lösungsansatzes 60
Abbildung 4-3: Systematik der Anwendung des entwickelten Ansatzes 61
Abbildung 5-1: Modellierungsprimitive und Kontextereignisse in ContextML 64
Abbildung 5-2: Mechanismen zur Konstruktion von ContextML-Kontextmodellen 65
Abbildung 5-3: Notation für die Modellierungsprimitive ‚Kontextsubjekt' 66
Abbildung 5-4: Allgemeine Notation für Kontextentitäten 67
Abbildung 5-5: Notation für Kontextentitäten des Typs ‚Umgebungssystem' 69
Abbildung 5-6: Notation für Kontextentitäten des Typs ‚Benutzer' 71
Abbildung 5-7: Notation für Kontextentitäten des Typs ‚Umgebungsphänomen' 72
Abbildung 5-8: Notation für die Modellierungsprimitive ‚Kontextgröße' 74
Abbildung 5-9: Notation für Kontextabhängigkeiten des Typs ‚ist Bezug von' 77
Abbildung 5-10: Notation für Kontextabhängigkeiten des Typs ‚bezieht sich auf' 79
Abbildung 5-11: Notation für Kontextabhängigkeiten des Typs ‚wird überwacht' 80
Abbildung 5-12: Notation für Kontextabhängigkeiten des Typs ‚reguliert' 82
Abbildung 5-13: Notation für Kontextabhängigkeiten des Typs ‚stellt Daten bereit' 84
Abbildung 6-1: Berücksichtigung von Zuständen mit mehr als einem Folgezustand 110
Abbildung 6-2: Bezug der Modellterminalkohärenz $\sim_k$ 122
Abbildung 6-3: Granularität von Eingabeereignissen gegenüber Eingabeeffekten 125
Abbildung 6-4: Granularität von Ausgabeereignissen gegenüber Ausgangseffekten 130
Abbildung 7-1: Grobarchitektur des CONTEXTML ANALYZER 145
Abbildung 7-2: ECLIPSE-Plug-in-Struktur des CONTEXTML ANALYZER 147
Abbildung 7-3: Benutzungsoberfläche des CONTEXTML CONTEXT MODEL EDITOR ... 148
Abbildung 7-4: Auswertung der Kohärenz im CONTEXTML COHERENCE CHECKER 149
Abbildung 7-5: Auszug aus einem Kohärenzbericht des CONTEXTML COHERENCE CHECKER . 151

B Tabellenverzeichnis

Tabelle 3-1: Bewertungsschema für verwandte Forschungsarbeiten in Bezug auf A.1 34
Tabelle 3-2: Bewertungsschema für verwandte Forschungsarbeiten in Bezug auf A.2 35
Tabelle 3-3: Zusammenfassende Beurteilung der Forschungsarbeiten in Kategorie I........................42
Tabelle 3-4: Zusammenfassende Beurteilung der Forschungsarbeiten in Kategorie II 48
Tabelle 3-5: Überblick über die Forschungsarbeiten die A.1 oder A.2 erfüllen................................53
Tabelle 4-1: Ontologische Grundannahmen des spezifischen Lösungsansatzes 59
Tabelle 6-1: Modellterminale von kanonischen Verhaltensspezifikationen.................................. 119
Tabelle 6-2: Modellterminale von ContextML-Kontextmodellen.. 119
Tabelle 6-3: Basisfunktionen und Basisrelationen der ContextML-Kohärenzbasis 123
Tabelle 6-4: Eigenschaften der Ergebnismengen der ContextML-Kohärenzbasis............................ 142
Tabelle 8-1: Ungültige Eingabeereignisse in $SPEC_{DST}$ gegen Eingangseffekte............................... 170
Tabelle 8-2: Identifizierte Äquivalenzen zwischen Eingabeereignissen und Eingangseffekten...... 170
Tabelle 8-3: Ungültige Eingabeereignisse in $SPEC_{DST}$ gegenüber den Eingangssequenzen 171
Tabelle 8-4: Gültige Eingabeereignisse in $SPEC_{DST}$ gegenüber Eingangssequenzen 172
Tabelle 8-5: Ungültige Stimuli in $SPEC_{DST}$.. 173
Tabelle 8-6: Gültige Stimuli in $SPEC_{DST}$.. 174
Tabelle 8-7: Ungültige Ausgabeereignisse in $SPEC_{DST}$ gegenüber Ausgangseffekten 174
Tabelle 8-8: Identifizierte Äquivalenzen zwischen Ausgabeereignissen und Ausgangseffekten 175
Tabelle 8-9: Ungültige Ausgabeereignisse in $SPEC_{DST}$ gegen Ausgangssequenzen 176
Tabelle 8-10: Gültige Ausgabeereignisse in $SPEC_{DST}$ gegenüber Ausgangssequenzen 178
Tabelle 8-11: Ungültiger Reaktionen in $SPEC_{DST}$ 178
Tabelle 8-12: Gültige Reaktionen in $SPEC_{DST}$... 180
Tabelle 8-13: Unvollständigkeiten in der Eingabeereignismenge von $SPEC_{DST}$............................ 181
Tabelle 8-14: Zuordnung von Eingangseffekten zu Eingabeereignissen 181
Tabelle 8-15: Unvollständigkeiten der Stimulusmenge von $SPEC_{DST}$... 182
Tabelle 8-16: Zuordnung von Stimuli in km_{DST} zu Stimuli in $SPEC_{DST}$.. 182
Tabelle 8-17: Unvollständigkeiten der Stimuli von $SPEC_{DST}$... 183
Tabelle 8-18: Zuordnung von Stimuli und Eingangseffekte zu Stimuli in $SPEC_{DST}$...................... 184
Tabelle 8-19: Unvollständigkeiten in der Ausgabeereignismenge von $SPEC_{DST}$.......................... 184
Tabelle 8-20: Zuordnung von Ausgangseffekten zu Ausgabeereignissen 185
Tabelle 8-21: Unvollständigkeiten der Reaktionsmenge von $SPEC_{DST}$... 185
Tabelle 8-22: Zuordnung von Reaktionen in km_{DST} zu Stimuli in $SPEC_{DST}$................................. 186
Tabelle 8-23: Unvollständigkeiten der Reaktionen von $SPEC_{DST}$.. 186
Tabelle 8-24: Zuordnung von Reaktionen und Ausgangseffekten zu Reaktionen in $SPEC_{DST}$ 187
Tabelle 8-25: Ergebnismengen der Kohärenzprüfung von $SPEC_{DST}$... 188

C Algorithmenverzeichnis

Algorithmus 6-1: Berechnung der Ausführungssequenzen eines Spezifikationsautomaten 113
Algorithmus 6-2: Berechnung der Stimuli eines Spezifikationsautomaten 116
Algorithmus 6-3: Berechnung der Reaktionen eines Spezifikationsautomaten 118

D Literaturverzeichnis

[Abrial 1980] J. R. ABRIAL: *The Specification Language Z – Syntax and Semantics*. Programming Research Group, Oxford University, 1980.

[Agha 1986] G. AGHA: Actors – *A Model of Concurrent Computation in Distributed Systems*. The MIT Press, Cambridge, MA 1986.

[Alexander 1979] C. ALEXANDER: *Notes on the Synthesis of Form*. Harvard University Press, Cambridge, MA 1979.

[Alfaro und Henzinger 2001] L. ALFARO, T. A. HENZINGER: Interface Automata. In: *Proceedings of the 9th Annual Symposium on Foundations of Software Engineering (FSE)*, ACM Press, New York 2001, 109-120.

[Alfaro und Henzinger 2005] L. ALFARO, T. A. HENZINGER: Interface-based Design. In: *Engineering Theories of Software-Intensive Systems*, NATO Science Series **195**, Springer, Heidelberg 2005.

[Angeles 1981] P. ANGELES: *Dictionary of Philosophy*. Herper Perennial, New York 1981.

[Annis 1978] D. ANNIS: A contextual theory of epistemic justification. *American Philosophical Quarterly* **15**, 213-229.

[Antón und Potts 1998] A. I. ANTÓN, C. POTTS: The Use of Goals to Surface Requirements for Evolving Systems. In: *Proceedings of the 20th International Conference on Software Engineering (ICSE'98)*, IEEE Computer Society, Washington, DC 1998, 157-166.

[Ashworth und Goodland 1990] C. ASHWORTH, M. GOODLAND: *SSADM – A Practical Approach*. McGraw Hill, Columbus 1990.

[Astesiano und Wirsing 1986] E. ASTESIANO, M. WIRSING: An Introduction to ASL: In: *Proceedings of the IFIP WG2.1 Conference on Program Specifications and Transformations*, Nort-Holland, Amsterdam 1986.

[Balzer et al. 1976] R. BALZER, N. GOLDMAN, D. S. WILE: On the transformational implementation approach to programming. In: *Proceedings of the 2nd International Conference on Software Engineering (ICSE'76)*, San Francisco, 337-344.

[Balzer et al. 1982] R. M. BALZER, N. M. GOLDMAN, D. S. WILE: Operational specification as the basis for rapid prototyping. *ACM SIGSOFT Software Engineering Notes* **7** (5), 3-16.

[Balzer und Goldman 1979] R. BALZER, N. GOLDMAN: Principles of good software specifications and their implications of specification languages. In: *Specification of Reliable Software*, IEEE Computer Society Press, Los Alamitos, 1979, 58-67.

[Basili 1992] V. R. BASILI: *Software Modeling and Measurement – The Goal Question Metric Paradigm*. Computer Science Technical Report Series, CS-TR-2956 (UNIACS-TR-92-96), University of Maryland, College Park, MD 1992.

[Basili et al. 1994] V. R. BASILI, G. CALDIERA, H. D. ROMBACH: Goal Question Metric Paradigm. *Encyclopedia of Software Engineering*, 2 Volume Set, John Wiley & Sons, Inc., Chichester 1994, 528-532.

[Basili et al. 1996] V. BASILI, S. GREEN, O. LAITENBERGER, F. LANUBILE, F. SHULL, S. SÖRUMSGARD, M. ZELKOWITZ: The Empirical Investigation of Perspecitve-Based Reading. *Empirical Software Engineering* **12** (1), 133-144.

[Bass et al. 1998] L. BASS, P. CLEMENTS, R. KAZMAN: *Software Architecture in Practice*. Addison-Wesley, Reading, MA 1998.

[Berry et al. 2005] D. M. BERRY, B. H. CHENG, J. ZHANG: The Four Levels of Requirements Engineering for and in Dynamic Adaptive Systems. In: *Proceedings of the 11th International Workshop on Requirements Engineering – Foundation for Software Quality*, Essener Informatik Beiträge, Essen 2005, 121-128.

[Bittner und Spence 2003] K. BITTNER, I. SPENCE: Use Case Modeling. Addison-Wesley, Boston, MA 2003.

[Blanchard und Fabrycky 1998] B. S. BLANCHARD, W. J. FABRYCKY: *Systems Engineering and Analysis*. 3rd edition, Prentice Hall, Upper Saddle River, NJ 1998.

[Boasson 1993] M. BOASSON: Control Systems Software. *IEEE Transactions on Automatic Control* **38** (7), 1094-1107.

[Boehm 1981] B. W. BOEHM: *Software Engineering Economics*. Prentice Hall, Englewood Cliffs, NJ 1981.

[Boehm 1984] B. W. BOEHM: Verifying and Validating Software Requirements and Design Specifications. *IEEE Software* **1** (1), 75-88.

[Booch 1991] G. BOOCH: *Object-Oriented Design with Applications*. Benjamin/Cummings, Redwood City, CA 1991.

[Braek et al. 1993] R. BRAEK, O. HAUGEN,Y. HAUGEN: *Engineering Real-Time Systems –An Object-oriented Methodology Using SDL*. Prentice Hall, New York, NY 1993.

[Braun et al. 2010] P. BRAUN, M. BROY, F. HOUDEK, M. KIRCHMAYR, M. MÜLLER, B. PENZENSTADLER, K. POHL, T. WEYER: Guiding requirements engineering for software-intensive embedded systems in the automotive industry – The REMsES approach. *Computer Science – Research and Development*, Springer, Berlin 2010.

[Brezillon 1999] P. BREZILLON: Context in Problem Solving – A Survey. *The Knowledge Engineering Review* **14** (1),1-34.

[Broy 1997] M. BROY: Interactive and Reactive Systems – States, Observations, Experiments, Input Output, Nondeterminism, Compositionality and all that. *Foundations of Computer Science: Potential - Theory – Cognition*, LNCS 1337, Springer, Berlin, Heidelberg 1997, 279-286.

[Broy 2006] M. BROY: The 'Grand Challenge' in Informatics – Engineering Software-Intensive Systems. *IEEE Computer* **39** (10), 72-80.

[Broy et al. 2007] M. BROY, E. GEISBERGER, J. KAZMEIER, A. RUDORFER, K. BEETZ: Ein Requirement-Engineering-Referenzmodell. *Informatik-Spektrum* **30** (3), 127-142.

[Bunge 1977] M. A. BUNGE: *Ontology I – the furniture of the world*, **3**. D Reidel Publishing Company, Dordrecht, Holland 1977.

[Bunge 1979] M. A. BUNGE: *Ontology II – a World of Systems*, **3**. D. Reidel Publishing Company, Dordrecht, Holland 1979.

[Cao et al. 2006] J. CAO, J. M. CREWS, M. LIN, A. DEOKAR, J. K. BURGOON, J. F. NUNAMAKER: Interactions between System Evaluation and Theory Testing – A Demonstration of the Power of a Multifaceted Approach to Information Systems Research. *Journal of Management Information Systems* **22** (4), 207-235.

[Castelli et al. 2008] G. CASTELLI, M. MAMEI, F. ZAMBONELLI: Engineering contextual knowledge for autonomic pervasive services. *Information & Software Technology* **50** (1-2), 36-50.

[Cheng und Atlee 2007] B. H. C. CHENG, J. M. ATLEE: Research Directions in Requirements Engineering. In: *Proceedings of Future of Software Engineering (FOSE'07)*, IEEE Computer Society, Washington 2007, 285-303.

[Coad und Yourdon 1990] P. COAD, E. YOURDON: *Object-Oriented Analysis*. Yourdon Press, Prentice Hall, Englewood Cliffs, NJ 1990.

[Cockburn 2001] A. COCKBURN: *Writing Effective Use Cases*. Addison-Wesley, Boston, MA 2001.

[Cohen 1973] S. COHEN: Knowledge, context and social standards. *Synthese* **73**, 3-26.

[Cohen et al. 1997] D. COHEN, M.S. FEATHER, K. NARAYANASWAMY, S. FICKAS: Automatic Monitoring of Software Requirements. In: *Proceedings of the 19th International Conference on Software engineering (ICSE'97)*, ACM, New York, NY 602-603.

[Cole et al. 1984] G. E. COLE, A. P. CONN, R. T. YEH, P. ZAVE: Software Requirements – New Directions and Perspectives. In: C. VICK, C. RAMAMOORTHY (Hrsg.) *Handbook of Software Engineering*, Van Nostrand Reinhold, New York, 1984, 519-534.

[Coleman 2006] J. W. COLEMAN: Determining the Specification of a Control System – An Illustrative Example. In: *Rigorous Development of Complex Fault-Tolerant Systems*, LNCS 4157, Springer, Heidelberg 2006, 114-132.

[Conradi und Westfechtel 1998] R. CONRADI, B. WESTFECHTEL: Version Models for Software Configuration Management. *ACM Computing Surveys* **30** (2), 232-282.

[Dardenne et al. 1993] A. DARDENNE, A. VAN LAMSWEERDE, S. FICKAS: Goal-Directed Requirements Acquisition. *Science of Computer Programming* **20** (1-2), 3-50.

[Darimont und van Lamsweerde 1996] R. DARIMONT, A. VAN LAMSWEERDE: Formal refinement patterns for goal-driven requirements elaboration. *ACM SIGSOFT Software Engineering Notes* **21** (6), 179-190.

[Davis 1992] A. M. DAVIS: Operational Prototyping – A New Development Approach. *IEEE Software* **9** (5), 70-78.

[Davis et al. 1997] A. DAVIS, K. JORDAN, T. NAKAJIMA: Elements Underlying the Specification of Requirements. *Annals of Software Engineering* **3**, J. C. Baltzer Science Publishers, Re Bank, NJ, USA, 1997, 63-100.

[DeMarco 1978] T. DEMARCO: *Structured Analysis and System Specification*. Yourdon Press, New York, NY 1978.

[Denger et al. 2003] C. DENGER, B. PAECH, S. BENZ: *Guidelines – Creating Use Cases for Embedded Systems*. QUASAR-Projekt (IESE-Report No. 078.03/E), Fraunhofer IESE, Kaiserslautern 2003.

[Duden 2006] BIBLIOGRAPHISCHES INSTITUT AG: *Duden – Das Fremdwörterbuch*, 9. Auflage, Dudenverlag, Mannheim 2006.

[Easterbrook 1994] S. EASTERBROOK: Resolving Requirements Conflicts with Computer-Supported Negotiation. In: M. JIROTKA, J. GOGUEN (Hrsg.): *Requirements Engineering – Social and Technical Issues*, Academic Press, London, UK 1994, 41-65.

[Easterbrook 1999] S. EASTERBROOK: Verification and Validation of Requirements for Mission Critical Systems. In: *Proceedings of the 21st International Conference on Software Engineering (ICSE'99)*. IEEE Computer Society, Los Alamitos, CA 1999, 673-674.

[Easterbrook und Nuseibeh 1996] S. EASTERBROOK, B. NUSEIBEH: Using Viewpoints for inconsistency management. *Software Engineering Journal* **11** (1), 31-43

[Eclipse Fnd. 2010a] _____: *Eclipse Platform*. The Eclipse Foundation. Verfügbar unter: http://www.eclipse.org.

[Eclipse Fnd. 2010b] _____: *Graphical Modeling Framework*. The Eclipse Foundation. Verfügbar unter: http://www.eclipse.org/modeling/gmf/.

[ESI 1996] _____: *European User Survey Analysis*. European Software Institute, Technical Report (ESI-1996-TR95104), 1996.

[Evermann und Wand 2005a] J. EVERMANN, Y. WAND: Toward Formalizing Domain Modeling Semantics in Language Syntax. *IEEE Transactions on Software Engineering* 31 (1), 21-37.

[Evermann und Wand 2005b] J. EVERMANN, Y. WAND: Ontology based object-oriented domain modelling: fundamental concepts. *Requirements Engineering* 10 (2), 146-160.

[Fagan 1976] M. E. FAGAN: Design and Code Inspections to Reduce Errors in Program Development. *IBM Systems Journal* 15 (3), 258-287.

[Fagan 1986] M. E. FAGAN: Advances in Software Inspections. *IEEE Transactions on Software Engineering* 12 (7), 744-751.

[Fairley 1985] R. FAIRLEY: *Software Engineering Concepts*. McGraw-Hill, New York 1985.

[Falkenberg et al. 1998] E. D. FALKENBERG, W. HESSE, P. LINDGREEN, B. E. NILSSON, J. L. HAN OEI, C. ROLLAND, R. K. STAMPER, F. J. M. VAN ASSCHE, A. A. VERRIJN-STUART, K. VOSS: *A Framework of Information System Concepts – The FRISCO Report*. IFIP Report, International Federation for Information Processing (IFIP), Luxenburg 1998.

[Faulk 1995] S. R. FAULK: *Software Requirements – A Tutorial*. Technical Report NRL-7775, Naval Research Laboratory, Washington, D.C. 1995.

[Fickas et al. 2002] S. FICKAS, T. BEAUCHAMP, N. A. R. MAMY: Monitoring Requirements – A Case Study. In: *Proceedings of the 17th IEEE International Conference on Automated Software Engineering (ASE'02)*, IEEE Computer Society, Los Alamitos 2002.

[Fickas und Feather 1995] S. FICKAS, M. S. FEATHER: Requirements Monitoring in Dynamic Environments. In: *Proceedings of the 2nd IEEE International Symposium on Requirements Engineering*, IEEE Computer Society, Washington, DC 1995, 140-147.

[Finkelstein et al. 1992] A. FINKELSTEIN, J. KRAMER, B. NUSEIBEH, L. FINKELSTEIN, M. GOEDICKE: Viewpoints – A Framework for Integrating Multiple Perspectives in System Development. *International Journal of Software Engineering and Knowledge Engineering* 2 (1), 31-58.

[Finkelstein et al. 1994] A. FINKELSTEIN, D. GABBAY, A. HUNTER, J. KRAMER, B. NUSEIBEH: Inconsistency Handling in Multi-Perspective Specifications. *IEEE Transactions on Software Engineering* 20 (8), 569-578.

[Firesmith 1993] D. FIRESMITH: *Object-Oriented Requirements Analysis and Logical Design – A Software Engineering Approach*. Wiley, New York 1993.

[FlexRay 2009] _____: *FlexRay Specification V.2.1*. FlexRay Consortium, Stuttgart 2009.

[Fortuna et al. 2008] M. H. FORTUNA, C. M. L. WERNER, M. R. S. BORGES: Info Case – Integrating Use Cases and Domain Models. In: *Proceedings of 16th International Requirements Engineering Conference*. IEEE Computer Society, Los Alamitos, CA 2008, 81-84.

[Franklin et al. 2002] G. F. FRANKLIN, J. D. POWELL, A. EMAMI-NAEINI: *Feedback Control of Dynamic Systems*. Prentice Hall, Upper Saddle River, NJ 2002.

[Furbach 1993] U. FURBACH: Formal Specification Methods for Reactive Systems. *Journal of Systems and Software* 21 (2), 1993, 129-140.

[Gane und Sarson 1977] C. GANE, T. SARSON: *Structured Systems Analysis – Tools & Techniques. Improved System Technologies*. Dorset House, New York, NY 1977.

[GAO 1993] _____: *Mission critical systems – Defense attempting to adress major software challenges*. Technical Report GAO/IMTEC-93-13, U.S. General Accounting Office, Washington, D.C 1993.

[Gause 2005] D. C. GAUSE: Why context matters – and what can we do about it? *IEEE Software* 22 (5), 13-15.

[Gause und Weinberg 1989] D. GAUSE, G. WEINBERG: *Exploring Requirements – Quality before Design*. Dorset House, New York, NY 1989.

[Gilb und Graham 1993] T. GILB, D. GRAHAM: *Software Inspections*. Addison-Wesley, Reading, MA 1993.

[Goldman 1989] A. GOLDMAN: Psychology and philosophical analysis. In: *Proceedings of the Aristotelian Society*, Blackwell Publishing, Oxford, UK 1989, 195-209.

[Gong 2005] L. GONG: Contextual Modeling and Applications. In: *Proceedings of IEEE International Conference on Systems, Man and Cybernetics*, IEEE Computer Society, Washington, DC 2006, 381-386.

[Gordon und Melham 1993] M. GORDON, T. F. MELHAM: *Introduction to HOL*. Cambridge University Press, Cambridge, UK 1993.

[Greenspan 1984] S. J. GREENSPAN: *Requirements Modeling – A Knowledge Representation Approach to Software Requirements Definition*. Ph.D. Thesis, Department of Computer Science, University of Toronto, Toronto, CA 1984.

[GRL 2005] _____: *Goal-oriented Requirements Language (GRL)*: GRL Ontology. Verfügbar unter: www.cs.toronto.edu/km/GRL.

[Guha 1995] R. GUHA: *Contexts – A formalization and some applications*. Ph.D. Thesis, Standford University, Standford, Stanford, CA 1995.

[Gunter et al. 2000] C. A. GUNTER, E. L. GUNTER, M. JACKSON, P. ZAVE: A Reference Model for Requirements and Specifications. *IEEE Software* **17** (3), 37-43.

[Guttag et al. 1982] J. V. GUTTAG, J. J. HORNING, J. M. WING: Some Remarks on Putting Formal Specifications to Productivity Use. *Science of Computer Programming* **2** (1). 53-68.

[Hagelstein 1988] J. HAGELSTEIN: Declarative Approach to Information Systems Requirements. *Knowledge Based Systems* **1** (4), 221-220.

[Hall et al. 2002] T. HALL, S. BEECHAM, A. RAINER: Requirements Problems in Twelve Companies – An Empirical Analysis. In: *Proceedings of the 6th International Conference on Empirical Assessment and Evaluation in Software Engineering (EASE'02)*, Keele University, UK 2002.

[Hammond et al. 2001] J. HAMMOND, R. RAWLINGS, A. HALL: Will it work? In: *Proceedings of the 5th IEEE International Symposium on Requirements Engineering (RE'01)*, IEEE Computer Society, Washington, DC 2001, 102-109.

[Hanks et al. 2001] K. S. HANKS, J. C. KNIGHT, E. A. STRUNK: Erroneous Requirements: A Linguistic Basis for Their Occurrence and an Approach to Their Reduction. In: *Proceedings of the 6th IEEE International Symposium on High-Assurance Systems Engineering (HASE'01)*, IEEE Computer Society, Washington, DC 2001, 3-4.

[Hanson 1958] N. R. HANSON: *Patterns of Discovery – An Inquiry into the Conceptual Foundations of Science*. Cambridge University Press, Cambridge, UK 1958.

[Harel 1987] D. HAREL: Statecharts – A Visual Formalism for Complex Systems. *Science of Computer Programming* **8**, 231-274.

[Harel et al. 1990] D. HAREL, H. LACHOVER, A. NAAMAD, A. PNUELI, M. POLITI, R. SHERMAN, A. SHTULL-TRAURING, M. B. TRAKHTENBROT: STATEMATE – A Working Environment for the Development of Complex Reactive Systems. *Software Engineering* **16** (4), 403–414.

[Harel und Pnueli 1985] D. HAREL, A. PNUELI: On the development of reactive systems. In: K. APT (Hrsg.): *Logics and Models of Concurrent Systems*, NATO-ASI-Series, Springer, Berlin, Heidelberg 1985, 477-498.

[Harel und Rumpe 2004] D. HAREL, B. RUMPE: Meaningful Modeling – What's the Semantics of "Semantics"? *IEEE Computer* **37** (10), 64-72.

[Hartshorne und Weiss 1931] C. HARTSHORNE, P. WEISS (Hrsg.): *Collected Papers of Charles Sanders Peirce*. Harvard University Press, Cambridge, UK 1931.

[Hatley und Pirbhai 1988] D. J. HATLEY, I. A. PIRBHAI: *Strategies for Real Time System Specification*. Dorset House, New York, NY 1988.

[Haumer et al. 1998] P. HAUMER, K. POHL, K. WEIDENHAUPT: Requirements Elicitation and Validation with Real World Scenes. *IEEE Transactions on Software Engineering* **24** (12), 1036-1054.

[Hayes et al. 2003] I. J. HAYES, M. A. JACKSON, C. B. JONES: Determining the Specification of a Control System from That of Its Environment. In: K. ARAKI, S. GNESI, D. MANDRIOLI (Hrsg.): *Proceedings of the International Symposium of Formal Methods Europe (FME' 03)*, LNCS 2805, Springer, Heidelberg 2003, 154-169.

[Heitmeyer et al. 1996] C. L. HEITMEYER, R. D. JEFFORDS, B. G. LABAW: Automated Consistency Checking of Requirements Specifications. *ACM Transactions on Software Engineering and Methodology* **5** (3), 231-261.

[Heitmeyer et al. 1997] C. HEITMEYER, J. KIRBY, B. LABAW: Tools for Formal Specification, Verification, and Validation of Requirements. In: *Proceedings of 12th Annual Conference on Computer Assurance (COMPASS'97)*, IEEE Computer Society Press, Los Alamitos, CA 1997, 35-47.

[Hempel 1966] C. HEMPEL: *Philosophy of Natural Science*. Prentice Hall, New York 1966.

[Heninger 1980] K. L. HENINGER: Specifying Software Requirements for Complex Systems – New Techniques and their Application. *IEEE Transactions on Software Engineering* **6** (1), 2-13.

[Hewitt 1977] C. HEWITT: Viewing Control Structure as Pattern of Passing Messages. *Journal of Artificial Intelligence* **8** (3), 323-364.

[Hoare 1969] C. A. R. HOARE: An Axiomatic Basis for Computer Programming. *Communications of the ACM* **12** (10), 576-580.

[Holtzblatt et al. 2005] K. HOLTZBLATT, J. B. WENDELL, S. WOOD: *Rapid Contextual Design*. Morgan Kaufmann, San Francisco 2005.

[Hölzl et al. 2008] M. HÖLZL, A. RAUSCHMAYER, M. WIRSING: Engineering of Software-Intensive Systems – State of the Art and Research Challenges. In: *Software-Intensive Systems and New Computing Paradigms*, LNCS 5380, Springer Berlin, Heidelberg 2008, 1-44.

[Hooks und Farry 2000] I. A. HOOKS, K. A. FARRY: *Customer-Centred Requirements*. Amacon, Boston, MA 2000.

[Hunter und Nuseibeh 1998] A. HUNTER, B. NUSEIBEH: Managing inconsistent specifications – Reasoning, analysis and action. *ACM Transactions on Software Engineering and Methodology* **7** (4), 335-367.

[IEEE 1362-1998] _____: *IEEE Guide for Information Technology – System Definition – Concept of Operations (IEEE Std 1362-1998)*. Institute of Electric and Electronic Engineers, IEEE Computer Society, New York, NY 1998.

[IEEE 610.12-1990] _____: *IEEE Standard Glossary of Software Engineering Terminology (IEEE Std 610.12-1990)*. Institute of Electric and Electronic Engineers, IEEE Computer Society, New York, NY 1990.

[IEEE 830-1998] _____: *IEEE Recommended Practice for Software Requirements Specifications (IEEE Std 830-1998)*. Institute of Electric and Electronic Engineers, IEEE Computer Society, New York, NY 1998.

[ISO 11898] _____: *Road vehicles – Controller area network (CAN)*. International Organisation for Standardization, Genf 2007.

[Jackson 1995a] M. JACKSON: Problems and Requirements. In: *Proceedings of the 2nd IEEE International Symposium on Requirements Engineering*, IEEE Computer Society, Washington, DC 1995, 2-9.

[Jackson 1995b] M. JACKSON: *Software Requirements & Specifications – A lexicon of practice, principles and prejudices*. ACM Press, New York, NY 1995.

[Jackson 1995c] M. JACKSON: The World and the Machine. In: *Proceeding of the 17th International Conference on Software Engineering (ICSE '95)*, ACM Press, New York, NY 1995, 283-292.

[Jackson 1997] M. JACKSON: Problem Complexity. In: *Proceeding of 3rd IEEE International Conference on Engineering of Complex Computer Systems (ICECCS'97)*, IEEE Computer Society, Washington, DC 1997, 239-248.

[Jackson 2000] M. JACKSON: The Real World. In: J. DAVIES, B. ROSCOE, J. WOODCOCK (Hrsg.): *Millennial Perspectives in Computer Science, Proceedings of the Oxford-Microsoft Symposium in Honour of C. A. R. Hoare*, Palgrave, Basingtoke, UK 2000.

[Jackson 2001a] M. JACKSON: Problem Analysis and Structure. In: T. HOARE, M. BROY, R. STEINBRÜGGEN (Hrsg): *Engineering Theories of Software Construction*, IOS Press, Amsterdam 2001, 3-20.

[Jackson 2001b] M. JACKSON: *Problem frames – Analysing and Structuring Software Development Problems*. ACM Press, New York, NY 2001.

[Jackson 2006] M. JACKSON: What Can We Expect from Program Verification? *IEEE Computer* **39** (10), 65-71.

[Jackson und Zave 1995] M. JACKSON, P. ZAVE: Deriving Specifications from Requirements: an Example. In: *Proceedings of the 17th International Conference on Software Engineering (ICSE '95)*, ACM, New York, NY, USA 1995, 15-24.

[Jacobson et al. 1992] I. JACOBSON, M. CHRISTERSON, P. JONSSON, G. OEVERGAARD: *Object Oriented Software Engineering – A Use Case Driven Approach*. Addison-Wesley, Reading, MA 1992.

[Jahanian und Mok 1986] F. JAHANIAN, A. MOK: Safety Analysis of Timing Properties in Real-Time Systems. *IEEE Transactions on Software Engineering* **12** (9), 890-904.

[Jarke 1990] M. JARKE: DAIDA – Conceptual modeling and knowledge-based support for information system development processes. *Technique et Science Informatique* **9** (2), 121-133.

[Jarke et al. 1992] M. JARKE, J. BUBENKO, C. ROLLAND, A. SUTCLIFFE, Y. VASSILIOU: Theories underlying requirements engineering – An overview of NATURE at genesis. In: *Proceedings of the IEEE International Symposium on Requirements Engineering*. IEEE Computer Society, Washington, DC 1992, 19-31.

[Jarke und Pohl 1993] M. JARKE, K. POHL: Establishing Visions in Context – Towards a Model of Requirements Processes. In: *Proceedings of the 14th International Conference on Information Systems*, Orlando 1993, 23.

[Jin und Liu 2006] Z. JIN, L. LIU: Towards Automatic Problem Decomposition – An Ontology-based Approach. In: *Proceedings of the International Workshop on Advances and Applications of Problem Frames (IWAAPF'06)*, ACM Press, New York, NY 2006, 41-48.

[Johnson 1988] W. JOHNSON: Deriving specifications from requirements. In: *Proceedings of 10th International Conference on Software Engineering (ICSE'88)*, IEEE Computer Society, Los Alamitos, CA 1988, 428-438.

[Jones 1990] C. B. JONES: *Systematic Software Development using VDM*. Prentice Hall, Upper Saddle River 1990.

[Jones 1991] C. JONES: *Applied Software Measurement*. McGraw-Hill, New York 1991

[Jureta et al. 2008] I. J. JURETA, J. MYLOPOULOS, S. FAULKNER: Revisiting the Core Ontology and Problem in Requirements Engineering. In: *Proceedings of 16th International Requirements Engineering Conference (RE'08)*. IEEE Computer Society, Los Alamitos, CA 2008, 71-80.

[Kaiya et al. 2002] H. KAIYA, H. HORAI, M. SAEKI: AGORA – Attributed Goal-Oriented Requirements Analysis Method. In: *Proceedings of the 10th Anniversary Joint IEEE International Requirements Engineering Conference (RE'02)*, IEEE Computer Society, Washington, DC 2002, 13-22.

[Kogure und Akao 1983] M. KOGURE, Y. AKAO: Quality Function Deployment and CWQC in Japan. *Quality Progress* **1983**, 25-29.

[Kotonya und Sommerville 1996] G. KOTONYA, I. SOMMERVILLE: Requirements Engineering With Viewpoints. *Software Engineering Journal* **11** (1), 5-18.

[Krogstie 1998] J. KROGSTIE: Integrating the Understanding of Quality in Requirements Specifications and Conceptual Modeling. *ACM SIGSOFT Software Engineering Notes* **23** (1), 86-91.

[Krogstie et al. 1995] J. KROGSTIE, O. I. LINDLAND, G. SINDRE: Defining Quality Aspects for Conceptual Models. In: *Proceedings of the IFIP8.1 Working Conference on Information Systems Concepts – Towards a Consolidation of Views*, Chapman & Hall, London, UK 1995.

[Kruchten 2003] P. KRUCHTEN: *The Rational Unified Process – An Introduction*. Addison-Wesley, Reading, MA 2003.

[Kulak und Guiney 2000] D. KULAK, E. GUINEY: *Use Cases – Requirements in Context*. Addison-Wesley, Reading, MA 2000.

[Kung 1983] C. KUNG: An Analysis of Three Conceptual Models with Time Perspective. *Information Systems Design Methodologies – A Feature Analysis*, North-Holland, Amsterdam 1983, 141-168.

[Lamport 1994] L. LAMPORT: The Temporal Logic of Actions. *ACM Transactions on Programming Languages and Systems* **16** (3), 872-923.

[Lauesen und Vinter 2001] S. LAUESEN, O. VINTER: Preventing Requirement Defects – An Experiment in Process Improvement. *Requirements Engineering* **6** (1), 37-50.

[Leffingwell und Widrig 2000] D. LEFFINGWELL, D. WIDRIG: *Managing Software Requirements – A Unified Approach*. Addison-Wesley, Reading, MA 2000.

[Leite und Freeman 1991] J. C. SAMPAIO DO PRADO LEITE, P. A. FREEMAN: Requirements Validation Through Viewpoint Resolution. *IEEE Transactions on Software Engineering* **17** (12), 1253-1269.

[Letier und van Lamsweerde 2002] E. LETIER, A. VAN LAMSWEERDE: Deriving operationale software specifications from systems goals. *ACM SIGSOFT Software Engineering Notes* **27** (6), 119-128.

[Lewandowski 1990] T. LEWANDOWSKI: *Linguistisches Wörterbuch 1/2*. Quelle & Meyer Verlag, Heidelberg, Wiesbaden 1990.

[Li et al. 2006] Z. LI, J. G. HALL, L. RAPANOTTI: From Requirements to Specifications – A Formal Approach. In: *Proceedings of the 2006 International Workshop on Advances and Applications of Problem Frames (IWAAPF '06)*, ACM Press, New York, NY 2006, 65-70.

[LIN Consortium 2009] _____: *LIN Specification*, Version 2.1. Local Interconnect Network Consortium, Amsterdam 2009. Verfügbar: www.lin-subbus.org

[Lindland et al. 1994] O. I. LINDLAND, G. SINDRE, A. SØLVERG: Understanding Quality in Conceptual Modelling. *IEEE Software* **11** (2), 42-49.

[Liu und Yu 2003] L. LIU, E. YU: Designing Information Systems in Social Context – A Goal and Scenario Modelling Approach. *Information Systems* **29** (2), 187-203.

[Loucopoulos und Karakostas 1995] P. LOUCOPOULOS, V. KARAKOSTAS: *System Requirements Engineering*. McGraw Hill, Columbus 1995.

[Lutz 1993] R. LUTZ: Analyzing software requirements errors in safetycritical, embedded systems. In: *Proceedings of the IEEE International Symposium on Requirements Engineering*. IEEE Computer Society Press, Los Alamitos, CA 1993, 126-133.

[Lynch und Tuttle 1987] N. A. LYNCH, M. R. TUTTLE: Hierarchical Correctness Proofs for Distributed Algorithms. In: *Proceedings of the 6th ACM Symposium on Principles of Distributed Computing. (SIGACT-SIGOPS)*. Vancouver, British Columbia, CA, 1987, 137-151.

[Lynch und Tuttle 1989] N. A. LYNCH, M. R. TUTTLE: An Introduction to Input/Output Automata. *CWI Quarterly* **2** (3).

[Magee et al. 2000] J. MAGEE, N. PRYCE, D. GIANNAKOPOULOU, J. KRAMER: Graphical Animation of Behavior Models. In: *Proceedings of 22nd International Conference on Software Engineering (ICSE'00)*, IEEE Computer Society Press, Los Alamitos, CA 2000, 499-508.

[Mahony und Hayes 1991] B. MAHONY, I. J. HAYES: Using continous real functions to model timed histories. In: *Proceedings of the 6th Australian Software Engineering Conference*, Australian Computer Society, Sydney 1991, 157-270.

[Maiden und Jones 2004] N. A. M. MAIDEN, S. JONES: *The RESCUE Requirements Engineering Process – An Integrated User-Centred Requirements Engineering Process*. Project Report, Center for Human-Computer Interaction Design, City University, London, UK 2004.

[Maurer und Stiller 2005] M. MAURER, C. STILLER: *Fahrassistenzsysteme mit maschineller Wahrnehmung*. Springer, Berlin, Heidelberg 2005.

[Mavin et al. 2008] A. MAVIN, M. NOVAK, P. WILKINSON, N. MAIDEN, P. LYNCH: Using Scenarios to Discover Requirements for Engine Control Systems. In: *Proceedings of 16th International Requirements Engineering Conference*, IEEE Computer Society, Los Alamitos, CA 2008, 235-240.

[McCarthy 1993] J. MCCARTHY: Notes on Formalizing Context. In: R. BAJCSY (Hrsg.): *Proceedings of the 13th International Joint Conference on Artificial Intelligence (IJCAI'93)*, Morgan Kaufmann Publishers Inc., San Francisco CA 1993, 555-562.

[McMenamin und Palmer 1988] S. M. MCMENAMIN, J. F. PALMER: *Essential System Analysis*. Prentice Hall, Englewood Cliffs, NJ 1984.

[Merriam-Webster 2009] MERRIAM-WEBSTER INC.: *Merriam-Webster Online Dictionary*. http:www.webster.com.

[Meyer 1985] B. MEYER: On Formalism in Specification. *IEEE Software* **2** (1). 6-26.

[Moody 2009] D. L. MOODY: The "Physics" of Notations: Towards a Scientific Basis for Constructing Visual Notations in Software Engineering. *IEEE Transactions on Software Engineering* **25** (5), 756-778.

[Morris 1946] C. MORRIS: *Signs, Language and Behaviour*. Prentice Hall, New York 1946.

[MOST Cooperation 2009] _____: *MOST Specification Rev. 3.0*. MOST Cooperation, Karlsruhe 2009. Verfügbar http:www.mostcooperation.com.

[Mullery 1979] G. P. MULLERY: CORE - a method for controlled requirement specification. In: *Proceedings of the 4th International Conference on Software Engineering (ICSE'79)*, IEEE Press, Los Alamitos, CA 1979, 126-135.

[Mylopoulos et al. 1990] J. MYLOPOULOS, A. BORGIDA, M. JARKE, M. KOUBARAKIS: Telos – Representing Knowledge about Information Systems. *ACM Transactions on Information Systems* **8** (4), 325-362.

[Nasr et al. 2002] E. NASR, J. MCDERMID, G. BERNAT: Eliciting and Specifying Requirements with Use Cases for Embedded Systems. In: *Proceedings of the 7th IEEE International Workshop on Object-Oriented Real-Time Dependable Systems (WORDS'02)*, IEEE Computer Society, Washington, DC 2002, 350.

[Neumann 1995] P. G. NEUMANN: *Computer-Related Risks*. Addison-Wesley, Reading, MA 1995.

[Nuseibeh et al. 1994] B. NUSEIBEH, J. KRAMER, A. FINKELSTEIN: A Framework for Expressing the Relationships Between Multiple Views in Requirements Specification. *IEEE Transactions on Software Engineering* **20** (10), 760-773.

[NYT 1995] ____: The New York subway crash. *New York Times*, 16. Juni 1995. Abrufbar unter: http//catless.ncl.ac.uk/Risks/17.17.html.

[Offen 2002] R. OFFEN: Domain Understanding is the Key to Successful System Development. *Requirements Engineering* **7**, 172-175.

[Ogden und Richards 1923] C. K. OGDEN, I. A. RICHARDS: *The Meaning of Meaning – A Study of the Influence of Language upon Thought and of the Science of Symbolism*. Routledge & Kegan, London 1923.

[Omasreiter und Metzker 2004] H. OMASREITER, E. METZKER: A Context-Driven Use Case Creation Process for Specifying Automotive Driver Assistance Systems. In: *Proceeding of the 12th IEEE International Conference on Requirements Engineering (RE' 04)*, IEEE Computer Society, Washington, DC 2004, 334-339.

[OMG 2005a] ____: *UML 2.0 Superstructure Specification*. Final Specification v2.0. Object Management Group. Verfügbar unter: www.omg.org/cgi-bin/doc?formal/05-07-04.

[OMG 2005b] ____: *Meta Object Facility (MOF)*. Specification v2.0. Object Management Group. Verfügbar unter: www.omg.org/technology/documents/modeling_spec_catalog.htm.

[OMG 2007] ____: *MOF Query/View/Transformation (QVT)*. Final Adopted Specification. Object Management Group. Verfügbar unter: www.omg.org/docs /ptc/05-11-01.pdf.

[OMG 2008] ____: *SysML*. Specification v1.1. Object Management Group. Verfügbar unter: www.omg.org/spec/SysML/1.1/.

[Parnas 1993] D. L. PARNAS: Predicate Logic for Software Engineering. *IEEE Transactions on Software Engineering* **19** (9), 856-862.

[Parnas und Clements 1986] D. L. PARNAS, P. C. CLEMENTS: A Rational Design Process – How and why to fake it. *IEEE Transactions on Software Engineering* **12** (2), 251-257.

[Parnas und Madey 1995] D. L. PARNAS, J. MADEY: Functional documents for computer systems. *Science of Computer Programming* **25** (1), 41-61.

[Petri 1962] C. A. PETRI: *Kommunikation mit Automaten*. Schriften des Rheinisch-Westfälischen Instituts für instrumentelle Mathematik, Universität Bonn, Bonn 1962.

[Pettersson et al. 2005] F. PETTERSSON, M. IVARSSON, P. ÖHMAN: Automotive use case standard for embedded systems. *ACM SIGSOFT Software Engineering Notes* **30** (4), 1-6.

[Pnueli 1977] A. PNUELI: The Temporal Logics of Programs. In: *Proceedings of the 18th IEEE Symposium on Foundations of Computer Science*, IEEE Computer Society, Washington DC 1977, 46-57.

[Pohl 1994] K. POHL: The Three Dimensions of Requirements Engineering – A Framework and its Applications. *Information Systems* **19** (3), 243-258.

[Pohl 2007] K. POHL: *Requirements Engineering – Grundlagen, Prinzipien, Techniken*. dpunkt, Heidelberg 2007.

[Potts 1995] C. POTTS: Using Schematic Scenarios to Understand User Needs. In: *Proceedings of ACM Symposium on Designing Interactive Systems (DIS'95)*, ACM, New York, NY 1995, 247-266.

[Potts et al. 1994] C. POTTS, K. TAKAHASHI, A. I. ANTÓN: Inquiry-based Requirements Analysis. *IEEE Software* **11** (2), 21-32.

[Price und Shanks 2005] R. PRICE, G. SHANKS: A Semiotic Information Quality Framework – Development and Comparative Analysis. *Journal of Information Technology* **20** (2), 88-102.

[Ramesh und Jarke 2001] B. RAMESH, M. JARKE: Toward Reference Models for Requirements Traceability. *IEEE Transactions on Software Engineering* **27** (1), 58-92.

[Rapanotti et al. 2006] L. RAPANOTTI, J.G. HALL, Z. LI: Deriving specifications from requirements through problem reduction. *IEE Proceedings – Software* **153** (5), 183-198.

[Reubenstein und Waters 1991] H. B. REUBENSTEIN, R. C. WATERS: The Requirements Apprentice – Automated Assistance for Requirements Acquisition. *IEEE Transactions on Software Engineering* **17** (3), 226-240.

[Rolland et al. 1998] C. ROLLAND, C. BEN ACHOUR, C. CAUVET, J. RALYT, A. SUTCLIFFE, N. MAIDEN, M. JARKE, P. HAUMER, K. POHL, E. DUBOIS, P. HEYMANS: A Proposal for a Scenario Classification Framework. *Requirements Engineering* **3** (1), 23-47.

[Roman 1985] G. ROMAN: A Taxonomy of current Issues in Requirements Engineering. *IEEE Computer* **18** (4), 14-22.

[Ross 1977] D. T. ROSS: Structured analysis (SA) – A Language for Communicating Ideas. *IEEE Transactions on Software Engineering* **3** (1), 16-34.

[Ross und Brackett 1976] D. T. ROSS, J. W. BRACKETT: An approach to structured analysis. *Computer Decisions* **8** (9), 40-44.

[Ross und Schoman 1977] D. T. ROSS, K. E. SCHOMAN: Structured Analysis for Requirements Definition. *IEEE Transactions on Software Engineering* **3** (1), 6-15.

[Rumbaugh et al. 1991] J. RUMBAUGH, M. BLAHA, W. PREMERLANI, F. EDDY, W. LORENSEN: *Object-oriented Modeling and Design*. Prentice Hall, Upper Saddle River 1991.

[Schmidt et al. 1999] A. SCHMIDT, M. BEIGL, H. GELLERSEN: There ist more to Context than Location. *Computers & Graphics* **23** (6), 893-901.

[Seater und Jackson 2006a] R. SEATER, D. JACKSON: Requirement Progression in Problem Frames Applied to a Proton Therapy System. In: *Proceedings of the 14th IEEE International Requirements Engineering Conference (RE'06)*, IEEE Computer Society, Washington, DC 2006, 166-175.

[Seater und Jackson 2006b] R. SEATER, D. JACKSON: Problem Frame Transformations – Deriving Specifications from Requirements. In: *Proceedings of the 2006 International Workshop on Advances and Applications of Problem Frames (IWAAPF '06)*, ACM Press, New York, NY 2006.

[Shlaer und Mellor 1989] S. SHLAER, S. MELLOR: An object-oriented approach to domain analysis. *ACM SIGSOFT Software Engineering Notes* **14** (5), 66-77.

[Silva 2002] A. SILVA: Requirements, Domain and Specifications – A Viewpoint-based Approach to Requirements Engineering. In: *Proceedings of the 24th International Conference on Software Engineering (ICSE'02)*, ACM Press, New York, NY, USA, 94-104.

[Simon 1981] H. A. SIMON: *The Science of the Artificial*. MIT Press, Cambridge, MA 1981.

[Sitou und Spanfelner 2007] W. SITOU, B. SPANFELNER: Towards Requirements Engineering for Context Adaptive Systems. In: *Proceedings of 31st Annual International Conference on Computer Software and Applications (COMPSAC'07)*, IEEE Computer Society, Washington DC 2007.

[Snyder 2003] C. SNYDER: *Paper Prototyping*. Morgan Kaufmann, San Francisco 2005.

[Sommerville 2001] I. SOMMERVILLE: *Software Engineering*. 6. Auflage, Addison-Wesley, Boston, MA 2004.

[Spanoudakis et al. 1999] G. SPANOUDAKIS, A. FINKELSTEIN, D. TILL: Overlaps in requirements engineering. *Automated Software Engineering Journal* **6**, 171-198, 1999.

[Spanoudakis und Finkelstein 1997] G. SPANOUDAKIS, A. FINKELSTEIN: Reconciling requirements – a method for managing interference, inconsistency and conflicts. *Annals of Software Engineering* **3**, 433-457, 1997.

[Stachowiak 1973] H. STACHOWIAK: *Allgemeine Modelltheorie*. Springer, Berlin 1973.

[Strang et al. 2003] T. STRANG, C. LINNHOFF-POPIEN, K. FRANK: CoOL – A Context Ontology Language to enable Contextual Interoperability. In: J.-B. STEFANI, I. DAMEURE, D. HAGIMONT: *Proceedings of the 4th IFIP WG 6.1 International Conference on Distributed Applications and Interoperable Systems (DAIS'03)*, LNCS 2893, Springer, Berlin, Heidelberg 2003, 236-247.

[Sutcliffe 2002] A. SUTCLIFFE: *User-centred Requirements Engineering – Theory and Practice*. Springer, London 2002.

[Sutcliffe et al. 1998] A. SUTCLIFFE, N. MAIDEN, S. MINOCHA, M. DARREL: Supporting Scenario-based Requirements Engineering. *IEEE Transactions on Software Engineering* **24** (12), 1072-1088.

[Sutcliffe et al. 2006] A. SUTCLIFFE, S. FICKAS, M. M. SOHLBERG: PC-RE: a method for personal and contextual requirements engineering with some experience. *Requirements Engineering* **11** (3), 157-173.

[Sutcliffe und Maiden 1998] A. SUTCLIFFE, N. A. M. MAIDEN: The Domain Theory for Requirements Engineering. *IEEE Transactions on Software Engineering* **24** (3), 174-196.

[Swartout 1983] W. SWARTOUT: The Gist Behavior Explainer. In. *Proceedings of the National Conference on Artificial Intelligence*, American Association for Artificial Intelligence Press, Washington DC 1983.

[Thayer und Thayer 1990] R. THAYER, M. THAYER: Glossary. In: R. THAYER, M. DORFMAN (Hrsg.) *System and Software Requirements Engineering*. IEEE Computer Society Press, Los Alamitos, CA 1990, 605-677.

[The MathWorks Inc. 2009] _____: MATLLAB, Simulink, Stateflow. The MathWorks Inc. http://www.mathworks.com/products.

[The Standish Group 1995] _____: *Chaos'94*. The Standish Group. Verfügbar unter: http://standishgroup.com.

[The Standish Group 1999] _____: *A Recipe for Success*. The Standish Group. Verfügbar unter: http://standishgroup.com.

[The Standish Group 2002] _____: *Extreme Chaos*. The Standish Group. Verfügbar unter: http://standishgroup.com.

[The Standish Group 2004] _____: *Chaos Demographics*. The Standish Group. Verfügbar unter: http://standishgroup.com.

[USAF 2000] _____: *Guidelines for Successful Acquisition and Management of Software Intensive Systems*. USAF Software Technology Support Center, Rome Air Development Center, Rome, NY 2000.

[van Griethuysen 1982] J. V. GRIETHUYSEN (Hrsg.): *Concepts and Terminology for the Conceptual Schema and the Information Base*. Technical Report (TC97/SC5/WG3). International Organization of Standards, Genf 1982.

[van Lamsweerde 2000] A. VAN LAMSWEERDE: Formal Specification – A Roadmap. In: *Proceedings of 22nd International Conference on Software Engineering (ICSE'00), The Future of Software Engineering*, ACM Press, New York, NY, USA, 2000, 147-159.

[van Lamsweerde et al. 1991] A. VAN LAMSWEERDE, A. DARDENNE, B. DELCOURT, F. DUBISY: The KAOS Project – Knowledge Acquisition in Automated Specification of Software. In: *Proceedings of AAAI Spring Symposium Series, Stanford University*, American Association for Artificial Intelligence, Stanford, CA 1991, 69-82.

[van Lamsweerde und Willemet 1998] A. VAN LAMSWEERDE, L. WILLEMET: Inferring declarative requirements specifications from operational scenarios. *IEEE Transactions on Software Engineering* **24** (12), 1089-1114.

[van Schouwen et al. 1992] A. J. VAN SCHOUWEN, D. L. PARNAS, J. MADEY: Documentation of Requirements for Computer Systems. In: *Proceedings of the IEEE International Symposium on Requirements Engineering*, IEEE Computer Society, Washington, DC 1992, 198-207.

[van Zanten 2006] A. T. VAN ZANTEN: Elektronisches Stabilitätsprogramm. In: *Fahrzeugdynamik-Regelung – Modellbildung, Fahrerassistenzsysteme, Mechatronik*. Vieweg Verlag, München 2006.

[V-Modell 2004] _____: *V-Modell® XT – Grundlagen des V-Modells*. http://ftp.uni-kl.de/pubv-modell-xt/Release-1.1/Dokumentation/pdf/V-Modell-XT-Komplett.pdf.

[W3C 2009] _____: *Delivery Context Ontology*. World Wide Web Consortium, W3C Working Draft 16-06-2009. Verfügbar unter: http://www.w3.org/TR/dcontology/

[Walls et al. 1992] J. G. WALLS, G. R. WIDMEYER, O. A. E. SAWY: Building an Information System Design Theory for Vigilant EIS. *Information Systems Research* **3** (1), 36-59.

[Wand und Weber 1990] Y. WAND, R. WEBER: An Ontological Model of an Information System. *IEEE Transactions on Software Engineering* **16** (11), 1282-1292.

[Wand und Weber 1995] Y. WAND, R. WEBER: On the deep Structure of Information Systems. *Information Systems Journal* **6** (3), 203-233.

[Ward und Mellor 1985] P. WARD, S. MELLOR: *Structured Development of Real-Time Systems – Introduction and Tools*, Vol. 1. Prentice Hall, Upper Saddle River 1985.

[Weber 1997] R. WEBER: *Ontological Foundations of Information Systems*. Coopers & Lybrand Accounting Research Methodology Monograph, Coopers & Lybrand, Melbourne, Vic. 1997.

[Weinberg 1975] G. M. WEINBERG: *An Introduction to general Systems Thinking*. Dorset House Publishing, New York, NY 1975.

[Weinberg 1978] G. M. WEINBERG: *Structured Analysis*. Yourdon Press, New York, NY 1978.

[Weyer und Pohl 2008] T. WEYER, K. POHL: Eine Referenzstrukturierung zur modellbasierten Kontextanalyse im Requirements Engineering softwareintensiver eingebetteter Systeme. In: *Tagungsband zur Modellierung 2008*, LNI 127, GI, Bonn 2008, 181-196.

[Wiegers 2003] K. E. WIEGERS: *Software Requirements*. 2nd edition., Microsoft Press, Redmond 2003.

[Wieringa 1998] R. J. WIERINGA: A Survey of Structured and Object-Oriented Software Specification Methods and Techniques. *ACM Computing Surveys* **30** (4), 459-527.

[Wieringa 2003] R. J. WIERINGA: *Design Methods for Reactive Systems – Yourdon, Statemate, and the UML*. Morgan Kaufmann Publishers, San Francisco 2003.

[Wing 1990] J. M. WING: A specifier's introduction to formal methods. *IEEE Computer* **23** (9), 8-24.

[Yourdon 1989] E. YOURDON: *Modern Structured Analysis*. Prentice Hall, Englewood Cliffs 1989.

[Yourdon Inc. 1993] _____: *Yourdon Systems Method – Model-Driven Systems Development*. Yourdon Inc., Prentice Hall, Englewood Cliffs, NJ 1993.

[Yourdon und Constantine 1979] E. YOURDON, L. L. CONSTANTINE: *Structured Design – Fundamentals of a Discipline of Computer Program and Systems Design*. Prentice Hall, Upper Saddle River 1979.

[Yu 1993] E. YU: An Organizational Modelling Framework for Multiperspective Information System Design. In: *Proceedings of Requirements Engineering 1993 – Selected Papers*, Technical Report (DKBS-TR-92-2), University of Toronto, Toronto 1993, 66-86.

[Yu 1997] E. YU: Towards Modeling and Reasoning Support for Early-phase Requirements Engineering. In: *Proceedings of the 3rd International Symposium on Requirements Engineering (RE'97)*, IEEE Computer Society, Los Alamitos 1997.

[Yue 1987] K. YUE: What Does It Mean to Say that a Specification is Complete? In: *Proceedings of the 4th International Workshop on Software Specification and Design*. IEEE Computer Society Press, Los Alamitos, CA 1987.

[Zave 1982] P. ZAVE: An operational approach to requirements specification for embedded systems. *IEEE Transactions on Software Engineering* **8** (3), 250-269.

[Zave und Jackson 1993] P. ZAVE, M. JACKSON: Conjunction as Composition. *ACM Transactions on Software Engineering and Methodology* **2** (4), 379-411.

[Zave und Jackson 1997] P. ZAVE, M. JACKSON: Four Dark Corners of Requirements Engineering. *ACM Transactions on Software Engineering and Methodology* **6** (1), 1-30.

[Zhang 1999] D. D. ZHANG: Use Case Modeling for Real-Time Applications. In: *Proceedings of the 4th International Workshop on Object-Oriented Real-Time Dependable Systems*, IEEE Computer Society, Los Alamitos 1999, 56-64.

Die VDM Verlagsservicegesellschaft sucht für wissenschaftliche Verlage abgeschlossene und herausragende

Dissertationen, Habilitationen, Diplomarbeiten, Master Theses, Magisterarbeiten usw.

für die kostenlose Publikation als Fachbuch.

Sie verfügen über eine Arbeit, die hohen inhaltlichen und formalen Ansprüchen genügt, und haben Interesse an einer honorarvergüteten Publikation?

Dann senden Sie bitte erste Informationen über sich und Ihre Arbeit per Email an *info@vdm-vsg.de*.

Sie erhalten kurzfristig unser Feedback!

VDM Verlagsservicegesellschaft mbH
Dudweiler Landstr. 99   Telefon +49 681 3720 174
D - 66123 Saarbrücken   Fax   +49 681 3720 1749
www.vdm-vsg.de

Die VDM Verlagsservicegesellschaft mbH vertritt

Printed by Books on Demand GmbH, Norderstedt / Germany